BIBLIOTHÈQUE NATIONALE

CATALOGUE GÉNÉRAL

DES

MANUSCRITS FRANÇAIS

PAR

Henri OMONT

CONSERVATEUR ADJOINT DU DÉPARTEMENT DES MANUSCRITS

ANCIEN SUPPLÉMENT FRANÇAIS

III

Nos 13091-15369

DU FONDS FRANÇAIS

PARIS

ERNEST LEROUX, ÉDITEUR

28, RUE BONAPARTE, 28

1896

BIBLIOTHÈQUE NATIONALE

CATALOGUE GÉNÉRAL

DES

MANUSCRITS FRANÇAIS

PAR

Henri OMONT

CONSERVATEUR ADJOINT DU DÉPARTEMENT DES MANUSCRITS

ANCIEN SUPPLÉMENT FRANÇAIS

III

Nos 13091-15369

DU FONDS FRANÇAIS

PARIS

ERNEST LEROUX, ÉDITEUR

28, RUE BONAPARTE, 28

1896

CATALOGUE

DES

MANUSCRITS FRANÇAIS

DE LA

BIBLIOTHÈQUE NATIONALE

ANGERS, IMPRIMERIE A. BURDIN ET Cie, RUE GARNIER, 4.

RÉPERTOIRE ALPHABÉTIQUE

DES PRINCIPAUX NOMS D'AUTEURS

ET DE MATIÈRES

Adry (Papiers du P.), 15266-15272.
Alchimie. — Voir *Astrologie*.
Alexandre (Roman d'), 15094, 15095.
Alexander de Halis, 15210.
Alexandre Neckham, 15213.
Allemagne, 14616-14624.
Alsace, 14372-14375.
Ambassades. — Voir *France*, Histoire diplomatique.
Amérique, 13373, 13516, 13792, 14611-14613, 14694, 14695.
Angleterre, 14640-14654.
Angoumois. — Voir *Poitou*.
Anjou. — Voir *Touraine*.
Antiquités, 13412, 13438-13456, 14838-14842, 14854.
Art militaire. — Voir *Guerre*.
Artois, 14417.
Assaillant (Histoire d'), 15096.
Astrologie et Alchimie, 14763-14807.
Augustin (S^t), 13201, 13202.
Aunillon (P.-C.-F.), 13348-13350.
Auvergne, 14376-14378.

Barbé-Marbois (Journal de), 13714-13716.
Batiments du roi, 14108-14111, 14121.
Béarn, 14379.
Beliardy (Papiers de l'abbé de), 13417-13419.
Bellerive (Mémoires du chevalier de), 14169-14178.
Berinus (Roman de), 15097.
Bernard (S^t), 13205.
Berry, 14380-14383.
Berthelemy (Jean), 13305.
Bertin du Rocheret (Correspondance de), 15174-15178.
Bible, 13091-13100, 14966.
Bibliothèques (Catalogues de), 13567, 15289-15313.
Bigot (Adversaria de Jean), 15248.
Bonaventure (S^t), 13506.
Bossuet (Lettres de), 15179-15181.
Bourbonnais, 14384.
Bourgogne, 14385-14394.
Brabant, 13646.
Bretagne, 14395-14406.

BROSSETTE (Mémoires de), 15275.
BUVAT (Journal de), 13691-13693.
CANADA, 13373, 13516.
CASTEL (Papiers du P.), 13373.
CATALOGUES de bibliothèques, 13567, 15289-15313.
CATHERINE de Sienne (Vie de S^{te}), 13501.
CÉSAR (Jules), 13429, 13430.
CHAMPAGNE, 14407-14412.
CHANCELLERIE ROYALE, 14368-14371. — Voir *Secrétaires* du roi.
CHANSONS, 13651-13662, 15123-15170, 15231-15233.
CHAPELAIN (*Pucelle* de), etc. 15002-15005, 15045.
CHARLES V (Bibliothèque de), 13567.
CHIMIE. — Voir *Médecine*.
CHINE, 14684-14688.
CHRISTINE DE PISAN, 15214.
CHRONIQUES, 13385, 13565-13569.
CHRONOLOGIE, etc., 13382-13384, 13422, 13423.
CICÉRON, 14906-14919.
CLERGÉ de France, 13798-13844.
COLONIES, 13357, 13792, 14609-14615.
COMMERCE, 14293-14299.
COMPOST, 14990.
COMPTES. — Voir *Chambre des Comptes* et *Finances*.
CONCILES, 13184-13189.
CORONELLI (Globes du P.), 13365, 13366.
CORSE, 13791, 14608.

COUCI (Roman du Châtelain de), 15098.
CROISADES, 13566.

DARES Phrygius, 15210.
DAUPHINÉ, 14413.
DELPHINE (Vie de S^{te}), 13504.
DENYS (Vie de S^t), 13502.
DOUCELINE (Vie de S^{te}), 13503.
DROIT CANON, 13354-13355. — Voir *Clergé* de France.
DROIT CIVIL, etc., 13356-13358, 13983-14006.
DUVAL (Dictionnaire dramatique de), 15048-15061.

EDMOND DE PONTIGNY, 13342.
ÉDUCATION, 14714-14719.
ÉGLISE GALLICANE. — Voir *Clergé* de France.
ELBEUF (Cours du prince D'), 15315-15329.
ESPAGNE, 14676-14678, 14692.
ÉZÉCHIEL (Pronostics d'), 15210.

FÉNELON, 14944-14949, 15262.
FINANCES, 14063-14103.
FLANDRE, 14414-14416.
FLORIMONT (Roman de), 15101.
FONTENAY-MAREIL (Mémoires de), 13721, 13722.
FONTENU (Mélanges de l'abbé DE), 15331-15350.
FRANCE (Histoire de), 13544 et suivants. — Voir *Révolution*.
— Histoire diplomatique, 13409-13411, 13966-13982.
— Histoire ecclésiastique, 13798-

13965. — Voir *Ordres religieux*.
France. Histoire financière, 14063-14103.
— Histoire militaire, 14164-14292.
Franche-Comté, 14421, 14422.
François d'Assise (Vie de S^t), 13505, 13506.

Gaidon (Roman de), 15102.
Galland (Journal d'Ant.), 15277-15280.
Garnier du Pont St-Maxence, 13513.
Gaudin (Histoire diplomatique de), 13399-13408.
Gautier de Metz, 14961-14965.
Généralités de la France, 13588-13632, 14310-14334.
Geneviève (Vie de S^{te}), 13508.
Géographie, 13359-13371.
Germain (Jean), 13235.
Gerson (Jean), 13258, 13318.
Girard de Roussillon (Roman de), 13496, 15103.
Gobelins (Tapisseries des), 14114, 14115.
Grégoire le Grand (S^t), 13203, 13204.
Gringore (Pierre), 14979.
Guerre, 14164-14264, 14863-14882.
Guerre gallique, 13429.
Guillaume de Digulleville, 14976.
Guillaume de Lorris, 15109.
Guillaume de Nangis, 13567.

Guillaume de S. André, 14978.
Guillaume le Clerc, 14969, 14970.
Guyenne, 14423-14428.

Hainaut, 14418-14420.
Henri IV (Lettres de), 13664-13671.
Henri de Valenciennes, 15100.
Histoire ecclésiastique, 13463-13514. — Voir *Ordres religieux*.
Histoire de France. — Voir *France* (Histoire de).
Histoire romaine. — Voir *Romaine* (Histoire).
Histoire universelle, 13387-13397. — Voir *Chronologie*.
Honorat (Vie de S^t), 13509.
Horace, 14903, 14904.
Huet (Papiers et lettres de P.-D.), 13430, 13458, 15069, 15187-15192, 15253, 15351.

Imitation de Jésus-Christ, 13234.
Indes anglaises, 14689, 14690.
Indes françaises, 14614, 14615.
Invalides (Drapeaux des), 14166.
Italie, 14660-14675.

Jacques de Longuyon, 14972.
Jakemon Sakesep, 15098.
Jansénisme, 13889-13922, 13960-13962.
Jean de Luxembourg, 14991.
Jean de Meung, 15109.
Jean de Souabe, 13233.
Joinville, 13568.

Joly (Dictionnaire d'archéologie de A.-J.), 13438-13456.
Journaux. — Voir *Nouvelles à la main*.
Judas Macchabée (Chevalerie de), 15104.

Lancelot (Antoine), 13492, 13547-13560.
Languedoc, 14499-14510.
La Rochefoucault (Mémoires de), 13724-13726.
Laurent (Somme de Frère), 13304.
Le Nain. — Voir *Tillemont*.
L'Estoile (Mémoires de), 13720.
Limousin, 14511.
Lorraine, 13646, 14512-14535.
Louis (Établissements de S^t), 13985-13987, 15352. — Vie de St Louis, 13568, 13745-13755, 13785.
Lyonnais et Gex, 14536, 14537.

Macé (René), 14992.
Maine. — Voir *Touraine*.
Maintenon (Lettres de Mme de), 15199-15203.
Maison du roi, etc. 14128-14162.
Marie de France, 14971.
Marine, 14265-14292.
Martène (Voyage littéraire de D.), 15254.
Matfré Ermengaud, 14960.
Mathématiques, etc., 14727-14733, 14736-14762.
Maurice de Sully, 13314-13317.

Médailles, 13413-13416. — Voir *Monnaies*.
Médailles du Cabinet du roi, 13413-13415.
Médecine, 14808-14830.
Mélibée (Roman de), 15105.
Mémoires historiques, 13718-13736, 14343-14351.
Merlin (Prophéties de), 15211.
Miracles de Notre-Dame, 15110, 15212.
Miroir du monde, 14939.
Molinet (Jean), 14980.
Monnaies, 14104-14107. — Voir *Médailles*.
Mystères, 15063-15065.

Navarre, 14541.
Normandie, 14542-14579.
Notre-Dame (Miracles de), 15110, 15212.
Nouvelles à la main, 13679-13690, 13694-13712, 13744, 13771, 14039.

Olivier de la Marche, 15099.
Ordres militaires et hospitaliers, 13530-13533, 13638. — Ordre de S. Michel, 14361-14366.
Ordres religieux, 13845-13888.
Orient (Voyages en), 13380, 13381, 14680-14683.
Orléanais, 14580-14584.
Ovide, 14905.

Paris et Ile-de-France, 14431-14498.

PARLEMENTS, 14024-14053, 15239.
PARTHENOPEUS (Roman de), 15107.
PASCAL (Mémoires sur), 15281.
PATRICE (Purgatoire de S^t), 13496.
PAYS-BAS, 14625-14631, 14635.
PEIRESC (Lettres de), 15205.
PÉRIGORD, 14429.
PHILIPPE DE NOVARE, 15210.
PHILOSOPHIE, 14696-14709.
PHYSIQUE, 14733-14735.
PICARDIE, 14585-14690.
PIERRE DE FONTAINES, 13983, 13984.
PIGGHE (Albert), 13429.
POITOU, 14591-14598.
POLITIQUE, 14720-14725.
POLOGNE, 14636.
PORT-ROYAL. — Voir *Jansénisme*.
PRISONNIER DESCONFORTÉ, 14975.
PRISONS, 14058-14061.
PROCÈS CRIMINELS, 14054-14057.
PROTESTANTS, 13952-13959.
PROVENÇALES (Poésies), 14973, 14974, 15211.
PROVENCE, 14599-14607.
PRUSSE, 14632-14634.

QUERCY, 14430.

RANCÉ (Lettres de Le Bouthillier DE), 13252, 15172.
REGNAUD (Mémoires de), 13733-13735.
REIMS (Chronique de), 13566.
RELIGIEUX (Ordres), 13845-13888.
RENCLUS DE MOILIENS, 15212.

RÉVOLUTION (Histoire de la), 13713-13717, 13736.
RICHARD DE FOURNIVAL, 15213.
ROLAND (Mémoires de Mme), 13736.
ROMAINE (Histoire), etc., 13428-13461.
RONCISVALS (Roman de), 15108.
ROSE (Roman de la), 15109.
RUSSIE, 14637-14638.

SAINCTOT (Mémoires de), 14117-14120.
SAINT-ÉVREMOND (Œuvres de), 13214, 13215, 15263-15265.
SAINT-GELAIS, 13761.
SAINT-MICHEL (Ordre de), 14361-14365.
SAINT-SIMON (Mémoires de), 13730, 13731.
SAINTS (Vies de), 13496-13514.
SECRÉTAIRES du roi, 14019-14022.
— Voir *Chancellerie*.
SUÈDE, 14639.
SUISSE, 14655-14660.

THÉATRE, 15043-15093.
THOMAS de Cantorbéry (Vie de S^t), 13513.
TILLEMONT (Le Nain DE), 13198, 13433-13435, 13465-13486, 13746-13753.
TOURAINE (Anjou, Maine et), 14538-14540.
TROPHIME (Vie de S^t), 13514.
TURQUIE, 14679.

VENDÔME (Campagnes du duc DE), 14169-14178.

VÉNERIE, 14123-14126.
VIES DE SAINTS, 13496-13514.
VIE DES PÈRES, 15110.
VILLEHARDOUIN (Geoffroi DE), 15100.
VOLTAIRE, 13352, 13353, 15204, 15208, 15284, 15285.

VOYAGES, 13372-13381, 14680-14683.

WATRIQUET DE COUVIN, 14968.
WILHAM DE WADINGTON, 14959.

XIMENÈS (François), 13210, 13211.

MANUSCRITS FRANÇAIS

DE LA

BIBLIOTHÈQUE NATIONALE

13091. Psautier latin-français.

Cf. S. Berger, *Bible française au moyen âge*, p. 353-354. — Sur le fol. 1, on lit : « Le Psaultier, qui est en latin et en françois, est à Jehan, filz de roy de France, duc de Berry et d'Auvergne, conte de Poitou, d'Estampes, de Bouloingne et d'Auvergne. — J. Flamel. »

Grandes miniatures attribuées à André Beauneveu.

XIVe siècle. Parchemin. 272 feuillets à 2 col. 250 sur 175 millimètres. Rel. maroquin citron, aux initiales enlacées CEP. (Supplément français 2015.)

13092. Psautier français, en vers.

Publié par Fr. Michel, à la suite de son édition du Psautier de Montebourg (1860). Cf. J. Bonnard, *Traductions de la Bible en vers français*, p. 132-133.

XIVe siècle. Parchemin. 114 feuillets à 2 col. 155 sur 115 millimètres. Rel. maroquin violet. (Supplément français 5145.)

13093. « Manière de réciter les Psaumes au chœur ; » avec notes.

XVIIe siècle. Papier. 191 feuillets. 225 sur 170 millimètres. Cartonné. (« Bibliothèque du Tribunat. » — Supplément français 3917.)

13094. « Les cent-cinquantes Psalmes de David, de la traduction des docteurs catholiques de l'Université de Louvain ; » avec les Cantiques.

XVIIe siècle. Papier. 276 feuillets. 105 sur 70 millimètres. Rel. maroquin noir. (Supplément français 3873.)

13095. « Passion de Jésus-Christ, » traduite du latin en françois, à la requête de la reine Isabeau de Bavière, en 1398.

Début : « Prenant mon commencement de suscitacion du ladre... »

Fol. 57. « Mistere de la Resurrection de nostre sauveur Jesus Christ. Combien que le mistere ait esté de long temps... » — Incomplet de la fin.

XVe siècle. Papier. 109 feuillets à 2 col. 260 sur 195 millimètres. Rel. veau gr. (Supplément français 3182.)

13096. Apocalypse de S. Jean, en français.

Cf. S. Berger, *Bible française*, p. 354-355. — A la fin (fol. 167), on lit : « L'an de l'Incarnation M.CCC. et XIII, le semedi après le sain Donis fut parfais cis Apokapse. Colins Chadewe l'ordinat et l'enluminat. » — Très nombreuses miniatures dans la première partie du volume.

XIVe siècle. Parchemin. 167 feuillets à 2 col. 220 sur 155 millimètres. Rel. peau jaune. (Provient de la bibliothèque des ducs de Bourgogne. — Supplément français 254, 2 *a*.)

13097. « Ordre historique des Pseaumes. »

XVIIIe siècle. Papier. 639 pages. 255 sur 190 millimètres. Cartonné. (Provient « de M. le Mis de Quincy ». — Supplément français 392.)

13098-13100. « Questions préliminaires sur les Pseaumes. »

On lit, au-dessous du titre : « Ce ms., trouvé en 1728 dans les papiers de M. Galart, diacre,... est une copie de l'ouvrage de M. Le Gros sur les Pseaumes,... dont le ms. original se trouve encore en Hollande, où M. Le Gros est décédé en 1751. »

XVIIIe siècle. Papier. 136, 340 et 361 feuillets. 228 sur 165 millimètres. Rel. veau gr. (Supplément français 713.)

13101. « La vie de David, par Prevost d'Herblai, prêtre de l'Oratoire et chanoine de Nevers ; imprimée à Paris, chez La Caille, en 1655. »

Suivie d'une traduction des Psaumes et de Sentiments de divers théologiens sur les Psaumes, etc.

XVIIIe siècle. Papier. 293 et 357 pages. 240 sur 175 millimètres. D. rel. (Provient du Mis de Quincy (1776). —Supplément français 378.)

13102. « Explication des Pseaumes du petit Office de la Vierge, tirrée des Commentaires du cardinal Bellarmin et traduits en françois par sœur Dorieu de St-Bazille, à la prière de la s^r de St-Hiacinthe, touttes deux relligieuses de l'Assomption. »

XVIIe siècle. Papier. 448 feuillets. 270 sur 190 millimètres. Rel. maroquin noir. (Supplément français 5241.)

13103-13108. « Exposition du Cantique des Cantiques, où l'on a inséré les diverses dispositions d'une âme que Dieu conduit à l'état d'union. »

XVIIIe siècle. Papier. 6 volumes de 631, 572, 649, 551, 428 et 429 pages. 155 sur 100 millimètres. Rel. veau gr. (Supplément français 4692, 1-6.)

13109. Méditations et réflexions sur les Évangiles, par l'abbé Feydeau.

Copie de M. Flambart.

XVIIIe siècle. Papier. 146 feuillets. 180 sur 115 millimètres. D. rel. (Supplément français 3082.)

13110. « Paroles de Jésus-Christ au Sermon sur la Montagne. »

XVIIIe siècle. Papier. 578 pages. 240 sur 180 millimètres. Rel. veau fauve. (Supplément français 3944.)

13111. « Traictié de la Passion de nostre trés amoureux et piteulx Rede[m]pteur. »

Début : « Afflictus sum et humiliatus sum nimis... *Ps.* 31⁶. Combien qu'il soit ainssi que les desirs de nous tous... »

XVᵉ siècle. Papier. 108 feuillets. 200 sur 138 millimètres. Cartonné. (Supplément français 3910.)

13112-13136. Explication de la Passion de N. S. Jesus-Christ, par l'abbé DUGUET.

Ms. original, provenant du « P. Dominique de Béthune, capucin de la province de Paris... 1763. » — 22 volumes, tomes I-XXV ; incomplet du t. I ; les tomes II et XIX sont classés plus loin sous les nᵒˢ 24827 et 24828.

XVIIIᵉ siècle. Papier. 311, 753, 1119, 1448, 343, 710, 318, 386, 759, 537, 276, 365, 711, 1065, 288, 723, 396, 1006, 636, 1146, 539, 1118 et 278 pages. 185 sur 130 millimètres. Rel. veau gr. (Provient des Capucins de Sᵗ-Honoré. — Supplément français 3856.)

13137-13141. « Jésus crucifié, » par l'abbé DUGUET.

Ms. original, provenant du « P. Dominique de Béthune, capucin,... 1763. » — 4 volumes, t. I-V ; incomplet du tome II.

XVIIIᵉ siècle. Papier. 818, 461 et 1015 pages. 188 sur 125 millimètres. Rel. veau gr. (Provient des Capucins de Sᵗ-Honoré. — Supplément français 3857.)

13142. « Table des principales matières contenues dans les 5, 6, 7 et 8ᵉ tomes des *Essais de morale* sur les Épîtres et Évangiles. »

XVIIIᵉ siècle. Papier. 149 feuillets. 190 sur 140 millimètres. D. rel. (Supplément français 4682.)

13143. « Actes des Apostres, distribuez par années. »

XVIIIᵉ siècle. Papier. 255 feuillets. 240 sur 175 millimètres. Cartonné. (Supplément français 2677.)

13144. Explication de l'Apocalypse.

XVIIIᵉ siècle. Papier. 114 feuillets. 248 sur 165 millimètres. Rel. parchemin. (Provient de Falconet, nᵒ 244. — Supplément français 4616.)

13145-13163. « Méditations sur la vie publique de Jésus-Christ. »

16 volumes, tomes I-XVIII ; manquent les tomes III, VIII et XII.

XVIII**e** siècle. Papier. 208, 327, 255, 485, 440, 484, 608, 255, 279, 67, 395, 297, 349, 329, 363 et 278 pages. 170 sur 110 millimètres. Rel. maroquin vert. (Supplément français 5107.)

13164-13166. « Méditations sur la vie de Jésus-Christ. »

Tomes I-III.

XVIII**e** siècle. Papier. 328, 312 et 271 pages. 170 sur 110 millimètres. Rel. maroquin vert. (Supplément français 5108.)

13167. Heures, en français, à l'usage de Paris.

Miniatures grossières ; aux fol. 17 et 116, blason peint : d'azur, à six besants d'argent, au chef cousu d'or. — Sur la couverture on lit le nom de : « PALMIERE || MERAUDE. » — Au premier feuillet, l'ex-libris « d'Origny, capitaine de grenadiers au régiment de Champagne. »

XV**e**-XVI**e** siècle. Parchemin. 144 feuillets. 175 sur 120 millimètres. Rel. veau brun. (Supplément français 649.)

13168. Oraisons diverses, en français.

Fol. 48. « Parolles de grant efficace dictes par N. S. Jhesucrist à aucun evesque, nommé Ymbert de Allemaigne, convoitant savoir comment il pourroit mieulx faire sa voulenté. »

Au verso du second feuillet, blason peint, tranché d'argent, chargé de trois besants d'azur, et d'azur, chargé de trois besants d'argent, avec les initiales MM enlacées.

XVI**e** siècle. Parchemin. 51 feuillets. 120 sur 72 millimètres. Rel. bas. (Supplément français 3395.)

13169. Heures, en français.

Sans calendrier et sans miniatures.

XVIe siècle. Parchemin. 129 feuillets. 165 sur 110 millimètres. Rel. veau brun gaufré. (Supplément français 641.)

13170. « Calendrier de la très sainte Vierge, recueilli avec soin de différens auteurs, par (*sic*). »

Tome second. (Août-décembre.)
Fol. 155. « Culte perpétuel de la Ste Vierge. » — Fol. 177. « Pratiques pour honorer l'Enfant Jésus. »

XVIIIe siècle. Papier. 205 feuillets. 165 sur 98 millimètres. Rel. bas. (Supplément français 794.)

13171. « L'Office de saint Louis, roy de France, rédigé en latin par le feu roi Louis XIIIe, mis en vers françois et présenté à Sa Majesté, le jour de Saint Louis 1701, » par LAURENT.

Il y a un autre exemplaire du même office sous le n° 1803 du fonds français.

XVIIIe siècle. Papier. 149 pages. 248 sur 180 millimètres. D. rel. (Supplément français 2243.)

13172. « Litanies pour le Roy, tirées des seules paroles de l'Écriture sainte ; » suivies de prières du matin et du soir, par le R. P. LOIR.

Avec une dédicace à Louis XIV.

XVIIe siècle. Papier. 18 feuillets. 260 sur 180 millimètres. Rel. veau rac. (« Augustins du quartier St-Germain, 1704. » — Supplément français 4670.)

13173. « Noëls et Cantiques pour le tems de l'Avent. »
Textes sans musique.

XVIIIe siècle. Papier. 319 pages. 190 sur 150 millimètres. Cartonné. (Transmission du Département des imprimés, Y. 6115, F. — Supplément français 5865.)

13174. « Instructions et prières très courtes, qui peuvent aider à faire toutes ses actions en esprit et à s'élever à Dieu pendant la journée, à l'usage des filles orfelines de la Miséricorde. »

XVIII⁰ siècle. Papier. 210 pages. 145 sur 75 millimètres. D. rel. (Supplément français 5879.)

13175. « Manuel des Cérémonies romaines,... tome II. Des offices particuliers dans le cours de l'année, ensemble un receuil en abregé de ce qui s'observe dans l'hostel royal des Invalides,... par quelques uns des prestres de la Congrégation de la Mission. 1696. »

XVII⁰ siècle. Papier. 554 pages. 220 sur 165 millimètres. Rel. veau gr. (Provient des Invalides. — Supplément français 2512, 1.)

13176. « Manuel des Cérémonies romaines... Tome II. »
Première partie du même manuel.

XVIII⁰ siècle. Papier. 147 pages. 225 sur 165 millimètres. Rel. veau brun. (Provient des Invalides. — Supplément français, 2512, 2.)

13177. « Traité des anciennes Cérémonies, ou histoire contenant la naissance et accroissement, leur entrée en l'Église, et par quels degrez elles ont passé jusqu'à la superstition, » par Jonas Porrée.

En tête du volume, dédicace en vers à Charles II, roi d'Angleterre.

XVII⁰-XVIII⁰ siècle. Papier. xxx et 133 pages. 245 sur 165 millimètres. Rel. veau brun. (Supplément français 3924.)

13178. « Recueil touchant l'explication du Bréviaire. »
Fol. 97. « Traitté du chant et des instruments de musique. »
Fol. 119. « Remarques touchant les chanoines et les chapitres. »
Fol. 147. « Divers usages dans l'Église d'Occident » et d'Orient.
Fol. 162. « Explication familière des cérémonies de l'Église. »

XVIII⁰ siècle. Papier. 360 feuillets. 205 sur 160 millimètres. Rel. peau grise. (« Ex-lib. Cong. Miss. domus regiæ Invalidorum. » — Supplément français 3132.)

13179. « Traité des heures canoniales et des devoirs d'un chanoine. »

« Présenté par M. Dubois, chanoine de l'église royale de St-Quentin. »

XVIIIe siècle. Papier. 164 pages. 220 sur 160 millimètres. D. rel. (Supplément français 408.)

13180. « De l'eau beniste. »

XVIIIe siècle. Papier. 26 feuillets. 200 sur 158 millimètres. Cartonné. (Provient de l'abbé de Targny. — Supplément français 417.)

13181. « Rituel monastique, » à l'usage d'un monastère de religieuses.

XVIIIe siècle. Papier. 603 pages. 195 sur 145 millimètres. Rel. veau gr. (Supplément français 3918.)

13182. « Explication mystique des cérémonies de la sainte Messe ».

XVIIIe siècle. Papier. 63 feuillets. 210 sur 160 millimètres. Couvert. parchemin. (Supplément français 3089, 1.)

13183. « Explication de quelques cérémonies de la messe et des ornements. »

Par demandes et réponses.

XVIIIe siècle. Papier. 62 feuillets. 220 sur 170 millimètres. Rel. parchemin. (Supplément français 3089, 2.)

13184. « Abbrégé historique des Concil[e]s généraux de l'Église. »

Page 306. « Le Secrétaire moral, par le R. P. J. D. M. »

XVIIIe siècle. Papier. 449 pages. 225 sur 160 millimètres. Rel. veau gr. (Supplément français 2194.)

13185. « Remarques sur les Conciles de l'Église,... attrib[u]ées au R. P. Thomassin... »

A appartenu au P. Damascène Lebret, 1671.

XVII° siècle. Papier. 850 pages. 235 sur 180 millimètres. Rel. veau rac. (« Recollectorum Parisiensium. » — Supplément français 1693.)

13186. « Remarques sur les Conciles. »

XVII° siècle. Papier. 165 feuillets. 240 sur 185 millimètres. Rel. veau gr. (Supplément français 4931.)

13187. Remarques sur « le concile d'Elvyre. »

Fol. 140. « Considérations touchant l'infaillibilité attribuée au Pape en ce qui regarde la foy. »
« Ex dono D. Loiseleur bibliothecæ monasterii S. Martini Pontisarensis. »

XVII° siècle. Papier. 149 feuillets. 230 sur 175 millimètres. Rel. peau verte. (Supplément français 2196.)

13188-13189. « Mémoires sur le concile de Trente, par MM. Du Puy et Le Merre. »

XVIII° siècle. Papier. 790 et 628 pages. 195 sur 150 millimètres. Rel. veau rac. (Supplément français 4941.)

13190-13197. Remarques sur les œuvres des SS. Pères.

Le tome I manque ; il y a deux exemplaires du t. II (mss. 13190 et 13191).

XVII° siècle. Papier. 874, 868, 754, 491, 903, 1068, 1069 à 1522 et 576 pages. 240 sur 180 millimètres. Rel. veau gr. (Supplément français 4668.)

13198. Notes extraites des œuvres des SS. Pères, par Le Nain de Tillemont.

XVII° siècle. Papier. 568 feuillets. 170 sur 110 millimètres. Rel. veau rac. (Supplément français 2013 *bis*, 8.)

13199. Recueil d'opuscules théologiques et canoniques.

On y remarque :
Fol. 1. « Extrait du traité de St Cyprien de la discipline des vierges. »

Fol. 9. « Premier sermon de St Grégoire sur les Évangilles de l'année. »

Fol. 45. « De l'entrée dans les charges pastorales. »

Fol. 65. « Collections sur les Proverbes de Salomon. »

Fol. 93. Explication de l'Ecclésiaste.

Fol. 165. « Traitté de la foiblesse de l'homme. »

Fol. 273. « Discours de la louange et de la gloire. »

XVIIe-XVIIIe siècle. Papier. 385 feuillets. 240 sur 170 millimètres. D. rel. (Supplément français 2675.)

13200. Papiers de l'abbé DE TARGNY, relatifs à l'achèvement de l'édition des œuvres de St CYPRIEN, commencée par Baluze. (1725-1726.)

En tête du volume, lettres originales et autographes de Foncemagne, de D. Maran, de Ch.-L.-Oct. d'Anthelmi, évêque de Grasse, du duc d'Antin à l'abbé de Targny au sujet de l'achèvement de l'édition des Œuvres de S. Cyprien.

XVIIIe siècle. Papier. 88 feuillets. 265 sur 200 millimètres. Cartonné. (Transmission du Département des imprimés, C. 499, 2. — Supplément français 5516.)

13201. « Le premier livre de la Predestination des sainctz, composé par sainct AUGUSTIN, » traduit par Charles FONTAINE, et dédié à François Ier.

XVIe siècle. Papier. 83 feuillets. 260 sur 175 millimètres. Rel. veau brun gaufré. (Supplément français 3380)

13202. « Extrait des Soliloques de S. AUGUSTIN. »

Page 83. « Exercice de piété pendant la Ste Messe. »

XVIIIe siècle. Papier. 111 pages. 170 sur 100 millimètres. Rel. maroquin rouge. (Supplément français 5128.)

13203. « Dyalogues sainct GREGOIRE, » livres I-IV, traduction française

Début : « Quelque jour que je me trouvé fort las... »

Même écriture que le ms. français 13319.

XVIe siècle. Papier. 267 feuillets. 225 sur 160 millimètres. Rel. veau brun gaufré. (Supplément français 2616.)

13204. Homélies de S. Grégoire le Grand sur les Évangiles, traduction française (40 homélies).

Fol. cliii. Sermon anonyme : « Vous, mes frères, qui estes en ceste vie, faittes tellement que au departir, quand vostre char commencera à estre devourée... »

Fol. 161. « Avisemens et enseignemens sur le fait du gouvernement cotidian et sur les choses qui aviennent chascun jour,... faiz pour simples personnes, non clercs,... en langage commun, sans hault stille... » (12 chapitres.)

On lit, en tête du fol. 1, l'ex-libris : « Ce livre est de Nostre Dame d'Ambert, o forest d'Orleans, de l'ordre des Celestins, signé n° 297. »

XVe siècle. Papier et parchemin. 199 feuillets. 250 sur 175 millimètres. Rel. veau rac. (Supplément français 256.)

13205. « Epistre composée par... sainct Bernard, abbé de Clerevaulx, de l'ordre de Cysteaux, envoyée à une syenne fille spirituelle. »

Fol. 41. « Pluseurs devote oresons à Dieu, à Nostre Dame et à pluseurs saincts et sainctes. »

XVe siècle. Papier. 69 feuillets. 128 sur 92 millimètres. Rel. veau fauve. (Supplément français 2036 *bis.*)

13206. « Les Fleurs du parterre de la théologie et philosophie chrétienne, par alphabet. »

Tome II, D-L. — A la fin : « Lenavetier scribebat anno 1690. »

XVIIIe siècle. Papier. 400 pages. 155 sur 95 millimètres. Rel. veau gr. (Supplément français 4687.)

13207. « Traité de philosophie théologique et morale sur la connoissance de Dieu et sur l'incarnation du Verbe... 1710. »

Première partie seule.

XVIII⁰ siècle. Papier. 44 pages. 225 sur 150 millimètres. D. rel. (Supplément français 4590.)

13208. Traité « de l'existence de Dieu. »

XVIII⁰ siècle. Papier. 121 pages. 220 sur 170 millimètres. Rel. maroquin vert. (Supplément français 2143.)

13209. « Le Flambeau de la vérité, où l'on apprendra ce que c'est que Dieu, et ce que c'est de soy mesme, quelle est la grandeur du Christianisme, et la certitude de nostre foy et le véritable moyen de se convertir. — Composé à Reims et achevé le 15ᵉ septembre 1694. »

XVIII⁰ siècle. Papier. IX et 289 pages. 165 sur 100 millimètres. Rel. veau gr. (Provient de l'abbé de Targny. — Supplément français 831.)

13210. « Le livre des Anges, fait et compilé sur le livre de sainct Denis *de triplici gerarchia...*, » par François XIMENÈS, de l'ordre des Frères mineurs, de la province d'Aragon.

On a biffé à la fin (fol. 230) une longue note d'un ancien possesseur du ms : « Ce present livre appartient à (nom biffé) Grasset, demeurant à Vieles, près Beaumont-le Roger... 1590. »

XV⁰ siècle. Parchemin. 230 feuillets. 235 sur 160 millimètres. Rel. maroquin rouge, aux armes du roi. (Supplément français 688.)

13211. Livre des Anges, composé par François XIMENÈS, de l'ordre des Frères mineurs.

On lit au commencement et à la fin : « Ce leivre apertient à Gancian Gilleberz, maistre boullanger en ceste ville d'Estz. »

XV⁰ siècle. Papier. 283 feuillets. 210 sur 140 millimètres. D. rel. (Supplément français 1557.)

13212. « Examen critique des apologistes de la religion chrétienne, 1754 ; » par Fréret.

XVIIIᵉ siècle. Papier. 350 pages. 230 sur 170 millimètres. Rel. maroquin rouge. (Supplément français 2036, 94 *a*.)

13213. « Examen critique du Nouveau Testament, 1755 ; » par Fréret.

II. « Doutes sur la religion, dont on recherche l'éclaircissement de bonne foi, 1754 ; » attribué à Saint-Évremond.

XVIIIᵉ siècle. Papier. 121 et 161 pages. 230 sur 170 millimètres. Rel. maroquin rouge. (Supplément français 2036, 94 *b*.)

13214. « Examen de la religion, dont on cherche l'éclaircissement de bonne foi, attribué à Mʳ de Sᵗ-Évremond. »

XVIIIᵉ siècle. Papier. 183 pages. 220 sur 135 millimètres. D. rel. (Supplément français 1293.)

13215. « Examen, ou doutes sur la religion, dont on cherche l'éclaircissement de bonne foy, » attribué à Sᵗ-Évremond.

XVIIIᵉ siècle. Papier. 276 pages. 220 sur 155 millimètres. Rel. veau rac., aux armes du duc d'Aumont. (« Bibliothèque du Tribunat. » — Supplément français 3915.)

13216. « Explication du Symbole des Apôtres, de l'Oraison dominicale et de la Salutation angélique. »

XVIIᵉ siècle. Papier. 67 feuillets. 220 sur 160 millimètres. Rel. parchemin. (Provient de l'abbé de Targny. — Supplément français 1131.)

13217-13219. « Catechismes de la doctrine chrestienne pour tous les dimanches de l'année. — 1690. »

Au bas du titre, l'ex-libris de : « Sœur De L'Isle, de la communauté de Sᵗᵉ-Agnès, rue Platrière, à Paris. »

XVIIIᵉ siècle. Papier. 414, 609 et 533 pages. 170 sur 105 millimètres. Rel. bas. gr. (Supplément français 1382, 1-3.)

13220. « Petit catéchisme, » suivi d'un « Catéchisme plus ample, ou instructions catholiques. »

XVIIIe siècle Papier. 100 feuillets. 210 sur 155 millimètres. Cartonné. (Supplément français 3095.)

13221. « Catéchisme des nombres, » et « Instruction sur l'importance du catéchisme, » suivie de différents catéchismes.

XVIIIe siècle. Papier. 97 et 67 pages. 208 sur 155 millimètres. Rel. veau gr. (Supplément français 3906.)

13222. « Essai sur le règne temporel de Jésus-Christ, pour servir à frayer la voye au retour des Juifs, » par l'abbé AUBRY. (1766.)

Ms. original, avec le rapport du censeur et une lettre de M. de Sartine à l'abbé Bignon.

XVIIIe siècle. Papier. 278 pages. 245 sur 180 millimètres. Cartonné. (Supplément français 5151.)

13223. Traité de la Charité, ou de l'amour de Dieu.

XVIIIe siècle. Papier. 95 feuillets. 230 sur 170 millimètres. D. rel. (Supplément français 3295.)

13224. Abrégé des Discours de WOOLSTON sur les miracles de Jésus-Christ.

XVIIIe siècle. Papier. 187 pages. 185 sur 115 millimètres. Rel. veau gr., aux armes de Villeneuve de Vence. (Supplément français 3864.)

13225. « L'Unité, la visibilité, l'autorité de l'Église et la vérité renversée par la constitution de Clément XI *Unigenitus*, et par la manière dont elle est reçue. »

XVIIIe siècle. Papier. 126 feuillets. 235 sur 170 millimètres. D. rel. (Provient du Mis de Quincy. — Supplément français 379.)

13226. » Dispositions » nécessaires à un prêtre pour célébrer la messe et remplir ses devoirs.

Incomplet des seize premières « dispositions. »

XVIIIᵉ siècle. Papier. 84 feuillets. 160 sur 105 millimètres. D. rel. (Supplément français 793.)

13227. « Véritable tradition de l'Église sur la prédestination et la grâce, par Mʳ DE LAUNOY, docteur en théologie de la maison et société de Navarre. »

XVIIᵉ siècle. Papier. 126 feuillets. 250 sur 180 millimètres. D. rel. (Transmission du Département des imprimés, D. 1468. — Supplément français 2461, 12.)

13228. « Méditations sur les indulgences. »

XVIIIᵉ siècle. Papier. 349 pages. 175 sur 100 millimètres. Rel. maroquin vert, aux armes de Mesdames de France. (Supplément français 2184.)

13229. « Homilies théologiques et morales de l'Institution catholique contre les hérésies de ce temps, par Nicolas DESGUERROIS, prestre Arcyiois, preschées à Arcies et Macheretz, 1604-1609. »

Cf. les manuscrits français 13328-13329.

XVIIᵉ siècle. Papier. 1087 pages. 180 sur 125 millimètres. Rel. veau fauve. (Supplément français 799.)

13230. Extraits, en français, du *Manuale Christianorum* (Paris, 1754), par « THÉRION, ancien homme de loi de Paris, domicilié à Verrières. » (1805.)

XIXᵉ siècle. Papier. 336 feuillets. 225 sur 175 millimètres. Cartonné. (Supplément français 961.)

13231. « Manuel des chrétiens, ouvrage anonime latin

de 1749, traduit en 1805 par M. Thétion, ancien homme de loi de Paris. »

XIXe siècle. Papier. 208 pages. 225 sur 160 millimètres. D. rel. (Supplément français 961, 2.)

13232. « Méditations d'Ydiotas, homme pieux du XIe siècle sur l'amour de Dieu ; — de S. Anselme sur la rédemption et sur la prière ; — de S. Bernard sur l'âme et la connoissance de soi-même ; traduites par M. Thétion, ancien homme de loi de Paris (1805). »

XIXe siècle. Papier. 73 feuillets. 215 sur 170 millimètres. D. rel. (Supplément français 961, 3.)

13233. Jean de Souabe, Horloge de Sapience.

« Hologe de Sapience,... composé de frere Jehan, de l'ordre des Freres Prescheurs, de la nacion d'Alemaigne, du païs de Souaube, translaté de latin en roumant par Jehan, frère de la nacion de Lourraine, de l'ordre des Freres Meneurs, du couvent de Neufchastel. » (28 avril 1389.)

On lit, à la fin de la table, de première main : « Ce livre apartient a seur Martine Baillette, religieuse de Saint-Anthoine des Champs les Paris. » — Au bas du fol. 1 ce double ex-libris : « Ex bibliotheca Fuliensi S^{tæ} Mariæ de Valle, » et « Ex bibliotheca Fuliensium Parisiensium. »

XVe siècle. Papier. 130 feuillets. 250 sur 195 millimètres. Rel. veau gr. (Supplément français 1551.)

13234. Imitation de Jésus-Christ ; traduction française, en 4 livres.

On lit à la fin (fol. 201) : « Chest livre copiiet par la main d'un homme en l'eage de LXX. ans, et fu parfiunis l'an mille IIIIe LXVIII, le nuit saint Mathieu, en fevrier, et enluminés d'un prestre en l'eage de XXXII ans, le nuit de l'Anunciation de la Verge Marie, en marche. » — Plus bas : « Che livre est à damoiselle Katherine d'Enghien et à sa suer de Fumal ; qui le troeve se leur renge et elle paiieront vollentiers le vin. »

Fol. 204. « Pour avoir aucune congnissance des commandemens de la loy divine. Creature raisonnable doibt considerer... »

XVe siècle. Papier. 214 feuillets. 200 sur 130 millimètres. Rel. veau gr. (Supplément français 3883.)

13235. Jean Germain, « Mappemonde spirituelle. » (1449.)

Avec dédicace au duc Philippe II de Bourgogne.

XVe siècle. Parchemin. 77 feuillets à 2 col. 240 sur 165 millimètres. Rel. veau rac. (Supplément français 254, 17.)

13236. « Avis et instructions sur différens sujets de piété, tirées des œuvres spirituelles de St François de Sales. »

XVIIIe siècle. Papier. 469 et 62 pages. 210 sur 135 millimètres. D. rel. (Supplément français 4496.)

13237. Mélanges ascétiques.

I. « Le vray portrait de celuy qui se consacre à Dieu sous la règle de notre glorieux P. St Benoist. »

P. 15. « Le véritable portrait d'un religieux qui vit saintement dans une communauté. »

II. « Méthode pour s'entretenir avec Dieu. »

XVIIIe siècle. Papier. 74 et 213 pages. 160 sur 100 millimètres. Rel. veau brun. (Supplément français 3882.)

13238. Recueil d'opuscules ascétiques.

Fol. 1. « Réduction simple... de la souvraine consommation d'amour de l'âme amante en Dieu son bienaymé, par le b. h. f. Jean de St Sanson, carme. »

Fol. 22. « Démarches pour monter vers sa dernière fin. » — Fol. 41. « Démarches pour descendre, ou pour montrer la descente de l'âme, ou sortie de son origine. »

Fol. 83. « Estat d'activité amoureuse... de l'âme, » etc.

XVIIe siècle. Papier. 153 feuillets. 160 sur 100 millimètres. Rel. parchemin. (Supplément français 3911.)

13239. « Le Guide spirituel » de Molinos; traduction française.

A la fin : « Scripsit Carolus de La Borie. »

XVIIIe siècle. Papier. 297 pages. 215 sur 160 millimètres. Rel. veau gr., au chiffre de Mortemart. (Supplément français 1121.)

13240. « Pieux et dévot exercice du Chrétien qui aspire à la perfection, rédigé en plusieurs méditations et saints exercices... 1682. »

Au verso du fol. de garde, la mention : « Aux Incurables, pour l'usage des femmes. Sr Louise Tondu. »

XVIIe siècle. Papier. 629 pages. 160 sur 105 millimètres. Rel. veau rac. (Supplément français 4543.)

13241. « Explication des Maximes des Saints sur la vie intérieure, par Messire François DE SALIGNAC FENELON, archevêque duc de Cambray... — Paris, 1697. »

Exemplaire imprimé in-8°, interfolié, avec additions et corrections de la main de Fénelon. — « Donné à la bibliothèque de Sorbonne, au mois d'aoust 1785, par Mme de Froulé, marquise de Créqui. »

XVIIIe siècle. Papier. 272 et 272 pages. 175 sur 110 millimètres. Rel. veau rac. (Supplément français 5149.)

13242. Visions et révélations du frère FIACRE DE Ste-MARGUERITE, Augustin déchaussé de Paris. (1631-1683.)

Ms. autographe. — A la fin du volume, plusieurs lettres de religieuses, témoignant de miracles opérés par l'intercession du Fr. Fiacre, dont le portrait gravé est en tête du volume.

XVIIe siècle. Papier. 303 feuillets. 280 sur 200 millimètres. Rel. veau gr. (Provient des Petits-Pères. — Supplément français 1694.)

13243-13244. « Considérations chrestiennes, » à l'usage de religieuses.

Au verso du feuillet de garde du t. II, on lit le nom de « la sœur de La Caillaudière, hospitalière de S. Thomas de Villeneuve. »

XVIIIᵉ siècle. Papier. 262 et 268 pages. 160 sur 105 millimètres. Rel. veau rac. (Supplément français 5071 et 4686.)

13245. Recueil d'opuscules ascétiques.

Page 1. « La vie de la grâce et de la foy, ou le portrait du parfait chrétien. »

Page 82. « Considérations propres à détromper ceux qui se flattent faussement d'être de vrays chrétiens et de les ramener à la solide vertu. »

Page 199. « Traité de l'amour de Dieu. »

XVIIᵉ-XVIIIᵉ siècle. Papier. 496 pages. 160 sur 100 millimètres. Rel. veau gr. (Supplément français 3912.)

13246. « L'Ouverture du thrésor caché. »

XVIIIᵉ siècle. Papier. 56 pages. 185 sur 130 millimètres. Rel. veau rac. (Supplément français 828.)

13247. « Receuill de plusieurs choses, tirées de divers autheurs : du scilence, — de la vie solitaire, — de la tribulation, — de la vraye philosophie, — de la mort, — du devoir des rois, » etc.

XVIIᵉ siècle. Papier. 195 pages. 200 sur 160 millimètres. D. rel. (Supplément français 663.)

13248. Discours de la Mère Angélique de Sᵗ-Jean ARNAULD, appelés « Miséricordes, » ou recommandations, faites en chapitre, de plusieurs personnes unies à la maison de Port-Royal. (1680-1683.)

30 discours, dans un ordre différent de l'imprimé (Utrecht, 1735, in-12).

XVIIᵉ siècle. Papier. 261 feuillets. 220 sur 160 millimètres. Rel. veau gr. (Supplément français 2620.)

13249. Lettres et réflexions pieuses de l'abbé Brisacier, directeur de Mme de Maintenon, copiées de la main de Mme de Maintenon.

Au dos du volume, le titre : « Juillet. »

XVIIe-XVIIIe siècle. Papier. 102 feuillets. 120 sur 80 millimètres. Rel. veau brun. (Supplément français 1190.)

13250. « Épîtres du vénérable serviteur de Dieu, Messire Antoine Chevalard, mort en odeur de sainteté le 10e mars 1706. »

XVIIIe siècle. Papier. 467 pages. 130 sur 90 millimètres. Rel. veau brun. (Suplpément français 1291.)

13251. « Endroits choisis des lettres du R. P. Claude-François Milley, de la Cie de Jésus, mort en odeur de sainteté en assistant les pestiférés de Marseille, l'an 1720, le 2 septembre. »

XVIIIe siècle. Papier. 181 pages. 180 sur 110 millimètres. Rel. maroquin vert. (Supplément français 1318.)

13252. Lettres d'Armand-Jean Le Bouthilier de Rancé, abbé de la Trappe.

Copies. — 54 lettres.

XVIIIe siècle. Papier. 396 pages. 185 sur 120 millimètres. Rel. veau gr. (Provient de l'abbé de Targny. — Supplément français 647.)

13253. « Lettres spirituelles, » adressées à une religieuse.

Copies. — 40 lettres. (1711.)

XVIIIe siècle. Papier. 71 feuillets. 180 sur 115 millimètres. D. rel. (Provient des Jacobins de St-Jacques. — Supplément français 1716.)

13254. « Lettres à la Croix, » adressées à une religieuse.

Dans la seconde de ces lettres il est question de la promotion de Fr. Bosquet à l'évêché de Montpellier (1657).

XVIIe siècle. Papier. 33 feuillets. 220 sur 170 millimètres. Cartonné. (Supplément français 3803.)

13255. « Recueil des lettres et des écrits de la sœur Anne-Cécille Du Hamel, religieuse de la Visitation, avec quelques éclaircissements ajoutés depuis sa mort. »

XVIIIe siècle. Papier. 222 feuillets. 210 sur 155 millimètres. Rel. parchemin. (Supplément français 2164.)

13256. « Recueil des lettres et des escrits de la sœur Anne-Cécile Du Hamel, religieuse de la Visitation, avec quelques éclaircissements ajoustés depuis sa mort. »

XVIIIe siècle. Papier. 222 feuillets. 150 sur 98 millimètres. Rel. veau gr. (Supplément français 3884.)

13257. « Traitié de la pénitance Adam, translaté du latin en françois, au commandement de... Mgr. de La Gruthuse, conte de Wincestre, etc., par Colard Mansion. »

Copie fac-simile sur vélin, exécutée au XVIIIe siècle, du ms. français 1837.

XVIIIe siècle. Parchemin. 44 feuillets. 230 sur 155 millimètres. Miniature. Rel. maroquin brun. (Supplément français 3377.)

13258. Jean Gerson, *Opus tripartitum*, ou catéchisme en français.

Suivi (fol. 43) de « une briefve maniere de confession pour jones gens. »

A la fin, on lit (fol. 47) : « Ce traitié compila venerable seigneur maistre Jehan de Gerson, docteur en theologie, et chancelier de Nostre-Dame de Paris, pour le salut du peuple chrestien, et l'envoia à l'evesque de Paris, affin que il le feist publier par les curés en toutes les eglises parochiales de son eveschié, par tous diemenches et festes de l'an, en lieu de sermon, comme il appere par l'epistre mise tout au commencement de ce dit traitié. »

Fol. 47 v°. « La priere laquelle on doit faire et prononcier au prone par chascun diemenche en toutes cures et eglises parrochiales... » — A la fin du volume, la mention (fol. 64 v°) : » Et finé xv. jours en mars l'an [M]CCCC et quatre. »

Au verso du second feuillet de garde, en tête du volume : « Ce present livre appartient à M° Marin Lambert, prestre, demeurant à la Neufville-sur-Auneuil » (Oise).

XV⁰ siècle. Parchemin. 66 feuillets. 155 sur 110 millimètres. D. rel. (Supplément français 1255.)

13259. « Régime pour une âme vraiment pénitente. — A Ninive, chez Théophile Contrit, rue de la Paix, à la Persévérance. 1740. »

Suivi de « Règles particulières de conduite. »

XVIII⁰ siècle. Papier. 116 et 154 pages. 180 sur 110 millimètres. Rel. veau gr. (Supplément français 4570.)

13260. « Reflections d'une âme en état de péché, par Madame L. M. D. C. »

XVIII⁰ siècle. Papier. 140 pages. 150 sur 92 millimètres. Rel. maroquin brun. (Supplément français 5123.)

13261. « Pensées chrétiennes sur le mystère de l'Eucharistie, tirées des Pères de l'Église, pour servir de méditation pendant la semaine, etc. »

XVIII⁰ siècle. Papier. 72 pages. 170 sur 100 millimètres. Rel. maroquin olive, aux armes et avec ex-libris de Madame Victoire de France. (Supplément français 5109.)

13262. Recueil de lettres touchant le sacrement de l'Eucharistie et la philosophie de Descartes. (1645-1681.)

Pages 1, 235, 465 et 497. « Objections qui m'ont esté proposées par M. Terson, sçavant Calviniste, que l'on destinoit à être ministre de Charenton, lequel s'est converty au mois de may 1681... »

Page 17. « Copie de la lettre de... M' Denis, advocat du Roy au presidial de Tours,... du 18 juillet 1654, sur la philosophie de M' Descartes appliquée au sujet du S' Sacrement ; » — et autres lettres sur le même sujet du R. P. Viogué, de M. Pastel, « docteur en médecine en Auvergne, » de Dom Robert Desgabetz, du R. P.

Honoré Fabry, de M. Malleval, « théologien demeurant à Marseille, » de « M. Descartes au R. P. Mesland, Jésuite. »

XVIIe siècle. Papier. 409 pages. 180 sur 120 millimètres. Rel. maroquin rouge. (Ex-libris gr. de « Lothar. Frid. de Nalbach, episc. Emausensis... » et de l'abbé Desessarts, 1775. — Supplément français 695.)

13263. « De la Fréquente Communion..., par M. Antoine ARNAULD... Seconde édition. Paris, 1643. »

Imprimé in-4°. — En tête de cette édition on a ajouté une copie de la soumission d'Arnauld au sujet de son livre (14 mars 1644).

XVIIIe siècle. Papier. 790 pages. 235 sur 155 millimètres. Rel. parchemin. (« Ex libris Oratorii Cadomensis. » — Supplément français 1343.)

13264. Méditations sur la Cène, divisées en 99 jours.

XVIIIe siècle. Papier. 615 pages. 210 sur 160 millimètres. Rel. veau gr. (Supplément français 2173.)

13265. « Considérations chrétiennes sur la Communion, » suivies de « Considérations et méditations sur la Communion Paschale. »

XVIIIe siècle. Papier. 246 et 182 pages. 175 sur 105 millimètres. Rel. maroquin olive. (Supplément français 2175.)

13266. « Méditation sur la préparation à la sainte Communion.

XVIIIe siècle. Papier. 288 pages. 175 sur 100 millimètres. Rel. maroquin olive, aux armes de Mesdames de France. (Supplément français 2185.)

13267. « Exercice pour la Communion, écrit par Mlle de Villequoy. »

Suivi de « Pratiques pour vivre chrétiennement,... écrite par elle à Ste Élizabeth,... 1721. »

XVIIIe siècle. Papier. 226 et 211 pages. 160 sur 95 millimètres. Rel. veau gr. (Supplément français 4976.)

13268. Mélanges théologiques.

Fol. 1. « Qu'est-ce que le prestre doibt représenter au malade à la première visite ? » — Ce premier traité est signé : « H. Delparc. »

Fol. 116. « De l'estat heureux et malheureux des âmes souffrantes en purgatoire. » — Incomplet de la fin.

XVIIe siècle. Papier. 173 feuillets. 160 sur 110 millimètres. D. rel (Supplément français 1484.)

13269. Mélanges théologiques.

Fol. 1. « Oraysons selon les sept paroles que nostre Sauveur dist pendent en la croix, » etc.

Fol. 11. « Petit traicté comme la religieuse ce doibt maintenir et gouverner. O creature religieuse... »

Fol. 15 v°. « Doctrine contre ceulx qui ont conscience trop estroicte et scrupuleuse, conposée par maistre Jehan GERSON, docteur. »

Fol. 20. « Deploration St BERNART, abbé de Clervox, sur l'obit et trespas de son frere Girart. »

Fol. 39 v°. Mesure de la plaie du côté du Christ. — Extraits des SS. Pères.

XVe siècle. Papier. 41 feuillets. 130 sur 60 millimètres. D. rel. (Don du marquis de Quincy. — Supplément français 814, 2.)

13270. « Testament de l'âme, ou saintes affections pour aider un chrétien à bien mourir, 1692; » par le « Fr. BARNABÉ, R. P. I. »

XVIIe siècle. Papier. 39 feuillets. 160 sur 105 millimètres. Rel. maroquin rouge. (Supplément français 3908.)

13271. « Exercice de la Mort. »

Méditations sur la mort pour une communauté religieuse. — On lit sur un feuillet de garde, en tête du volume, la mention : « G. B. — Notre-Dame de Consolation à Chassemidy. »

XVIIe siècle. Papier. 596 feuillets. 230 sur 170 millimètres. Rel. veau rac. (Supplément français 3916.)

13272. « Le livre de l'Instruction du cuer de l'ame devote. »

Début : « Les choses qui sont precieuses et qui sont de grant valour... »

XVe siècle. Papier. 152 feuillets. 215 sur 150 millimètres. Rel. veau gaufré. (Don du marquis de Quincy. — Supplément français 717.)

13273. « Dissertation touchant l'amour de Dieu pur et désintéressé,... par un docteur de Sorbonne. — A Mr l'abbé de Louvois. » (1693.)

Page 87. « Diverses preuves tirées de quelques principes de théologie ou de philosophie morale » sur le même sujet.

XVIIe siècle. Papier. 131 pages. 205 sur 155 millimètres. D. rel. (Provient de l'abbé de Targny. — Supplément français 790.)

13274. « Cantique de l'Amour divin, divisé en trois livres, selon les trois voies de purgation, d'illumination et d'union... »

XVIIe siècle. Papier. 341 pages. 220 sur 170 millimètres. Rel. veau gr. (Supplément français 3813.)

13275. Mélanges ascétiques.

Page 1. « Adresse pour tendre à l'union divine, tableau racourcy de tout ce qu'on doit faire pour s'unir à Dieu parfaitement. »

Page 171. « Le Cantique des cantique de Salomon, interprété selon le sens mistique et la vraie représentation des états intérieur. »

Page 357. « Estat de l'âme attirée à se convertir par diverce sentiment et sur les poursuite que Dieu fait à cette ame. »

XVIIIe siècle. Papier. 585 pages. 145 sur 95 millimètres. Rel. veau gr. (Provient de l'abbé de Targny. — Supplément français 810.)

13276. « La dévotion au Sacré Cœur de Jésus. »

XVIIIe siècle. Papier. 202 et 119 pages. 185 sur 110 millimètres. Rel. maroquin olive, avec ex-libris gr. de Madame Victoire de France. (Supplément français 5110.)

13277. « Le livre de Perfection, fait par Robert Ciboulle, ingigne (*sic*) maistre en theologie, chanoine de Paris et chancelier d'icelle. »

XVᵉ siècle. Parchemin. 123 feuillets. 220 sur 150 millimètres. D. rel. (Supplément français 787.)

13278. Mélanges ascétiques.

I. « Moyens d'eslever l'âme à la plus éminente perfection du Christianisme dans la vie intérieure. »
II. « Du don de foy et du Sᵗ Sacrement, » etc.

XVIIIᵉ siècle. Papier. xi-151 et 55 pages. 165 sur 100 millimètres. Rel. veau gr. (Supplément français 4542.)

13279. « L'Art de la perfection chrétienne, traduit de l'italien du cardinal Sforce Pallavicini, sur l'édition de Venise, 1666 ; dédié à Mgr. le comte de Provence, 1771 ; » par l'abbé Parmentier.

XVIIIᵉ siècle. Papier. xxv et 131 pages. 220 sur 175 millimètres. Rel. maroquin rouge, aux armes du comte de Provence. (Supplément français 2171.)

13280. « La Prière des familles chrestiennes et l'instruction facile du bon employ du temps, » par M. l'abbé de Biogeau, confesseur du « monastère de la Conception Notre-Dame » de Paris.

XVIIᵉ sècle. Papier. 151 feuillets. 220 sur 165 millimètres. Rel. veau gr. (Provient des religieuses de la Conception, de Paris. — Supplément français 3886.)

13281. Recueil de prières, composées par le P. Griffet.

XVIIIᵉ siècle. Papier. 204 pages. 180 sur 115 millimètres. Rel. maroquin rouge. (Supplément français 5121.)

13282. « Méditations chrétiennes, tirées de l'Écriture sainte et des Pères de l'Église, et traduites d'un ancien manuscrit latin. »

Cinquante et une méditations.

XVIII° siècle. Papier. 454 pages. 215 sur 175 millimètres. Rel. maroquin rouge. (Supplément français 3204.)

13283. Méditations pour une retraite de dix jours.

XVII° siècle. Papier. 89 feuillets. 160 sur 110 millimètres. Rel. parchemin. (Supplément français 3400.)

13284. « La Journée sainte. »

Page 209. « Sainctes reflections sur la confiance en Dieu et sur la conformité de nostre volonté à la sienne. »

XVII° siècle. Papier. 398 pages. 160 sur 105 millimètres. Rel. maroquin noir. (Supplément français 3872.)

13285. Méditations sur l'humilité, l'humilité spirituelle, l'admiration de la miséricorde de Dieu, la retraite et le silence.

XVIII° siècle. Papier. 96 pages. 145 sur 100 millimètres. Rel. parchemin. (Supplément français 3929.)

13286. Méditations et prières, à l'usage des religieuses de la Visitation.

Fol. 70. « Les sainctes affectations d'une âme, qui doit combattre les craintes de son salut et mettre saintement sa confiance en Dieu. »

XVIII° siècle. Papier. 113 feuillets. 160 sur 105 millimètres. Rel. veau gr. (Supplément français 3902.)

13287. Méditations pour une retraite de cinq jours.

XVIII° siècle. Papier. 121 feuillets. 190 sur 135 millimètres. Cartonné. (Supplément français 3939.)

13288. « Conduite pour la confession et communion, avec les prâtiques dévotes pour tous les jours de la semaine. »

XVIIe-XVIIIe siècle. Parchemin. 34 feuillets. 105 sur 65 millimètres. D. rel. (Supplément français 1292.)

13289. « Méditations pour tous les jours de la sepmaine sur les fruits qu'une âme chrétienne doit tirer de la pensée de la mort. »

XVIIe siècle. Papier. 118 feuillets. 180 sur 120 millimètres. Rel. veau brun. (Supplément français 3876.)

13290. « Entretiens de l'âme fidèle avec Jésus. — Pour le mois de fevrier. »

XVIIIe siècle. Papier. 335 pages. 190 sur 145 millimètres. Rel. maroquin rouge. (Supplément français 2179.)

13291. « Entretien avec Jésus pour tous les jours du Carême. »

XVIIIe siècle. Papier. 160 feuillets. 175 sur 110 millimètres. Rel. maroquin rouge fleurdelisée. (Supplément français 2202)

13292-13294. « Méditations pour tous les jours de l'année et pour les festes principales, par le R. P. Pierre DE VERTHAMONT, de la Cie de Jésus. »

13292. 1re partie. Avent Cendres. — 263 feuillets.
13293. 2e partie. Cendres-Pentecôte. — 326 —
13294. 3e et 4e parties. Pentecôte-Avent. — 418 —

XVIIIe siècle. Papier. 3 volumes. 220 sur 160 millimètres. Rel. parchemin. (« Ex libris. Cong. Missionis regiæ domus Invalidorum. » — Supplément français 2640, 1-3.)

13295. « Courts sujets de méditations pour tous les jours de l'année. »

XVIIIe siècle. Papier. 275 feuillets. 155 sur 100 millimètres. Rel. veau rac. (Supplément français 3909.)

13296. « Table alphabétique des principales matières contenues dans les sept premiers volumes de l'*Année chrétienne* de Mʳ Le Tourneur. »

XVIIᵉ siècle. Papier. 171 feuillets. 235 sur 170 millimètres. D. rel. (Supplément français 3858.)

13297. Traité « de la solitude des épouses » de Jésus-Christ.

« Envoyé de Dijon à la Bibliothèque du roy par le P. Oudin, jésuite. »

XVIIIᵉ siècle. Papier. 135 feuillets. 90 sur 50 millimètres. Rel. veau brun. (Supplément français 817.)

13298. « Solitude de huit jours, du R. P. Jaque Nouët, traduite du latin... 1676. »

XVIIᵉ siècle. Papier. 71 feuillets. 180 sur 130 millimètres. Rel. veau gr. (Provient de la « Visitation Sᵗᵉ-Marie, rue Sᵗ-Antoine. » — Supplément français 3920.)

13299. Recueil de méditations, à l'usage d'une communauté religieuse.

Avec les « Motifs qui doivent porter les âmes à prendre, outre les oraisons communes, quelques jours pour la retraite et vacquer plus sérieusement à leur salut. »

Sur le feuillet de garde, la mention : « G. B. Notre-Dame de Consolation à Chassemidy. »

XVIIᵉ siècle. Papier. 178 feuillets. 220 sur 165 millimètres. Rel. parchemin. (Supplément français 4586.)

13300. Recueil de méditations, à l'usage des religieuses de la Visitation Sᵗᵉ-Marie de Compiègne.

XVIIᵉ-XVIIIᵉ siècle. Papier. 100 feuillets. 160 sur 110 millimètres. Couvert. parchemin. (Supplément français 3401.)

13301. « Méditations pour huit jours d'exercices. »

Sur le feuillet de garde, la mention : « G. B. Notre-Dame de Consolation à Chassem[id]y. »

XVIIe siècle. Papier. 150 pages. 220 sur 160 millimètres. Rel. parchemin. (Supplément français 4578.)

13302. « Retraite de dix jours. »

XVIIIe siècle. Papier. 237 pages. 220 sur 160 millimètres. Rel. maroquin olive, aux armes et chiffre de Madame Adélaïde de France. (Supplément français 3198.)

13303. « Retraite spirituelle de trente jours, par le Père JUDES, de la Cie de Jésus. — 1773. »

XVIIIe siècle. Papier. 509 pages. 205 sur 165 millimètres. Rel. bas. rac. (Supplément français 3070.)

13304. Somme le roi, attribuée à Frère LAURENT, Dominicain; première, deuxième et troisième parties.

Voir sur ce ms. un art. de M. P. Meyer dans la *Romania* (1894), t. XXIII, p. 449.

XIIIe siècle. Parchemin. 57 feuillets. 160 sur 115 millimètres. Rel. maroquin noir. (Provient de l'abbaye de Moyen-Moutier. — Supplément français 5144.)

13305. « Traictié de la vanité des choses mondaines, fait l'an mil IIII^c soixante, à la instance de seur Jehanne Giraude, … de Nostre-Dame de Longchamp, par… frere Jehan BERTHELEMY. »

A la fin, un ancien ex-libris : « Ce livre est de Saincte Clere de Grenoble. » — Plus bas, une signature, à l'encre rouge, peut-être celle du copiste : « Gryole. »

XVe siècle. Papier. 66 feuillets. 210 sur 140 millimètres. Rel. peau. (Supplément français 3052.)

13306. « Petit Jardin des vertus chrétiennes nécessaires aux âmes qui cherchent leur salut simplement et sans artifice. — 1685. »

Au bas du titre : « Ex-libris H. Lenavetier, presbyteri. »

XVIIe siècle. Papier. 445 pages. 165 sur 110 millimètres. Rel. veau rac. (Supplément français 3871.)

13307. « Cas de conscience. — On demande s'il est permis de suivre les modes, et, en particulier, si l'usage des paniers peut estre souffert. »

XVIIe siècle. Papier. 12 feuillets. 200 sur 135 millimètres. Cartonné. (Supplément français 3475.)

13308. « Table des matières des cas de conscience de M. Pontas, avec leurs décisions en abrégé, par alphabétique... 1724. »

XVIIIe siècle. Parchemin. 215 feuillets. 200 sur 155 millimètres. Rel. veau gr. (Supplément français 3139.)

13309. « Questions sur la morale. »

Sans réponses.

XVIIIe siècle. Papier. 242 pages. 245 sur 180 millimètres. D. rel. (Supplément français 4593.)

13310. « Questions sur la morale. »

Mêmes questions ; avec les réponses.

XVIIIe siècle. Papier. 133 feuillets. 245 sur 180 millimètres. D. rel. (Supplément français 4594.)

13311. Recueil d'extraits divers.

Fol. 1. « Pieuses considérations selon les mouvemens du cœur, soutenues de quelques passages de l'Écriture sainte et des Pères. »

Fol. 32. « Instructions » pour différentes fêtes de l'année.

Fol. 48. « Diversités utiles et agréables. » — Remarques sur divers livres.

Fol. 132. « Remarques sur les Mémoires de l'Église, par M. Le Nain de Tilmond. » — Fol. 158. « Remarques tirées du Traité des études monastiques, par Dom Jean Mabillon, » etc.

Fol. 204. « Notion des livres contenus dans l'Ancien Testament et de ce qu'ils renferment. » — Remarques sur divers ouvrages.

Fol. 263. « Les XIIII commandements des Jansénistes, » etc. — Fol. 280. « Les prodiges singuliers de la vie de Mr Pascal, par Mr Perault, de l'Académie françoise, » etc.

Fol. 351. « Coment le cors mons S. Magloire fut tranlatté de la chasse de fust en la chasse d'argent. » (1315.) Publié dans le *Martyrologe universel* de Chastelain.

Fol. 359. Note sur la « Dixme royalle » de Vauban.

XVIIe-XVIIIe siècles. Papier. 365 feuillets. 165 sur 105 millimètres. Rel. veau fauve. (Supplément français 795.)

13312. « Principes de morale, avec les décisions précises de toutes sortes de cas de conscience les plus difficiles et les plus embarrassans. On trouve aussi à la fin du volume plusieurs traits d'histoire et de littérature assés intéressans. »

Au fol. 4, on lit que « ce recueil est de feu M. Jubé, prêtre. — Il y a, en tête, une table du contenu du volume.

Fol. 255. « Remarques sur l'histoire ecclésiastique, à commencer depuis Adam. »

Fol. 290. « Remarques sur la république des lettres. »

XVIIIe siècle. Papier. 304 feuillets. 170 sur 110 millimètres. Rel. veau fauve. (Supplément français 796.)

13313. « Devoirs de l'esprit et du cœur dans une âme chrétienne, en ce qui regarde la pratique des commandemens en général, et ceux de la première table en particulier. »

XVIIIe siècle. Papier. 76 feuillets. 165 sur 110 millimètres. Rel. veau brun. (Supplément français 797.)

13314. Sermons français de Maurice de Sully.

Cf. P. Meyer, *Romania*, V, 469. — On lit à la fin (fol. 102 v°) : « Expliciunt sermones Ma[u]ricii, episcopi Parisiensis, de singulis dominicis diebus et de festivitatibus per totum anni circulum dicendi, in gallico ydiomate. »

XIII[e] siècle. Parchemin. 102 feuillets. 190 sur 115 millimètres. Rel. veau brun. (Supplément français 2036, 18.)

13315. Sermons français de Maurice de Sully.

Incomplet de la fin. — Cf. P. Meyer, *Romania*, V, 469. — Fol. 103. Sermons français anonymes, incomplets du début et de la fin, pour Noël, l'Ascension et diverses fêtes ; il y a un sermon latin (fol. 111). (Lecoy de la Marche, *Chaire française*, 2e éd., p. 531.)

On lit, en tête du fol. 1, l'ex-libris « Majoris Monasterii » de Tours. Cf. L. Delisle, *Notices et extraits des mss.*, XXXI, 1, 226.

XIIIe siècle. Parchemin. 122 feuillets. 175 sur 115 millimètres. Rel. maroquin bleu. (Provient de A.-A. Monteil. — Supplément français 2515, 1.)

13316. Sermons français anonymes sur la Pénitence, pour le carême.

A la suite (fol. 65) cinq sermons latins sur l'Avent, Noël, les Rameaux et Pâques ; les deux derniers sont presque entièrement de Maurice de Sully. (Lecoy de La Marche, *Chaire française*, 2e éd., p. 532.)

XIIIe siècle. Parchemin. 74 feuillets. 175 sur 115 millimètres. Rel. maroquin bleu. (Provient de Marmoutiers, puis de A.-A. Monteil. — Supplément français 2515, 2.)

13317. Sermons français de Maurice de Sully.

Cf. P. Meyer, *Romania*, V. 472, et Lecoy de La Marche, *Chaire française*, 2e éd., p. 521.

XIIIe siècle. Parchemin. 93 feuillets. 152 sur 100 millimètres. Rel. veau gr. (Provient des Carmes de Dijon. — Supplément français 254, 23.)

13318. Sermons de Jean Gerson, en français.

Ce recueil débute par un sermon sur les Apôtres. — Au bas du fol. 1, la mention : « Ex bibliotheca Fuliensium Parisiensium. »

XV⁰ siècle. Parchemin. CLXXX feuillets. 185 sur 140 millimètres. Rel. veau brun. (Supplément français 1635.)

13319. Sermons en français, pour différentes fêtes, et dont plusieurs ont été prêchés à des religieuses par Jacques MERLIN, pénitencier de Paris.

Ce recueil débute par un « Sermon du benoist sainct Michel et de tous les benoistz sainctz anges. »

Fol. 47 v°. « Sermon tresdevost faict par nostre venerable et bon pere maistre Jacques Merlin, penitencier de Paris, à une visitacion, en chappitre. » — Fol. 53 v°. « Second sermon, » du même. — Fol. 60 v°. Autre sermon du même, « à une vesture, » etc.

Ms. incomplet des derniers feuillets. — Même écriture que le ms. français 13203.

On lit, au bas du fol. 1 : « A seur Denise Parfaict ; ora pro ea. »

XVI⁰ siècle. Papier. 116 feuillets. 205 sur 145 millimètres. D. rel. (Supplément français 3174.)

13320. Sermons prêchées par le Père DESMARES dans différentes églises de Paris. (1669-1673.)

XVII⁰ siècle. Papier. 389 pages. 225 sur 165 millimètres. D. rel. (Supplément français 3134.)

13321. « Oraison funèbre d'Anne Maurice d'Austriche, reyne de France et de Navarre, prononcée dans l'église des prestres de l'Oratoire, par le R. P. MASCARON. »

A la suite (fol. 56) divers sermons de Mascaron, ou d'autres prédicateurs.

XVII⁰ siècle. Papier. 152 feuillets. 240 sur 180 millimètres. Rel. veau rac. (Provient des Capucins de St-Honoré. — Supplément français 1695.)

13322. « Recueil en abregé de plusieurs sermons sur les festivales de toute l'année, ensemble quelques méditations pour la retraite, et plusieurs sermons pour les missions ; fait à l'hostel royal des Invalides. 1702. »

Cf. le ms. français 13330.

XVIIIe siècle. Papier. 448 pages. 210 sur 140 millimètres. Rel. veau brun. (Provient des Invalides. — Supplément français 3090.)

13323-13326. Recueil de sermons.

XVIIIe siècle. Papier. 514, 245, 474 et 255 feuillets. 240 sur 180 millimètres. Rel. parchemin. (Supplément français 4671, 1-2, 258 et 506.)

13327. Recueil de sermons.

XVIIe siècle. Papier. 849 pages. 235 sur 175 millimètres. Rel. peau. (Supplément français 373.)

13328-13329. « Adorations, hommages, honneurs deuz et renduz à la Ste Trinité,... à la Ste Vierge... et aux sainctz, selon le cours de leurs vie et mystères, rédigées, parties en prédication et partie en conférences spirituelles, par Marie-Nicolas Desguerrois,... penitentier de Troies. 1639. »

Cf. le ms. français 13229.

XVIIe siècle. Papier. 247 et 207 feuillets. 175 sur 110 millimètres. Rel. parchemin. (Supplément français 800.)

13330. « Receüil en abregé de plusieurs sermons sur les Dominicales et festes mobiles de l'année... ; fait à l'hôtel royal des Invalides. 1702. »

Cf. le ms. français 13322.

XVIIIe siècle. Papier. 247 pages. 215 sur 135 millimètres. Rel. veau brun. (« Ex lib. Cong. Miss. domus regiæ Invalidorum. » — Supplément français 3561.)

13331-13332. « Épîtres et Évangiles de tous les dimanches de l'année, avec de courtes instructions sur chaque évangile, les prières du prône et le petit catéchisme du diocèse de Chartres. 1775. »

XVIIIe siècle. Papier. 540 et 577 pages. 240 sur 180 millimètres. Rel. veau rac. (Supplément français 3936, 1-2.)

13333. « Explications morales des Épîtres et Évangiles des dimanches et fêtes, apliquée à la communion pour se conformer à l'Église et suivre son esprit dans les diférens mistères qu'elle nous propose... »

Mois de décembre seulement ; avec quelques notes ajoutées.

XVIIe siècle. Papier. 479 pages. 220 sur 160 millimètres. Rel. maroquin noir. (Supplément français 3941.)

13334. Conférences et instructions, données à Cœuvres.

XVIIIe siècle. Papier. 166 pages. 235 sur 170 millimètres. D. rel. (Don de M. le marquis de Quincy. — Supplément français 377.)

13335. « Conférences sur le *Pater*. »

Page 317. « Explication du Pseaume 50e, *Miserere mei, Deus*, par le P. Biseault. »

XVIIIe siècle. Papier. 364 pages. 190 sur 130 millimètres. Rel. veau rac. (Supplément français 3093.)

13336. « Paraphrase de la prose du St Esprit : *Veni, Sancte Spiritus*. »

XVIIIe siècle. Papier. 24 feuillets. 160 sur 90 millimètres. Cartonné. (Supplément français 3865.)

13337. Mélanges de controverse.

XVIIe-XVIIIe siècle. Papier. 155 feuillets. 240 sur 180 millimètres. Couvert. parchemin. (Supplément français 269.)

13338. « Examen de la doctrine de Mrs Thaumassin et Capiton. »

XVIIe siècle. Papier. 89 feuillets. 150 sur 90 millimètres. D. rel. (Provient de Noailles. — Supplément français 825.)

13339. « Brief esclaircissement des principales difficultés qu'on remarque dans un livre composé contre *Optatus Gallus*, par Pierre DE MARCA. »

Cf. le ms. français 10535.

XVIIe siècle. Papier. 91 feuillets. 230 sur 170 millimètres. Cartonné. (Provient du Collège des Jésuites de Clermont, à Paris. — Supplément français 1107.)

13340. « Propositions extraites de l'*Année chrétienne*, » de l'abbé Le Tourneur (1705-1712), par l'abbé FICHANT.

XVIIIe siècle. Papier. 68 pages. 230 sur 170 millimètres. Cartonné. (Supplément français 3643.)

13341. « Traduction des passages du livre de l'Action de Dieu sur les créatures. »

XVIIIe siècle. Papier. 262 pages. 190 sur 140 millimètres. Rel. basane. (Supplément français 3091.)

13342. Mélanges théologiques.

Fol. 1. « Le Dialogue del piere et del filz. Aunciennement n'esteit nul baptizé devant qu'il fust en aage... » — Incomplet de la fin.

Fol. 28. « Tractatus beati EDMUNDI DE PONTINIACO, qui vocatur Speculum in contemplacione deitatis Domini nostri Ihesu Christi. » Début : « *Videte vocationem vestram.* Ces moz de apostelle pertent a voz, genz de religion... »

Fol. 45. « Ceo que vous devez fere et penser à chascon point de la messe. » — Avec miniatures représentant les différentes cérémonies de la messe.

Fol. 49. « Beatus Jeronimus hoc modo disposuit hoc Psalterium, ubi angelus Domini docuit eum per Spiritum Sanctum. — Verba mea auribus percipe, Domine... »

XIVe siècle. Parchemin. 53 feuillets. 205 sur 125 millimètres. Rel. veau rac. (Supplément français 254, 9.)

13343. « Extraits de quelques sermons de St Jean Chrisostome, touchant la pauvreté volontaire et évangélique ; — de St Cyprien, de la discipline des Vierges ; — de St Basile, dans son traité de la vraye Virginité ; — d'un sermon de St Augustin, touchant l'humilité des Vierges, et dans son traité de la sainte Virginité ; — de la lettre troisième de St Fulgence, evesque de Ruspe, à la vierge Probe, et à Galla, des devoirs d'une veuve. »

XVIIe siècle. Papier. 226 feuillets. 220 sur 160 millimètres. Rel. maroquin rouge. (Supplément français 2644, 1.)

13344. Mélanges théologiques.

Page 1. « Explication de l'office de l'Église et du mérite de la prière faite en commun. »

Page 247. « Considérations pour le jour de la feste du St Sacrement. »

Page 286. « Plusieurs considérations depuis le IVe dimanche de l'Advent jusques après la Résurrection. »

On lit au verso du premier feuillet de garde : « Ce livre a esté à Mre René Renault de Sévigné, bienfaicteur de ce monastère, décédé le 16e mars 1676, et toutes les considérations de Mr de S. Ciran, qui en font la plus grande partie, ont esté écrites par luy. »

XVIIe siècle. Papier. 504 pages. 165 sur 110 millimètres. Rel. maroquin rouge. (Supplément français 2644, 2.)

13345-13346. Mélanges théologiques.

Copies et extraits.

I (13345).

Fol. 1. « Conférences tenues au château episcopal de Marquez, diocèse de Cahors (1649). »

Fol. 18. « Conférences des évêques de Languedoc. » (Oct. 1659-juin 1660.)

Fol. 35. « De la vocation à l'état ecclésiastique. » — Fol. 40 v°. « De la dignité de l'état ecclésiastique. » — Fol. 44 v°. « Doctrine des actions humaines en général. »

Fol. 52. « Conférences sur l'état ecclésiastique. » (Nov. 1687-mai 1688.)

Fol. 82. « Joannis Launoii... adversus certos quosdam homines novarum de passivo Virginis Conceptu sanctionum avidos præscriptiones quatuordecim, A. D. 1677. » — Fol. 107. « Remarques sur les Prescriptions de Mr de Launoy Concernantes la Conception de la Vierge. » — Fol. 146. « In gesta Facultatis Theologiæ Parisiensis de Conceptione Virginis considerationes. » — Fol. 161. « Mémoire pour la réponse à la démonstration de l'état de la faculté de Théologie de Paris en ce qui regarde la Conception de Nostre Dame. »

Fol. 234. « Loix civiles des mariages dans les quatre premiers siècles de l'Église ; si elles ont pû en estre la règle. » — Fol. 252. « Des mariages chrétiens pendant les quatre premiers siècles, et quelle en estoit la règle selon les Pères et la tradition. » — Fol. 262. « Des anciennes et principales erreurs sur le mariage. »

Fol. 272. « Vesperie de Mr Leulier. » — Fol. 296 v°. « Défense d'une proposition de la Vesperie du sieur Leullier, que M. de Launoy a improuvée. » — Cf. fol. 348.

Fol. 304. « Reflexions chrétiennes sur un récit et des discours qui se trouvent dans un registre du Parlement, du 16e fevrier 1677, » au sujet du *De regia in matrimonium potestate* de Launoy, imprimé en 1674.

Fol. 354. « Lettre d'un amy à un auttre sur le trespas de Me Jean Hollande, docteur en théologie et curé de S. Sauveur à Paris. — 1628. »

Fol. 370. Lettre adressée au pape Innocent XI par quelques évêques de France, et « lettre circulaire envoyée à tous Mgrs. les évesques de France par Mgrs. les Agens du Clergé, par ordre du Roy, » au sujet de la lettre précédente, et autres lettres sur le même sujet (1677).

Fol. 386. « Coppie d'une lettre de M^r l'archevesque de Reims à Mr Courcier, théologal de Paris, » etc., au sujet de livres condamnés.

Fol. 400. « Considérations sur le raport qui fut fait en la Faculté de Théologie, le 5 novembre 1646, de l'Histoire des Hospitaliers du St Esprit, pour me servir de justification comme à un de ceux qui ont approuvé cette histoire » ; par Launoy. — Fol. 405. « Remarques sur les considérations » précédentes de Launoy.

Fol. 412. « Profession de Mgr. de... » En vers.

Début :   « Je ne suis ny juif, ny payen,
Ny mahométan, ny chrestien... »

Fol. 416. « Cas de conscience proposé, » pour la confession des religieuses. — Fol. 426. « De la confession des péchez véniels, par M⁵ Arnaud, pour M⁵ de Tournay. » — Suivis d'autres traités sur le même sujet, dont le dernier est attribué à « M⁵ Le Maistre, professeur... de Sorbonne et nommé à l'évesché de Lombez. »

II (13346).

Fol. 1. « Mémoires de l'histoire des dernières hérésies. »

Fol. 13. « Récit de ce qui se passa en Sorbonne quand le frère Arnoud, Jésuite, voulut disputer à la tentative de M⁵ Vigner ; » par M. Fillesac.

Fol. 20. « Extraits d'Edmond Richer en faveur du droit commun contre les privilèges des réguliers. »

Fol. 28. « Patusius Meldensis, ceu sancti Patusii, Meldensis canonici, electi episcopi, elogium ad Meldenses neophytos. » — Fol. 45. « Celinia Meldensis, declamatio. »

Fol. 58. « Ad vigilantissimos parochos Parisienses epænetica et parænetica a D. Jullien, doctore theologo Parisiensi. »

Fol. 62. « Qu'est-ce que le droit commun ? » — Fol. 70. « Privileges exorbitants que les Papes ont donné aux moines contre la disposition des Conciles et qui depuis ont esté revoquez. »

Fol. 93. « Coppie d'une lettre écrite par une dame... touchant les sentimens qu'on a aujourd'huy de l'infaillibilité du Pape. »

Fol. 100. « De la canonization des saints. » — Fol. 118. « Des indulgences. » — Fol. 126. « De la béatification. »

Fol. 130. « De l'ordre des Capucins. »

Fol. 138. « De la communion sous les deux espèces, dont M⁵ l'évesque de Meaux est auteur, et publié en 1682, » par « M⁵ Jullien. »

Fol. 147. « Quelles sont les paroles de la consécration de l'Eucharistie ? »

Fol. 205. « Difficultez à résoudre par le frère Du Moulinet, de Sᵗᵉ-Geneviève, pour soutenir ses Reflexions sur les chanoines, imprimées l'an 1672 et 1673. »

Fol. 209. « Des évesques. »

Fol. 231. « Police de la cour de Rome, tant pour le spirituel que pour le temporel. »

Fol. 251. « Epistola vicariorum generalium cardinalis Retzii ad SS. PP. Alexandrum VII. »

Fol. 259. « Harangue faite au Roy par le recteur de l'Université de France en 1682. »

Fol. 261. « Exhortation à Mr Grandin et à M^r Le Blond, [chanoines de Noyon,] d'aller à Noyon résider, » par François de Clermont, évêque de Noyon.

Fol. 263. « De l'honnesteté, — de la continence, — de la justice. »

Fol. 271. « Méthode de prescher selon l'ordre de la Mission. »

Fol. 272. « Des translations des réguliers. »

Fol. 275. « Lettre de Mr Arnaud touchant la promotion de M. l'abbé de... à l'evesché de... » (10 janv. 1671.) — Fol. 276 v°. « Lettre de Mr Arnaud à Mr Nicolle. » (1680.)

Fol. 279. « Procez criminel contre Jean Grenier, accusé de sorcellerie, sur lequel il y a eu arrests du Parlement, le 6e septembre 1603. » Avis de Mr Filesac.

Fol. 325. « Règles et exercices de piété d'un docteur. » [Mr Dabes, docteur de Sorbonne.]

Fol. 341. « Vers affichez à la porte du Collège de Clermont, lorsqu'ils [les Jésuites] effacèrent l'inscription qui estoit sur leur porte, pour y remettre *Collegium Ludovici magni.* » — *Ibid.* « Monsieur de Benserade au Roy. Sonnet. » — Fol. 342. « Le Catholique françois. » Vers. — Fol. 348. « Vers faits à l'occasion de la foudre qui tomba le jour de St Pierre au Vatican... 1682. » — Fol. 344. « Madrigal sur le Pere Girou et Bourdaloue, 1682. » — Fol. 344 v°. « Sonnet... à l'occasion du Collège du Mans, pris par les Jésuites à la Sorbonne. »

Fol. 345. « Lettre de plusieurs prélats de France à N. S. Père le pape Clément IXe sur la cause de quatre évêques, rendue à Sa Sainteté, le 31e mars 1668 ; » et autres lettres sur la même affaire.

Fol. 305. « Observations sur une prétendue bulle du pape Clément X, touchant les privilèges des réguliers pour la prédication de la parole de Dieu et l'administration de la pénitence. »

Fol. 375. « Plusieurs manières de lire l'Écriture sainte. »

Fol. 379. « Canons du concile de Pamprou. » Satire en vers contre les Jésuites.

Fol. 381. « Remarques contre la signature des Pères de l'Oratoire. »

Fol. 389. « Le Confesseur infidèle, ou prévarications du Père de La Chaise, confesseur du Roy, au préjudice des droits et des intérests de Sa Majesté. »

Fol 405 « Lettres de Mr Arnaud à Mr de Pompone ; » — du cardinal Cibo à Arnaud ; — du pape Innocent XI à Le Camus, évêque de Grenoble ; — de Louis XIV « à Mr Arnaud sur le siège d'Ipres. » (1677-1678.)

Fol. 411. « Ordonnance de M^{rs} les vicaires-généraux du cardinal de Retz, archevesque de Paris, pour la signature du formulaire... d'Innocent X et Alexandre VII. » — Fol. 412 v°. « Mandement de M^r d'Aleth touchant le formulaire. »

Fol. 416. « Reflexions sur la bulle que les Jésuites publient touchant l'indulgence plénière... appliquée aux fidèles trespasséz. »

Fol. 423. « Profession de foy de M. Chicot, médecin ordinaire de Louis XIII, mort à Senlis en 1680, aagé de 90 années, reçeue par le Père Jean Marie de Senlis, Capucin. »

Fol. 425. « Avis à M^r de La Reynie touchant la recherche, la poursuite et la punition des Jansénistes. » (1682.) — Signé : « de Saule. »

Fol. 439. « Lettre du P. Fabri, Jésuite, pénitentier de Rome, écrite à un de ses amis, à Rome. » — « Lettre de M. Arnaud de Pompone, secrétaire d'estat à M^r l'archevesque de Sens ; » avec la réponse, sur le Jansénisme.

Fol. 445. « Manifeste pour Dom Gabriel Gerberon,... sous-prieur de St-Pierre de Corbie, adressé à Mr de Seignelay. » (1683.) — Signé de Dom Gerberon.

Fol. 451. « Lettre écrite par Mr Arnauld, le 12e de janvier 1683, à Mgr. l'archevesque de Reims, » au sujet de l'*Apologie des catholiques*.

XVIIIe siècle Papier. 447 et 454 feuillets. 220 sur 165 millimètres. D. rel. (Supplément français 3810.)

13347. Mélanges théologiques de Besson, curé de Magny.

I. Page 1. « Traité de la Pénitence, de M. le Curé de [Magny]. »

Pages 222. « Sermon de feu M. le curé de Magny, pour la feste de S¹ Bernard, prêché à P[ort]-R[oyal] [des] Ch[amps]. » (Plusieurs sermons et lettres du même.)

II. Pages 1-28. « Mort de Mʳ Besson, curé de Magny. » Récit signé de « P. Hecquet, médecin. De Paris, le 19ᵉ juillet 1703. »

XVIIIᵉ siècle. Papier. 323 et 28 pages. 215 sur 160 millimètres. Rel. parchemin. (Supplément français 3919.)

13348-13350. « Panegeriques et sermons prononcés par Mʳ l'abbé ***. » [« P.-C.-F. AUNILLON, abbé du Gué de Launay, ministre plénipotentiaire du Roy près de S. A. S. Électorale de Cologne. »]

Il y a une table des sermons en tête de chaque volume; le troisième volume contient un « Catéchisme, ou premiers élémens de la doctrine chrétienne » et des « Lettres écrittes à Madame de G.... religieuse bénédictine. » — Un portrait gravé de l'auteur (1753) est ajouté un premier volume.

XVIIIᵉ siècle. Papier. I : 78, 70, 53, 71, 12, 3 et 27 pages. II : 66, 69, 43, 79 et 57 pages; III : 267 et 65 pages. 240 sur 180 millimètres. Rel. veau rac. (Supplément français 2988.)

13351. « Dissertation sur le Messie, où l'on prouve qu'il n'est pas encore venu, et que, suivant les promesses des Prophètes, qui l'ont annoncé aux Israélites, ils l'attendent avec raison. »

XVIIIᵉ siècle. Papier. 168 pages. 230 sur 160 millimètres. D. rel. (Supplément français 4591.)

13352. « Dictionnaire théologique de Mʳ DE VOLTAIRE. — A Genève. »

XVIIIᵉ siècle. Papier. 306 pages. 210 sur 150 millimètres. Rel. veau rac. (Supplément français 3065.)

13353. « Religion chrétienne analisée, » ou « Analise abrégée des fondemens de la Religion chrestienne, » par VOLTAIRE.

On lit en tête du titre : « C'est le vray manuscrit sur lequel l'ouvrage attribué à V*** a été imprimé, » en 1778, par le marquis Quincy. — Très nombreuses corrections.

XVIIIe siècle. Papier. 141 pages. 180 sur 120 millimètres. D. rel. (Donné par le marquis de Quincy. — Supplément français 830.)

13354. « Remarques sur les canons » de différents conciles.

XVIIe siècle. Papier. 462 pages. 190 sur 130 millimètres. Rel. veau gr. (Provient de l'abbé de Targny. — Supplément français 781.)

13355. « Traitté des bénéfices » et des censures.

Sur la couverture du volume, on lit : « Theologie d'Alet. Tome deuxiesme. »

XVIIe-XVIIIe siècle. Papier. 63 feuillets. 200 sur 160 millimètres. Rel. parchemin. (Supplément français 789.)

13356. « Table propre à faciliter l'étude du droit maritime, dont il est fait mention à la p. 37 de l'ouvrage de M. Groult, imprimé à l'Imprimerie royale, en 1786. »

XVIIIe siècle. Papier. 22 feuillets. 190 sur 125 millimètres. Cartonné. (Supplément français 3937.)

13357. « Recueil des pièces relatives à la législation sur la police des noirs. — Paris, 1778. »

XVIIIe siècle. Papier. 85 pages. 230 sur 180 millimètres. Rel. maroquin rouge, aux armes de M. de Sartines. (Supplément français 5240.)

13358. Recueil de « maximes du droit. »

XVIIe siècle. Papier. 439 pages. 230 sur 170 millimètres. Rel. veau rac. (Supplément français 5394.)

13359. « Introduction à la géographie. » (1733.)

Ex-libris gravé de « Mde la comtesse de Mellet. »

XVIIIe siècle. Papier. 281 pages. 190 sur 130 millimètres. Rel. parchemin. (Transmission du Département des imprimés, G. 535 +1 A. — Supplément français 4495.)

13360-13362. Traité de géographie.

Le second volume est tout entier consacré à la France.

XVIIe-XVIIIe siècle. Papier. 179, 266 et 200 feuillets. 215 sur 160 millimètres. Rel. veau fauve. (Supplément français 4938, 1-3.)

13363. Traité « de la division du monde universel. »

XVIIe siècle. Papier. 98 feuillets. 162 sur 105 millimètres. Rel. maroquin rouge. (Supplément français 3152.)

13364. « La Géographie françoise, contenant les descriptions, les cartes et le blason des provinces de France, par P. Du Val, d'Abbeville. »

Très nombreuses vues de villes, peintes en couleurs. — Cartes de France, des provinces et des autres contrées du monde. — On y a joint des figures de blason (fol. 127).
Toutes les parties laissées en blanc dans cette sorte d'atlas ont été remplies par la copie d'une série de prières, litanies, etc. — Au fol. 134 : « Louanges de la Ste-Vierge, composées en rimes latines par S. Bonaventure et mises en vers françois par P. C. » — Au fol. 239 : « Cantiques spirituels sur les points principaux de la religion et de la morale crestienne, composez sur des airs d'opéra, vaudevilles très connus et sur les chants d'église. »

XVIIIe siècle. Papier. 288 feuillets oblongs. 170 sur 215 millimètres. Couvert. parchemin. (Supplément français 4683.)

13365. « Recueil des inscriptions des remarques historiques et géographiques qui sont sur le globe terrestre de Marly, » exécuté par le. P. Coronelli.

XVIIe siècle. Papier. viii et 194 pages. 235 sur 175 millimètres. Rel. maroquin rouge, aux armes du roi. (Supplément français 4555.)

13366. « Explication des figures qui sont sur le globe terrestre de Marly, » par F. Le Large.

XVIIe siècle. Papier. xvi et 380 pages. 235 sur 175 millimètres. Rel. maroquin rouge, aux armes du roi. (Supplément français 4556.)

13367. « Briefve methode pour apprendre la géographie par divertissement, sans art, sans règles et sans travail, en très peu de temps, par les eaux, les montagnes, sans s'attacher aux dominations, comme font tous les géographes ordinaires, » par Pierre CHARLOT.

XVIIe siècle. Papier. 396 pages. 235 sur 175 millimètres. D. rel. (Supplément français 4207.)

13368. « La Connoissance de la terre par elle mesme, selon les eaux et les montagnes, pour apprendre la géographie sans peine, sans art et sans maistre, pour Mgr. le marquis de Créquy, fils de Mgr. le mareschal de Créquy, par Pierre CHARLOT, fils du lieutenant général de Melun, en 1670. »

Même ouvrage que le précédent.

XVIIe siècle. Papier. 105 feuillets. 215 sur 160 millimètres. Rel. parchemin. (Supplément français 2407.)

13369. « Cours de géographie. » (1760.)

Sur le premier feuillet de garde les signatures : « De Chennevières » (*biffée*); puis « D'Agoult. »

XVIIIe siècle. Papier. 485 pages. 160 sur 100 millimètres. Rel. veau rac. (Supplément français 4494.)

13370. « Élémens d'histoire et de géographie. »

XVIIIe siècle. Papier. 512 pages. 220 sur 165 millimètres. D. rel. (Supplément français 2408.)

13371. « Dernier livre de la desc[r]iption de tous les portz de mer de l'univers », par « Jean MASSART, escripvain du Roy. »

Incomplet de la fin.

XVIIIe siècle. Papier. 38 pages. 210 sur 135 millimètres. Cartonné. (Supplément français 4308.)

13372. « Observations de divers ports, aveq les mouillages, faict par le s^r DE COGOLLIN, capittaine d'un des navires de Sa Magesté. »

Nombreuses cartes des ports de la partie occidentale de la Méditerranée. — Exemplaire de dédicace à Colbert.

XVIIe siècle. Papier. 38 feuillets. 245 sur 180 millimètres. Rel. veau rouge. (Transmission du Département des imprimés, G. 388, 1. — Supplément français 4536.)

13373. « Papiers du P. CASTEL sur le passage de la mer d'Ouest en Asie, avec des lettres de missionnaires sur ce sujet. »

Lettres autographes des Pères de Bonnecamp et Coquart, Jésuites, datées de Québec (1750) ; — copies de lettres adressées à l'abbé Raynald, auteur du *Mercure*. — Très nombreuses cartes de la Mer Glaciale et des terres voisines, Labrador, baie d'Hudson, Groenland, Sibérie et terres polaires.

XVIIIe siècle. Papier. 107 feuillets 230 sur 175 millimètres. D. rel. (Provient du Collège des Jésuites de Clermont, à Paris. — Supplément français 3870.)

13374. « Notice historique des principaux voyageurs modernes, depuis l'an 507 jusqu'au commencement du XVIe siècle, » par MENTELLE.

« Ms. autographe de Mentelle, donné à la Bibliothèque royale par M. Letronne... 1835. »

XVIIIe siècle. Papier. 63 pages. 220 sur 160 millimètres. D. rel. (Supplément français 2429.)

13375. « Voyages d'Italie, Allemagne, Pays-Bas et Angleterre, » par un jeune seigneur de la cour de Louis XIV. (1669-1671.)

Avec corrections autographes.

XVIIe siècle. Papier. VII et 378 pages. 235 sur 170 millimètres. D. rel. (Supplément français 1806.)

13376-13379. « Journal de mes voiages en France, en Suisse, en Italie et en Allemagne. » (1782-1784.)

XVIII° siècle. Papier. 211, 113, 203 et 163 feuillets. 180 sur 110 millimètres. Cartonné. (Transmission du Département des imprimés, G. 589, F. 1-4. — Supplément français 4545, 1-4.)

13380-13381. « Voyages de Jean Godot, tant en l'Amérique, Affrique, Asie, etc. »

Le tome II est intitulé : « Suite des voyages de J. Godot, D. B., où il est parlé de mœurs, coutumes, religions, etc. de différentes nations. » — Nombreuses vues grossièrement peintes, ajoutées hors texte.

XVIII° siècle. Papier. 490 pages. 235 sur 160 millimètres. D. rel. (Supplément français 1264.)

13382. « Brieve chronologie de touts les anciens Pères, monarques, potentats, empereurs, roys, et hommes illustres qui ont esté au monde. »

XVII° siècle. Papier. 448 feuillets. 160 sur 110 millimètres. Couvert. parchemin. (Jacobins de St-Honoré. — Supplément français 1649.)

13383. « Epitosmé ou abregé de ce qui est contenu dans les trois tosmes in-folio du *Trésor cronologique et historique* du R. P. Dom Pierre de St Romuald. »

XVII° siècle. Papier. 201 feuillets. 193 sur 168 millimètres. Couvert. parchemin. (« Ex bibliotheca Beatæ Mariæ de Valle. » — Supplément français 2119.)

13384. « Abbregé de la chronologie, tiré des Annales du P. Philippe Briet, Jésuite. » (1668.)

XVII° siècle. Papier. 23 feuillets. 230 sur 170 millimètres. Couvert. parchemin. (Supplément français 5226.)

13385. Chronique française abrégée, depuis la naissance de Jésus-Christ jusqu'en 1320.

Fol. 2. « Ci commence le vi° aages du monde, qui est apellez li temps de grace; li aages contient de l'Incarnacion Nostre Seigneur jusquez à la fin du monde. I. En cest premier an porta li sains angres Gabriel à la virge Marie le salut... — ... CCCIIII^{xx}... de chevalerie alosez durement. Ci finne S. Jerosmez ses Croniques. »

Fol. 17 v°. « CCCIIII^{xx} I. Au premier an de l'empereur Gracien commence ses Croniques Siberacles [Sigebert], qui fu moinnes de Gembloys et homme tresbien fondé en toutes sciences. En cest an meismes les commença Popres [Prosper], uns autres clers de grant auctorité, mais ne sont mie si plenierez... — CCCIIII^{xx}II. En cest an translatta S. Jeromez le Sautier... — ... MCXIII. En cest an fu grant mortalité par flum de ventre. Adont Sigebers, moinne de Gemblois, qui ces Croniques fist du premier an de l'Empereur, qui fu l'an de l'Incarnation CCCIIII^{xx}I, jusques à ce jour, ouquel il morut; si fu moult plains de ceulz qui l'amoient. »

Fol. 60. « Ce qui ensuit jusques a no temps est de divers lieux, selon ce que on raconte pour voir et que on treuve en escrips. D'ore en avant n'est mie li nombres des Papes, ne des Empereurs, ne des plenierement contenus. — MCXVII. En cest an fu pape Geloses, li secons de tel nom, et faute de vin... — MCCCXX... et li cuens de Lenclaustre ot la teste coupée. »

XIVe siècle. Parchemin. 93 feuillets à 2 col. 220 sur 145 millimètres. Rel. veau rac. (Supplément français 254, 14.)

13386. « Réflexions sur l'incertitude de l'histoire. »

XVIIIe siècle. Papier. 23 feuillets. 240 sur 180 millimètres. Cartonné. (Supplément français 4527.)

13387. « L'Étude nécessaire, ou réflexion morale, militaire et politique sur les traits les plus interressans de l'histoire de tous les siècles et de la vie de tous les hommes, ouvrage destiné à l'étude des princes; tome VIe. »

XVIIIe siècle. Papier. VI et 507 pages. 190 sur 145 millimètres. Rel. veau fauve. (Supplément français 2246.)

13388. « Extrait de l'histoire générale de l'Univers, où l'on voit l'origine de chaque État, des peuples qui le composent, son gouvernement, ses bornes et limites, les lacs et rivières qui l'arosent, avec une description des conciles tenus sous différens papes. — 1742. »

Nombreuses cartes gravées ajoutées hors texte.

XVIII⁰ siècle. Papier. xviii et 473 pages. 240 sur 185 millimètres. D. rel. (Supplément français 4547.)

13389. « Histoire universelle jusqu'au temps du premier Darius. »

XVIII⁰ siècle. Papier. 104 feuillets. 255 sur 180 millimètres. Rel. peau violette. (Supplément français 3087.)

13390. Histoire universelle, depuis Darius jusqu'à la réduction de l'Égypte en province romaine.

XVIII⁰ siècle. Papier. 221 feuillets. 245 sur 180 millimètres. Rel. veau gr. (Supplément français 4698.)

13391-13395. « Histoire universelle. »

Tomes I-II (13391-13392). Histoire universelle, depuis la création du monde jusqu'à la chute de l'empire romain.

Tomes III-V (13393-13395). Histoire de France, depuis l'origine de la monarchie jusqu'à la mort de Louis XIII.

XVII⁰-XVIII⁰ siècle. Papier. 276 feuillets, 294, 441, 516 et 385 pages. 230 sur 175 millimètres. Rel. veau gr. (Supplément français 2402, 1-5.)

13396. « Tablettes historiques contenant un abbregé de l'histoire universelle depuis Jésus-Christ jusqu'à présent. — 1730. »

XVIII⁰ siècle. Papier. 593 pages. 200 sur 155 millimètres. Rel. veau fauve. (Supplément français 5396.)

13397. « Abregé de l'histoire prophane, depuis la naissance de Jésus-Christ jusqu'au XVII⁰ siècle. Tome IV⁰ [et V⁰]. — 1738. »

XVIII⁰ siècle. Papier. 205 et 160 pages. 215 sur 160 millimètres. Rel. veau gr. (Supplément français 2248.)

13398. « Histoire des principaux traités entre les puissances de l'Europe. »

Première partie seule, finissant au Traité de « paix entre la Russie et la Porte, signée au camp de Chiuscim-Cainargi, le 21 juillet 1774. »

XVIIIe siècle. Papier. 483 pages. 200 sur 155 millimètres. Rel. veau rac. (Supplément français 2247.)

13399-13408. Abrégé de l'histoire diplomatique des principaux États de l'Europe, mss. recueillis par J. Gaudin.

Une note autographe de J. Gaudin, en tête du premier volume, donne l'état primitif de cette collection de documents, qui est présentement ainsi composée :

I-II (13399-13400). Recherches sur le Droit public, par J. Gaudin. — 325 et 368 feuillets.
III (13401). « Introduction au droit public d'Allemagne. » — 193 pages.
IV (13402). « Histoire de la maison de Savoye. » — 142 pages.
V (13403). « Histoire de l'Empire turc. » — 148 pages.
VI-VII (13404-13405). « Essai sur les États de l'Europe. » — 339 pages.
VIII (13406). « Histoire des principaux traités entre les puissances de l'Europe. » — 562 pages.
IX (13407). « Histoire du royaume des Deux-Siciles. » — 235 pages.
X (13408). « Histoire de Hollande. » — 266 pages.

XVIIIe siècle. Papier. 10 volumes in-4° et in-8°. (Supplément français 1964 *a-k*.)

13409. Recueil de traités de paix conclus entre les rois de France et différents souverains et princes étrangers. (1435-1647.)

XVIIe siècle. Papier. 401 feuillets. 220 sur 180 millimètres. Rel. parchemin. (Supplément français 257.)

13410. « Relation de tout ce qui s'est passé à la diète de Ratisbonne pendant la dernière guerre contre le Turc. »

XVIIIe siècle. Papier. 64 pages. 225 sur 160 millimètres. Cartonné. (Supplément français 4179.)

13411. « Interests de l'Impératrice reine, des rois de France et d'Espagne et de leurs principaux alliés, quant à la gloire, aux avantages essentiels de leurs couronnes et à la conscience, négligés dans les articles préliminaires signés à Aix-la-Chapelle, le 30 avril 1748. »

XVIIIe siècle. Papier. 66 pages. 178 sur 118 millimètres. Rel. veau rac. (Supplément français 5875.)

13412. Notices de monuments antiques.

Fol. 24. « Introduction à la connoissance des monuments de l'antiquité. »

Fol. 1. « Monumens de Rome et de ses environs. » — Cf. fol. 100-103.

Fol. 42. « Monumens de l'Afrique et particulièrement de l'Égypte. »

Fol. 60. « Monumens de la Grande Asie. »

Fol. 67. « Monumens de la Grèce. »

Fol. 118. « Monumens de la Gaule Cisalpine. »

Fol. 126. « Monumens de la Dalmatie, des provinces sur le Danube et de la Thrace. »

Fol. 131. « Monumens de l'Espagne. »

Fol. 138. « Monumens de la Gaule. »

Fol. 174. « Monumens de la Bretagne. »

Fol. 186. « Monumens de la Germanie. »

XVIIIe siècle. Papier. 195 feuillets. 195 sur 145 millimètres. Rel. veau rac., aux armes de Giuseppe Torelli. (Supplément français 2589.)

13413. « Estat des pierres gravées de creux et de relief du Cabinet du Roy très Chrestien, faict en l'année 1664. »

XVIIe siècle. Papier. 33 feuillets. 250 sur 190 millimètres. Rel. veau fauve, fleurs de lis au dos. (Supplément français 678.)

13414. « Idée du Cabinet du Roy pour les médailles. — Scripsit, pinxit, invenit N. Godonnesche, an. 1721. »

Miniatures et reproductions en couleurs de médailles et camées. — Ce volume et le suivant ont appartenu au président de Cotte, directeur de la Monnaie.

XVIIIe siècle. Parchemin. 38 feuillets. 140 sur 95 millimètres. Rel. maroquin rouge. (Supplément français 2511, 1.)

13415. « Cabinet des médailles du Roy. »

Inventaire sommaire des médailles grecques et romaines, avec le nombre des médailles de chaque prince. — A la suite (fol. 48), dessins à la plume des « médaillons de bronze de l'Empire. » — Titre, frontispice, etc. peints.

XVIIIe siècle. Parchemin. 62 feuillets. 155 sur 110 millimètres. Rel. maroquin rouge. (Supplément français 2511, 2.)

13416. Recueil de pièces sur les médailles et monnaies.

Fol. 2. « Chronologie de tous les autheurs qui ont... dressé des traictez sur le subjet des monnoies,... tiré de la Bibliothèque de Melchior Goldast. »

Fol. 10. « Médailles ou monnoyes anciennes ; » leur valeur.

Fol. 19. Liste d'abréviations latines qu'on rencontre sur les médailles ; suivie d'une liste de médailles grecques et romaines.

Fol. 169. Autre liste de médailles d'or grecques et romaines. (1658.)

Fol. 194. Liste des noms des médailles consulaires romaines.

Fol. 203. « Termes du faict des monnoies. »

Fol. 219. « Mémoire des lieux où ont esté imprimez quelques livres de monnoyes hors de France. » (1506-1627.)

Fol. 223. « Liste des princes, seigneurs et estats qui ont droict de faire battre et marquer de leur coing la monnoie dans le Cercle Belgique, la Westphalie ou Basse Allemagne... »

Fol. 227. « Diverses inscriptions et devises de monnoies, » etc.

Fol. 259. « Extraict des notes du s[r] Poulain sur le livre des Monnoies de France, que M. Hottin a faict imprimer. » (1652.)

Fol. 308. « Inventaire des monnoies, tant d'or que d'argent,

selon les tablettes où elles sont mises; fait le 20 octobre 1657. »
[Monnaies de « M. de Therrouenne. »]

Au verso du premier feuillet de garde, le nom : « de La Reynie. »

XVIIe siècle. Papier. 381 feuillets. 235 sur 175 millimètres. Rel. peau. (Supplément français 769.)

13417-13419. Papiers de l'abbé DE BELIARDY, abbé commendataire de St-Florent de Saumur. (1749-1786.)

I (13417). Notes de voyages en France, Italie et Espagne (1749-1786). — 405 pages.

II-III (13418-13419). Notes et extraits sur les matières les plus diverses. (Il y a une table de ces extraits en tête de chaque volume.) — 423 et 544 pages.

Cf. plus haut les mss. français 10764-10770.

XVIIIe siècle. Papier. 3 volumes. 200 sur 160 millimètres. Cartonné. (Supplément français 4388-4390.)

13420. « Remarques critiques sur la géographie ancienne, l'histoire, la mythologie et sur les passages difficiles de l'Ancien Testament. — 1748. »

XVIIIe siècle. Papier. 240 pages. 175 sur 110 millimètres. Cartonné. (Supplément français 3186.)

13421. « Concorde perpétuelle de l'histoire et de la géographie. »

Sur le premier feuillet de garde, le nom de « Lechevalier-Dumesnil. »

XVIIIe siècle. Papier. 250 pages. 200 sur 160 millimètres. Rel. peau verte. (Supplément français 3093.)

13422. « Adversaria » sur l'histoire de France, la chronologie, les institutions, etc.

XVIIIe siècle. Papier. 199 feuillets. 210 sur 165 millimètres. Rel. parchemin. (Anc. Maugérard, 423. — Supplément français 2036, 12.)

13423. « Chronologica, historica et geographica, etc. — Itineraires et Navigations, etc. »

Extraits, la plupart de livres imprimés, concernant l'antiquité, l'Europe, l'Asie et l'Amérique.

XVIIe siècle. Papier. 372 feuillets. 240 sur 170 millimètres. D. rel. (« Ph. Drouin, 44. — Regius 6397, 4. » — Supplément français 559.)

13424. Notes et extraits sur différentes maisons, provinces et villes d'Italie, l'île de Malte, les États du pape et la découverte de l'Amérique.

XVIIIe siècle. Papier. 64 feuillets. 210 sur 165 millimètres. Rel. parchemin vert. (Supplément français 2590.)

13425. « L'Idée des personnes distinguées, » ou biographies de personnages célèbres, par ordre chronologique, depuis Adam, jusqu'au frère François, chartreux, mort à Paris en 1726.

Au fol. 272. « Liste generalle de Mrs de l'Académie françoise... jusqu'au 1er... 1733. »

XVIIIe siècle. Papier. 489 pages. 240 sur 180 millimètres. Rel. veau gr. (Supplément français 5838.)

13426. « Symboles et devises » des papes, cardinaux, empereurs romains, rois de France, et autres princes de l'Europe. »

Fol. 379. « Symboles de Joachim Camerarius, medecin de Noremberg. »

XVIIe siècle. Papier. 428 feuillets. 220 sur 160 millimètres. Rel. veau fauve. (Supplément français 746.)

13427. « Reflexions sur l'histoire du ciel, ou critique dans laquelle, en réfutant d'une manière suivie le système de

M. Pluche, on découvre la véritable origine des divinités égyptiennes. »

XVIII⁰ siècle. Papier. xi et 138 pages. 240 sur 190 millimètres. Rel. parchemin. (Supplément français 2586.)

13428. « Abbregé de la troisième décade de Tite-Live. »

XVIII⁰ siècle. Papier. 369 pages. 225 sur 165 millimètres. Rel. veau brun. (« Ex-libris Joannis Secousse. » — Supplément français 4569.)

13429. « Commentaires de la Guerre Gallique, » par Albert Pigghe, de Campen; second volume. (1519.)

Le premier volume est conservé au British Museum et le troisième à Chantilly. Cf. l'édition de la *Société des Bibliophiles françois* (Paris, 1894, in-8°). — Miniatures de Godefroi le Batave (1519), et médaillons très finement peints de grands personnages de la cour de François I⁰ʳ : Fol. xxv v° « Le grant maistre de Boisy. » — Fol. xxxv. « L'admiral de Boisy, seigneur de Bonnivet. » — Fol. xxxvi. « Odet de Foués, sieur de Lautrec. » — Fol. xlii v°. « Le mareschal de Chabanes, seigneur de la Palice. » — Fol. lii. « Anne de Monmorency,... depuis connestable de France. » — Fol. lxxiii. « Le mareschal de Fleuranges, filz de Robert de La Marche. » — Fol. lxxxvi v°. « Le sieur de Tournon, quy fust tué à la bataille de Pavie. »

XVI⁰ siècle. Parchemin. xcviii feuillets. 218 sur 130 millimètres. Rel. maroquin brun gaufré, fermoirs. (Legs de J.-J. de Bure. — Supplément français 1328.)

13430. « Le premier livre des Commentaires de C. Jules Cæsar touchant la Guerre des Gaules, » traduit par P.-D. Huet.

Ms. autographe.

XVII⁰ siècle. Papier. 78 pages. 230 sur 160 millimètres. D. rel. (Provient de Léchaudé d'Anisy. — Supplément français 5313.)

13431. « Introduction à l'histoire romaine. »

XVIII⁰ siècle. Papier. 332 pages. 180 sur 108 millimètres. Rel. veau marbré. (« Bibliothèque du Tribunat. » — Supplément français 5069.)

13432. Extraits de divers auteurs sur l'état de l'agriculture chez les Romains.

XVIIIe siècle. Papier. 283 feuillets. 230 sur 170 millimètres. D. rel. (Supplément français 4528.)

13433-13435. Histoire des empereurs et des autres princes qui ont régné pendant les six premiers siècles de l'Église, par LE NAIN DE TILLEMONT.

Ms. autographe.
    I (13433). Vespasien-Pertinax.   — 340 feuillets.
    II (13434). Dioclétien-Jovien.   — 435 —
    III (13435). Valentinien-Arcadius. — 382 —

XVIIe siècle. Papier. 3 volumes. 255 sur 190 millimètres. D. rel. (Supplément français 4772, 1-3.)

13436. « Remarques sur le cirque et sur les spectacles qu'on y représentoit. »

XVIIe-XVIIIe siècle. Papier. 14 feuillets. 215 sur 160 millimètres. Cartonné. (Supplément français 3472.)

13437. « Traicté des finances des Romains et de leurs surintendans et autres officiers. »

XVIIIe siècle. Papier. 247 feuillets. 230 sur 165 millimètres. Rel. veau brun. (Ex-libris gravé de Fr.-Mich. de Verthamont, marquis de Bréau. — Supplément français 1803.)

13438-13456. Dictionnaire d'archéologie, par Adrien-Jacques JOLY, conservateur des Estampes de la Bibliothèque nationale.

    I (13438). A-AM.   — 320 feuillets.
    II (13439). AN-AX. — 367 —
    III (13440). B.   — 213 —
    IV (13441). C-CH.   — 365 —
    V (13442). CI-CY.   — 322 —

VI (13443). D. — 235 feuillets.
VII (13444). E. — 240 —
VIII (13445). F-H. — 414 —
IX (13446). I-K. — 188 —
X (13447). L. — 395 —
XI (13448). M. — 347 —
XII (13449). N-O. — 243 —
XIII (13450). P-PI. — 334 —
XIV (13451). PL-PY. — 332 —
XV (13452). Q-R. — 164 —
XVI (13453). S-SH. — 243 —
XVII (13454). SI-SY. — 250 —
XVIII (13455). T. — 372 —
XIX (13456). U-Z. — 227 —

XVIIIe-XIXe siècle. Papier. 19 volumes. 185 sur 125 millimètres. D. rel. (Supplément français 1848, 1-19.)

13457. « Discours abrégé sur l'histoire ancienne. »

XVIIIe siècle. Papier. 181 pages. 190 sur 145 millimètres. Cartonné. (Supplément français 2203.)

13458. « Histoire sommaire du commerce et de la navigation des anciens, » par P.-D. Huet. (1669.)

Ms. autographe, dédié à Colbert.

XVIIe siècle. Papier. 165 feuillets. 210 sur 160 millimètres. Cartonné. (Provient de Léchaudé d'Anisy. — Supplément français 5307.)

13459. « Abregé de l'histoire des rois de Crète et de plusieurs autres. »

Rois de Crète, du Pont, du Bosphore Cimmérien, de Cappadoce, de Bithynie, de Sarmatie, de Thrace, de Syracuse, et Empereurs depuis Honorius jusqu'à Héraclius; avec des figures gravées de médailles du cabinet de Vaillant.

XVIIIe siècle. Papier. 170 feuillets. 220 sur 165 millimètres. Rel. parchemin. (Supplément français 770.)

13460. « Abrégé de l'histoire des rois de Macédoine, de Syrie et d'Égypte, avec leurs médailles. »

De même main que le volume précédent; avec médailles gravées du cabinet de Vaillant.

XVIIIe siècle. Papier. 224 feuillets. 230 sur 175 millimètres. Rel. veau gr. (Supplément français 771.)

13461. « Abrégé de la vie des rois de Rome et des empereurs romains jusques à Honorius, et de plusieurs autres personnes illustres qui ont rapor à l'histoire romaine. »

De même main que le volume précédent; avec médailles gravées du cabinet de Vaillant et portraits gravés d'empereurs romains par J. Orlandi (1602), Thomas de Leu, etc.

XVIIIe siècle. Papier. 195 feuillets. 235 sur 175 millimètres. Rel. parchemin vert. (Supplément français 772.)

13462. « Abregé de l'histoire des rois de Syracuse, de Bithynie, Judée, d'Édesse, et de quelques autres, avec leurs médailles. »

De même main que le volume précédent; avec médailles gravées du cabinet de Vaillant.

XVIIIe siècle. Papier. 84 feuillets. 210 sur 165 millimètres. Rel. veau brun. (Supplément français 773.)

13463. Dissertations sur les Chananéens et la Terre promise, par le P. Pezron.

Fol. 1. « Dissertation touchant l'ancienne demeure des Chananéens et de l'usurpation qu'ils ont faite sur les enfans de Sem. » — Fol. 9. « Dissertation sur les anciennes et véritables bornes de la Terre promise, » par le même. — Ms. autographe.

XVIIIe siècle. Papier. 24 feuillets. 230 sur 175 millimètres. Cartonné. (Supplément français 3734.)

13464. Cahier d'histoire sainte, à l'usage de la maison de St Cyr.

« Histoire de Jonathas, Roboam, Salomon, Élie, Élisée, Job, David. » — Sur le dernier feuillet de garde, on lit : « Classe bleue. Talon de Blémur. »

XVIIIᵉ siècle. Papier. 144 feuillets. 200 sur 155 millimètres. Couvert. toile grise. (Supplément français 2072.)

13465-13478. Mémoires pour servir à l'Histoire ecclésiastique des six premiers siècles, par Le Nain de Tillemont.

Ms. autographe.

    I (13465). Les Apôtres. — 267 feuillets.
    II (13466). S. Étienne-S. Télesphore. — 180 feuillets.
    III (13467). S. Irenée-S. Agricole. — 286 feuillets.
    IV (13468). S. Justin-S. Cyprien. — 209 feuillets.
    V (13469). Ariens. — 544 pages.
    VI (13470). S. Alexandre-S. Athanase. — 304 feuillets.
    VII (13471). S. Jules-S. Vigile. — 272 feuillets.
    VIII (13472). S. Acepsime-S. Samone. — 304 feuillets.
    IX (13473). S. Abraham-S. Hilaire. — 259 feuillets.
    X (13474). S. Ambroise. — 389 pages.
    XI (13475). S. Basile-S. Grégoire de Nysse. — 576 pages.
    XII (13476). S. Grégoire de Nazianze-S. Amphiloque. — 508 p.
    XIII (13477). S. Abraham-S. Julien Sabbas. — 228 feuillets.
    XIV (13478). S. Macaire-S. Zénon. — 222 feuillets.

XVIIᵉ siècle. Papier. 14 volumes. 255 sur 190 millimètres. D. rel. (Supplément français 4772, 4-17.)

13479-13486. Notes pour l'Histoire ecclésiastique de Le Nain de Tillemont.

Ms. autographe.

XVIIᵉ siècle. Papier. 269, 439, 430, 490, 513, 504, 445 et 101 feuillets. 195 sur 120 millimètres. D. rel. (Supplément français 5352-5359.)

13487. « Histoire [ecclésiastique] du Père Alexandre. »

On lit au-dessous de ce titre : « est du P. Benoist, bibliothécaire [des Petits-Pères], mort le 29 aoust 1706. »

XVIIᵉ-XVIIIᵉ siècle. Papier. 617 pages. 175 sur 115 millimètres. Rel. veau brun. (Provient des Petits-Pères. — Supplément français 1715.)

13488. « Histoire ecclésiastique et discipline de l'Esglise. »

XVIIe-XVIIIe siècle. Papier. 280 feuillets. 245 sur 180 millimètres. Rel. maroquin rouge. (Supplément français 4940.)

13489. « Liturgie sainte, ou remarques sur les oracles de vive voix et decretz que les souverains pontifes des premiers siècles de l'Église ont prononcé pour en régler la discipline conformément à l'histoire et au sentiment des Pères de la meme Églize, par P. Antoine GUILLER, recollect. — A Paris, 1698. »

XVIIe siècle. Papier. 618 pages. 235 sur 175 millimètres. Rel. veau brun. (Provient des Récollets de Paris. — Supplément français 1706.)

13490. « Propositions extraites d'un livre intitulé : Apologie de la manière d'agir du St Siège apostolique en ce qui regarde le gouvernement des catholiques anglois durant le temps de la persécution, avec la deffense de l'estat religieux, composé par Daniel de Jésus, lecteur en la sainte théologie, et la réfutation de l'Esponge contre la censure de la Sorbonne, » par M. BECQUET, chanoine d'Amiens.

XVIIIe siècle. Papier. 171 feuillets. 240 sur 165 millimètres. D. rel. (Supplément français 4672.)

13491. « Histoire des tromperies des prestres et des moines de l'Église romaine, par Gabriel D'ÉMILLIANE. — A Rotterdam, chez Abraham Acher, 1693. »

XVIIe siècle. Papier. viii-287 et 288 pages. 195 sur 130 millimètres. Rel. maroquin citron. (Supplément français 4568.)

13492. Lettre sur l'histoire de la papesse Jeanne, par LANCELOT.

Ms. autographe.

XVIIIe siècle. Papier. 16 feuillets. 230 sur 170 millimètres. Cartonné. (Supplément français 4304.)

13493. « Mémoires sur la Cour de Rome. »

XVIIIe siècle. Papier. 44 feuillets. 235 sur 175 millimètres. D. rel. (Supplément français 3080.)

13494. « Traitté contre les légats du St Siège. »

XVIIe-XVIIIe siècle. Papier. 172 pages. 150 sur 95 millimètres. Rel. veau rac. (Supplément français 4983.)

13495. Recueils de bulles et brefs de papes et de mandements d'évêques.

Fol. 1-12. « Mandement de N. S. P. le Pape [Pie IV] sur la résidence personnelle des Ecclésiastiques. » (Paris, 1580, in-8°.) *Imprimé*.

Les fol. 13-111, manquant, devaient contenir un texte de la règle de S. Augustin à l'usage des chanoines réguliers.

Fol. 112. Bulles du pape Urbain VIII (25 mars 1625 et 4 février 1625); — Brefs du pape « Paul V pour la célébration de la feste de S. Louys » (5 juillet 1618), — d' « Alexandre VII pour la canonization du bien-heureux S. Thomas de Ville-Neuve » (12 nov. 1658), — d'Alexandre VII pour la béatification de S. François de Sales (28 déc. 1661); — « Bulles de la légation de Mgr. l'emin. cardinal Chigi... » (1664), in-4° et in-8°, *impr*.

Fol. 144. Bulles et brefs du pape Innocent XI et lettres à lui adressées, mss. et *impr*.

Fol. 210. « Règlement de l'Assemblée du Clergé contre les archevesques et évesques qui entreprennent sur les diocèses des autres » (11 janv. 1636), in-4°, *impr*.

Fol. 217. Mandements de l'archevêque de Paris, Jean-François de Gondy (1652 et 1653), — de l'archevêque Hardouin de Péréfixe (1669); — « Statuts publiez dans le synode tenu à Paris le 5e jour de juillet 1674. » etc.; — Mandements de l'archevêque François de Péricard (1683-1689), — de l'évêque de Bazas (1646), — de l'évêque de Beauvais (1659), — de l'archevêque de Sens (1668), — de l'évêque de Cahors (1668), — de l'évêque de Soissons (1669), — de l'évêque de Noyon (1669), — de l'archevêque de Reims (1672), — de l'évêque de Troyes (1673), in-4°, *impr*.

Fol. 333. Règlements de Dampmartin (1680), in-4°, *impr*.

Au verso du premier feuillet de garde, l'ex-libris de « Fr. Franciscus Martin, minor Cadomæus, theologus Parisiensis, 1714. »

XVIe-XVIIe siècles. Papier. 337 feuillets. 220 sur 160 millimètres. Rel. veau gr. (Supplément français 1302.)

13496. Vies de saints, en français; vie de Girart de Roussillon et Purgatoire de S. Patrice.

Fol. 1. « Vie saint Julien. Un prodons reconte... »
Fol. 13. Vie de S. Cucufat. « Seignor, les glorioses passions. »
Fol. 18. « Vie sainte Katherine. Les veraies estoires... »
Fol. 26 v°. « Vie sainte Eufraise. Ou temps Theodosore... »
Fol. 36 v°. Vie de sainte Julienne. « [O]u temps que Maximiens... »
Fol. 39 v°. Vie de sainte Luce. « Il avint cel temps que sainte Agathe... »
Fol. 42. Vie de S. Bernard. « Biaux sire Dex, en l'onor de toi... »
Fol. 131. « Vie Marie Magdelaine. En celui tans que Nostres Sires... »
Fol. 146 v°. Vie de sainte Marthe. « Sainte Marthe fut suers... »
Fol. 148. Vie de sainte Marie l'Égyptienne. « Uns prodome fut an l'yglise... »
Fol. 155. Vie de sainte Élisabeth. « Bone chose est pensser, lire et escrire... »
Fol. 179. Vie de saint Paul et de S. Denys. « Après la preciouse mort que Nostres Sires .. »
Fol. 197. Vie « de saint Ladre [Lazare]. En celui temps estoit uns languissanz... » — Fol. 198 et 200 v°. Sermons de S. Augustin et autres sur S. Lazare — Fol. 207. « Li miracle saint Ladre. Chier frere, selons ce que nous aesmons .. »
Fol. 217. « Vie de Girart de Rossillon, translatée de latin en françois. Ce sont li fait dou tresnoble conte Girart... »
Fol. 239. « Vie saint Gregoire. Sainz Gregoires fu nez à Rome... »
Fol. 245 v°. « Vie saint Jeroisme. Sainz Jeroismes fui nez... »
Fol. 248. « Vie saint Brandan. En la vie de mon seignor saint Brandan... »
Fol 259 v°. « Vie saint Forsin. Uns proudons fu, qui ot nom Forsius... »

Fol. 264. « Vie saint Beneoit. Uns homs fu de mout sainte vie... » — Fol. 277 et 278 v°. Translation de S. Benoît à Fleury-sur-Loire.

Fol. 282. « Vie saint Selvestre. Sainz Silvestres quand il fu enfés... »

Fol. 298. « Purgatoires mon seignour saint Patrice. En celui tans que saint Patrices... »

Aux fol. 212 v° et 213 v° sont peintes les armes de Bourgogne ancien et de Philippe le Bon, duc de Bourgogne, ainsi que le blason, deux fois répété de l'hôpital du S. Esprit de Dijon. Deux notes du XVe siècle, constatant l'établissement de cet hôpital par Eudes, duc de Bourgogne, et une fondation faite au S. Esprit par le duc Philippe le Bon, ont été ajoutées en face de ces armoiries peintes, aux fol. 213 et 214.

Cf. *Romania*, t. VII, p. 163.

XIIIe siècle. Parchemin. 306 feuillets à 2 col. 258 sur 172 millimètres. Rel. peau violette. (Supplément français 632, 5.)

13497. Vies des saints Amet, Romary et Adelphe, en français.

Fol. 1. « Vie monsieur sainct Amet. » Tables des chapitres seulement.

Fol. 4. « Vie monsieur sainct Romary. Après ce que l'humain lignaige... »

Fol. 19. « Vie de monsieur sainct Adelph. L'agreable amy de Dieu, Adelph... »

Fol. 22 v°. « Translation des corps sainct... Amet, Romary et Adelphe, confesseurs. Venerable et devot religieux Theuderic, procureur du monastere Saint Romary... »

XVIe siècle. Papier. 27 feuillets. 240 sur 170 millimètres. D. rel. (Supplément français 3309.)

13498. « Vie des Saintes Pénitentes. »

Ms. calligraphié.

XVIIe siècle. Papier. 47 feuillets. 170 sur 105 millimètres. Rel. maroquin rouge. (Supplément français 5120.)

13499. « La Vie du bienheureux dom Alexandre Sauli, Barnabite. »

Incomplet; s'arrête au chapitre 2 du livre III.

XVIII⁰ siècle. Papier. 259 pages. 200 sur 145 millimètres. Rel. parchemin. (Supplément français 3135.)

13500. « Panegirique de sainct André, le triomphe de la Croix. »

Sur le premier feuillet de garde, on lit : « Exarratum anno Domini 1567 » (*lisez* 1667), et le nom de « Mademoiselle Bannelier. »

XVII⁰ siècle. Papier. 142 feuillets. 220 sur 160 millimètres. Rel. maroquin rouge fleurdelisée. (Supplément français 1313.)

13501. « La vie et la legende saincte Katerine de Senes, mise et translatée de latin en romant, l'an de l'incarnation Nostre Seigneur mille IIII⁰ et XXX ans. »

Traduction de la vie latine de S¹⁰ Catherine de Sienne, de « Mᵉ Remont, » de Capoue, de l'ordre de S. Dominique.

XV⁰ siècle. Papier. 230 feuillets. 205 sur 140 millimètres. D. rel. (Ex-libris du vicomte de Villeneuve-Bargemont. — Supplément français 1896.)

13502. Vies de S. Denys et de S. Eustache.

Fol. 1. Vie de S. Denys, en français, avec miniatures. Début : « Après la precieuse mort que nostre sires Jhesucris... »

Fol. 76. Vie de S. Eustache (Conversion de Placidas), traduite du latin en vers français par « Pierres ».

Début :
   « De diverses meurs se diversant
   Les genz qui u siecle conversent... »

XIV⁰ siècle. Parchemin. 112 feuillets. 220 sur 155 millimètres. Rel. maroquin rouge. (Supplément français 2007.)

13503. Vie de S¹⁰ Douceline, fondatrice des Béguines de Marseille.

Début : « Vida de la benaurada sancta Doucelina, mayre de las donnas de Robaut. Uns homs fon de la ciutat de Dinha... » Publiée, d'après ce ms., par l'abbé J.-H. Albanés (Marseille, 1879, in-8°). — A la fin de la vie, le nom du copiste : « Jacobus » ; puis (fol. 103 v°) une formule de profession religieuse et une hymme des Béguines de Marseille.

XIV° siècle. Parchemin. 103 feuillets. 168 sur 118 millimètres. Rel. maquin rouge, aux armes de Louis-Charles de Valois, comte d'Auvergne et duc d'Angoulême. (Provient des Minimes de La Guiche, puis de « Philibert Bouché de Cluny. » — Supplément français 766, 2.)

13504. Vie de Ste Delphine, comtesse d'Ariano.

« Vida de sanh Alzeas, compte d'Aria, de lati en romans, loqual bisquet am sanhta Dalphina, sa molher, en matremoni xxiiii ans en birginitat... »

Début : « [E]n aquestz temps darriers fo i. baro noble... »

XIV° siècle. Parchemin. 61 feuillets. 230 sur 160 millimètres. D. rel. (Supplément français 5413.)

13505. Vie et miracles de S. François d'Assise, en vers.
Début :
  « La grace Deu ben aparust
  « En un seynt par ky grant frut... »

Incomplet de la fin.

Fol. 1-3 v°, en écriture du XIV° siècle : Dialogue amoureux entre Phezonas et une jeune fille. « *Première demande* :
  « Par la force do jeu u tant a de vertus,
  « S'ele sentoit d'amors les maus et les argus?
  « Sire, dist la pucele, encor nes ai sentus... »

XIII° siècle. Parchemin. 61 feuillets à 2 col. 210 sur 145 millimètres. Rel. maroquin rouge. (Provient de l'abbaye de Saint-Évroult. — Supplément français 2634.)

13506. Vie et miracles de S. François d'Assise, traduits du latin de S. BONAVENTURE.

Début : « La grace Dieu noustre sauveur soit apparue et demoustrée... »

En haut et en bas du premier feuillet sont peintes les armes de Coucicault, avec la mention : « Ex dono D. Domini P.-J. Coucicault... 1729. »

XVe siècle. Parchemin. 88 feuillets. 245 sur 185 millimètres. Rel. veau gr. (Provient des Récollets de Paris. — Supplément français 254, 20.)

13507. « Abregé de la vie de saint François de Sales. »

XVIIIe siècle. Papier. 169 feuillets. 220 sur 165 millimètres. Cartonné. (Supplément français 3866.)

13508. Vies de Ste Geneviève et de St Magloire.

Fol. 1. Vie de Ste Geneviève, en vers français, par « Renaux. » Début :

« Madame de Valois me prie
« Que en roumanz mete la vie... »

Fol. 27. « [C]i enseigne que li douze Apostre firent la Credo e combien chascun en dist de sa partie. » — Fol. 27 v°. « [C]i enseigne par vers en latin quans espous [s]ainte Anne ot et quans enfans. » — *Ibid.* « [C]i povéz oïr les nons des vii. sains de Bretaigne. » — *Ibid.* « [C]i povéz oïr les nons aus trois rois de Couloigne. » — *Ibid.* « [C]i oroiz pourquoi on doit plus geuner au vendredi que aus autres jours de la semene. »

Fol. 30. « La vie monseigneur saint Magloire, qui fu arcevesque de Dol, et les miracles que i fist, translatée de latin en françois et escrite en... mil CCC.XV., le vendredi devant la saint Andri. » Début : « Comme le tresglorieus prophete David embrasé du feu du saint Esperit... »

Miniatures en tête de chaque chapitre des vies de sainte Geneviève et de saint Magloire.

Au fol. 29 v°, en écriture du XIVe siècle : « Ce livre ci est sainte Genneviève la petite, à Paris. »

XIVe siècle. Parchemin. 60 feuillets à 2 col. 230 sur 170 millimètres. Rel. parchemin. (Ex-libris gravé de N.-J. Foucault. — Supplément français 681.)

13509. « Vida de mosegnhor sant Honorat del Lerins, » par Raymond Féraud.

Ms. *B* de l'édition Sardou (Nice, [1875], in-8°).

En tête du volume, table de cxix chapitres; il y en a en tout cxxii.

Fol. 114 v°. Fragment de sermon, en provençal : « Fils dels homes, avés vist aquo premierament ay mandat a vos autres e non avés crezut... »

XIVe siècle. Parchemin. 114 feuillets. 225 sur 180 millimètres. Rel. parchemin. (Supplément français 784.)

13510. « La vie de sœur Thérèse Marguerite de l'Incarnation, [carmélite,] appelée dans le monde la serénissime princesse Catherine Farnese » († 1670), par le R. P. Elzéar de Ste-Dauphine. »

XVIIIe siècle. Papier. 354 pages. 195 sur 135 millimètres. Rel. bas. rac. (Supplément français 2125.)

13511. « Rélation de la vie de la vénérable sœur Margueritte du St Sacrement, carmélite deschaussée de Beaune, morte, en odeur de sainteté, en 1648. »

Lettre du R. P. André Carmagnole, de l'Oratoire, à la R. M. Élizabeth de la Trinité, prieure des Carmélites de Beaune (1648), — et extraits des Mémoires de la M. Marie de la Trinité.

XVIIIe siècle. Papier. 58 feuillets. 200 sur 145 millimètres. Cartonné. (Provient des Carmes déchaussés de Paris. — Supplément français 2617.)

13512. « La vie et miracles du bien heureux sainct Pierre de Chavanon, premier prevost fondateur et predicateur de l'abbaïe et devot couvent de Pebrac en Auvergne, soubs la regle des chanoines reguliers Mr Sainct Augustin; extraicte partie des memoyres de Dom Estiene, chanoine regulier de ladicte abbaïe, environ l'an 1100, partie des livres de l'office de l'eglise, et partie des anciens tiltres et documents d'icelle, en l'an 1629. »

XVIIe siècle. Papier. 72 pages. 190 sur 125 millimètres. Cartonné. (Supplément français 3809.)

13513. Vie de St Thomas de Cantorbéry, en vers français, par Garnier du Pont-Sainte-Maxence.

Début : « Tuit li fisicien ne sunt adés boen mir. . » — Publiée par C. Hippeau (Paris, 1859, in-8°).

XIIIe siècle. Parchemin. 98 feuillets. 200 sur 132 millimètres. Rel. maroquin rouge. (Provient de l'abbaye de Saint-Évroult. — Supplément français 2636.)

13514. Vie de St Trophime, premier évêque d'Arles, en vers provençaux.

Copie faite faite en 1617, par Rouyer Ferrier, sur un manuscrit « escrit et signé de la main de Bertrand Boysset, » ayant appartenu à l'abbaye de Montmajour.

XVIIe siècle. Papier. 20 feuillets. 175 sur 115 millimètres. Couvert parchemin. (Supplément français 3213.)

13515. « Ordre pour ceux qui vont en Mission. »

Fol. 27. « Avis et resolutions des assemblées generales tenues en 1668 (et 1673) touchant les Missions. »

XVIIe siècle. Papier. 35 feuillets. 165 sur 102 millimètres. D. rel. (Supplément français 5591.)

13516. Recueil de pièces sur l'histoire du Canada, dédié à l'abbé Le Pelletier, par l'abbé Belmont.

Fol. 3. Histoire du Canada (1608-1700).

Fol. 45. « Histoire de l'eau de vie au Canada. » — Fol. 88. « Diverses exhortations aux sauvages yvrognes. » — Fol. 95. « Les trois principales raisons pour lesquelles l'évesque de Québec, Mgr. de Laval, s'est réservé le péché qui se commet dans la traite des boissons aux sauvages du Canada. » — Fol. 123. « Deux sermons contre l'yvrognerie » des sauvages du Canada.

Fol. 163. « Oraison funèbre de... Louis de Buade, comte de Frontenac,... gouverneur... dans toute l'Amérique septentrionale, prononcé,... le 19 déc. 1698, par le R. P. Olivier Goyer,... supérieur de tous les Récollets de la Mission du Canada. »

Fol. 198. « Entretien charitable d'un missionnaire et d'un vendeur d'eau-de-vie. »

Fol. 207. « Récit de ce qui s'est passé au voyage que Mʳ de Courcelles, gouverneur de la Nouvelle-France, a fait au lac Ontario, ou des Irocquois, » par l'abbé Dollier.

XVIIe-XVIIIe siècle. Papier. 218 feuillets. 195 sur 150 millimètres. D. rel. (Supplément français 1265.)

13517-13518. « Traité de l'habit des anciens religieux. » Divisé en trois livres.

XVIIe-XVIIIe siècle. Papier. 375 et 322 feuillets. 240 sur 180 millimètres. D. rel. (Supplément français 1683, 1-2.)

13519. « Considérations » sur les pratiques de la vie religieuse.

Sur l'un des feuillets de garde, en tête du volume, on lit : « G. B. Notre Dame de Consolation à Chassemidy. »

XVIIIe siècle. Papier. 155 feuillets. 225 sur 175 millimètres. Rel. parchemin. (Supplément français 4014.)

13520. « Catéchisme de la perfection monastique pour les novices » bénédictins.

XVIIe siècle. Papier. 116 feuillets. 250 sur 185 millimètres. Couvert. parchemin. (Supplément français 5009.)

13521. « Les statuts des frères convers, avec des traittez spirituel, » à l'usage des religieux de l'ordre des Chartreux.

XVIIe siècle. Papier. 823 pages. 260 sur 190 millimètres. Rel. parchemin. (Supplément français 4534.)

13522. « La regle de Sᵗ Augustin, evesque d'Hisponne et docteur de l'Église, avec les sainctes constitutions pour les religieux de l'ordre des Frères Prescheurs. »

XVIIe siècle. Papier. 326 pages. 190 sur 140 millimètres. Rel. peau. (Supplément français 1639.)

13523. « Méditations sur la règle de St Benoist. »

XVIIe-XVIIIe siècle. Papier. 230 feuillets. 230 sur 170 millimètres. Couvert. parchemin. (Supplément français 3935.)

13524. Méditations sur la règle de St Benoît, par « Dom Philippe DES VIGNES, decédé au monastère de St-Benoist-sur Loire, le 9 novembre 1672. »

XVIIe siècle. Papier. 211 feuillets. 170 sur 120 millimètres. Rel. veau fauve. (Supplément français 4684.)

13525. « Constitutions sur la règle de St Benoist pour les religieuses de l'Adoration perpétuelle du très saint Sacrement, confirmées et approuvées par... le pape Clément XI. — A Rome, 1705, de l'impr. de la Chambre apostolique. »

XVIIIe siècle. Papier. 306 pages. 210 sur 160 millimètres. D. rel. (Supplément français 5218.)

13526-13527. « Histoire chronologique et critique de l'origine et progrès de l'ordre des Carmes, avec les vies des grands hommes, qui l'ont illustré par leur sainteté ou par leurs écrits, ou par les différents emplois qu'ils ont eus, soit dans l'ordre, soit dans l'église. »

Ms. autographe (vers 1750).

XVIIIe siècle. Papier. 526 pages et 396 feuillets. 220 sur 170 millimètres. D. rel. (Supplément français 2945, 1-2.)

13528. Recueil des privilèges accordés par les papes à l'ordre de Cîteaux, et de bulles en faveur de l'abbaye de Moutiers en Argonne.

Fol. 131. « Privileges royaux donnez audict ordre, tant par les feuz roys de France, d'Angleterre, de Boesme, Ungrie, qu'autres ducs et princes. »

XVIe siècle. Papier. 143 feuillets. 250 sur 155 millimètres. D. rel. (Supplément français 3184.)

13529. Règle des Sœurs grises hospitalières, du tiers-ordre de S. François.

XVe siècle. Parchemin. 10 feuillets. 200 sur 138 millimètres. Rel. bas gr. (Supplément français 1384.)

13530. « Histoire des religions ou ordres militaires de l'Église et des ordres de chevalerie de tout l'univers, tirée de celle de Mr Hermant, de 1704, par Jean-François DE GRIGNAN DE CRAPONNE, en 1721... »

XVIIIe siècle. Papier. VIII et 321 pages. 180 sur 132 millimètres. Rel. veau gr. (Supplément français 3029, 6.)

13531. Établissements de l'ordre de St Jean de Jérusalem.

Fol. 1. « Fondacion de la sainte maison de l'Ospital de Saint Johan de Jerusalem. »
Fol. 3. « Establimens, regle, usances et anciennes coustumes de l'Ospital. » (1320.)

XIVe siècle. Parchemin. 66 feuillets. 210 sur 140 millimètres. Rel. veau violet. (Provient du Collège des Jésuites de Clermont, à Paris, n° 796. — Supplément français 384.)

13532. Établissements de l'ordre de St Jean de Jérusalem.

En tête, la lettre de Pierre d'Aubusson, datée du 10 octobre 1489; divisé en deux livres.

XVIe siècle. Papier. 32 et 88 feuillets. 182 sur 120 millimètres. Rel. mosaïque. (Supplément français 2199.)

13533. « Statuts de l'ordre illustre de Saint-George, au comté de Bourgogne. »

Fol. 49. « Ordre d'ancienneté de M^{rs} les gouverneurs et chevaliers de St-George, au comté de Bourgogne, et années de leurs receptions. » (1766.)

XVIIIe siècle. Papier. 50 feuillets. 165 sur 100 millimètres. Rel. veau rac. (Supplément français 5124.)

13534. Extraits de dissertations du P. Morin, sur les Ordinations et la Confirmation.

I. « Extrait des *Ordinations*, par le P. Morin, éd. de Paris, chez Meturas, 1655. »

II. « Extrait de la Dissertation du P. Morin sur la Confirmation. A Paris, chez Delaulne, 1703. » — Attribué à l'abbé Fleury.

XVIIIe siècle. Papier. 56 et 29 pages. 230 sur 170 millimètres. D. rel. (Supplément français 5532.)

13535-13541. Histoire ecclésiastique, extraits divers.

Les tomes I-VI sont en déficit ; le tome VII (13541) contient les chapitres intitulés : « Prophéties, — Hérétiques singuliers, — Hérésies, — Ingratitude, — Trahison, — Reconnoissance. »

XVIIIe siècle. Papier. 613 pages. 200 sur 150 millimètres. Cartonné. (Provient de Saint-Cyr. — Supplément français 2245.)

13542. « Défense de l'Église romaine contre les calomnies des Protestans. »

XVIIIe siècle. Papier. 25 feuillets. 158 et 22 pages. Rel. veau brun. (Supplément français 1456.)

13543. Histoire ecclésiastique, notes et extraits divers recueillis par Jérôme Besoigne.

XVIIIe siècle. Papier. 621 feuillets. 235 sur 170 millimètres. D. rel. (Supplément français 4306.)

13544-13546. « Description, ou carte de touttes les villes, bourgs, villages, hameaux et chateaux du royaume de France. »

Dédié à « M. Pajot, comte d'Onsenbray, intendant des postes de France, » par « ...., directeur des postes, à Nismes. 1717. »

Dictionnaire alphabétique : tome I, Abance-Guiry ; tome II, Guiron-Premierfay ; tome III, Pressac-Zunith.

XVIII⁰ siècle. **Papier.** xii et 1908 pages. 230 sur 160 millimètres. Rel. veau rac. (Supplément français 4943.)

13547-13560. Matériaux d'une édition de la *Notice des Gaules*, recueillis par Antoine Lancelot.

I (13547). « Préface ; — Remarques sur la *Notice des Gaules* d'Hadrien Valois » (fol. 94) ; — « Mémoires pour une édition d'Itinéraires, » *Itinéraire d'Antonin*, etc. (fol. 218). — 779 ff.

II-VI (13548-13552). « Pays-Pagi » de l'ancienne Gaule. — Il y a un index général alphabétique en tête du premier volume.

    II (13548). A.   — 198 feuillets.
    III (13549). B.   — 320 —
    IV (13550). C-F. — 424 —
    V (13551). G-O. — 347 —
    VI (13552). P-V. — 424 —

VII-X (13553-13556). Notes sur différents lieux des Gaules. — Il y a une table alphabétique en tête du premier volume. — 227, 203, 288 et 213 feuillets.

XI (13557). Montagnes ; Rivières ; Forêts ; Palais royaux. — 199 ff.

XII-XIII (13558-13559). Noms de lieux ; tome I, A-L ; — tome II, M-V. — 280 et 253 feuillets.

XIV (13560). Paris et Parisis. — 227 feuillets.

XVIII⁰ siècle. **Papier.** 14 volumes. 235 sur 175 millimètres. D. rel. (Supplément français 838-845.)

13561. Mélanges.

On y peut citer : « Plusieurs remarques touchant les arts de divination, sorciers et maléfices » (fol. 4) ; — « Du serment des évêques et de la Régale » (fol. 20) ; — « De sponsalibus et nuptiis » (fol. 53) ; — « Belle description d'un temple dans un roc, du livre des Isles Antilles » (fol. 97).

XVII⁰ siècle. **Papier.** 100 feuillets. 210 sur 170 millimètres. Couvert. parchemin. (Supplément français 846.)

13562. Observations sur les canaux navigables de la France. »

XVIII⁰ siècle. **Papier.** 171 feuillets. 235 sur 185 millimètres. Rel. veau rac. (Supplément français 1846 *bis*.)

13563. « Voyage du sieur Le Fevre [en France], en l'année 1640. »

XVIIe siècle. Papier. 104 feuillets. 170 sur 120 millimètres. D. rel. (Supplément français 1458.)

13564. «Voyage de Paris à Richelieu, fait par Dufourni et Visconti, en l'année 1800. »

Ms. autographe de Dufourny. — Avec différentes lettres autogr. relatives au même voyage, plans et figures gravés.

XVIIIe siècle. Papier. 76 feuillets. 230 sur 180 millimètres. Rel. bas. violette. (Provient de A.-A. Monteil. — Supplément français 2531.)

13565. « Abregé de l'histoire de France, composée en latin sous le règne de Philippe-Auguste et traduite en françois par l'ordre d'Alphonse, comte de Poictou, et frère du roi St Louis. »

Début de l'épître dédicatoire : « Sire, sachiez vos et trestuit cil qui cest escrit verront... »

Début du premier livre : « Après la mort de Josué, en cel tens que li Juyf... » — P. 201 : Arbre généalogique des rois de France depuis « Marchomene duc » et « Pharamont roi » jusqu'à Louis IX. — Cf. *Historiens de France*, t. XVII, p. 428.

XIIIe siècle. Parchemin. 206 pages à 2 col. 230 sur 175 millimètres. Rel. veau gr. (Provient de De Camps, abbé de Signy. — Supplément français 783.)

13566. Chronique anonyme sur les croisades, dite Chronique de Reims, ou de Flandres.

Copie, par M. Blancard, du ms. addit. 7103 du Musée Britannique (F de l'éd. de Wailly), avec collation du ms. addit. 11753.

XIXe siècle. Papier. 113 feuillets. 220 sur 160 millimètres. D. rel. (Supplément français 5572.)

13567. Chronique de Guillaume de Nangis et Catalogue de la bibliothèque de Charles V.

I. Extraits de la Chronique française de Guillaume de Nangis. (Ms. de Saint-Germain-des-Prés.)

II. « Catalogue des livres du roy Charles V. » (Copie du n° 703 des Chartes de Baluze.)

XVIII⁰ siècle. Papier. 207 feuillets. et 171 pages. 235 sur 185 millimètres. D. rel. (Provient de la Bibliothèque de la Chancellerie. — Supplément français 4039.)

13568. Histoire de S. Louis, par Jean, sire DE JOINVILLE.

Ms. de Bruxelles; *A* de l'édition de M. de Wailly. — Miniature de présentation à la première page.

XIV⁰ siècle. Parchemin. 391 pages à 2 col. 225 sur 150 millimètres. Rel. maroquin rouge, aux armes du roi. (Supplément français 2016.)

13569. Choniques de France abrégées, depuis Clovis jusqu'en 1411.

Incomplet du début. — A la fin, a été ajoutée postérieurement, la signature : « Le Begue. »

XV⁰ siècle. Papier. 185 feuillets. 205 sur 130 millimètres. Rel. veau rac. (Supplément français 1314.)

13570. Plan d'étude de l'histoire de France, dédié « à madame de ***. »

Sur le feuillet de garde : « Ce livre appartient à M^{de} la duchesse de Lorge. »

XVIII⁰ siècle. Papier. 86 pages. 185 sur 130 millimètres. Rel. bas. rac. (Supplément français 4486.)

13571. « Petite chronologie de l'histoire de France, » jusqu'à Louis XIV.

XVIII⁰ siècle. Papier. 195 feuillets. 195 sur 150 millimètres. Rel. peau violette. (Supplément français 2083.)

13572-13574. « Notes, additions, anecdotes et continuation pour servir à une nouvelle édition de l'histoire du président HÉNAULT. »

I (13572). « Depuis la fondation de la monarchie jusqu'à la prison du roi Jean en Angleterre. » — 146 feuillets.

II (13573). « Depuis la prison du roi Jean en Angleterre jusques au supplice du duc de Montmorancy. » — 163 feuillets.

III (13574). « Depuis le supplice du duc de Montmorancy jusqu'à la mort de Louis XIV. » — 125 feuillets.

XVIIIe siècle. Papier. 3 volumes. 170 sur 110 millimètres. Rel. bas. fauve. (Provient de A.-A. Monteil. — Supplément français 2035, 1-3.)

13575-13576. « Abbregé de l'histoire de soixante-trois rois de France qui ont régnés durant le cours de treize siècles, » jusqu'en 1643.

Premier et troisième volumes seuls.

XVIIe siècle. Papier. vi-623 feuillets et feuillets 1290-1889. 235 sur 185 millimètres. Cartonné. (« Ex-libris Recollectorum conventus S^{ti} Germani in Laya. » — Supplément français 2238, 1-2.)

13577. Abrégé de l'histoire de France, jusqu'en 1697.

XVIIe siècle. Papier. 239 feuillets. 185 sur 130 millimètres. Rel. veau gr. (Supplément français 4287.)

13578. Résumé d'histoire de France, jusqu'en 1725.

XVIIIe siècle. Papier. 69 feuillets. 150 sur 105 millimètres. Rel. veau fauve. (Supplément français 4979.)

13579. « Abregé de l'histoire de France, tiré de trois autheurs différents, Mrs de Mezeray et Chalon et du P. Daniel. »

XVIIIe siècle. Papier. 252 feuillets. 235 sur 175 millimètres. Rel. veau gr. (Supplément français 4944.)

13580. Double du volume précédent.

XVIIIe siècle. Papier. 255 feuillets. 205 sur 155 millimètres. Rel. veau gr. (Supplément français 5007.)

13581. « Choses à supprimer, retrancher, adjouster ou raier en l'histoire du roy Henry le Grand, composée par Scipion Du Pleix, » par BASSOMPIERRE.

XVIIe siècle. Papier. 227 feuillets. 225 sur 160 millimètres. Rel. veau rac. (Ex-libris gravé de Caumartin. — Supplément français 4949.)

13582. « Remarques sur le IV° livre du Ier tome de l'Histoire de France, par Mezeray ; sur la 3e race. »

XVII° siècle. Papier. 230 feuillets. 192 sur 135 millimètres. Cartonné. (Supplément français 5397.)

13583. Traités historiques des maisons de Bourbon et de Navarre, par D. Godefroy.

XVII° siècle. Papier. 111 pages. 250 sur 165 millimètres. Couvert. parchemin. (Supplément français 5481.)

13584. « Remarques sur le gouvernement du royaume durant les règnes d'Henri IV, Louis XIII et de Louis XIV... A Cologne, chez Pierre Marteau, 1688. »

XVII° siècle. Papier. 112 pages. 230 sur 145 millimètres. D. rel. (Supplément français 2942.)

13585. « Abregé de politique pour la France, » par Garnison.

Dédié à Mme la marquise de Maintenon.

XVIII° siècle. Papier. iv et 204 pages. 238 sur 180 millimètres. Rel. veau rac. (Supplément français 2107.)

13586-13587. « Opuscules du droit françois du royaume de France et des François. »

Il y a une table de ces « Opuscules » en tête du premier volume (fol. 1-30).

XVIII° siècle. Papier. 375 et 373 feuillets. 195 sur 155 millimètres. Rel. veau rac. (Ex-libris gravé de Villevault.—Supplément français 3218, 1-2.)

13588-13613. « Mémoires abrégéz des Généralités du royaume de France, » dressés par les intendants des provinces, en 1697-1699, pour l'instruction du duc de Bourgogne, et recueillis par M. de Boulainvilliers.

I (13588). Paris. — 155 feuillets.
II (13589). Alençon. — 31 —

III (13590). Besançon. — 75 feuillets.
IV (13591). Bordeaux. — 98 —
V (13592). Bourgogne. — 205 —
VI (13593) Bretagne. — 93 —
VII (13594). Caen. — 47 —
VIII (13595). Champagne. — 92 —
IX (13596). Dauphiné. — 95 —
X (13597). Languedoc. — 225 —
XI (13598). Flandre. — 89 —
XII (13599). La Rochelle. — 43 —
XIII (13600). Limoges. — 77 —
XIV (13601). Lyon. — 95 —
XV (13602). Montauban. — 115 —
XVI (13603). Moulins. — 63 —
XVII (13604). Orléans. — 63 —
XVIII (13605). Pau. — 26 —
XIX (13606). Picardie. — 96 —
XX (13607). Poitiers. — 66 —
XXI (13608). Provence. — 201 —
XXII (13609). Riom. — 98 —
XXIII (13610). Rouen. — 31 —
XXIV (13611). Soissons. — 32 —
XXV (13612). Roussillon (1710). — 29 feuillets.
XXVI (13613). « Histoire du gouvernement de la France, » par M. de Boulainvilliers; tome II du *Mémoire historique*. — Pages 445-884.

XVIIIe siècle. Papier. 26 volumes. 255 sur 190 millimètres. D. rel. (Supplément français 4675, 1-26.)

13614-13617. « Mémoires abrégéz des Généralitéz du royaume de France. — Histoire de France, par M. DE BOULAINVILLIERS. »

XVIIIe siècle. Papier. 256, 294, 255 et 266 feuillets. Rel. veau rac. (Supplément français 4952, 1-4.)

13618-13632. Mémoires des Généralités du royaume de

France, dressés par les intendants des provinces, en 1697-1699, pour l'instruction du duc de Bourgogne.

    I-II (13618-13619). Paris. — 539 et 403 feuillets.
    III (13620). Orléans. — 151 feuillets.
    IV (13621). Alençon. — 170 —
    V (13622). Bretagne. — 176 —
    VI (13623). Maine. — 100 —
    VII (13624). Bordeaux. — 145 —
    VIII (13625). Flandres. — 144 et 114 feuillets.
    IX (13626). Artois. — 228 feuillets.
    X (13627). Picardie. — 176 —
    XI (13628). Languedoc. — 360 —
    XII (13629). Dauphiné. — 311 pages.
XIII-XIV (13630-13631). Bourgogne. — 255 et 265 feuillets.
    XV (13632). Champagne. — 245 feuillets.

XVIIIe siècle. Papier. 15 volumes. 235 sur 180 millimètres. Rel. veau gr., aux armes de « Mr Cadeau, conseiller au Parlement. » (Supplément français 4952, 5-19.)

13633. Mélanges.

Fol. 1. « Détail du Boulonnois. — 1732. »

Fol. 11. « Observations sur les places de Dunkerque, Gravelines et Calais en 1732. »

Fol. 47. « Projet de règlement pour la taille proportionnelle en Dauphiné, et mémoires en conséquence. »

XVIIIe siècle. Papier. 84 feuillets. 235 sur 180 millimètres. Rel. veau gr. (Supplément français 4952, 20.)

13634. « Reflexions sur l'histoire de France, par M. le comte DE BOULAINVILLIERS. »

XVIIIe siècle. Papier. 382 feuillets 250 sur 190 millimètres. D. rel. (Supplément français 4666.)

13635. « Histoire des mœurs de la Cour et de Paris, » par SAUVAL.

XVIIe siècle. Papier. 496 pages. 195 sur 150 millimètres. Rel. veau rac. (Supplément français 4945.)

13636. « Anecdotes secretes et amoureuses de la Cour de France. »

XVIIIe siècle. Papier. 338 pages. 212 sur 160 millimètres. Rel. veau rac. (Supplément français 1457.)

13637. Recueil de contrats de mariage de rois et princes français et étrangers. (1258-1600.)

XVIIIe siècle. Papier. 368 feuillets. 225 sur 175 millimètres. Couvert. parchemin. (Supplément français 1118.)

13638. Recueil de pièces sur l'Hôpital de S. Jacques à Paris et les ordres hospitaliers de N.-D. du Mont-Carmel, de S. Lazare de Jérusalem et du S. Esprit de Montpellier.

Recueil de pièces imprimées concernant la fondation et l'histoire « de l'hospital Saint-Jacques aux Pélerins à Paris. » (XVIIe siècle.) — Fol. 205. Lettres-patentes de 1734 pour le même hôpital.

Fol. 91. Recueil de pièces imprimées concernant l'histoire « de l'ordre de Nostre-Dame du Mont-Carmel et de Saint-Lazare de Jérusalem. » (XVIIe et XVIIIe siècles.)

Fol. 207. Recueil de pièces imprimées concernant l'histoire « de l'ordre hospitalier du St Esprit de Montpellier. » (XVIIIe siècle.)

XVIIe-XVIIIe siècles. Papier. 378 feuillets in-fol., in-4° et in-8°. D. rel. (Supplément français 1406.)

13639. Songe politique, en vers, relatif à la campagne de Louis XII en Italie. (1512.)

Ce songe débute par les vers :

« Lorsque Pheton soubz l'exaltation
« Du beau Phebus ses chevaux conduisoit,
« Et que la Lune en opposition,
« Tenant Libra par revolution... »

L'auteur du songe est consolé par la Philosophie, la Patience et l'Espérance. — Cinq miniatures à pleine page.

XVIe siècle. Parchemin. 27 feuillets. 185 sur 125 millimètres. Rel. soie, moderne. (Supplément français 1504.)

13640. « Arrets de la Court souveraine des Pairs de France, donnés contre les meurtriers et assassinateurs de Messieurs les cardinal et duc de Guise. — A Paris, chez Nicolas Nivelle, 1589. »

Copie de l'imprimé.

XVIIIe siècle. Papier. 195 pages. 210 sur 160 millimètres. Rel. veau gr. (Supplément français 4948.)

13641. « Le tableau du gouvernement de M^r le cardinal de Richelieu, » et autres pièces de vers sur le cardinal de Richelieu.

XVIIe siècle. Papier. 104 pages. 220 sur 180 millimètres. Couvert. parchemin. (Supplément français 1127.)

13642. « L'impiété des meschans par les François, ou l'impiété des Franchois par les meschans, contenant l'alliance avecq le Turcq, la protection de Geneve, la confederation avecq l'Hollandois et la ligue avecq les Suedois. — Tacquet scripsit, anno 1645. »

XVIIe siècle. Papier. 114 feuillets. 215 sur 170 millimètres. Rel. veau rac. (Supplément français 4950.)

13643. Mélanges autographes de Christophe DE MAUR, prévôt de Coire, aumônier du roi de France. (1668-1674.)

Fol. 231-254. « Ludovicus deffensus, seu consultum juris, in quo solide concluditur : 1° renunciationem serenissimæ Mariæ Theresiæ, reginæ Franciæ, esse et fuisse nullam... » (Les fol. 257-276 manquent.)

Fol. 277. « Secretus juridicus discursus in quo evidenter concluditur : I, per pacem d'Aix-la-Chapelle non esse derogatum juribus serenissimæ reginæ in provincias devolutas... »

Fol. 309. « La Clef des affaires de la Couronne de France dans le pays des Grisons... » (1651.)

XVIIe siècle. Papier. Feuillets 231-450. 240 sur 175 millimètres. Rel. parchemin. (Supplément français 3821.)

13644. Mélanges politiques.

Fol. 1. « Extrait des esclaircissemens sur les affaires de Lorraine pour tous les princes chrestiens. 1671. »

Fol. 15. « Responses au livre intitulé : Esclaircissement sur les affaires de la Lorraine pour tous les princes chrestiens. »

Fol. 37. « Delphinus restitutus. » — Fol. 61. « Ludovicus defensus. »

Fol. 65. « Declaration du roy de France que, dans le terme d'un an, il ne fera pas la guerre aux Païs-Bas souz pretexte de ses prétentions sur Condé, Linck et dépendances de Nieuport. » (1670.)

Fol. 68. « Response au livre intitulé : Discours touchant les prétentions de la France sur les places de Condé, Linck et Neuport, fait à La Haye l'an 1671. »

Fol. 80. « Responses à l'escrit intitulé : Considérations sur l'estat present des Provinces Unies, ou examen du manifeste du roy d'Angleterre,... traduit de flamand en françois. 1672. »

Fol. 114. « Deductio innocentiæ in objectione iniqua atque in hujus fundamento lati decreti contra M. Nicolaum in Prazmow et Neporát Prazmowski, Dei gratia, archiepiscopum Gnesnensem,... 1672. »

XVIIe-XVIIIe siècle. Papier. 138 feuillets. 225 sur 180 millimètres. Cartonné. (Supplément français 768.)

13645. « Consultation sur la renonciation de la reyne Marie Thérèse à la couronne d'Espagne. »

XVIIe-XVIIIe siècle. Papier. 92 feuillets. 225 sur 180 millimètres. Cartonné. (Supplément français 388.)

13646. Mémoire sur le Brabant et la Lorraine.

I. « Deffense des droitz de la reine très chrestienne Marie-Thérèse sur le Brabant et autres provinces catholiques des Païs-Bas, pour servir de responce à un traitté latin, intitulé : « Desductio ex qua probatur clarissimis argumentis non esse jus devolutionis in ducatu Brabantiæ, etc. »

II. « Mémoire de l'estat ancien et moderne de la Lorraine depuis l'institution du roiaume de ce nom et des duchez de la haute et basse Lorraine,... tiré de la Géographie historique et politique de M. J. D[oujat,] professeur du Roy en droit et historiographe de Sa Majesté. »

XVIIe-XVIIIe siècle. Papier. 167 et 169 feuillets. 255 sur 190 millimètres. Cartonné. (Supplément français 549.)

13647. « Recueil de plusieurs pièces [de vers] des années 1673-1680. »

Poésies de Desmarets, Benserade, Cassagnes, Fléchier, Ménage. Hersan, Santeuil, etc. (1667 et suiv.) — Il y a une table alphabétique de ces pièces aux fol. 100-102.

XVIIe siècle. Papier. iv et 126 feuillets. 285 sur 170 millimètres. Rel. parchemin. (Supplément français 1677.)

13648. Mélanges historiques, de la fin du XVIIe siècle.

Fol. 3. « Panegirique de Guillaume IIIe, roy de la Grande Bretagne, par M. *** [Labadie, ministre]. »

Fol. 22. « Aveu sincère, en forme de lettre, sur le Panegyrique de Guillaume IIIe, roy de la Grande Bretagne, autrement dit le prince d'Orange, par un particulier natif de Noyon en Picardie. »

Fol. 23 v°. « Sonnet à la louange de Louis le Grand. »

Fol. 24. « Discours de Mgr. l'évêque comte de Noyon,... fait au Roy, en passant par la ville de Noyon. »

Fol. 24 v°. « Harangue faite au roy d'Espagne par le curé de Chartres-sur-Mont-l'héry... »

Fol. 25. « Compliment que M. de Novion... a fait, après la publication de la paix entre la France, l'Empire, l'Espagne, l'Angleterre et la Hollande,... en parlant au Roy. »

Fol. 26 v°. « Prière pour le Roy, faite dans le tems du jubilé, l'an 1692. »

Fol. 27. « Discours composé et prononcé devant Mrs de la R. P. R., assemblés dans un prêche, pour entendre la lecture de l'avertissement pastoral du Clergé de France, par Mr Brunet, abbé de Beaugerais. »

Fol. 34. « Lettre du Roy, écrite à Mgr. l'évêque de Noyon,...

pour faire chanter le *Te Deum* en action de grâce de la paix. »
— Fol. 35. Lettre du pape Innocent XII à Mgr. de Noyon. » (1691.)
— Fol. 36 v°. « Les dernières pensées de M' de Clermont, évêque comte de Noyon,... à la réception du viatique. »

XVIII° siècle. Papier. 36 feuillets. 230 sur 170 millimètres. Cartonné. (Supplément français 3818.)

13649. « Recueil de matières differentes [concernant l'histoire de France], depuis 1660 [jusqu']en janvier 1708. — 3° tome. — Delisle, 1707. »

Extraits des Registres du Parlement, auxquels on a joint quelques pièces imprimées sur des événements contemporains.

XVII°-XVIII° siècle. Papier. 391 feuillets. 220 sur 165 millimètres. Rel. veau gr. (Supplément français 2404.)

13650. « Sentimens des Parisiens et en général des sujets du Roy sur l'état du gouvernement, à Son Altesse Royale Monseigneur le duc d'Orléans. — A Paris, 1716. »

L'épître dédicatoire est signée par « le chevalier D'YFVETOT. »

XVIII° siècle. Papier. 44 pages. 195 sur 120 millimètres. Rel. parchemin vert, aux armes d'Orléans. (Supplément français 1646.)

13651-13653. « Pièces secrètes, en vers et en prose, sur les évènemens du tems, depuis 1716. »

Il y a une table des pièces à la fin de chaque volume.

XVII° siècle. Papier. 528, 560 et 550 pages. 245 sur 165 millimètres. Rel. veau rac. (Ex-libris gravé de « M. de Laus de Boissy. » — Supplément français 4669.)

13654. Recueil de placets, présentés au roi Louis XV et renvoyés au contrôleur général Le Peletier des Forts, pendant les années 1727 et 1728.

Originaux, avec apostilles.

XVIII° siècle. Papier. 263 feuillets. 245 sur 185 millimètres. Rel. veau rac. (Provient de A.-A. Monteil. — Supplément français 1554.)

13655-13659. Recueil de pièces de vers, chansons, épigrammes, etc., relatives à la Régence et au règne de Louis XV.

XVIIIe siècle. Papier. 523, 523, 455, 406 et 389 pages. 240 sur 190 millimètres. Rel. parchemin. (Supplément français 1674.)

13660-13662. Recueil de pièces de vers, chansons, épigrammes, etc. (1710-1752.)

I (13660). Années 1710-1731. — 184 feuillets.
II (13661).   —   1733-1736. — 725 pages.
III (13662).   —   1737-1752. — 288 feuillets.

XVIIIe siècle. Papier. 3 volumes. 240 sur 180 millimètres. D. rel. (Supplément français 1679.)

13663. Discours sur les crimes des rois de France, prononcé à une fête de la Raison, dans une église de Paris.

XVIIIe siècle. Papier. 14 feuillets. 215 sur 165 millimètres. Cartonné. (Supplément français 1319.)

13664-13671. Recueil de copies de lettres de Henri IV, tirées de la Bibliothèque du roi, formé par l'abbé de L'Écluse des Loges.

I-II (13664-13665). Lettres au duc de Sully. — 257 et 289 ff.
III-IV (13666-13667). Lettres au connétable et à la duchesse de Montmorency. — 267 et 221 feuillets.
V (13668). Lettres au duc de Nevers. — 237 feuillets.
VI (13669). Lettres au Pape, au roi Henri III, à la reine Marguerite, au duc de Montpensier, à Mme de Montglat, aux maréchaux de Damville et de Matignon, à M. d'Humières, à M. de Crillon, au président de Thou; lettres du Grand Seigneur à Henri IV et du duc de Sully à divers. — 229 feuillets.
VII (13670). Lettres diverses. — 286 feuillets.
VIII (13671). Lettres galantes. — 136 feuillets.

XVIIIe siècle. Papier. 8 volumes. 250 sur 185 millimètres. D. rel. (Supplément français 1009, 1-8.)

13672. « Lettres écrites par un habitant de Paris à un de ses amis, en province, au sujet de deux édits et déclaration du Roy, enregistrés au Parlement, Sa Majesté y tenant son lit de justice, le 1er may 1763. »

18 lettres intitulées : « Apologie des nouveaux règlemens, » sur la liquidation des dettes de l'État.

XVIIIe siècle. Papier. 50 feuillets. 228 sur 182 millimètres. Cartonné. (Supplément français 3889.)

13673. Mélanges politiques.

I. « Lettre sur l'état actuel du crédit du gouvernement en France. 1771. »

II. « Le Point de vue, ou lettres de M. le Prés... à M. le duc de N..... 1772. »

XVIIIe siècle. Papier. 61 et 91 pages. 160 sur 100 millimètres. Rel. veau rac. (Supplément français 4491.)

13674. « Mémorables et déplorables escritz, contenans partie des histoires tragiques qui se sont faites et passées durant les guerres civiles, advenus en ce royaume de France depuis le jour des baricades de la ville de Paris, 12e de may 1588, dans la ville de Gisors et lieux circonvoisins. » (1588-1617.)

Publiés par M. H. Le Charpentier, sous le titre de : *La Ligue dans le Vexin normand* (Paris, 1878, in-8°). — Avec les deux ex-libris : « A M. Therée, président en l'eslection de Gisors. — D. Berée de Courpont. 1710. »

XVIIe siècle. Papier. 259 feuillets. 180 sur 138 millimètres. Rel. parchemin. (Supplément français 4917.)

13675. « Journal historique, extrait des lettres de Guy Patin, depuis 1632 jusqu'en 1672. »

Minute.

XVIIIe siècle. Papier. 104 feuillets. 230 sur 170 millimètres. Rel. veau rac. (Supplément français 4817.)

13676-13677. « Journal historique, extrait des lettres de Guy Patin, depuis 1632 jusqu'en 1672. »

Copie mise au net.

XVIII siècle. Papier. xxi-575 et 595 pages. 200 sur 155 millimètres. Rel. veau rac. (Supplément français 4818.)

13678. « Journal du sieur de Catheux, mestre de camp d'un régiment de cavalerie et gentilhomme ordinaire du Roy, touchant les Moscovites ar[r]ivez en France en l'année 1668. »

XVII siècle. Papier. 20 feuillets. 220 sur 165 millimètres. Cartonné. (Supplément français 2566.)

13679-13690. Journaux historiques des années 1711-1722.

I (13679).	Année 1711.	— 190 feuillets.	
II (13680).	—	1712. — 207	—
III (13681).	—	1713. — 257	—
IV (13682).	—	1714. — 307	—
V (13683).	—	1715. — 341	—
VI (13684).	—	1716. — 267	—
VII (13685).	—	1717. — 148	—
VIII (13686).	—	1718. — 252	—
IX (13687).	—	1719. — 184	—
X (13688).	—	1720. — 159	—
XI (13689).	—	1721. — 191	—
XII (13690).	—	1722. — 166	—

« Du cabinet de M. Du Buisson. »

XVIII siècle. Papier. 12 volumes. 165 sur 105 millimètres. Rel. veau gr. (Supplément français 5398.)

13691-13693. « Mémoire pour servir à l'histoire, ou journal de ce qui s'est passé de plus considérable pendant la Régence de feu Mgr. le duc d'Orléans, depuis le 2° jour de septembre 1715 jusqu'à la mort de cet illustre prince, qui arriva le 2° décembre 1722, » par J. Buvat.

Tome I (13691). Années 1715-1717. — 391 feuillets.
— II (13692). Avril 1718-févr. 1721. — 318 feuillets.
— III (13693). Févr. 1721-1723. — 344 feuillets.

Ms. autographe. — Publié par M. E. Campardon (Paris, 1865, 2 vol. in-8°). Cf. plus haut les ms. 10281-10284.

XVIIIe siècle. Papier. 3 volumes. 245 sur 185 millimètres. D. rel. (Supplément français 4141, 1-3.)

13694. Nouvelles à la main des années 1734-1739, adressées à M. Poulletier de Nainville, intendant de Lyon.

XVIIIe siècle. Papier, 285 feuillets. 220 sur 160 millimètres. Cartonné. (Supplément français 1840.)

13695-13699. Nouvelles à la main des années 1733-1745.

    I (13695). Années 1733-1744. — 148 feuillets.
    II (13696).   —   1737-1738. — 269 —
    III (13697).   —   1739-1740. — 408 —
    IV (13698).   —   1741-1742. — 410 —
    V (13699).   —   1743-1744. — 432 —

XVIIIe siècle. Papier. 5 volumes. 240 sur 180 millimètres. D. rel. (Supplément français 4951.)

13700. Nouvelles à la main pour les années 1738-1749, adressées au marquis de Longaunay, au château de Dampierre, près Thorigny (Manche).

XVIIIe siècle. Papier. 97 feuillets. 260 sur 190 millimètres. D. rel. (Supplément français 5297.)

13701-13712. Nouvelles à la main pour les années 1745-1752, adressées à Madame de Souscariere, au château de Breuilpont, près Vernon (Eure).

    I (13701). Janvier-juillet   1745. — 170 feuillets.
    II (13702). Juillet-décembre 1745. — 156 —
    III (13703). Janvier-juin   1746. — 134 —
    IV (13704). Juin-décembre   1746. — 132 —
    V (13705). Janvier-juillet   1747. — 166 —
    VI (13706). Juillet-décembre 1747. — 143 —
    VII (13707). Janvier-mai   1748. — 98 —
    VIII (13708). Mai-décembre   1748. — 79 —
    IX (13709). Janv.-décembre 1749. — 155 —

X (13710). Janv.-décembre 1750. — 139 feuillets.
XI (13711). Janv.-décembre 1751. — 151 —
XII (13712). Janv.-décembre 1752. — 173 —

XVIII⁰ siècle. Papier. 12 volumes. 220 sur 180 millimètres. Rel. veau marbré. (Supplément français 5460.)

13713. Journal des événements survenus à Paris, du 2 avril au 8 octobre 1789 ; analyse des comptes rendus des séances de l'Assemblée nationale, etc., par un clerc de procureur au Châtelet.

XVIII⁰ siècle. Papier. 419 feuillets. 220 sur 165 millimètres. Cartonné. (Supplément français 1827.)

13714-13716. « Déportation du xviii fructidor an V (4 septembre 1797), ou journal d'un déporté, » par Barbié-Marbois. (1797-1800.)

Ms. original, avec plans et pièces diverses, mss. et impr., ajoutées.

XIX⁰ siècle. Papier. 201, 197 et 192 feuillets. 222 sur 155 millimètres. D. rel. (Supplément français 3038.)

13717. « Registre journalier des événemens et actes publics, à commencer du 12 nivose an 5 (1ᵉʳ janvier 1797, v. st.). »

Répertoire méthodique d'événements et d'actes publics de l'époque révolutionnaire.

XVIII⁰ siècle. Papier. 189 feuillets. 142 sur 90 millimètres. Cartonné. (Supplément français 5427.)

13718. « Mémoires de Jean de Coligny, écrits par lui-même. » (1617-1686.)

XIX⁰ siècle. Papier. xv et 56 pages. 220 sur 125 millimètres. Rel. bas. gr. (Supplément français 254, 32.)

13719. « Extraits de la vie de Jean de Coligny, consignée, écrite et signée de lui sur les marges d'un Missel, acheté pour la chapelle de la Mothe St Jean. »

XIXe siècle. Papier. 32 pages. 170 sur 100 millimètres. Cartonné. (Supplément français 254, 32ª.)

13720. P. DE L'ESTOILE, « Continuation de mes Mémoires, commençans le premier de l'an 1598 jusques à la fin de febvrier de l'an 1602. »

Cf. plus haut les mss. 6678 et 10299-10304.

XVIIe siècle. Papier. 274 feuillets. 190 sur 140 millimètres. Rel. veau brun. (Provient des Jacobins de Saint-Honoré. — Supplément français 1644.)

13721-13722. « Mémoires de messire François DUVAL, marquis DE FONTENAY-MAREIL, maréchal des camps et armées du Roy,... ambassadeur en Angleterre en 1626 et deux fois à Rome en 1641 et 1647. »

Ms. autographe.

XVIIe siècle. Papier. 510 et 447 feuillets. 230 sur 165 millimètres. Rel. veau rac. (Supplément français 1947.)

13723. « L'histoire de tout ce qui s'est passé en France... pendant tout le tems de la minorité du Roy et de la régence de la reyne sa mère, depuis la guerre de Paris jusqu'à la prison du cardinal de Rets, tirée des Mémoires qu'en a donné madame la duchesse de Nemours, » par MADAILLAN DE L'ESPARRE.

XVIIe siècle. Papier. 183 feuillets. 210 sur 155 millimètres. Rel. veau gr. (Estampille aux armes d'Orléans. — Supplément français 1645.)

13724. « Retraitte de Monsieur le duc de Longueville en son gouvernement de Normandie, après la guerre de Paris, » par M. DE LA ROCHEFOUCAULT.

XVIIe siècle. Papier. 110 feuillets. 222 sur 165 millimètres. Rel. veau rac. (Provient des Récollets de Paris. — Supplément français 1650.)

13725. « Mémoires de Monsieur DE LA ROCHEFOUCAULT. »

XVIIe siècle. Papier. 262 feuillets. 238 sur 182 millimètres. Rel. veau rac. (Estampille aux armes d'Orléans. — Supplément français 1665.)

13726. « Mémoires de Monsieur DE LA ROCHEFOUCAULT. »

XVIIe siècle. Papier. 121 feuillets. 210 sur 160 millimètres. Rel. veau rac. (Supplément français 5051.)

13727. « Mémoires historiques. — Tome III. 1679. »

Nouvelles ecclésiastiques. — Cf. les tomes I et IV (1675-1677 et 1690) sous les n°s 13802 et 13803.

XVIIe siècle. Papier. 319 feuillets. 250 sur 170 millimètres. Rel. parchemin. (Supplément français 5045.)

13728. « Mémoires de madame la princesse DE CONTY. — Ce XXIII avril MDCCI. »

XVIIIe siècle. Papier. 93 pages. 160 sur 90 millimètres. Rel. veau brun. (Supplément français 5122.)

13729. « État où est la France en cette année 1712, » par « CARRIERE. — 1712. »

En tête du volume, sont quelques extraits sur les fils du roi St Louis, les grands Officiers de la couronne de France, l'île de Corse, etc. (p. I-XVI). — A la fin (p. 235-243), des comptes de recette des chaises d'une église en 1787.

XVIIIe siècle. Papier. XVI et 243 pages. 200 sur 160 millimètres. Couvert. parchemin. (Provient des Récollets de Paris. — Supplément français 1651.)

13730-13731. « Mémoires du duc DE SAINT-SIMON. »
Tome III et IV seuls.

XVIIIe siècle. Papier. 424 et 357 pages. 265 sur 210 millimètres. Rel. veau rac. (Supplément français 4409, 1-2.)

13732. « Mémoires de la Régence, ou détail simple et succinct des motifs et des opérations de tous les établissemens faits par S. A. R. Philippe d'Orléans, régent de France. »

XVIIIe siècle. Papier. 69 pages. 230 sur 170 millimètres. D. rel. (Supplément français 5773.)

13733-13735. « Histoire des evenemens arrivés en France depuis le mois de septembre 1770, concernans les parlemens et les changemens dans l'administration de la justice et dans les loix du royaume, » par M. REGNAUD, procureur au Parlement de Paris.

I (13733). 7 sept. 1770-7 sept. 1772. — 391 pages.
II (13734). 7 sept. 1772-1er juin 1774. — 435 pages.
III (13735). 1er juin 1774-10 févr. 1775. — 468 pages.

On a ajouté, à la fin du troisième volume, quatre pièces imprimées :

Page 340. « Éloge de Michel de L'Hôpital,... par M. Regnaud. » (Paris, 1777, in-4°.)

Page 384. « Discours prononcé dans l'Académie françoise, le jeudi 16 février 1775, à la réception de M. de Lamoignon de Malesherbes. » (Paris, 1775, in-4°.)

Page 408. « Procès-verbal de... la séance tenue en la Cour des Aides, en la présence de Monsieur, frère du Roi, le 31 mai 1775. » (Paris, 1775, in-4°.)

Page 424. « Défense pour Louis XVI, par P.-E. Regnaud. » (Paris, déc. 1792, in-8°.)

XVIIIe siècle. Papier. 3 volumes. 215 sur 158 millimètres. Rel. maroquin vert. (Supplément français 5058.)

13736. Mémoires de Madame ROLAND.

Ms. autographe, écrit dans la prison de l'Abbaye, en 1793. — Il faut y joindre le ms. nouv. acq. franç. 4697.

XVIIIe siècle. Papier. 370 feuillets. 230 sur 175 millimètres. Rel. maroquin vert. (Supplément français 5340.)

13737. Répertoire alphabétique d'un recueil de pièces sur l'histoire de France.

On a ajouté à la fin la minute d'un « Mémoire pour Mʳ Jacques Bougarel, greffier des présentations du Parlement,... 1734. »

XVIIᵉ-XVIIIᵉ siècles. Papier. 305 feuillets. 232 sur 168 millimètres. Rel. veau rac. (Supplément français 2405.)

13738. Notices bibliographiques sur la *Chronologie septenaire* de Palma Cayet (Paris, 1605-1612, in-8°), et sur le *Mercure françois*, tomes I-XXV (Paris, 1611-1648, in-8°).

XVIIIᵉ siècle. Papier. 30 feuillets. 180 sur 110 millimètres. Cartonné. (Supplément français 4685.)

13739-13743. Extraits du *Mercure françois* (1673-1701).

I (13739). Années 1677-1679. — 395 pages.
II (13740). — 1679-1681. — 348 —
III (13741). — 1681-1701. — 460 —
IV (13742). — 1685-1686. — 392 —
V (13743). — 1673-1683. — 398 —

XVIIIᵉ siècle. Papier. 5 volumes. 220 sur 162 millimètres. Rel. veau gr. (Supplément français 4212.)

13744. Nouvelles à la main (mai-déc. 1714), adressées à « M. Brebis, docteur de Sorbonne, prieur de la Cour-Dieu, à Boiscomun en Gastinois. »

XVIIIᵉ siècle. Papier. 138 feuillets. 222 sur 165 millimètres. Rel. parchemin. (Supplément français 2087.)

13745. Histoire de Sᵗ Louis ; livre Iᵉʳ, où l'on voit ce qui est arrivé de plus mémorable sous son règne, durant les années 1226-1229. »

XVIIIᵉ siècle. Papier. 201 pages. 240 sur 175 millimètres. Cartonné. (Supplément français 359.)

13746-13752. Vie de Saint Louis, par Lᴇ Nᴀɪɴ ᴅᴇ Tɪʟʟᴇᴍᴏɴᴛ.

Publiée par J. de Gaulle pour la Société de l'histoire de France (Paris, 1847-1851. 5 vol. in-8°); voir l'Avertissement, p. ᴠɪ.

I (13746). Préliminaires (§§ 1-115) et Vie de S. Louis (§§ 1-473). — 268 et 940 pages.

II (13747). Ms. *B* de Lenain de Tillemont; notes et pièces diverses. — 527 feuillets.

III-VII (13748-13752). Notes des Préliminaires et de la Vie de S. Louis. — 348 feuillets, fol. 336 à 680, plus 120 fol., fol. 681-1113, fol. 1113 à 1476, plus 37 fol., et 510 feuillets.

XVIIe siècle. Papier. 7 volumes. Tomes I-II, 255 sur 190; tomes III-VII, 190 sur 152 millimètres. Rel. veau rac. (Supplément français 2013 et 2013 *bis*.)

13753. Histoire de Guillaume de S. Amour et de la Conquête de Sicile, par LE NAIN DE TILLEMONT.

I. « Histoire de Guillaume de S. Amour, » par LE NAIN DE TILLEMONT. — Publiée par J. de Gaulle, au t. VI de la Vie de S. Louis.

Fol. 89. « La bienheureuse Isabelle de France, sœur de S. Louis et fondatrice de l'abbaye de Longchamp, » par le même.

II. « Conqueste du royaume de Sicile, par Charles, comte d'Anjou et de Provence, » par le même. — Publiée par J. de Gaulle, au t. VI de la Vie de S. Louis.

Fol. 126. « Gesta... Urbani papæ quarti, quæ prosaice facta a M. Gregorio de Neapoli,... quæ versificatus est Thierricus de Vallicolore... »

XVIIe siècle. Papier. 104 et 149 feuillets. 255 sur 190 millimètres. D. rel. (Provient du P. Adry, de la vente Boulard et de M. de Monmerqué. — Supplément français 5597.)

13754. « La saincte vie et les haulx faiz dignes de memoire de Monsr sainct Loys, roy de France, » mis et divisez en quatre parties.

Impr. à Paris, 1666, in-8°, aux frais de la corporation des merciers de Paris (Département des imprimés, Lb¹⁸, 18). — Miniature représentant S. Louis, au fol. I.

XVIe siècle. Parchemin. 8 et LXXVII feuillets. 210 sur 145 millimètres. Rel. velours grenat. (Provient de l'École royale militaire. — Supplément français 3066.)

13755. « Les vertus de saint Louis, roi de France, recueillies de quatre auteurs contemporains qui ont écrit sa vie et de la bulle de canonisation, » par Drouet de Maupertuy.

Exemplaire de dédicace au duc d'Orléans.

XVIIIe siècle. Papier. 134 feuillets. 215 sur 160 millimètres. Rel. maroquin rouge, aux armes d'Orléans. (Supplément français 4487.)

13756-13757. « Histoire de Charles VII, » par Fontanieu.

Cf. plus haut ms. français 10449.

XVIIIe siècle. Papier. xxiii-588 et 741 pages. 222 sur 175 millimètres. Rel. maroquin rouge. (Provient de Fontanieu. — Supplément français 4822.)

13758. « Histoire de Louis XI, » en dix livres, suivie de la « Comparaison du roy Louis XI avec le roy Ferdinand surnommé le Catholique, » par Varillas.

Ms. original, avec l'approbation du censeur pour l'impression (1688); publié à Paris, en 1689, 2 vol. in-4°.

XVIIe siècle. Papier. 690 feuillets. 240 sur 170 millimètres. D. rel. (Supplément français 2036, 52.)

13759-13760. « Histoire de Charles VIII, » par Fontanieu.

Cf. plus haut ms. français 10450.

XVIIIe siècle. Papier. xix-638 et 656 pages. 225 sur 175 millimètres. Rel. maroquin rouge. (Provient de Fontanieu. — Supplément français 4823.)

13761. « Complaincte du trespas du... roy de France, Charles huitiesme de ce nom, composé par messire Octovian de Sainct-Gelais, evesque d'Angoulesme. »

Miniature représentant Charles VIII sur son lit de mort, au fol. 1.

XVe-XVIe siècle. Parchemin. 210 feuillets. 200 sur 140 millimètres. D. rel. (Supplément français 411.)

13762. « Apocalypse, contenant les faictz heroicques et mort catholicque du tres chrestien roy François [Ier] et le tres heureux commencement du regne du tres chrestien roy Henry [II]. »

Dédié à « ma dame la grand Sceneschalle. »

XVIe siècle. Parchemin. 14 feuillets. 165 sur 112 millimètres. D. rel. (Supplément français 808.)

13763. « Les intrigues de Catherine de Médicis. — 1686. »

XVIIIe siècle. Papier. 234 pages. 155 sur 105 millimètres. Rel. veau rac. (Provient de Fontanieu. — Supplément français 4980.)

13764. Recueil de copies de pièces sur la Ligue, et de portraits gravés des rois, reines, princes et principaux personnages du temps de la Ligue, formé par le Mis de Quincy de St Maurice.

Portraits gravés de Charles, duc de Lorraine; Catherine de Médicis; Henri II; Charles IX; François II; Henri III; Henriette-Catherine de Joyeuse; le duc d'Anjou [Henri III]; François de Lorraine, duc de Guise, le Balafré; Henri de Lorraine, duc de Guise; Louis de Lorraine, cardinal de Guise; la duchesse de Nemours; Charles de Lorraine, duc de Mayenne; Charles de Bourbon, cardinal archevêque de Rouen; Philippe II, roi d'Espagne; le duc de Mercœur; Jeanne d'Albret, reine de Navarre; Antoine de Bourbon, roi de Navarre; Henri IV; Louis de Lorraine, cardinal de Guise, archevêque de Reims; Gaspard de Coligny; le maréchal Charles de Gontaut-Biron; — « L'histoire au vray de la victoire obtenuë par frere Jaques Clement, religieux de l'ordre saint Dominique, lequel tua Henry de Valois, le premier jour d'aoust 1589 »; — Jacques Clément; — « Le Tygre, satyre contre les Guysards »; — Louis de Bourbon, prince de Condé; Sixte V; Henri IV; Marguerite de France, duchesse de Valois; Maximilien de Béthune, duc de Sully; Marie de Médicis; Élizabeth, reine d'Angleterre; Gabrielle d'Estrées; Henriette de Balzac; — « Pyramide dressée devant la porte du Palais à Paris » — « Caricature sur la Ligue, » tirée des mss. de M. de Fontette.

XVIe-XVIIIe siècle. Papier. 48 feuillets. 225 sur 175 millimètres. Rel. maroquin rouge, aux armes de Condé. (Provient de Beffara. — Supplément français 5867.)

13765. « Recit veritable de ce qui s'est passé au voyage du roy Henry IVe, de Dieppe jusques à son retour, depuis le decez du roy Henry IIIe, par Charles Du Chesne, médecin du Roy, present lors et servant Sa Majesté. »

XVIIe siècle. Papier. 24 feuillets. 238 sur 175 millimètres. Cartonné. (Provient de Secousse. — Supplément français 371.)

13766. « Le Divorce d'Henry IV avec Marguerite son épouse. »

XVIIIe siècle. Papier. 128 pages. 165 sur 110 millimètres. Rel. veau rac. (Provient de Fontanieu. — Supplément français 4981.)

13767. « Relation de ce qui s'est faict et passé au mariage du roy de la Grande Bretagne et de Madame Henriette, fille de Henri le Grand et sœur de Louis XIIIe, en... 1624 et 1625. »

XVIIe siècle. Papier. 116 feuillets. 212 sur 165 millimètres. Couvert. parchemin. (Supplément français 4963.)

13768. « Histoire politique de ce qui s'est passé l'an 1631. — Livre VIII. »

« Fragment... trouvé dans un coffre de papiers... de M. le cardinal de Richelieu... »

XVIIe-XVIIIe siècle. Papier. 391 pages. 245 sur 185 millimètres. Cartonné. (Supplément français 1108.)

13769. « Relation de ce qui s'est passé de plus remarquable en l'année 1632. »

XVIIe siècle. Papier. 88 pages. 215 sur 170 millimètres. Couvert. parchemin. (Supplément français 658.)

13770. « Extrait de l'histoire de la guerre civile de Paris et de la vie et origine du cardinal de Mazarin. »

XVII® siècle. Papier. 207 pages. 155 sur 102 millimètres. Rel. maroquin rouge. (Supplément français 642.)

13771. Nouvelles à la main pour les années 1696-1738, adressées à M. Bertin du Rocheret, à Épernay, etc.

Tlitre au dos : « L'Estat et l'Église. Tome II. »
XVII®-XVIII® siècle. Papier. 556 feuillets. 240 sur 185 millimètres. Rel. parchemin. (Ex-libris gravé de « Ph.-V. Bertin du Rocherez,... in curia Sparnac. præses. » — Supplément français 5390.)

13772. « Predictions generalles pour l'horizon de Paris, pour le royaume de France et ailleurs... » (1664-1673.)

Pièces mss. et imprimées.

XVII® siècle. Papier. 135 feuillets. 185 sur 125 millimètres. Rel. veau gr. (Supplément français 1682.)

13773. « Le Voyageur céleste, qui contient l'ephéméride de toutte l'année 1691... »

XVII® siècle. Papier. 66 feuillets. 245 sur 185 millimètres. Rel. veau gr. (Supplément français 1688.)

13774. « Histoire du Palais Royal, » ou les Amours de Louis XIV.

XVII® siècle. Papier. 121 pages. 195 sur 135 millimètres. Couvert. parmin. (Supplément français 3110.)

13775. « Histoire de Louis le Grand, » par Antoine BENOIST (1708).

Portraits peints en médaillons de Louis XIV, depuis l'âge de 5 ans jusqu'à 70 ans. — Cf. les miniatures du même peintre conservées au Cabinet des Médailles.

XVIII® siècle. Papier. 53 feuillets. 255 sur 175 millimètres. Rel. velours bleu, ornée de deux médaillons, avec les devises : *Nesciat occasum* et *In omnibus idem*; fermoirs. (Supplément français 2283.)

13776. « Traits tirés de l'histoire de Louis XIV. »

XVIIIe siècle. Papier. 146 feuillets. 198 sur 155 millimètres. Cartonné. (Supplément français 5501.)

13777. « Histoire des Amours de Madame. »

XVIIIe siècle. Papier. 139 feuillets. 150 sur 100 millimètres. Rel. veau gr. (Provient de Fontanieu. — Supplément français 4985.)

13778 « Suitte de l'histoire de Louis XIIII en l'année 1715. »

XVIIIe siècle. Papier. 146 feuillets. 218 sur 160 millimètres. Rel. peau violette. (Supplément français 4700.)

13779. Nouvelles à la main, pour les années 1714-1717, adressées à l'abbé de Monsigny, à Rome.

XVIIIe siècle. Papier. 227 feuillets. 220 sur 175 millimètres. D. rel. (Supplément français 3029.)

13780. « Inscriptions pour la cour de France, avec deux paraphrases sur le Pseaume CXXXVIe, en vers latins et françois, présentées au Roy par Mr Buquet, chanoine de l'église royale de Saint-Wlfran d'Abbeville. »

XVIIIe siècle. Papier. iv et 53 feuillets oblongs. 190 sur 305 millimètres. Rel. veau gr. (Estampille aux armes d'Orléans. — Supplément français 1667.)

13781. « Anecdotes curieuses de la Cour de France sous le règne de Louis XV, par M. Toussaint, auteur des *Mœurs*. »

XVIIIe siècle. Papier. xiii et 335 pages. 208 sur 155 millimètres. Rel. veau. rac. (Supplément français 3029, 7.)

13782. « Recüeil de pièces curieuses et extraits, tant sur les affaires du temps qu'autres sur différens sujets, 1745, » par « Jean-Baptiste Dazain, » de Metz.

XVIIIe siècle. Papier. 222 pages. 240 sur 185 millimètres. Rel. veau rac. (Supplément français 2994.)

13783. « Réponse aux lettres de Filtz-Moritz. »

XVIIIe siècle. Papier. 10 feuillets. 222 sur 165 millimètres. Cartonné (Provient de Falconnet, n° 17974. — Supplément français 3888.)

13784. « Essay sur la vie de Monseigneur Louis, Dauphin, mort à Fontainebleau, le 20e décembre en 1765, par M. l'abbé Soldini, confesseur de Madame la Dauphine. »

Ms. autographe.

XVIIIe siècle. Papier. 72 et xi pages. 260 sur 190 millimètres. D. rel. (Supplément français 4275.)

13785. « La Vie du sire de Joinville, historien de St Louis, avec la noticee du ms. de son Histoire, qui est à la Bibliothèque du Roy, » par Levesque de La Ravallière.

Ms. autographe.

XVIIIe siècle. Papier. 191 feuillets. 260 sur 190 millimètres. D. rel. (Supplément français 4551.)

13786. Notes sur les poids et mesures chez les anciens et à l'époque de Charlemagne, par Levesque de La Ravallière.

Ms. autographe.

XVIIIe siècle. Papier. 34 feuillets. 260 sur 180 millimètres. D. rel. (Supplément français 4552.)

13787. « Confrontation du livre des *OEconomies royalles* de Mr de Sully, avec la nouvelle édition intitulée : *Mémoires de Sully*, par M. Levesque de La Ravallière. »

Ms. autographe.

XVIIIe siècle. Papier. 116 feuillets. 260 sur 180 millimètres. D. rel. (Supplément français 4553.)

13788-13790. « Tableau analytique de l'histoire de France, » rédigé pour l'impératrice Joséphine par l'abbé Halma, son bibliothécaire.

Cartes, dessins de monuments et médailles.

XIXᵉ siècle. Papier. Trois tableaux, composés de 32 feuilles in-8º, collées sur satin blanc, dans un étui en maroquin rouge. (Supplément français 2920, 1-3.)

13791. « Tableau historique de l'isle de Corse, » par le même.

Cartes et dessins de monuments.

XIXᵉ siècle. Papier. Tableau, composé de 25 feuilles in-8º, collées sur satin blanc, dans un étui en maroquin rouge. (Supplément français 2921.)

13792. « Tableau historique de la Martinique, » par le même.

Cartes et dessins.

XIXᵉ siècle. Papier. Tableau, composé de 42 feuilles in-16, collées sur satin blanc, dans un étui en maroquin rouge. (Supplément français 2922.)

13793. Fragments de cahiers de devoirs du grand Dauphin, de la duchesse d'Angoulême et de Louis XVII.

I. Devoirs français et latin, du Grand Dauphin, fils de Louis XIV, corrigés par Bossuet. — Quatre feuillets.

II. Devoir d'écriture de Marie-Thérèse-Charlotte de France, duchesse d'Angoulême (1786). — Une page, suivie du modèle.

III. Devoir d'écriture de Louis dauphin [Louis XVII] (1788). — Deux pages.

XVIIᵉ-XVIIIᵉ siècles. Papier. 8 feuillets. 240 sur 190 millimètres. Cartonné. (Supplément français 2299, a-c.)

13794. Mélanges.

Fol. 1. « Recueil en forme de chronologie de tous les chanceliers et gardes des sceaux de France, depuis Clovis Iᵉʳ jusques à présent, 1667. »

Fol. 141. « Mémoire des saluts de mer. »

Fol. 158 vº. « Advis secrets de la Société de Jésus. »

Fol. 195. « Traicté de la politique de la France, dédié et présenté au Roy par M⁰ P. H., seigneur du C., l'an de grâce 1667. »

XVII⁰ siècle. Papier. 304 feuillets. 158 sur 108 millimètres. Rel. veau gr. (Supplément français 4291.)

13795. « Remarques absolument nécessaires pour l'intelligence parfaicte de l'histoire de France. »

De Hugues Capet à Henri IV. — Un frontispice gravé, ajouté, porte ce titre : « Le Roy mineur, panégyrique par M. François de Bretaigne, conseiller d'Estat et lieutenant general d'Auxois. »

XVII⁰ siècle. Papier. 199 pages. 215 sur 168 millimètres. Rel. maroquin rouge, avec la guivre, emblème de Colbert. (Supplément français 1510.)

13796. « Les Sources du bonheur de la France dans leur cours naturel. » (1774.)

XVIII⁰ siècle. Papier. 124 pages. 235 sur 185 millimètres. Rel. maroquin rouge, aux armes du roi. (Provient de la « Bibliothèque de la Chancellerie. » — Supplément français 3718.)

13797. « Histoire des révolutions de la barbe des Français, depuis l'origine de la monarchie jusqu'au milieu du XIX⁰ siècle, » par A. Canel. — « Caen, 1846. »

XIX⁰ siècle. Papier. 43 pages. 190 sur 118 millimètres. Cartonné. (Supplément français 5306.)

13798. « Discipline de l'Église de France, contenant ce qui s'est passé l'espace de 437 ans, depuis l'an 314 de J.-C... jusqu'à 751. »

XVIII⁰ siècle. Papier. 142 feuillets. 255 sur 182 millimètres. D. rel. (Supplément français 2401.)

13799-13800. « Recueil de la discipline de l'Église, » divisé en sept tomes, et extrait des Conciles.

Résumé de Thomassin.

XVII⁰ siècle. Papier. 586 et 243 feuillets. 255 sur 185 millimètres. Rel. veau rac. et d. rel. (Supplément français 2401.)

13801. Mélanges ecclésiastiques.

Fol. 1-8. « Advis de M. P. Pithou, advocat au Parlement, sur l'ordonnance de Blois de l'an 1576. »

Fol. 9-10. « Declaratio facta a doctoribus sacræ theologiæ Parisiensis ad terminandam controversiam inter tres ordines Blæsis existentes, ortam ex Concilio Tridenti. »

Pages 1-68. « Les motifs sur lesquels l'arrêt donné par Sa Majesté en faveur de M^r l'evêque d'Agen est fondé, et les raisons qui ont obligé les évêques à avoir recours au Roy dans cette contestation. »

Pages 1-25. Lettre de l'archevêque de Rouen, François de Harlay, datée de Gaillon, 27 août 1669, au ministre au sujet de l'affaire précédente.

Fol. 1-280. « Observations sur les principales maximes que les deffenseurs de la Régale ont voulu établir... dans le procès verbal de l'assemblée de quelques prélats tenue chez Mgr. l'archevêque de Paris, le mois de may 1681. »

XVIIIe siècle. Papier. 10 feuillets, 68 et 25 pages, et 280 feuillets. 250 sur 195 millimètres. D. rel. (Provient de l'abbé de Targny. — Supplément français 3766.)

13802-13803. « Mémoires historiques. — Tome I (et tome IV). 1675-1677 (et 1690). »

Nouvelles ecclésiastiques. — Cf. le tome III (1679), sous le n° 13727.

XVIIe siècle. Papier. 321 et 531 feuillets. 250 sur 170 millimètres. Rel. parchemin. (Supplément français 3914, 1-2.)

13804. Mélanges sur la Régale.

« Procès-verbal de l'Assemblée du Clergé de France, tenue au grand couvent des Augustins ès années 1681 et 82, au sujet du Concordat et de la Régale... »

Page 741. « Traité sur la Régale et autres droits de souveraineté à l'égard des bénéfices et des coadjutoreries, par M. LE VAYER, intendant de la généralité de Soissons. »

XVIIe-XVIIIe siècle. Papier. 799 pages. 222 sur 160 millimètres. Rel. veau gr. (Supplément français 4009.)

MANUSCRITS FRANÇAIS

13805. « Recueil canonique, tome VII, » sur la Régale.

Recueil de copies de pièces, bulles de papes, lettres des évêques, etc. (1677-1692), au sujet des affaires de la Régale, etc.

XVIIe siècle. Papier. 315 feuillets. 210 sur 150 millimètres. Rel. parchemin. (Supplément français 5868.)

13806-13807. Conférences ecclésiastiques du diocèse de Paris. (1693-1710.)

I (13806). Années 1693-1703. — 309 feuillets.
II (13807). — 1704-1710. — 420 feuillets.

XVIIe-XVIIIe siècle. Papier. 2 volumes. 230 sur 175 millimètres. D. rel. (Supplément français 3767.)

13808. « Clef de la Censure faite contre les casuistes par l'Assemblée générale du Clergé de France à St-Germain-en-Laye, le 4 septembre 1700, pour servir à la nouvelle édition de cette Censure, jointe au procez verbal de la même Assemblée... 1703. »

XVIIe siècle. Papier. 338 feuillets. 255 sur 170 millimètres. D. rel. (Supplément français 1104.)

13809. Recueil de pièces manuscrites et imprimées relatives au Concile d'Embrun et au jugement rendu contre Jean Soanen, évêque de Senez. (1727-1730.)

XVIIIe siècle. Papier. 195 feuillets. 252 sur 185 millimètres. Rel. veau gr. (Supplément français 4946.)

13810. « Relation de ce qui s'est passé dans le Concile d'Embrun au sujet de la condamnation des écrits de M. l'évêque de Senez,... par M. l'abbé DE MICHEL, chanoine d'Embrun et secrétaire du Concile. »

XVIIIe siècle. Papier. 20 pages. 235 sur 175 millimètres. Cartonné. (Provient de l'abbé de Targny. — Supplément français 3619.)

13811. Recueil de copies de pièces sur les Convulsionnaires ; visions. (1733-1744.)

XVIII⁰ siècle. Papier. 111 feuillets. 170 sur 105 millimètres. Cartonné. (Supplément français 5533.)

13812. Recueil sur les Convulsionnaires.

« I. Discours du frère Hilaire en convulsions. — II. Explication du pavé par la sœur Catin en couvulsions. — III. Les habitans de Sarcelles détrompez. — Dialogue entre le compère Blaise et Nicodème sur le jubilé. — V. Calendrier mistérieux. »

XVIII⁰ siècle. Papier. 53 feuillets. 230 sur 170 millimètres. D. rel. (Provient du marquis de Quincy. — Supplément français 407.)

13813-13814. Mémoires justificatifs de M. Vagne, diacre, janséniste, adressés à Mgr. Conseil, évêque de Chambéry (1786-1787).

Avec copie de différentes lettres relatives à des envois de livres jansénistes en Savoie.

XVIII⁰ siècle. Papier. 417 et 218 pages. 270 sur 200 millimètres. Cartonné. (Supplément français 5537-5538.)

13815. Seconde requête des fidèles à Nosseigneurs les évêques, » au sujet de l'affaire du diacre Vagne, janséniste. (1788.)

XVIII⁰ siècle. Papier. 207 pages. 270 sur 198 millimètres. Cartonné. (Supplément français 5539.)

13816. « Le faux évêque de Pistoye démasqué, ou lettre d'un ecclésiastique à un habitant de Livri. — A Paris, 1791. »

XVIII⁰ siècle. Papier. 65 pages. 272 sur 195 millimètres. Cartonné. (Supplément français 5535.)

13817. Recueil sur les Bénéfices.

I. « Les archeveschez, eveschez, abbayes et prieurez du royaume de France, qui sont à la nomination et collation du Roy. »

II. « Noms de ceux qui possèdent des bénéfices en France. »

III. « Benefices possedez par personnes de la Religion pretendue reformée, ou gentilzhommes. » (Pages 129-130.)

XVIIe siècle. Papier. 90, 31 pages, et p. 129-130. 178 sur 138 millimètres. Rel. peau jaune. (Supplément français 4063.)

13818-13823. « La France sacrée, ou la suite historique et chronologique des papes et cardinaux françois, des archevêques et évêques de France. »

Manquent les tomes I-VII.
Tome VIII (13818). Abbayes, C-E. — 1021 pages.
— IX (13819). — F-H. — 831 —
— X (13820). — I-Me. — 1069 —
— XI (13821). — Mi-P. — 1155 —
— XII (13822). — Q-T. — 927 —
— XIII (13823). — V-Z. — 1004 —

XVIIIe siècle. Papier. 6 volumes. 170 sur 110 millimètres. Rel. veau gr. (Supplément français 1377, 1-6.)

13824. Histoire abrégée des cardinaux français, depuis Humbert de Bourgogne jusqu'à Alphonse-Louis du Plessis de Richelieu.

XVIIe siècle. Papier. 69 feuillets. 225 sur 165 millimètres. Cartonné. (Supplément français 4676.)

13825. Traité des libertés de l'Église Gallicane.

Début : « Il y a dans l'Église un pouvoir législatif... »

XVIIIe siècle. Papier. 400 pages. 268 sur 205 millimètres. Rel. veau gr. (Provient de Lefebvre d'Amécourt. — Supplément français 3424.)

13826. Traité des libertés de l'Église Gallicane, par Du Marsais.

XVIIIe siècle. Papier. 68 pages. 200 sur 150 millimètres. Rel. veau gr. (Supplément français 3199.)

13827. « Maximes et libertés Gallicanes, rassemblées et

mises en ordre avec leurs preuves. — Mémoire sur les libertés de l'Église Gallicanne, trouvé parmy les papiers d'un grand prince. »

XVIII° siècle. Papier. 98 feuillets. 215 sur 158 millimètres. D. rel. (Provient du marquis de Quincy. — Supplément français 396.)

13828. « De la puissance royalle par rapport à l'Église Gallicane ; traitté fait par M. LE VAYER DE BOUTTIGNY pour M. de Segnelay. »

Copie du ms. suivant.

XVIII° siècle. Papier. 214 feuillets. 220 sur 170 millimètres. Rel. veau gr. (Supplément français 2619.)

13829. « De l'authorité du Roy dans l'administration de l'Église Gallicane, par M. LE VAYER DE BOUTIGNI, maître des requestes. »

Ms. original.

XVII° siècle. Papier. 257 feuillets. 230 sur 182 millimètres. Rel. veau fauve. (Provient de Colbert. — Supplément français 273.)

13830. « Traité de l'autorité du Roi dans l'administration de l'Église Gallicane. — 1 vol. in-4°. (Suppl. fr. 1091.) » — *En déficit.*

13831. « Mémoire sur les libertez de l'Église Gallicane, composé par ordre de Monseigneur Louis, dauphin de France, duc de Bourgogne, mort en l'année 1712. »

Fol. 92. « Mémoire sur les priviléges de la chappelle du Roy. »

XVIII° siècle. Papier. 103 feuillets. 240 sur 170 millimètres. D. rel. (Provient des Jésuites du Collège de Clermont, à Paris. — Supplément français 775.)

13832. « Histoire des Bénéfices. »

XVII° siècle. Papier. 202 feuillets. 238 sur 175 millimètres. Rel. veau gr. (Supplément français 4932.)

13833. « Mémoire sur les droits du second ordre du Clergé. »

XVIII⁰ siècle. Papier. 42 feuillets. 250 sur 185 millimètres. Cartonné. (Supplément français 3639.)

13834-13836. « Loix ecclésiastiques — I. Du Clergé de France et de ses biens. — II. De la juridiction ecclésiastique. — III. Des bénéfices en général. »

XVIII⁰ siècle. Papier. 268, 207 et 194 pages. 205 sur 125 millimètres. Rel. maroquin rouge. (Supplément français 2180, 1-3.)

13837. Recueil de pièces sur différentes matières ecclésiastiques, formé par l'abbé de Targny : Dispenses, privilèges accordés aux monastères, appels comme d'abus, autorité des rois de France dans les matières ecclésiastiques, etc.

XVIII⁰ siècle. Papier. 141 feuillets. 240 sur 175 millimètres. Cartonné. (Supplément français 4156.)

13838. Traité de l'autorité des rois de France dans les matières ecclésiastiques.

XVII⁰ siècle. Papier. 52 feuillets. 230 sur 175 millimètres. Cartonné. (Supplément français 1373.)

13839. « Ce qui a esté creù et pratiqué dans tous les temps au sujet de la juridiction criminelle sur les ecclésiastiques, » par DOUJAT.

XVII⁰ siècle. Papier. vi et 162 feuillets. 200 sur 155 millimètres. Rel. veau rac. (Supplément français 752.)

13840. « Extraicts du Trésor des Chartes du Roy, des registres de divers Parlements, des Conciles et des historiens, des procédures criminelles faictes contre les évesques et autres prélats ecclésiastiques. »

XVII⁰ siècle. Papier. 109 feuillets. 200 sur 140 millimètres. Rel. veau gr. (Supplément français 5527.)

13841. « Traité de la Régale. »

Fol. 49. « Le droit de Régalle sur les églises de Tholose prouvé par les raisons du Concile de Lyon. »

XVIII° siècle. Papier. 53 feuillets. 240 sur 180 millimètres. Rel. veau gr. (Supplément français 723.)

13842. « Mémoire sur la Régalle des abbayes. »

XVII° siècle. Papier. 45 feuillets. 225 sur 168 millimètres. Rel. maroquin rouge. (Supplément français 646.)

13843. « Mémoire de ce qui s'est passé à Rome et à Pamiers sur l'affaire de la Régale. »

XVIII° siècle. Papier. 49 feuillets. 235 sur 172 millimètres. D. rel. (Supplément français 1687.)

13844. Papiers et correspondance de M. Du Ferrier, vicaire général de Narbonne, puis chanoine d'Alby, concernant les affaires de la Régale. (1683.)

Originaux et copies. — En tête du volume, lettres autographes de Fr. Verjus, coadjuteur de Glandève, et de Hyacinthe Serroni, archevêque d'Alby, au P. de La Chaize.

XVII° siècle. Papier. 179 feuillets. 240 sur 170 millimètres. D. rel. (Provient du Séminaire de Saint-Sulpice. — Supplément français 4595.)

13845. « Remarques sur la réponse de M^r l'abbé de la Trappe au *Traitté des Études monastiques* de Dom Jean Mabillon, par M. N. »

XVIII° siècle. Papier. 69 feuillets. 208 sur 160 millimètres. Cartonné. (Provient de l'abbé de Targny. — Supplément français 405.)

13846-13858. Rapports de la Commission des Réguliers, pour les années 1769-1774.

I (**13846**). 1769, janvier-avril. — 317 feuillets.
II (**13847**). 1769, mai-juillet. — 273 —

III (13848). 1769, août-octobre. — 246 feuillets.
IV (13849). 1770, tome I. — 312 —
V (13850). 1770, tome II. — 323 —
VI (13851). 1771, tome I. — 278 —
VII (13852). 1771, tome II. — 246 —
VIII (13853). 1772. — 376 —
IX (13854). 1773, tome I. — 203 —
X (13855). 1773, tome II. — 219 —
XI (13856). 1774. — 316 —

13857-13858. « Tableaux de l'Ordre religieux en France avant et depuis l'édit de 1768 ; — par Ordres, — par ordre des Lieux, — par ordre de Diocèses. » — 412 pages et 213 feuillets.

XVIIIe siècle. Papier. 13 volumes. 260 sur 190 millimètres. Rel. maroquin rouge. (Supplément français 4507 et 4508.)

13859. « Vie de Dom Thomas Gerin, Chartreux, par le P. Maillet, Chartreux. »

XVIIe siècle. Papier. 82 feuillets. 180 sur 118 millimètres. Rel. veau gr. (Supplément français 1813.)

13860. « Poullier des maisons de l'ordre de Cîteaux dans le roiaume de France,... en 1767. »

XVIIIe siècle. Papier. 281 pages oblongues. 98 sur 122 millimètres. Rel. veau rac. (Supplément français 4499.)

13861 « Les Constitutions de la congrégation de Nostre-Dame de Feuillans, de l'ordre de Cîteaux,... accomodées... au chapitre général à Celles en Berry, ès années 1634 et 1637. »

XVIIe siècle. Papier. 106 feuillets. 207 sur 142 millimètres. Couvert. parchemin. (Ex-libris « Fuliensium B. M. de Valle. » — Supplément français 2085.)

13862. « Noms des couvents des différentes congrégations de l'ordre de Saint François en France. — 1778. »

A la fin on a ajouté les trois pièces imprimées suivantes :

Fol. 31. « Relation du désastre arrivé à Messine en Sicile... le 5 février 1783. » (Paris, 1783, in-4°, 4 pp.)

Fol. 33. « La grande victoire remportée en Amérique sur les Anglois, tant sur terre que sur mer, par les troupes du Roi... » (Boston, impr. du Congrès, *s. d.*, in-4°, 8 pp.)

Fol. 37. « Mandement de Mgr. l'archevêque de Paris, qui ordonne que le *Te Deum* sera chanté dans toutes les églises de son diocèse, en actions de graces... des avantages remportés sur les Anglois en Amérique. » (Paris, 1781, in-4°, 8 pp.)

XVIIIe siècle. Papier. 40 feuillets. 255 sur 190 millimètres. D. rel. (« Ex libris Recollectorum conventus S[ti] Germani in Laya. » — Supplément français 2120.)

13863. « Apologie pour les Jésuites, par Madame DE BELLEFONT, » abbesse de Montmartre.

On a ajouté en tête une copie d'une lettre du P. Thyrsus Gonzalès, général de la Compagnie de Jésus, associant Mme de Bellefont à l'ordre (17 février 1703).

XVIIIe siècle. Papier. 66 feuillets. 260 sur 190 millimètres. Cartonné. (Supplément français 516.)

13864. « La Morale corrompue des faux disciples de St Augustin dénoncée à l'Assemblée du Clergé. »

XVIIIe siècle. Papier. 43 feuillets. 255 sur 190 millimètres. Cartonné. (Supplément français 3642.)

13865. « Parallèle des 12. articles demandez à Rome, avec la doctrine du Clergé de France dans les explications de la Bulle et la Censure de 1700. »

Fol. 11. « Considérations sur l'ordonnance de M. le cardinal de Noailles, du 22 février 1703, et sur le décret et les brefs de Rome qui l'ont précédé. »

XVIIIe siècle. Papier. 26 feuillets. 208 sur 160 millimètres. Cartonné. (Supplément français 3621.)

13866. « Instruction pastorale de Mgr. l'archevecque de

MANUSCRITS FRANÇAIS

Paris [Christophe DE BEAUMONT] sur les atintes donnés à l'autorité de l'Église par les jugements des tribunaux séculiers dans l'affaire des Jésuites. »

XVIIIe siècle. Papier. 26 feuillets. 220 sur 160 millimètres. Cartonné. (Supplément français 1385.)

13867. « La Vie de l'humble Père Anne-François de Beauveau, de la Compagnie de Jésus, » par le P. Nicolas ROGER.

Ms. original.

XVIIe siècle. Papier. 316 pages. 205 sur 150 millimètres. Cartonné. (Supplément français 1111.)

13868. Éloge du P. Denis Pétau, par le P. OUDIN.

Publié par le P. Nicéron, *Mémoires... des hommes illustres*, t. XXXVII, p. 81 et suiv.

XVIIIe siècle. Papier. 105 pages. 245 sur 180 millimètres. D. rel. (Supplément français 4589.)

13869. « Notice sur la vie et les ouvrages du Père Vanière. »

Différente des vies publiées et postérieure à 1756.

XVIIIe siècle. Papier. 40 feuillets. 195 sur 135 millimètres. Cartonné. (Supplément français 4027.)

13870. « Vie du P. Vanière, » par le même.

XVIIIe siècle. Papier. 14 feuillets. 240 sur 185 millimètres. Cartonné. (Supplément français 4028.)

13871. « Reglemens de la Congrégation de l'Oratoire de N. S. J. C , établie par... Mgr. le cardinal DE BÉRULLE. »

Suivis d' « Exercices spirituels » (fol. 84).

XVIIIe siècle. Papier. 173 feuillets. 188 sur 130 millimètres. Cartonné. Supplément français 1388.)

13872. « Règlemens donnés par Mgr. le cardinal

DE BÉRULLE, instituteur et premier supérieur général de la Congrégation de l'Oratoire de Jésus-Christ ; escrits en l'an 1680. »

Fol. 221. « Exercices spirituels, » par le P. PERRIN (?), datés à la fin de 1681.

Sur le feuillet de garde, en tête du volume, on lit : « Pour le R. P. Goüin, à Dieppe. »

XVIIe siècle. Papier. 349 feuillets. 215 sur 160 millimètres. Rel. veau rac. (Supplément français 3136.)

13873. « Responce à la lettre anonyme addressée au R. Père de La Tour, général de la Congrégation de l'Oratoire. »

XVIIIe siècle. Papier. 11 feuillets. 238 sur 175 millimètres. Cartonné. (Supplément français 3647.)

13874. « Réglemens de la compagnie des messieurs qui travaillent à la délivrance des pauvres prisonniers pour dettes, revûs, corrigez et augmentez en juin 1725, Mr Jolly de Fleury, procureur général au Parlement de Paris, étant supérieur en chef. »

XVIIIe siècle. Papier. 93 pages. 230 sur 175 millimètres. Rel. veau gr. (Ex-libris gravé de Secousse. — Supplément français 3932.)

13875. « Table générale [alphabétique] de tous les religieux [Récollets] morts depuis l'érection de la province [de Paris]. »

XVIIIe siècle. Papier. 60 feuillets. 220 sur 162 millimètres. D. rel. (Supplément français 2159.)

13876. « Règlement pour l'infirmerie » d'un monastère de religieuses de l'ordre de St François.

XVIIe siècle. Papier. 44 feuillets. 205 sur 140 millimètres. D. rel. (Supplément français 4680.)

13877. « Constitutions pour les religieuse[s] de l'Assomption, faicte[s] par l'authorité de Mgr. le cardinal de La Rochefoucault, grand aumônier de France, leur supérieur. »

XVIIe siècle. Papier. 115 feuillets. 155 sur 108 millimètres. Rel. veau gr. (Supplément français 3880.)

13878. « Lettres géneralles écrites à la Congrégation du Calvaire, aux principalles festes de l'année, avec des discours et lettres particulières par la très sainte et illustre révérende mère Marie-Catherine-Antoinette de Sainte-Scolastique DE GONDY, petite-fille de Madame d'Orléans, fondatrice de cette ordre,... décédée au Calvaire Saint-Germain, le 31 juillet 1701... »

XVIIIe siècle. Papier. 556 pages. 200 sur 152 millimètres. Rel. peau. (Supplément français 3933.)

13879. « La vie de la très honorée et vénérable mère Anne de Jésus, fille de Ste Thérèse, fondatrice des Carmélites de France et de Flandre. »

Abrégé d'Ange Manrique (Bruxelles, 1632 et 1639, in-4°), divisé aussi en 7 livres.

XVIIe siècle. Papier. XII et 894 pages. 235 sur 180 millimètres. Rel. veau rac. (Supplément français 3252.)

13880. « Vie de la vénérable mère Françoise de la Croix, institutrice des religieuses hospitalières de la Charité Nôtre-Dame, ordre de Saint Augustin. — A Paris, 1744. »

Ms. original, avec l'approbation du censeur.

XVIIIe siècle. Papier. IV et 106 pages. 230 sur 170 millimètres. D. rel. (Supplément français 3905.)

13881. « Extraits de diverses lettres spirituelles de M. de

B..., écrites aux dames abbesse et religieuses de M..., de l'ordre de Cisteaux. » (1679-1683.)

XVIIe siècle. Papier. 414 pages. 185 sur 115 millimètres. Rel. veau rac. (Supplément français 3362.)

13882. Cérémonial des religieuses de Ste Claire « du couvent de la Nativité de Jésus, » à Paris.

XVIIe-XVIIIe siècle. Papier. 278 pages. 170 sur 110 millimètres. Rel. parchemin. (Supplément français 3877.)

13883. « Constitutions et reglemens pour les religieuses du Tiers Ordre Sainct François. »

XVIIe siècle. Papier. 67 feuillets. 170 sur 110 millimètres. Cartonné. (Supplément français 3879.)

13884. « Constitutions generalles des sœurs de Saincte Élizabeth, religieuses du Troisiesme ordre St François, de la congrégation de l'estroicte observance, dressées [en]... 1625, revues et corrigées [en]... 1628. »

XVIIe siècle. Papier. 121 feuillets. 250 sur 188 millimètres. Rel. veau fauve. (Provient du monastère de Sainte-Élisabeth, au Marais. — Supplément français 3047.)

13885. Règle de l'ordre de Fontevraud, rédigée sous la direction de l'abbesse Marie de Bretagne, et à l'usage du monastère de la Madeleine, près Orléans.

XVIe siècle. Papier. 172 feuillets. 75 sur 48 millimètres. Rel. maroquin noir. (Supplément français 4656.)

13886. « Constitutions du monastère du S. Sacrement à Port-Royal. »

Par les mères Angélique de St-Jean et Agnès Arnauld. — A la suite (p. 410) : « Considérations pour l'assistance devant le Saint-Sacrement, » etc.

XVIIe-XVIIIe siècle. Papier. 450 pages. 112 sur 65 millimètres. Rel. veau rac., avec fermoirs. (Supplément français 3394.)

13887. « Le grand Ménologe de l'ordre des religieuses Ursulines. »

Janvier à mars seulement.

XVIIIe siècle. Papier. 275 feuillets. 260 sur 185 millimètres. Cartonné. (Supplément français 4278.)

13888. « Histoire de la vie de plusieurs religieuses de l'ordre de la Visitation Sainte Marie, tome troisième; par un Père de la Compagnie de Jésus. »

Ce volume contient les vies de Claire-Françoise de Cuisance (p. 1), — Jeanne-Françoise Le Tillier (p. 24), — Marie-Françoise Sosion (p. 32), — Marie-Aimée de Boulioud (p. 44), — Marie-Simone Tollue (p. 59), — Anne-Louise de Verdelot (p. 74), — Marie-Élisabeth Roland (p. 106), — Marie-Claire de La Balme (p. 144), — Marie-Claudine de Pincé (p. 164), — Marie-Aimée de Chantal (p. 192), — Françoise-Gabrielle Bally (p. 226), — Marie-Denise de Martignat (p. 245), — Claude-Simpliciene Fardel (p. 284), — Marie-Perronne Pernet (p. 306), — Marie-Seraphique de Chamflours (p. 326), — Anne-Jacqueline Coste (p. 340).

XVIIIe siècle. Papier. 383 pages. 218 sur 155 millimètres. Rel. veau gr. (Supplément français 4013.)

13889. « Examen critique d'une prétendue démonstration du fait de Jansénius touchant les cinq Propositions,... adressé aux RR. PP. Bénédictins de la Congrégation de St Maur. »

XVIIIe siècle. Papier. III et 41 pages. 208 sur 160 millimètres. D. rel. (Supplément français 3609.)

13890. « Jugement du livre de Cornelius Jansenius, évesque d'Ypre, intitulé *Augustinus*, par un docteur de la Sorbonne. — 1666. »

XVIIe siècle. Papier. 90 feuillets. 248 sur 180 millimètre Cartonné. (Supplément français 2991.)

13891. Recueil de discours, prières, méditations, etc.,

provenant de Port-Royal des Champs et réuni par G.-J. de Bullion, maréchal de camp et prévôt de Paris (1743).

Il y a une table des pièces en tête et à la fin du volume; la première manque.

Quelques pièces, imprimées au XVIIe siècle pour les religieuses de Port-Royal (*S. l., n. d.*), se trouvent reliées au milieu du volume :

1 (fol. 76). « Oraisons que l'on peut dire en adorant la mort de Jesus-Christ. » 3 p. (90 × 45^{mm}.)

2 (fol. 78). « L'horloge de la Passion. » 4 p. (60 × 45^{mm}.)

3 (fol. 81). « Le chapelet du Saint-Sacrement. » 11 p. (70 × 40^{mm}.)

4 (fol. 88). « Pour les festes semidoubles, les festes simples, et les jours de feries. » 6 p. (72 × 40^{mm}.)

5 (fol. 95). « La manière de parler par signe, pratiquée en l'ordre de Cisteaux... » 22 p. (62 × 35^{mm}.)

6 (fol. 107). « La prière de l'Église pour les agonisans. » 13 p. (85 × 40^{mm}.)

7 (fol. 114). « Excellente prière à Jesus-Christ pour honorer ses sacrées playes. (Paris, G. Desprez, 1682, in-32.) 81 p. (70 × 40^{mm}.)

XVIIe siècle. Papier. 152 feuillets. 125 sur 80 millimètres. Rel. maroquin noir, aux armes de Bullion. (Supplément français 5524.)

13892. « Lettres apologétiques » relatives à Port-Royal.

Vingt-huit lettres à divers, dont la première est adressée à M. de Pontchasteau. — Copies; il y a une table des destinataires des lettres à la fin.

XVIIIe siècle. Papier. 222 pages. 185 sur 125 millimètres. Rel. veau gr (Provient de l'abbé de Targny. — Supplément français 648.)

13893. Recueil de pièces sur Port-Royal.

I. Page 1. « Relation de Mlle Arnaud, dite en religion Sr Catherine de Ste Félicité. »

Page 42. « Relation de Mlle Le Maître, appelée Sr Catherine de St Jean. »

Page 110. « Memoire touchant la Sr Anne Eugénie. »

Page 168. « Relation de la Sr Susanne Cécile Robert. »

Page 238. « Histoire de la mère Marie de St Augustin Le Tardif. »

Page 253. « Recueil de la vie et des vertus de ma sœur Marie-Clair Arnauld. »

Page 335. « Remarques sur la vie et la vertu de feu la R. M. Magdeleine de Ste Agnès de Ligny. »

Page 351. « Mémoire écrit par ma sœur Anne-Eugénie [de l'Incarnation Arnauld]. »

Page 421. « Éclaircissement touchant l'origine de la querelle du chapellet secret du St Sacrement, par la M. Angélique de St Jean Arnauld. »

II. « Mémoires sur la mort de Dom Thomas Odierre, prieur claustral de l'abbaye de St Cyran; Mre François-Étienne de Caulet, évêque de Pamiez; R. P. François Carlat de La Queille; R. P. Jean Cerle; R. P. Jean-Michel d'Aporg d'Aubarède; R. P. Rech; R. P. Bartholomé; R. P. Bochet; R. P. Coudol; Motifs que Mgr. l'évêque de Pamiez a eus dans la réforme de son chapitre. »

XVIIIe siècle. Papier. 443 et 119 pages. 180 sur 120 millimètres. Rel. veau gr. (Provient de Clément, évêque const. de Seine-et-Oise. — Supplément français 5525.)

13894. Recueil de pièces manuscrites et imprimées relatives à Port-Royal et au procès du cardinal de Retz.

Copies de lettres de la mère Angélique Arnauld, Mazarin, Arnauld d'Andilly; lettres de différents évêques au sujet de la signature du formulaire, etc. (1656-1662.)

Fol. 74. Pièces relatives aux affaires du cardinal de Retz (1655-1656). — Fol. 144. Lettre signée du cardinal de Retz à Louis XIV (31 oct. 1656).

XVIIe siècle. Papier. 162 feuillets. 250 sur 180 millimètres. Rel. veau rac. (Supplément français 778.)

13895-13896. « Extrait des pièces qui concernent l'histoire des années 1655 et 1656, et principalement de la prétendue censure des Propositions extraites de la seconde lettre de Mr Arnauld,... » par l'abbé DE BEAUBRUN.

Assemblées de Sorbonne et censure d'Arnauld; suivies de lettres originales et copies (1655-1660).

XVIIe siècle. Papier. 478 feuillets. 235 sur 175 millimètres. D. rel. (Supplément français 2673, 1 et 2.).

13897. « Mémoires qui peuvent servir à la vie de feu M^r de St Ciran, adressez à Mr de Sacy, par l'ordre duquel je les ay escrits, et commencez le mercredy 10 octobre 1663. »

XVIIe siècle. Papier. 486 pages. 250 sur 192 millimètres. Rel. veau gr. (Supplément français 5479.)

13898. « La Vie de Mr Nicole, » par l'abbé GOUJET.

Cf. *Continuation des Essais de morale*, t. XIV (Luxembourg, 1732, in-12). — Trouvé en 1726 dans les papiers de l'abbé Berthier.

XVIIe siècle. Papier. 124 feuillets. 170 sur 105 millimètres. Rel. maroquin rouge, aux armes du roi. — (Transmission du Département des imprimés, P. 538. — Supplément français 5066.)

13899. « Copies de plusieurs lettres de M. Nicole, du P. Quesnel et de quelques autres personnes, 1680, 1695, 1697, 1698, » sur les affaires de Port-Royal.

XVIIIe siècle. Papier. 503 pages. 208 sur 160 millimètres. Cartonné. (Provient de l'abbé de Targny. — Supplément français 393.)

13900. Lettres d'Antoine ARNAULD, servant d'introduction à son Apologie de la version du Nouveau Testament de Mons, contre le Dr Mallet.

XVIIe siècle. Papier. 67 pages. 238 sur 170 millimètres. Cartonné. (Supplément français 3814.)

13901. « Relation de la captivité de la sœur Madeleine de de Ste Christine Briquet, religieuse de Port-Royal, » par Sr MAGDELAINE DE Ste-CHRISTINE. (1703.)

XVIIIe siècle. Papier. 80 feuillets. 245 sur 170 millimètres. Couvert. parchemin vert. (Supplément français 2410.)

13902. Relation [de la captivité] de la mère Angélique de St-Jean Arnauld, abesse de Port-Royal des Champs; » écrite par elle-même.

Fol. 277. « Relation de la mort de la Mère Angélique [Arnauld], 4 février 1684. »

Fol. 293. « Lettre de la supérieure des Annonciades à M^r [Arnauld] d'Andilly, du 12 febvrier 1665. »

Fol. 295. « Belle lettre de M. l'abbé de Pon à Mr. de Paris pour luy demander la liberté de Mr. de Sacy et les religieuses de Port-Royal. » (30 sept. 1667.)

XVIIe-XVIIIe siècle. Papier. 308 feuillets. 255 sur 190 millimètres. Rel. veau gr. (« Ex-libris S. Martini Pontisarensis. » — Supplément français 3923.)

13903. « Relation de la captivité de la R. M. Angélique de St-Jean Arnauld, religieuse de Port-Royal, ordre de Cîteaux, et depuis décédée abbesse de Port-Royal des Champs, le 29 janvier 1684; » écrite par elle-même.

XVIIIe siècle. Papier. 272 feuillets. 240 sur 180 millimètres. Rel. parchemin. (Supplément français 2581.)

13904. Autre exemplaire de la Relation précédente.

XVIIe siècle. Papier. 670 pages. 240 sur 178 millimètres. Rel. maroquin rouge. (Supplément français 2038.)

13905-13909. Recueil de « discours de la Mère Angélique de St-Jean ARNAULD, abbesse de Port-Royal des Champs, » sur différents points des Constitutions, et discours de consolation à l'occasion de la mort de parents de diverses religieuses ou bienfaiteurs de la maison. (1680-1682.)

XVIIIe siècle. Papier. 711, 751, 709, 534 et 735 pages. Rel. maroquin rouge, aux armes de Noailles. (Provient des Récollets de Saint-Germain-en-Laye. — Supplément français 2036,$^{1-4}$ et 2037.)

13910. « Réponse des religieuses de Port-Royal-des-

Champs aux requestes que les religieuses de Port-Royal de Paris ont présentées au Roy et à Son Éminence Mgr. le cardinal de Noailles, archevêque de Paris. »

XVIIIe siècle. Papier. 120 pages. 220 sur 165 millimètres. D. rel. (Supplément français 2689.)

13911. « Écrits touchant la signature du formulaire d'Alexandre VII. » (1693-1694.)

Copies.

XVIIIe siècle. Papier. 85 feuillets. 210 sur 142 millimètres. D. rel. (Provient de l'abbé de Targny. — Supplément français 964.)

13912. « Écrit pour prouver qu'on peut signer purement et simplement les Constitutions d'Innocent X et d'Alexandre VII, par M. l'abbé DE St-CYRAN. »

Fol. 85. « Examen d'un écrit de Mr Dirois, » par « Hardy, prêtre ; à Aleth, 22 sept. 1664. »

XVIIe siècle. Papier. 140 feuillets. 248 sur 185 millimètres. D. rel. (Supplément français 3641.)

13913. Recueil de pièces sur Port-Royal, copiées par le P. Guerrier, de l'Oratoire.

C'est le IIIe Recueil du P. Guerrier, cité par M. Prosper Faugère, *Pensées... de Pascal* (1844), t. I, p. LIV, et qui renferme des copies de pièces aujourd'hui disparues, conservées chez les Oratoriens de Clermont-Ferrand, où elles avaient été déposées par la famille Périer.

Il contient une liste de religieuses de Port-Royal dispersées le 26 août 1664 (fol. 1 v°) ; — divers opuscules de Nicole, Arnauld, Domat; des copies de lettres de Bourdelot, Nicole, Périer, Hardouin de Perefixe, Arnauld, Pascal, Le Nain de Tillemont, etc.; une « relation de l'état présent du Jansénisme en la ville de Clermont, 1661 » (fol. 101 v°) ; — « Requête présentée au Roi par les habitans de la ville de Clermont contre les Pères Jésuites » (fol. 110 v°) ; — « Additions de Mlle Périer au Nécrologe de Port-

Royal » (fol. 113) ; — « Copie d'un mémoire écrit de la main de Mlle Marguerite Périer » sur sa famille (fol. 138). — Il y a une table de toutes les pièces copiées à la fin du volume.

XVIIIe siècle. Papier. 176 feuillets. 180 sur 112 millimètres. Rel. parchemin. (Supplément français 397.)

13914. « Idée générale de la nouvelle Constitution contre le livre des Réflexions morales sur le Nouveau Testament, etc. — 1713. »

XVIIIe siècle. Papier. 59 pages. 218 sur 162 millimètres. Cartonné. (Supplément français 3616.)

13915. « Réponses sur plusieurs points de la première Instruction de M. le cardinal de Noailles, » par l'abbé de TARGNY.

Ms. autographe.

XVIIIe siècle. Papier. 68 feuillets. 250 sur 190 millimètres. Cartonné. (Supplément français 3652.)

13916. « Lettres sur les sentiments de Mgr. le cardinal de Noailles. »

XVIIIe siècle. Papier. xxxvi pages. 225 sur 162 millimètres. Cartonné (Supplément français 3646.)

13917. « Avis à Messieurs les curez de Paris sur les écarts et méprises des auteurs de l'Instruction pastorale de 1719 de Mgr. le cardinal de Noailles. »

XVIIIe siècle. Papier. 14 pages. 235 sur 170 millimètres. Cartonné. (Supplément français 3620.)

13918. Recueil de pièces sur la Constitution *Unigenitus*.

Fol. 1. « Lettre de M. le chancelier d'Aguesseau, du 19 may 1731, à un officier du Parlement de Bourdeaux. »

Fol. 11. « Observations sur la déclaration du 18 aoust 1732, envoyée au Parlement pour y être enregistrée. »

Fol. 19. « Lettre de M.***, docteur de Sorbonne, à la R. M. Claire-Thérèse Le More, supérieure des religieuses de la Visitation Ste Marie de la ville de Castellane, diocèse de Senez » (Paris, 17 janvier 1732). — Avec la réponse, du 7 février 1732.

Fol. 25. « Idée générale d'un projet sur les affaires du temps pour faire cesser toutes les disputes... »

Fol. 39. Liste des prélats « acceptans, appelans, refusant d'accepter, tolérans, » relativement à la Bulle *Unigenitus*. (1717-1718.)

Fol. 41. « Remarques sur quelques-unes des propositions, qui ont paru moins éclaircies dans les observations que l'on a vues, » sur la même bulle.

XVIIIe siècle. Papier. 42 feuillets. 250 sur 190 millimètres. Cartonné. (Supplément français 3618.)

13919. Mémoires sur la Constitution *Unigenitus*.

I. « Anecdotes, ou mémoires secrets sur la Constitution *Unigenitus*. — 1733. »

II. « Nouvelles ecclésiastiques, ou mémoires pour servir à l'histoire de la Constitution *Unigenitus* pour l'année 1732. »

XVIIIe siècle. Papier. 172 et 377 pages. 195 sur 120 millimètres. D. rel. (Supplément français 1709 et 1711.)

13920. Recueil de pièces sur les affaires du Jansénisme et le P. Quesnel.

Copies, dont plusieurs sont de la main de Clément, de Buvat, de l'abbé de Targny, etc.

XVIIIe siècle. Papier. 93 feuillets. 255 sur 195 millimètres. Cartonné. (Supplément français 4300.)

13921. « Miscellanea. » Recueil de copies de pièces, en prose et en vers, sur les affaires du Jansénisme, etc.

XVIIIe siècle. Papier. 250 et 243 pages. 240 sur 180 millimètres. Rel. veau gr. (« Ex libris S^{ti} Nicasii Mellentis. » — Supplément français 4476.)

13922. Recueil de pièces manuscrites et imprimées sur les affaires du Jansénisme et de la bulle *Unigenitus*.

XVIIIe siècle. Papier. 582 feuillets. 218 sur 170 millimètres. Rel. veau gr. (Supplément français 1380.)

13923. « Histoire du Quiétisme, par le P. Joseph-Romain Joly, Capucin, de l'Académie des Arcades de Rome. »

XVIIIe siècle. Papier. 371 pages. 220 sur 185 millimètres. D. rel. (Supplément français 3300.)

13924. Recueil de pièces, la plupart imprimées, sur les affaires du Quiétisme, formé par le P. Fr. Martin.

Beaucoup de ces pièces sont relatives à Fénelon.

XVIIIe siècle. Papier. 549 feuillets. 225 sur 155 millimètres. Rel. veau gr. (Supplément français 1381.)

13925-13951. Œuvres de la Rénovation, ou le Renouveau, par François Davant, prisonnier à la Bastille.

Une lettre autographe de La Reynie à Pontchartrain, du 22 mai 1698, ajoutée en tête du premier volume, donne des détails sur la saisie de ces manuscrits et des papiers de Madame Guyon.

XVIIe siècle. Papier. 198, 304, 216, 279, 169, 213, 168, 158, 196, 134, 46, 202, 122, 40, 141, 325, 202, 199, 234, 150, 243, 188, 195, 136, 170, 149, 162, 162, 157, 193, 146, 130, 133, 141, 154, 153, 181, 151, 152, 138, 585, 621, 528, 564, 609, 644, 444, 972, 564, 301, 72, 72, 72, 72, 72, 72, 72, 72, 72, 72, 72 et 22, et 266 feuillets. 180 sur 118 millimètres. Cartonnés. (Supplément français 5649-5675.

13952. « La Discipline des Églises réformées de France. »

XVIIe siècle. Parchemin. 231 pages. 165 sur 102 millimètres. Couvert. parchemin. (Supplément français 4978.)

13953. Discipline des Églises réformées de France.

XVIIe siècle. Papier. 41 feuillets. 220 sur 168 millimètres. D. rel. (Supplément français 774.)

13954. « Extraits des Synodes nationaux tenus par les Églises réformées au royaume de France. — 1559-1659. »

A la fin; en retournant le volume (fol. 306), ont été copiés différents sermons.

XVII\ siècle. Papier. 357 feuillets. 215 sur 165 millimètres. Couvert. parchemin. (Supplément français 374.)

13955. « Relation de ce qui se passa dans la conversation qu'eurent ensemble M. l'évesque de Condom, précepteur de Mgr. le Dauphin, et M. Claude, chés Madame la comtesse de Roye, le 1er jour de mars 1678... »

Relation du ministre Claude.

XVII\ siècle. Papier. 41 feuillets. 225 sur 165 millimètres. D. rel. (Supplément français 2592.)

13956. « Relation de ce qui se passa dans la conversation qu'eurent ensemble M. l'évesque de Condom, précepteur de Mgr. le Dauphin, et M. Claude, chez Madame la comtesse de Roye, le 1er jour de mars 1678... »

Relation du ministre Claude. — Fol. 39. Relation de Bossuet. — Fol. 98. « Réflexions du ministre Claude sur la relation écrite par Mgr. de Condom. »

XVII\-XVIII\ siècle. Papier. 183 feuillets. 210 sur 180 millimètres. Couvert. parchemin. (Supplément français 2529, 2.)

13957. « Histoire de la révolte des Phanatiques, ou Camisards, en 1702-1705. »

Page 383. « Mémoire très fidel et journal d'une partie de ce qui s'est passé, depuis l'onzième may 1703 jusqu'au premier juin 1705, à Nismes et aux environs de Nismes touchant les Phanatiques, ou autrement dits Camisars, écrits et envoyéz lettre par lettre par Madame Demerez de l'Incarnation, pour lors assistante du grand couvent des Urselines de Nismes, à R. P. Marc de St Claude, pour lors prieur des Carmes anciens de Clermont... »

XVIII\ siècle. Papier. 6 0 pages. 185 sur 138 millimètres. D. rel. (Supplément français 1335.)

13958. « Confession catholique du sieur de Sancy, et declaration des causes, tant d'estat que de religion, qui l'ont meu à se remettre au giron de l'Eglise romaine, » par Agrippa d'Aubigné.

XVII⁰ siècle. Papier. 119 feuillets. 250 sur 185 millimètres. Couvert. parchemin. (Supplément français 1443.)

13959. Recueil de pièces protestantes, copiées par Pierre Mounyer. (1643-1647.)

Pages 1-146. « Déclaration du s' François Clouet, cy-devant appelé Père Bazille de Rouen, prédicateur capucin et missionnaire du Pape, où il déduict les raisons qu'il a eues de se séparer de l'Église romaine pour se renger à la réformée. »

Pages 1-64. « Le Menteur confondu, ou Veron atteint et convaincu par le public de mensonges,... par le s' Fr. Clouet... »

Pages 1-2. « Cantique spirituel de Théodore de Beze, mort de la contagion. Séché de doulleur... »

Pages 1-193. « Histoire du massacre faict à Paris, l'an 1572, le dimanche 24ᵉ jour d'aoust, appelé communément la S¹ Barthélemy, ainsy qu'elle est contenue au Grand martyrologe imprimé à Genève... »

Pages 104-114. « *Guldenes A B C*,... Cantique allemand nommé *A B C d'or*..., composé... l'an 1647... » Avec traduction française partielle.

XVII⁰ siècle. Papier. 192 sur 160 millimètres. Couvert. parchemin. (Supplément français 4188.)

13960. Recueil de copies de pièces sur les affaires de la Régale et du Jansénisme.

XVIII⁰ siècle. Papier. 190 feuillets. 218 sur 158 millimètres. Rel. veau gr. (Supplément français 4015.)

13961. Mélanges théologiques et pièces sur Port-Royal recueillis par Clément, évêque constitutionnel de Seine-et-Oise.

Pages 1-98. « Lettre d'un ecclésiastique à une personne de qualité sur la pénitence. »

Pages 1-8. « Des devoirs d'une supérieure. »

Pages 1-51. « Deux lettres sur la mortification du corps et de l'esprit. »

Pages 1-62. « Reflections sur la pauvreté religieuse touchant les pansions particulières et les présens que l'on reçoit des parens, par le P. Dom Jean N. à sa sœur, supérieure d'un monastère de l'ordre de S. Benoist. »

Pages 1-56. « Sur l'Évangile des dix Vierges. »

Pages 1-23. « Extraits de quelques écrits de la Mère Angélique de S. Jean Arnauld. »

Pages 1-56. « Sur la mort de la Mère Angélique de St Jean. »

Pages 1-60. Explication du « Cantique des Cantiques. »

XVIIIe siècle. Papier. 135 sur 85 millimètres. Rel. parchemin. (Supplément français 5526.)

13962. Mélanges théologiques et pièces sur Port-Royal, recueillis par le même.

On y remarque (fol. 1) : « Motifs de la conversion de Gabriel de Lorges, comte de Mongommery, décapité le 26 juin 1574... »; — (fol. 88) : « Abrégé de la doctrine de St Augustin touchant les opérations de la grâce... » (1731); — (fol. 112) : « Traité de l'immortalité de l'âme »; — (fol. 149) : « Mémoire pour démontrer qu'il est de l'intérêt de l'État que le confesseur d'un roi ne soit d'aucune communauté séculière et régulière, 1722 »; — (fol. 160) : Listes des abbesses et des religieuses de Port-Royal, et autres pièces sur la mère Angélique Arnauld; « Pensées sur le Saint Sacrement de l'autel, par Mre Jean Du Verger, abbé de St Cyran »; sur la Sr Jacqueline de Ste Euphémie [Pascal], etc. ; — (fol. 214) : « Faits historiques de la vie du rév. évêque de Versailles, Mr Clément, mort à Paris, le 25 mars 1804, recueillis par M. Dégola, prêtre génois... »

Cf. pl. haut (n° 13893) d'autres papiers de A.-J.-C. Clément du Tremblay, et à la Bibliothèque de l'Arsenal les mss. 4982-4987.

XVIIIe-XIXe siècles. Papier. 215 feuillets. 255 sur 165 millimètres. D. rel. (Supplément français 5530.)

13963. « Abrégé de la vie de Mʳ de Biniamain, official et grand viquaire de Mgr. l'archevesque de Paris, et curé de Saint-Nicolas. »

XVIIᵉ siècle. Papier. 22 pages. 160 sur 110 millimètres. Rel. parchemin. (Supplément français 3875.)

13964. « Origine de la charge de grand aumonier de France, ses droits et prérogatives. »

XVIIIᵉ siècle. Papier. Pages 214 à 243. 230 sur 175 millimètres. Cartonné. (Provient du marquis de Quincy. — Supplément français 3502.)

13965. « Les Confesseurs des rois de France depuis Sᵗ Louis jusqu'à Louis XIV, en l'an 1674, par le R. P. C. Du Molinet, chanoine régulier de la Congrégation de France. »

Portraits peints ou dessinés, à pleine page, de tous les rois de France de S. Louis à Louis XIV.

XVIIᵉ siècle. Papier. 52 feuillets. 228 sur 160 millimètres. Rel. maroquin rouge. (Supplément français 2285.)

13966. « Despesches de Monsʳ de Revol, secrétaire d'Estat, aux pays estrangers. » (1590-1593.)

A la suite, formulaire de lettres royales.

XVIIᵉ siècle. Papier. 202 feuillets. 210 sur 145 millimètres. Rel. veau rac. (Supplément français 718.)

13967. « Histoire des guerres et des négociations qui précédèrent le traité de Westphalie,... composée sur les Mémoires du comte d'Avaux, »... par le P. Bougeant, Jésuite.

Ms. autographe.

XVIIIᵉ siècle. Papier. 584 pages. 250 sur 180 millimètres. D. rel. (Provient du Collège de Clermont, à Paris. — Supplément français 1845.)

13968. Correspondance relative à la paix de Münster. (1643-1648.)

Copies de lettres et mémoires de MM. d'Avaux et Servien, pour l'Histoire du P. Bougeant.

XVIIIe siècle. Papier. 330 feuillets. 240 sur 175 millimètres. Cartonné. (Provient du Collège de Clermont, à Paris. — Supplément français 2667.)

13969. « Mémoire sur la manière de rédiger les traitez de paix, pour prévenir et décider en faveur de V. M. les contestations semblables à celles qui sont survenues en exécution des traités précédens, » par FAVIER.

Exemplaire de dédicace au roi ; postérieur à 1667.

XVIIe siècle. Papier. II et 34 pages. 240 sur 185 millimètres. Rel. maroquin rouge. (Supplément français 729.)

13970-13972. Papiers de A.-B. CAILLARD, ministre plénipotentiaire, garde des archives du ministère des Relations extérieures († 1807).

I (13970). Lettres de Caillard à Noel, à Rouen ; — Notes sur Padoue ; — Notes sur Homère ; — « Essai sur l'union de la poésie et de la musique » ; — « Note sur les moulins méchaniques, » par Berthelot ; — « Aréomètre fait par Samoiseau ; » — etc. — 211 feuillets.

II (13971). « Lettres sur l'Islande, par M. Troil, suédois, traduites par M. Gaillard, avec des notes et un discours préliminaire par M. Desmarest. » — 223 feuillets.

III (13972). « Voiage aux montagnes glacées du canton de Berne ; — « Lettres sur la Russie ; » — « Explications demandées à MM. Ko et Yang concernant la Chine : richesses, distribution des terres, culture. » — 108 feuillets.

XVIIIe-XIXe siècles. Papier. 3 volumes. 250 sur 175 millimètres. D. rel (Supplément français 2678.)

13973. « Mémoires instructifs pour un ambassadeur de France en Suède. — Septembre 1698. »

XVIIe siècle. Papier. 873 pages. 228 sur 175 millimètres. Rel. maroquin rouge, aux armes de Colbert. (Supplément français 727.)

13974. « Acte délivré par deux notaires au sire de Culant et à Guillaume Cousinot, ambassadeurs de France, de ce qui se passa entre eux et les ambassadeurs d'Angleterre, au port S¹-Ouen, le 20 juin 1449. »

Copie.

Fol. 90. « Instruction des choses que le Roy a chargé et ordonné dire et remonstrer au duc de Bretaigne, son nepveu, et qui ont esté déclairées aux chancelier et grand maistre de Bretaigne, lesquels le duc a envoyé ses ambassadeurs devers le Roy. » (1479.) — Fol. 100. « Extraict d'aucuns points principaulx en quoy le duc de Bretaigne est tenu au Roy par le traicté de la paix, faict l'an 1477. » — Copies.

XVII⁰ siècle. Papier. 101 feuillets. 250 sur 185 millimètres. D. rel. (Supplément français 98, 18.)

13975. Remarques sur le « plaidoyé de M. Talon à la teste d'un arrêt du Parlement de Paris, donné contre la bulle qui excommunie tous ceux, qui, sous prétexte de prétendues franchises, donnent refuge à toutes sortes de scélérats... et empêchent le cours de la justice de Rome. »

XVIIIᵉ siècle. Papier. 27 feuillets. 240 sur 180 millimètres. Cartonné. (Supplément français 4108.)

13976. « Recueil de ce qui s'est passé entre la cour de France et celle de Rome au sujet des franchises, 1687 et 1688; à la postulation de M. le cardinal de Furstemberg à l'archevesché de Cologne, 1688; et à celle de M. le cardinal de Bouillon à l'évesché de Liège, 1694. »

La plus grande partie de ce recueil se compose de pièces imprimées in-4°; on y a joint trois portraits d'Innocent XI et des cardinaux de Furstemberg et de Bouillon.

XVIIᵉ siècle. Papier. 473 feuillets. 238 sur 180 millimètres. Rel. veau gr. (Supplément français 4954.)

13977. « Les Remarques triennales de Jean-Baptiste Du

Val, advocat en Parlement à Paris et secrétaire de la Royne ; pendant l'ambassade de Mre Jean Bochard, sieur de Champigny, conseiller du Roy... et son ambassadeur à Venize. » (1607-1610.)

XVIIe siècle. Papier. 402 feuillets. 222 sur 175 millimètres. Rel. veau rac., au chiffre du marquis de « Flamenville. » (Supplément français 716.)

13978. Mémoires sur les différentes puissances de l'Europe et leurs rapports avec la France.

« Mémoire historique et politique sur les rois d'Espagne (fol. 1), — sur les rois de Portugal (fol. 56), — sur l'Angleterre (fol. 74), — sur la Pologne (fol. 102), — sur la Grande Russie ou Moscovie (fol. 115), — sur la Suède (fol. 125), — sur les empereurs d'Allemagne (fol. 149), — sur l'empire d'Allemagne (fol. 180), — sur les Électeurs (fol. 200), — sur les ducs de Lorraine (fol. 327), — sur les Cantons suisses (fol. 355), — sur l'empire des Turcs (fol. 375), relativement à la France. »

XVIIIe siècle. Papier. 379 feuillets. 230 sur 175 millimètres. Cartonné. (Supplément français 5863.)

13979. « Négociations des Pirenées. — Les lettres du cardinal Mazarin au Roy, à la Reine et aux ministres, en 1659. »

XVIIe siècle. Papier. 169 feuillets. 238 sur 185 millimètres. Couvert. parchemin. (« Ex libris D. Ludovici de Vienne de Geraudot. » — Supplément français 1365.)

13980. « Traité de paix entre la France et l'Espagne. — In-16. (Supplément français 4982.) » — *En déficit.*

13981. « Progrez des François en Orient, » par l'abbé Carré (?). (1671-1673.)

Établissement des Français à Madagascar, aux Indes orientales ; leurs rapports avec les Portugais, les Hollandais et les Anglais.

XVIIe siècle. Papier. 691 pages. 225 sur 170 millimètres. Rel. veau brun. (Supplément français 3900.)

13982. « Journal de l'ambassade de Suleiman Aga, envoyé extraordinaire du bey de Tunis près Sa Majesté très chrétienne, depuis son arrivée à Toulon, le 18 janvier 1777, jusqu'à son embarquement dans ledit port, le 31 may de la même année, rédigé par le s^r Ruffin, secrétaire interprète du Roy pour les langues orientales, et chargé par Sa Majesté de la conduite dudit envoyé. »

Page 175. « Recueil des mémoires et ordres de Sa Majesté, des dépêches, instructions et lettres de Mgr. de Sartine et de M. de St-Didier,... relatifs à l'ambassade de Tunis. »
Ms. original.

XVIIIe siècle. Papier. 333 pages. 198 sur 150 millimètres. Rel. maroquin rouge, aux armes de M. de Sartine. (Supplément français 4075.)

13983. *Conseil* de Pierre de Fontaines.

Ms. *M* de l'édition Marnier.

XIIIe siècle. Parchemin. 139 feuillets. 200 sur 145 millimètres. Rel. peau rouge gaufrée. (Supplément français 406.)

13984. *Conseil* de Pierre de Fontaines.

Incomplet de la fin ; s'arrête au chapitre 33 : « ... ou que se les coses qui sont ballies... » (éd. Marnier, p. 411, l. 5).

XIVe siècle. Parchemin. 135 feuillets. 150 sur 105 millimètres. Rel. peau jaune. (Supplément français 807.)

13985. *Établissements* de Saint Louis.

Ms. *I* de l'édition P. Viollet ; cf. t. I, p. 403-404.
Fol. 94. « Compilatio de usibus et constitutionibus Andegavie. » (Texte français.)

XIVe siècle. Parchemin. 100 feuillets à 2 col. 225 sur 155 millimètres. Rel. veau rac. (Supplément français 254, 29.)

13986. *Établissements* de Saint Louis.

Ms. *S* de l'édition P. Viollet ; cf. t. I, p. 416.

XIII⁰ siècle. Parchemin. 88 feuillets à 2 col. 222 sur 155 millimètres. Rel. veau rac. (Supplément français 785.)

13987. *Établissements* de Saint Louis.

Ms. *J* de l'édition P. Viollet ; cf. t. I, p. 404-405.

XIII⁰ siècle. Parchemin. 81 pages. 142 sur 98 millimètres. Miniatures. Rel. veau fauve. (« Ex libris Nic. Chorier. » — « Donné par le Mis de Quincy. » — Supplément français 835.)

13988. « Le Droit coutumier des fiefs, » suivant la coutume d'Orléans.

XVII⁰ siècle. Papier. 393 feuillets. 195 sur 150 millimètres. Rel. veau gr. (Supplément français 2190.)

13989. « Institution au droit français, » par le s^r LAFENÊTRE, employé à l'hôtel Lubert, rue de Cléry, » à Paris. (1757.)

XVIII⁰ siècle. Papier. 328 pages. 195 sur 150 millimètres. Rel. veau rac. (Supplément français 2183.)

13990-13991. « Institutions au droit françois, » et « Institutions au droit public françois, » par DOUJAT.

XVIII⁰ siècle. Papier. 315 et 251 feuillets. 225 sur 170 millimètres. Cartonné. (Supplément français 3138, 6 et 7.)

13992. « Institutions du droit françois, » par DOUJAT.

XVIII⁰ siècle. Papier. 524 feuillets. 210 sur 165 millimètres. Rel. veau gr. (Supplément français 3399.)

13993. « Des Institutions au droit françois, » par DOUJAT.

XVIII⁰ siècle. Papier. 524 pages. 165 sur 105 millimètres. Rel. veau gr. (Supplément français 3913.)

13994. « Institutions du droit français, » par DOUJAT.

Deux premiers livres seulement.

XVIII⁰ siècle. Papier. 279 pages. 230 sur 175 millimètres. Cartonné. (Supplément français 4581.)

13995-13996. « Instituts de Justinien, conférez avec le droit françois. »

XVIIIe siècle. Papier. 220 et 222 feuillets. 245 sur 170 millimètres. Rel. veau rac. (Supplément français 3039, 1-2.)

13997-13998. « Recherches sur le droit public de France. »

XVIIIe siècle. Papier. 366 et 358 feuillets. 240 sur 185 millimètres. D. rel. (Supplément français 3423, 1-2.)

13999. « Droit public, composé vers l'an 1678 par M^r l'abbé DE FLEURY, pour Armand et François de Bourbon, prince de Conti, lû, en 1698, à Louis, duc de Bourgogne, père du roi Louis XV; écrit de la main de l'auteur. — De la bibliothèque et avec les remarques de Messire Alexandre Le Roy, seigneur prieur de Momthéry, en 1732. »

Copie.

XVIIIe siècle. Papier. 857 pages. 200 sur 155 millimètres. Rel. veau rac. (Supplément français 3225.)

14000. « Cours d'histoire pour servir d'introduction au droit public, appartenant à Monsieur le prince de Tonnay-Charente ; fait à Strasbourg, le 4 décembre 1769. »

Même copiste que le volume suivant.

XVIIIe siècle. Papier. 455 pages. 245 sur 190 millimètres. Rel. maroquin vert, aux armes de Mortemart. (Provient de la bibl. de Bacon-Tacon. — Supplément français 3216.)

14001. « Abrégé du droit public de France, pour M^r le prince de Tonnay-Charente ;... transcrit par le s^r Perrottet Duvernier, ancien sergent-major du corps royal de l'artillerie. A Strasbourg, le 18e aoust 1771. »

XVIIIe siècle. Papier. 770 pages. 240 sur 180 millimètres. Rel. maroquin vert, aux armes de Mortemart. (Provient de la bibl. de Bacon-Tacon. — Supplément français 3217.)

14002. « Traitté de la communauté de biens entre conjoints. »

XVIIe siècle. Papier. 126 feuillets. 238 sur 185 millimètres. Rel. veau rac. (Supplément français 4934.)

14003. « Répertoire du registre intitulé : les anciennes Ordonnances » du Parlement. (1276-1537.)

XVIIe siècle. Papier. 150 feuillets. 202 sur 138 millimètres. D. rel. (Supplément français 2122.)

14004. « Table [alphabétique] des édicts, declarations, lettres-patentes, et autres actes enregistrés ès registres des Ordonnances du Parlement de Paris ; » par Pierre BOBOLENE.

Cf. les mss. français 18399-18400.

XVIIe siècle. Papier. 585 feuillets. 220 sur 170 millimètres. Rel. veau rac. (Supplément français 2132.)

14005. Table alphabétique des édits, déclarations, etc., enregistrés dans les registres des Ordonnances du Parlement de Paris.

Volume isolé, contenant les lettres G-L seulement.

XVIIe siècle. Papier. 555 feuillets. 118 sur 85 millimètres. Rel. parchemin. (Supplément français 4767.)

14006. « L'Esprit de l'Ordonnance touchant la Procédure. »

Au-dessous du titre, la signature : « Pierre Dupuis. »

XVIIe siècle. Papier. 566 feuillets. 240 sur 175 millimètres. Rel. veau rac. (Supplément français 2036, 91.)

14007. « Édit du Roi portant établissement d'un troisième Vingtième sur tous les objets assujettis aux deux premiers Vingtièmes, à l'exception de l'industrie, des offices et des droits. » (Juillet 1782.)

Avec son enregistrement par les differents Parlements, Cours des comptes et des Aides du royaume.

XVIIIe siècle. Papier. 232 pages. 235 sur 175 millimètres. Rel. veau rac. (Provient de Laurens de Villedeuil. — Supplément français 3950.)

14008. « Recueil de differens arrests, depuis l'année 1590 jusques et compris 1599. »

Répertoire chronologique sommaire.

XVIIIe siècle. Papier. 440 feuillets. 225 sur 170 millimètres. D. rel. (Supplément français 5565.)

14009. Inventaire sommaire du Trésor des chartes, par Pierre Dupuy.

Fol. 1. « Du Trésor des chartes de France,... par Pierre Dupuy (1650). Imprimé à la fin des *Traitez touchant les droits du Roy* (Paris, 1655, in-fol.).

Fol. 15. « Inventaire des laiettes, coffres, sacs et registres » du Trésor des chartes, en 1650.

Ms. autographe.

XVIIe siècle. Papier. 50 feuillets. 218 sur 175 millimètres. Rel. parchemin. (Supplément français 4485.)

14010-14012. « Traités des droits du Roy sur les pays possédés par les étrangers. » (1750.)

Par G.-M. DE FONTANIEU.

XVIIIe siècle. Papier. LXII-673, 797 et 761 pages. 212 sur 160 millimètres. Rel. maroquin rouge. (Supplément français 4821.)

14013. « De l'autorité des Reynes en France. »

XVIIIe siècle. Papier. 70 feuillets. 230 sur 175 millimètres. D. rel. (Supplément français 4820.)

14014. « Traité des Régences » en France.

XVIIIe siècle. Papier. VI-662 pages. 215 sur 162 millimètres. D. rel. (Supplément français 4819.)

14015. Catalogue ou « Genuit des conseillers du Grand Conseil, depuis l'an 1483 jusques à present, » 1756.

XVIIIe siècle. Papier. 171 pages. 202 sur 150 millimètres. Rel. peau. (Supplément français 2088.)

14016. « Affaire du s^r de Grassy, et incidemment des lettres-patentes pour la nomination des commissaires au Grand Conseil, aux mois de juin et juillet 1722. »

XVIIIe siècle. Papier. 167 pages. 162 sur 105 millimètres. Rel. veau gr. (Supplément français 3892.)

14017. « Formule de la prononciation des arrests du Grand Conseil. »

XVIIIe siècle. Papier. 64 pages. 160 sur 100 millimètres. Rel. maroquin rouge. (Supplément français 4826.)

14018. Biographie des « Maîtres des requestes depuis l'année 1575, jusqu'en 1722. »

Suite des *Genealogies des maistres des requestes* de F. BLANCHARD (Paris, 1670, in-fol.), dont un exemplaire annoté est conservé à la Réserve du département des imprimés sous la cote Lm^1, 12 ; Cf. P. Lelong, *Bibliothèque historique de la France*, t. III, n{os} 32747 et 32748.

XVIIIe siècle. Papier. 435 feuillets. 222 sur 165 millimètres. Rel. veau gr. (Provient de Bernard de Rieux. — Supplément français 2036, 95.)

14019. « Creations du Colleige des Notaires et Secrétaires du Roy et Maison de France, privilleiges, dons et octroys faictz par les roys de France à icelluy Colleige. »

Exemplaire enluminé aux armes : d'azur, à 3 éléphants d'argent, au chef cousu de gueules, avec les devises : *Mortalis non est sors mea* et *Hic et ubique*.

XVIe siècle. Parchemin. 121 feuillets. 225 sur 150 millimètres. Rel. estampée anc. (Supplément français 3852.)

14020. Recueil des privilèges des Notaires et Secrétaires du Roi. (1348-1541.)

XVIe siècle. Parchemin. 121 feuillets. 212 sur 142 millimètres. Rel. veau vert. (Provient de « M. Le Vasseur, commissaire des guerres, le père. » — Supplément français 1416.)

14021. Recueil des privilèges des Notaires et Secrétaires du Roi. (1358-1541.)

Même recueil que le précédent, auquel on a joint la copie de deux autres pièces de 1596 et 1572.

XVIe siècle. Papier. vii et 124 feuillets. 202 sur 145 millimètres. Rel. parchemin. (Ex-libris « Julii Gassoti, Regii secretarii. » — Provient de d'Aguesseau. — Supplément français 281.)

14022. « Previleiges donnez et octroyez par le roy Loys XIe de ce nom... au Colleige des clers Notaires et Secrétaires du Roy et de la Maison de France. » (1483.)

Copie collationnée par « Preudomme, » notaire et secrétaire du Roy ; au fol. 1 est peint un écu : d'or, à la fasce de sable, chargée de 3 fleurs de lis d'or, accompagnée de 3 trèfles de sinople.

Cet exemplaire a appartenu au secrétaire du Roy « Filleul. »

XVIe siècle Parchemin. 81 pages. 220 sur 148 millimètres. Rel. veau fauve. (Supplément français 671.)

14023. « Duchez et Pairies de France (1627), » par P. Dupuy.

Ms. original, avec additions autographes.

XVIIe siècle. Papier. 83 feuillets. 225 sur 170 millimètres. Rel. maroquin rouge, aux armes de Loménie de Brienne. (Supplément français 4962.)

14024-14026. « Histoire des Parlemens de France et des États généraux, par Mr le comte de Boulainvilliers. »

XVIIIe siècle. Papier. 901 feuillets, en 3 volumes. 238 sur 180 millimètres. Rel. veau rac., aux armes de la comtesse de Verrue. (Supplément français 4961.)

14027. « Histoire de la vie de messire Michel de Marillac, chevallier, garde des sceaux de France, par messire Nicolas Le Fevre, sieur de Lezeau, maistre des requestes et conseiller ordinaire du Roy en son Conseil d'Estat. »

XVIIe siècle. Papier. 366 feuillets. 200 sur 145 millimètres. Rel. parchemin. (Supplément français 3071.)

14028. « Le Portraict de M^rs les maistres des Requestes, » suivi du « Tableau du Parlement de Paris. »

Notes secrètes sur le personnel du Parlement en 1662. (Voir *Correspondance admin. sous le règne de Louis XIV*, t. II, p. 33.)

XVIIe siècle. Papier. 65 feuillets. 225 sur 165 millimètres. Rel. veau rac. (Supplément français 3403.)

14029. Recueil de copies d'arrêts, etc., tirées des Registres du Parlement de Paris.

Arrêts concernant les traitants (1648-1659) ; — Extraits des *Ordinationes antiquæ*, etc. (1318-1472), suivis de la liste des Registres du Parlement ; — Dates des obsèques de rois et princes, ouvertures du Parlement, Lits de justice ; — Fondation de la maison de St-Cyr ; — Trésoriers de la Ste-Chapelle de Paris, depuis 1301 jusqu'en 1699.

XVIIe-XVIIIe siècle. Papier. xxx et 131 pages. 185 sur 120 millimètres. Rel. veau gr. (Supplément français 2411.)

14030. « Recueil de differents arrests servans pour faciliter la prononciation en audiance. »

Fol. 65. « Formule de plusieurs arrestz de la Cour. »

XVIIe siècle. Papier. 84 feuillets. 280 sur 190 millimètres. Cartonné. Supplément français 3480.)

14031. « Stile general des procedures qui se font tant au Parlement qu'aux autres juridictions de l'enclos du Palais. »

XVIIIe siècle. Papier. 173 pages. 230 sur 180 millimètres. Rel. bas. rac. (Supplément français 1369.)

14032. « Emende tradite in Parlamento incepto anno Domini M.CCC.XCII. per magistrum Nicolaum de Lespoisse, notarium et secretarium domini nostri Regis, grefferiumque presentacionum Parlamenti, penes thesaurum, Parisius... » (1392-1402.) — Texte français.

XIVe-XVe siècle. Papier. 92 feuillets. 180 sur 138 millimètres. Rel. veau gr. (Supplément français 402.)

14033. « Registre de ce qui s'est passé au Parlement,... fait par Jean Le Coq, s^r de Corbeville, conseiller au Parlement de Paris ». (Juillet 1625-mai 1631.)

XVIIe siècle. Papier. 87 feuillets. 222 sur 172 millimètres. D. rel., au chiffre du roi. (Don du baron de Zurlauben, 1776. — Supplément français 3896.)

14034. Recueil de copies tirées des Registres du Parlement de Paris concernant les Chanceliers, et les Ducs et Pairs, suivi d'extraits des Registres du Parlement pour les années 1598-1648, et principalement de l'année 1643.

XVIIe siècle. Papier. 204 feuillets. 250 sur 185 millimètres. Rel. parchemin. (Supplément français 3897.)

14035. « Recueil des remontrances faites au Roy par le Parlement et autres cours souveraines, et à M^r le duc d'Orléans pendant sa Régence, avec les réponses. » (1718.)

XVIIIe siècle. Papier. 211 feuillets. 240 sur 180 millimètres. Rel. veau rac., aux armes de Gabriel Bernard de Rieux. (Supplément français 3381.)

14036. Remontrances faites au Roi par le Parlement de Paris (3 sept. 1731).

XVIIIe siècle. Papier. 8 feuillets. 255 sur 190 millimètres. Cartonné. (Supplément français 4106.)

14037. « Affaire du Parlement, au sujet de l'enregistrement de la déclaration du 24 mars 1751, contenant règlement pour l'administration de l'Hôpital général de Paris. (1751.) »

Pièces mss. et imprimées.

XVIIIe siècle. Papier. 140 pages. 235 sur 185 millimètres. Cartonné. (Supplément français 4960.)

14038. « Journal du Palais, ou recueil de tout ce qui s'est passé au Parlement de Paris à l'occasion des billets de confession et des refus de sacremens, depuis le 23 mars 1752 jusques a[u 30 juillet 1756]. »

XVIII° siècle. Papier. 719 pages. 220 sur 160 millimètres. Rel. veau rac. (Supplément français 2036, 97.)

14039. Nouvelles à la main concernant les affaires du Parlement de Paris, adressées au marquis de Paulmy. (1750-1766.)

XVII° siècle. Papier. 434 feuillets. 220 sur 165 millimètres. D. rel. (Supplément français 2406.)

14040. « Journal secret de ce qui s'est passé au Parlement de Paris, depuis le 22 janvier 1771 jusqu'au 13 avril suivant. »

A la suite (fol. 59) : « Procès-verbal de ce qui s'est passé au lit de justice, tenu par le Roi au château de Versailles, le samedi 13 avril 1771. » (Paris, 1771, in-4°.)

XVIII° siècle. Papier. 82 feuillets. 255 sur 195 millimètres. Rel. veau rac. (Supplément français 3425.)

14041. « Extraict de divers registres des délibérations de la Grand Chambre ; le premier d'iceux commençant en avril 1594, après les troubles et réduction de la ville de Rouen en l'obéissance du Roy, et le dernier d'iceux finissant en décembre 159... » [18 mai 1600].

XVII° siècle. Papier. 482 pages. 235 sur 165 millimètres. Rel. peau. (Provient de Secousse. — Supplément français 776.)

14042-14043. « Anciens usages qui s'observent en la Chambre de la Tournelle du Parlement de Paris, recueillis par feu M° Amyot, ancien greffier, et notes faites par Gilbert, commis au greffe, depuis 1764 jusqu'en 1784. »

Double exemplaire.

XVIII° siècle. Papier. 567 et 495 pages. 235 sur 170 millimètres. Rel. bas. et veau rac. (Supplément français 3427, 1 et 2.)

14044. « Mémoire sur la marche des plaidoyeries à l'audience, » du Parlement de Paris.

XVIIe-XVIIIe siècle. Papier. 12 feuillets. 220 sur 165 millimètres. Cartonné. (Supplément français 4114.)

14045. « Si on doit citer dans les plaidoyez. — Premier dialogue. 17 may 1664. »

XVIIe siècle. Papier. 66 feuillets. 222 sur 165 millimètres. D. rel. (Supplément français 4583.)

14046. « Recueil de certains plaidoyers de l'année 1622, soubs M^r le lieutenant Charmolue, » par Charles MARTINE DE VALENCOURT.

« Réception d'Advocat ; — Présentation d'un Esleu aux Esleus; » Causes diverses.

Fol. 64. « Entrée au barreau pour ma réception d'advocat soubs M^r le lieutenant Charmolue, 1645 ; » etc. [par Charles MARTINE DE VALENCOURT].

Fol. 80 v° « Receüil des ordonnances et assises, et reglements de justice, faicts en l'assemblée des Trois Estats du gouvernement de Chaulny,... en 1609. »

Fol. 109. « Receüil des causes de Mr Defonteines et de Mr de Fourcroy. » — La première pièce (fol. 110) est un « Reiglement pour le siege de Noyon. »

XVIIe siècle. Papier. 146 feuillets. 188 sur 140 millimètres. D. rel. (Supplément français 5590.)

14047-14049. Recueil de plaidoyers, prononcés, peut-être par G.-M. DE FONTANIEU, devant le Parc civil, le Présidial, etc. (1714-1718).

XVIIIe siècle. Papier. 224, 217 et 242 feuillets. 212 sur 160 millimètres. Rel. veau br., aux armes de Fontanieu. (Provient de Fontanieu. — Supplément français 4808.)

14050. « Recueil de divers discours, par M. DE FONTANIEU, conseiller d'Estat. »

Fol. 1. « Harangue au Roy, prononcée en 1716, à la teste de la ville de Paris, en présentant le scrutin d'élection de Mr Trudaine à la place de prévost des marchands. »

Fol. 46. « Discours prononcés à la teste du Grand Conseil, ou préparés en 1745. »

XVIIIe siècle. Papier. 59 feuillets. 215 sur 162 millimètres. Rel. maroquin rouge. (Provient de Fontanieu. — Supplément français 4810.)

14051-14052. « Discours de M. DE LAMOIGNON, avocat général du Parlement. »

En tête du premier volume ont été ajoutées six lettres, originales ou autographes, adressées à Lamoignon par Louis XIV (1661-1673).

A la fin du second volume sont joints des fragments de minutes autographes de discours de Lamoignon.

XVIIe-XVIIIe siècle. Papier. xiii-274 et 262 feuillets. 242 sur 175 millimètres. Rel. maroquin rouge. (Provient de Lamoignon. — Supplément français 260.)

14053. « Plaidoiers de M. DE LAURENCEL, substitut au Parlement de Paris, pendant les chambres des vacations de 1757-1762. »

XVIIIe siècle. Papier. vi et 185 pages. 238 sur 175 millimètres. Rel. parchemin vert. (Supplément français 2036, 90.)

14054. Pièces originales du procès de Jacques Clément, dominicain, assasin de Henri III. (1589.)

Cinq pièces.

XVIe siècle. Papier. 22 feuillets. 250 sur 160 millimètres. D. rel. (Supplément français 2010.)

14055. « Extrait du procès de la dame de Brinvilliers. » (1672-1676.)

Fol. 101. « Suppression faite par... le pape Urbain VIII de la prétendue congrégation des Jésuitesses. » (1631.)

XVIIe siècle. Papier. 113 feuillets. 212 sur 155 millimètres. Rel. veau gr., aux armes de Fleuriau d'Armenonville. (Provient de l'École royale militaire. — Supplément français 2998.)

14056. « Discours au Roy par un de ses fidels subjets sur le procès de Mʳ Foucquet, » par PELLISSON.

XVIIᵉ siècle. Papier. 29 feuillets. 250 sur 190 millimètres. Cartonné. (Supplément français 3471.)

14057. Mémoire et discours de LALLY-TOLLENDAL.

I. « Troisième partie » du mémoire du comte de Lally-Tolendal pour la réhabilitation de son père. (Dijon, 1783, in-4°.)

II. « Discours du comte de Lally-Tolendal, lorsqu'il s'est présenté au parlement de Dijon,... le 16 août 1783. » (Dijon, 1783, in-4°.)

En tête, est jointe une lettre autographe de son fils, datée de Paris, 21 août 1786.

XVIIIᵉ siècle. Papier. 108 et 34 pages. 250 sur 195 millimètres. Rel. veau gr., aux armes de Beauveau. (Supplément français 2553.)

14058-14059. « Livre des sorties de prisonniers au château de la Bastille. »

I (14058). Années 1750-1754. — 169 feuillets.
II (14059).   —   1771-1782. — 272   —

Cf. les mss. 12581 et 12582 de la Bibliothèque de l'Arsenal.

XVIIIᵉ siècle. Papier. 2 volumes oblongs. 178 sur 240 et 210 sur 280 millimètres. D. rel. (Supplément français 3855.)

14060. Lettres du lieutenant de police LE NOIR au gouverneur de la Bastille. (1778.)

On lit au dos du volume le titre : « Bastille. — Lettre de Messieurs les magistrats. Monsieur Le Noir. Tome LIX. » — Cf. les mss. 12486-12517 de la Bibliothèque de l'Arsenal.

XVIIIᵉ siècle. Papier. 106 feuillets. 212 sur 165 millimètres. Rel. maroquin vert. (Supplément français 5047.)

14061. « Mémoire des prisonniers détenus au château de Vincennes, avec les jours et dattes qu'ils y sont entrez, et par les ordres de qui ils y sont entrez, ainsy que les jours et dattes de ceux qui en sont sortis, et leurs ordres. » (1685-1746.)

XVIIe-XVIIIe siècles. Papier. 73 feuillets. 225 sur 155 millimètres. D. rel. (Supplément français 3854.)

14062. « Reflexions sur la justice. »

Ms. autographe. — Lettre d'envoi de l'auteur anonyme, en tête du volume.

Fol. 128. Notice sur l'exercice de la justice dans le royaume de Portugal.

XVIIe siècle. Papier. 137 feuillets. 205 sur 162 millimètres. Rel. vélin blanc, au chiffre de Louis XIV. (Supplément français 270.)

14063. « Mémoire concernant le Trésor royal, par M. Philippe, premier commis du Trésor royal et cy devant commis par le Roy à ladite charge. » (1749.)

XVIIIe siècle. Papier. 55 feuillets. 255 sur 180 millimètres. Rel. veau fauve. (Supplément français 266.)

14064. « Traité historique de l'état des Trésoriers de France et Généraux des finances, avec les preuves de leur supériorité,... par M. [H.-A. Regnard] de Gironcourt, conseiller chevalier d'honneur au Bureau des finances de Metz et Alsace... » (1775.)

XVIIIe siècle. Papier. 709 feuillets. 220 sur 168 millimètres. D. rel. (Supplément français 2460, 5.)

14065. « Filiation chronologique des Trésoriers de France, des Généraux des finances et des autres officiers du Bureau des Finances, par M. le premier président Denis. — 1787. »

XVIIIe siècle. Papier. viii et 445 pages. 260 sur 180 millimètres. Rel. veau marbré. (Supplément français 4502.)

14066. « Quittances de finance des offices du Bureau des finances, par M. le president Denis. — 1787. »

XVIIIe siècle. Papier. x et 464 pages. 260 sur 190 millimètres. Rel. veau marbré. (Supplément français 4503.)

14067. « Table alphabétique des noms des Trésoriers de France, Généraux des finances et autres officiers du Bureau des finances depuis 1294, contenus dans leur filiation chronologique, par M. le premier président Denis. — 1787. »

XVIIIe siècle. Papier. 148 pages. 260 sur 192 millimètres. Rel. veau marbré. (Supplément français 4504.)

14068. « Livre instructif pour les finances et les comptes-rendus à la Chambre des comptes, nécessaire à un officier de cette cour. »

XVIIe siècle. Papier. 153 feuillets. 178 sur 120 millimètres. Rel. parchemin. (Supplément français 3185.)

14069. « Formulaire de la fonction que doivent observer les maistres correcteurs et auditeurs de la Chambre des comptes. » (1614.)

XVIIe siècle. Papier. 75 feuillets. 230 sur 170 millimètres. Rel. parchemin. (Ex-libris gravé de Bignon. — Supplément français 5480.)

14070. « Recueil par ordre des différentes charges de la Chambre des comptes, de leurs créations, les noms des officiers qui les ont possedées, le jour des réceptions de chacun, présidents, conseillers-maistres, conseillers-correcteurs, conseillers-auditeurs, advocats et procureurs-généraux et greffiers jusqu'en l'année [1770]. »

XVIIIe siècle. Papier. 74 feuillets. 225 sur 170 millimètres. Rel. veau gr. (Supplément français 2583.)

14071-14072. « Précis des ordonnances, édits, déclarations, arrests et réglemens concernant l'origine, la régie et perception des droits d'Aydes et autres y joints. »

Tome I (1360-1716). — Tome II (1717-1726). — Il y a une table alphabétique à la fin du tome II.

XVIIIe siècle. Papier. 284 et 371 feuillets. 230 sur 157 millimètres. Rel. veau gr. (Supplément français 5046 et 5476.)

14073. « Rudiment des Aydes, » par Lebret.

XVIII° siècle. Papier. vi et 355 feuillets. 235 sur 180 millimètres. Rel. veau brun. (Supplément français 5477.)

14074. « Instruction sur les Aides. »

XVIII° siècle. Papier. 295 feuillets. 222 sur 160 millimètres. Rel. veau gr. (Supplément français 3433.)

14075. « Traitté des Aydes. »

XVII° siècle. Papier. 52 feuillets. 230 sur 170 millimètres. Rel. bas. gr. (« Collegii Paris. Soc. Jesu. » — Supplément français 272.)

14076. « Conférence sur le titre commun des Fermes. »

XVIII° siècle. Papier. 106 feuillets. 228 sur 180 millimètres. D. rel. (Supplément français 1434.)

14077. « Mémoires pour servir à l'histoire du Publicanisme moderne, contenant l'origine, les noms, qualités, le portrait et l'histoire de nosseigneurs les Fermiers generaux du Roy, qui se sont succédés depuis l'année 1720 jusqu'à la présente année 1750. »

Biographies par ordre alphabétique. — Cf. le n° suivant et le n° 14095.

XVIII° siècle. Papier. 227 pages. 218 sur 165 millimètres. Rel. veau rac. (Supplément français 2036, 98.)

14078. Double du volume précédent; incomplet des deux premières pages (titre).

XVIII° siècle. Papier. 206 pages. 230 sur 170 millimètres. D. rel. (Supplément français 4316.)

14079. « Table générale du recueil unique du Controlle des actes, insinuations et petits scels, commençant en l'année 1539 » jusqu'en 1738.

XVIII° siècle. Papier. 237 feuillets. 250 sur 190 millimètres. Cartonné. (Supplément français 3943.)

14080. Rôles de la « Capitation de la Cour, du Conseil, des Maisons royalles et génerallement de tout le royaume de France. »

XVIIe siècle. Papier. x et 215 pages. 218 sur 165 millimètres. Rel. veau gr. (Supplément français 3898.)

14081. « État actuel des affaires générales concernant les finances du royaume de France. » (1761.)

XVIIIe siècle. Papier. vi et 149 pages. 230 sur 180 millimètres. Cartonné. (Supplément français 3899.)

14082. « État des revenus et dépenses du royaume de France en 1756. »

XVIIIe siècle. Papier. 28 feuillets. 215 sur 165 millimètres. Cartonné. (Supplément français 3418.)

14083. « Mémoire sur les diverses natures d'impositions qui composent les Recettes générales et sur les différentes branches de leur administration. (1777.) »

XVIIIe siècle. Papier. 258 pages. 260 sur 182 millimètres. D. rel. (Supplément français 5566.)

14084. « Mémoire sur l'état actuel des offices, tant casuels qu'à survivance, par M. HABROUIX, receveur général. (1779.) »

XVIIIe siècle. Papier. 28 feuillets. 260 sur 182 millimètres. D. rel. (Supplément français 5570.)

14085. « Reflexions sur les finances (mai 1780). »

XVIIIe siècle. Papier. 18 feuillets. 228 sur 145 millimètres. Cartonné. (Provient de la « Bibliothèque de la Chancellerie. » — Supplément français 3720.)

14086. Double du volume précédent.

XVIIIe siècle. Papier. 21 feuillets. 215 sur 145 millimètres. Cartonné. Provient de Condé. — Supplément français 4203.)

14087. « Mémoire sur l'état présent des finances (aoust 1780). »

XVIII⁰ siècle. Papier. 24 feuillets. 235 sur 145 millimètres. Cartonné. (Provient de la « Bibliothèque de la Chancellerie. » — Supplément français 3721.)

14088. « Reflexions » sur l'état des finances et leurs ressources (1780).

XVIII⁰ siècle. Papier. 10 feuillets. 242 sur 145 millimètres. D. rel. (Provient de la « Bibliothèque de la Chancellerie. » — Supplément français 3723.)

14089. « Traitté des Tailles. »

Fol. 114. « Maximes de la Cour des Aydes de Paris ; année 1683. »

Fol. 223 v⁰. « Etat des generalitez qui payent la taille et des elections et paroisses qui les composent. »

XVII⁰ siècle. Papier. 232 feuillets. 235 sur 185 millimètres. Rel. parchemin vert. (Supplément français 2036, 89.)

14090. « Reflexions » sur l'état des finances. (1781.)

XVIII⁰ siècle. Papier. 39 feuillets. 133 sur 75 millimètres. Rel. maroquin rouge, aux armes du roi. (Provient de la « Bibliothèque de la Chancellerie. » — Supplément français 3724.)

14091. « Mémoire de M^r DES MARÊTS sur l'administration des finances, depuis le 20 février de l'année 1708 jusqu'au 1er septembre 1715. »

XVIII⁰ siècle. Papier. 108 pages. 233 sur 180 millimètres. D. rel. (Supplément français 3195.)

14092. « Variations exactes de tous les effets en papier, qui ont eu cours en France et particulièrement à Paris, à commencer au mois d'août 1719 jusqu'au dernier mars 1721,... par le s^r GIRAUDEAU. »

XVIII⁰ siècle. Papier. 25 feuillets. 193 sur 150 millimètres. Rel. veau gr., aux armes de Bignon. (Supplément français 763.)

14093. « Recueil de matières de finance pour l'instruction du Roy, par M. D. C[handé]. Tome Ier. — 1722. »

Tome Ier seul, contenant : « Abrégé chronologique des monnoies (page 1) ; — Dissertation sur la livre de compte (135) ; — Ferme du tabac (231) ; — Francs-fiefs (291) ; — Amortissemens (349) ; — Huitième et sixième denier ecclésiastique (403) ; — Insinuations laïques (451) ; — Controlle des actes des notaires (495) ; — Petits scels (539) ; — Cartes à jouer (583). »

XVIIIe siècle. Papier. xxii et 617 pages. 250 sur 195 millimètres. Rel. veau brun, aux armes de Le Peletier. (Supplément français 2989.)

14094. « Règles générales sur les qualités des comptables, la forme ordinaire des comptes et particulièrement des comptes des tailles. »

XVIIIe siècle. Papier. 353 feuillets. 232 sur 175 millimètres. Rel. veau rac. (Supplément français 2177.)

14095. « Mémoires pour servir à l'histoire du Publicanisme, ou l'origine des receveurs-généraux des finances. »

XVIIIe siècle. Papier. 151 pages. 205 sur 150 millimètres. D. rel. (Supplément français 4315.)

14096. « Idée des finances. »

XVIIIe siècle. Papier. 217 pages. 230 sur 180 millimètres. Rel. veau rac. (Provient de d'Argenson. — Supplément français 3694.)

14097-14098. « Projets de finances, présentés dans les années 1757 et 1758, et observations, par M. d[e] F[ontanieu]. »

XVIIIe siècle. Papier. 368 et 314 feuillets. 220 sur 165 millimètres. Rel. parchemin. (Supplément français 4825.)

14099. Recueil sur les finances.

I. « Reflexions sur la Caisse d'Escompte (juin 1778). » — 8 feuillets.

II. « Parallèle des païs d'États avec ceux d'Élection (1778). » — 16 feuillets.

III. « Résumé d'un traité sur les finances. » — 7 feuillets.

XVIII⁰ siècle. Papier. 230 sur 138 millimètres. Rel. veau rac. (Provient de la « Bibliothèque de la Chancellerie. » — Supplément français 3719.)

14100. « Plans de deux contributions volontaires et considérables, sans charges et sans inconvénients pour l'État ni pour le public. »

XVIII⁰ siècle. Papier. 95 pages. 215 sur 170 millimètres. Cartonné. (Supplément français 3417.)

14101. « Plan de finance, formé dès 1769, sur l'état où étoient les choses en 1768; ce plan a été conservé et reparoît en 1777. »

XVIII⁰ siècle. Papier. vi et 163 pages. 240 sur 182 millimètres. Rel. maroquin rouge. (Provient de la « Bibliothèque de la Chancellerie. ». — Supplément français 3717.)

14102. « Mémoire sur les finances. » (Vers 1768.)

XVIII⁰ siècle. Papier. 34 pages. 238 sur 185 millimètres. Rel. maroquin rouge, aux armes du roi. (Provient de la « Bibliothèque de la Chancellerie. » — Supplément français 3716.)

14103. Projet de réforme des finances de la France, présenté au duc de Broglie par le sʳ Petit, curé de Parois, près Clermont-en-Argonne. (1787.)

XVIII⁰ siècle. Papier. 24 feuillets. 212 sur 160 millimètres. Cartonné. (Supplément français 3486.)

14104. « Figures et pourtraicts de plusieurs et diverses pièces et espèces d'or, ensemble le nom, le poix et valleur d'icelle, faict dès le 1ᵉʳ jour de janvier 1555 avant Pasques, par... Jehan de Bray, changeur et bourgeois de Paris. »

Figures de monnaies reproduites au frottis de mine de plomb.

— En tête : « Noms des villes où l'on forge les monnoyes de France... 1549. »

XVIe siècle. Papier. 43 feuillets. 185 sur 135 millimètres. D. rel. (Supplément français 6216.)

14105. « Figures des espèces de monnoye ayant cours l'an 1558, avec leur pris et valeur. »

Figures de monnaies reproduites au frottis de mine de plomb.
En retournant le volume, fol. 121 v° : « Noms des villes où l'on forge maintenant monnoye.... 1556 ; » et où l'on a autrefois frappé monnaie.
Fol. 120 v°. Évaluation de différentes monnaies.
Fol. 101 v°. « Pour fournir les sacs à mectre de l'argent. »
Fol. 99 v°. « Traicté de la manière de recevoir et de livrer deniers et les conduire par les champs, fort utile à ceux qui ont maniment de deniers du Roy. »

XVIe siècle. Papier. 123 feuillets. 228 sur 150 millimètres. Rel. veau gr. (Supplément français 1640.)

14106-14107. « Projet de Code des monnoyes. »

XVIIIe siècle. Papier. 306 et 389 feuillets. 258 sur 180 millimètres. Rel. veau rac. (Supplément français 5474-5475.)

14108-14110. Comptes des « Bastimens du Roy ; années 1664, 1665 et 1666. »

Recettes et dépenses.

XVIIe siècle. Papier. 150, 159 et 164 feuillets. 178 sur 120 millimètres. Rel. maroquin rouge fleurdelisée. (Supplément français 5126 et 3927, 1-2.)

14111. « Receuil des travaux des plaines du Perray, Trapes et Saclay pour les eaux de Versailles, Trianon et la Ménagerie, par le sr Dubois, controlleur du département ; fait en 1746. »

XVIIIe siècle. Papier. 60 pages et carte coloriée. 265 sur 195 millimètres. Rel. maroquin rouge, aux armes du marquis de Ménars. (Supplément français 2555.)

14112-14113. « Recueil des présents faits par le Roy en pierreries, meubles, argenteries et autres, à commencer en l'année 1669 jusques et compris l'année 1714 ; sauf à y ajouter ceux qui seront faitz dans les années suivantes. »

Tome I : Italie, Empire, Angleterre, Danemark, Suède et Prusse. — Tome II : Pologne, Russie, Espagne, Portugal, Naples et Sicile ; Afrique, Asie, Turquie ; Venise, Gênes, Lucques, Hollande ; Malte ; Suisse et Franche-Comté ; Flandres, Villes Hanséatiques ; Amérique, etc.

XVIIe-XVIIIe siècles. Papier. 2 volumes, 514 feuillets. 225 sur 175 millimètres. Rel. parchemin. (Supplément français 3342.)

14114. « Introduction sur l'art général de teindre les laines pour les ouvrages de la Couronne aux Gobelins. »

XVIIIe siècle. Papier. 35 pages. 218 sur 165 millimètres. Cartonné. (Supplément français 4168.)

14115. « État des tentures de tapisseries de la manufacture royalle des Gobelins, faites du tems de Mrs Colbert, de Louvois de Villacerf, Mansart, jusqu'à Monsieur le duc d'Antin. »

Fol. 20. « Édit du Roy concernant les priviléges accordez à la manufacture royale de la Savonnerie (1712). »

Fol. 28. « Prix des marbres blancs statuaires d'Italie, que le s^r Solaro de Gennes a vendus au Roy depuis l'année 1678... » — Etc.

Fol. 32. « Tarif des glaces pour les marchands... » et « pour le Roy. »

XVIIe-XVIIIe siècles. Papier. 43 feuillets. 185 sur 138 millimètres. Rel. maroquin rouge. (Supplément français 3063.)

14116. « Le sacre, couronnement, triumphe et entrée de la trescrestienne royne et duchesse ... madame Claude de France, fille du ... roy Loys XIIe,... et sa reception faicte à Paris... » (1517.)

Nombreuses miniatures à pleine page.

XVIe siècle. Parchemin. 49 feuillets. 230 sur 155 millimètres. Rel. veau gaufré. (« Collegii Carolipolitani Soc. Jesu. » — Supplément français 178, 19.)

14117-14120. « Mémoires de M. DE SAINCTOT, introducteur des ambassadeurs. » (1634-1702.)

Ms. original, exemplaire de dédicace au Roi; avec figures peintes et planches gravées ajoutées. — Il y a une table des matières à la fin de chaque volume.

XVIIIe siècle. Papier. XII-1193 pages, VIII-238, IV-368 et IX-451 feuillets. 235 sur 180 millimètres. Rel. maroquin rouge, aux armes du roi. (Supplément français 689.)

14121. « Remarques sur ce qu'il y a à faire d'extraordinaire à la chapelle du château de Versailles, le Roy y étant, en 1725. »

XVIIIe siècle. Papier. 20 feuillets. 250 sur 180 millimètres. Rel. maroquin olive, aux armes du roi. (Supplément français 2197.)

14122. « Inventaire général des habits des ballets du Roy, fait au mois de décembre 1754, et distribué par chapitres suivants les différentes sortes de caractères des habits. »

XVIIIe siècle. Papier. 255 feuillets. 240 sur 185 millimètres. Rel. maroquin olive, aux armes du roi. (Supplément français 3952.)

14123. « Légende relative à la carte méridionale des chasses du Roy aux environs de Versailles, levée par ordre de M. le duc de Choiseul, sous la direction du s[r] Berthier, par les ingénieurs géographes des camps et armées de Sa Majesté, en 1767 et 1768. »

Cette carte est conservée à la section des Cartes, Bf. II, anc. C. 127.

XVIIIe siècle. Papier. 133 feuillets. 165 sur 100 millimètres. Rel. maroquin olive, aux armes du roi. (Supplément français 5065.)

14124. « Estat des cerfs et d'autres animaux courus par la petite meutte du Roy, pendant les années 1731 »-1757.

XVIIIe siècle. Papier. 309 feuillets. 195 sur 145 millimètres. Rel. maroquin rouge, aux armes du roi. (Supplément français 3953.)

14125-14126. « Recueil des chasses faites par la meute du Roi en l'an 1820 » et 1821.

XIXe siècle. Papier. 48 et 53 feuillets. 172 sur 110 millimètres. Rel. maroquin rouge. (Supplément français 3954.)

14127. « Recherches sur les auteurs qui ont écrit de l'histoire de France par commission des princes sous le règne de qui ils vivoient. Extrait des registres de l'Épargne à la Chambre des comptes. »

« Communiquées par M. de Foncemagne, qui les tenoit de Mr de La Roque, » à Sainte-Palaye.

XVIIIe siècle. Papier. 6 feuillets. 250 sur 190 millimètres. Cartonné. (Provient de la « Bibliothèque de la Chancellerie. » — Supplément français 4097.)

14128. « État des personnes qui doivent et ont droit de manger aux tables du Roy pendant l'année 1732. »

Avec les menus, livrées et marchés.

XVIIIe siècle. Papier. 325 pages. 230 sur 170 millimètres. Rel. veau gr. (Supplément français 2036, 93.)

14129. « Voyages du Roy au château de Choisy, avec les logements de la cour et les menus de la table de Sa Majesté. Année 1753. — Brain del. et scrip. »

XVIIIe siècle. Papier. 49 feuillets. 260 sur 190 millimètres. Rel. veau rac., aux armes du roi. (Supplément français 1272.)

14130. « Mémoire sur la suppression faite dans la Maison du Roy. (Décembre 1780.) »

XVIIIe siècle. Papier. 77 feuillets. 242 sur 190 millimètres. D. rel. (Provient de la « Bibliothèque de la Chancellerie. » — Supplément français 3722.)

14131-14144. « Estat et menu général de la dépense ordinaire de bouche de la Chambre aux deniers du Roy. » (1688-1714.)

    I (14131). Année 1688. — 89 feuillets.
    II (14132). — 1696. — 206 pages.
    III (14133). — 1701. — 187 pages.
    IV (14134). — 1708. — 121 feuillets.
    V (14135). — 1714. — 132 —
    VI (14136). — 1769. — 158 —
    VII (14137). — 1776. — 172 —
    VIII (14138). — 1777. — 172 —
    IX (14139). — 1778. — 173 —
    X (14140). — 1779. — 170 —
    XI (14141). — 1776. — 173 — Double.)
    XII (14142). — 1777. — 171 — —
    XIII (14143). — 1778. — 175 — —
    XIV (14144). — 1779. — 172 — —

XVIIe et XVIIIe siècles. Papier. 14 volumes, in-8º et in-4º. Rel. veau gr. et cartonnés. (Supplément français 765, 4984, 1271, 3926, 1366, 3382$^{1-3}$, 2911 et 1273$^{1-3}$.)

14145-14155. États de bouche des maisons du Dauphin, du duc de Bourgogne, etc. (1695-1771.)

14145. « Estat et menu général de la dépence ordinaire bouche de la maison de Mgr. le Dauphin. Année 1695. — Celle de Mgr. le duc de Bourgogne est ensuitte » (p. 41). — 93 pages.

14146. « Estat... de la dépence ordinaire bouche de la maison de Mgr. le duc de Bourgogne. Année 1696. » — 59 pages.

14147. — Année 1699. — 58 pages.

14148. — Année 1700. — 109 pages.

14149. « État et menu général de la dépense ordinaire de Monsieur le Dauphin. Année 1751. » — 44 feuillets.

14150. — Année 1766. — 59 feuillets.

14151. — Année 1772. — 39 feuillets.

14152. — Année 1767. — 59 feuillets.

14153. « État et menu général de la dépense ordinaire de Monsieur le Dauphin, de Mgr. le comte de Provence et de Mgr. le comte d'Artois. Année 1769 » — 56 feuillets.

14154. « État et menu général de la dépense ordinaire de Mgr. le comte de Provence et de Mgr. le comte d'Artois. Année 1771. » — 41 feuillets.

14155. « État et menu général de la dépense ordinaire de Mgr. le duc de Berry. Année 1763. » — 43 feuillets.

XVIIe-XVIIIe siècles. Papier. 11 volumes, in-8° et in-4°. Rel. veau gr. et cart. (Supplément français 3154, 1283, 1308, 1288, 3406, 3383$^{1-2}$, 4482, 3384$^{1-2}$ et 4480.)

14156. État de la « Maison de Mgr. le comte d'Artois, fils de France, frère du Roy. »

XVIIIe siècle. Papier. 84 feuillets. 230 sur 180 millimètres. Rel. maroquin vert, aux armes du roi. (Supplément français 1898.)

14157-14162. États de dépenses de Mesdames de France, filles de Louis XV. (1766-1779.)

14157. « État et menu général de la dépense ordinaire de la maison de Madame. Année 1766. » — 49 feuillets.

14158. — Année 1771. — 47 feuillets.

14159. « État... de la dépense ordinaire de Mme Adelaïde et de... Mes Victoire et Sophie de France. Année 1775. » — 70 feuillets.

14160. — Année 1778. — 74 feuillets.

14161. — Année 1779. — 70 feuillets.

14162. « État... de la dépense ordinaire de Mme Élizabeth de France, à compte du 1er avril 1779. » — 27 feuillets.

XVIIIe siècle. Papier. 6 volumes. 240 sur 180 millimètres. Rel. veau gr. et cart. (Supplément français 4481, 3386, 3385$^{1-2}$, 1274 et 3387.)

14163. Ordonnances de l'Hôtel de St Louis, de Philippe le Bel et de Philippe le Long. (1261-1320.)

Extraits du registre 57 du Trésor des chartes, qui s'était trouvé parmi les mss. de M. de Caumartin, et fut remis au Trésor des chartes, par les soins de Lancelot, le 30 juillet 1736. »

XVIIIe siècle. Papier. 99 feuillets. 230 sur 165 millimètres. D. rel. (Supplément *latin* 281.)

14164. Recueil des ordres donnés par le maréchal DE CAUMONT-LA FORCE, lieutenant-général de l'armée du roi. (1633-1634.)

Copies.

XVIIe siècle. Papier. 103 feuillets. 180 sur 130 millimètres. Cartonné. (Supplément français 4061.)

14165. « Relation de Candie; » siège de 1669.

XVIIe siècle. Papier. 129 pages. 188 sur 130 millimètres. Rel. maroquin rouge. (Provient du Collège de Clermont, à Paris, n° 826. — Supplément français 765 *bis*.)

14166. Listes des « Drapeaux et étendars pris depuis le commencement du règne de Louis XIV jusqu'en 1688, qui n'ont pas été conservés, » et des « drapeaux et étendars » déposés dans l'église des Invalides, depuis 1690 jusqu'en 1712, par « DESGRANGES, maître des cérémonies. »

Listes originales, publiées dans les *Archives historiques, artistiques et littéraires* (1891), t. II, p. 385-389.

XVIIe-XVIIIe siècles. Parchemin. 9 feuillets. 235 sur 155 millimètres. Rel. maroquin rouge, aux armes du roi. (Supplément français 3050.)

14167. Registre de la correspondance de L.-A. de Bourbon, duc du Maine, grand-maître de l'artillerie. (Déc. 1694-juillet 1695.)

Le titre porte : « Estat des lettres que je reçois, et entre les mains de qui je les remets pour y respondre. »

XVIIe siècle. Papier. 193 feuillets. 238 sur 180 millimètres. Rel. maroquin olive, aux armes du duc du Maine. (Supplément français 733.)

14168. « Traités, baux et autres affaires faites pendant cette dernière guerre. (1701.) »

XVIIIe siècle. Papier. 111 feuillets. 260 sur 185 millimètres. Rel. veau gr. (Ex-libris de P.-C. Laurens de Villedeuil. — Supplément français 2596.)

14169-14175. Mémoires de Jules-Alexis Bernard, chevalier DE BELLERIVE sur les campagnes du duc de Vendôme. (1695-1712.)

I (14169). Première campagne d'Espagne. — 279 feuillets.
II-IV (14170-14172). Campagne d'Italie. — 237, 353 et 255 ff.
V (14173). Campagne des Flandres. — 303 feuillets.
VI (14174). Seconde campagne d'Espagne. — 357 feuillets.
VII (14175). « Description de l'Espagne, mise en lettre alphabétique pour trouver sur les cartes géographiques tous ses royaumes et provinces... » — 53 feuillets.

Ms. autographe. — Cf. plus haut les volumes 9442-9444, 11246 et 11247.

XVIIIe siècle. Papier. 7 volumes. 230 sur 160 millimètres. D. rel. (Supplément français 3753, 1-6.)

14176. « Les Adieux que fait un officier de l'armée d'Italie au duc de Vendôme, » par St-GENIS. (1703.)

Ms. autogr. du chevalier de Bellerive.

XVIIIe siècle. Papier. 10 feuillets. 200 sur 142 millimètres. Cartonné. (Supplément français 3754.)

14177-14178. Correspondance du duc DE VENDÔME. (1693-1711.)

Copies de la main du chevalier de Bellerive.

XVIIIe siècle. Papier. 377 et 504 feuillets. 250 sur 140 millimètres. D. rel. (Supplément français 3755.)

14179. « Mémoire instructif sur la guerre de Provence, Daufiné et Savoye, présenté au Roy, le 23 novembre 1712. »

XVIIIe siècle. Papier. 54 feuillets. 215 sur 160 millimètres. Rel. veau gr. (Supplément français 1932.)

14180. Recueil de lettres sur la campagne d'Italie. (1733-1735.)

Copies.

XVIII⁰ siècle. Papier. 273 pages. 230 sur 175 millimètres. Rel. veau rac. (Provient de la « Bibliothèque du Prytanée. » — Supplément français 2198.)

14181. « Lettres sur la guerre faitte en Allemagne pendant les années 1734 et 1735, et en Italie pendant les années 1733, 1734 et 1735. »

Fol. 247. « Plusieurs lettres concernant les mouvements des escadres françoises en 1740 et 1741, » à Saint-Domingue, etc.

XVIII⁰ siècle. Papier. 256 feuillets. 170 sur 100 millimètres. Rel. veau rac. (« Ex-libris de Cayrol. » — Supplément français 5194.)

14182. « Journal, et suitte de celuy du 31 décembre 1742, de ce que d'autres et moy ont fait, ou veu faire, à commensser du 1ᵉʳ du mois de janvier 1743, à Ingolstat. »

Jusqu'au 7 novembre 1743. — Retraite du maréchal de Belle-Isle.

XVIII⁰ siècle. Papier. 626 pages. 200 sur 165 millimètres. Rel. veau gr. (Supplément français 4012.)

14183. « Voyage fait au camp devant Fribourg en Brisgaw par Mʳˢ Fleury et de Sᵗ-Denis ; 1ʳᵉ édition, enrichie de cartes, de plans et d'estampes. A Paris, chez l'auteur, M.DCC.XLIV. Sans approbation, ni privilége. »

Cartes et estampes gravées ajoutées.

XVIII⁰ siècle. Papier. 217 pages. 195 sur 145 millimètres. Rel. maroquin rouge. (Supplément français 1296.)

14184. « Journeaux des campagnes de Piémont en Italie. (1744.) »

XVIII⁰ siècle. Papier. 387 pages. 182 sur 115 millimètres. Rel. parchemin vert. (Supplément français 2595, 1.)

14185. « Détail de ce qui s'est passé à mon sujet au commencement de l'année de 1760, à mon entrée dans le régiment des Gardes françoises. »

Campagne de 1760-1762 dans les Flandres.

XVIIIe siècle. Papier. 388 pages. 170 sur 105 millimètres. Rel. veau gr. (Supplément français 2595, 2.)

14186. État militaire de la France. (1751.)

I. « État de toutes les places du royaume, avec les apointemens et emolumens de M^{rs} les gouverneurs et lieutenans de Roy. (1751.) »

II. « État du militaire de France. (1751.) »

XVIIIe siècle. Papier. 208 et 112 pages. 185 sur 132 millimètres. Rel. veau rac. (Supplément français 2109.)

14187. « Continuation des Mémoires sur les opérations » de la guerre en Allemagne, « depuis le 1er janvier 1761 » jusqu'à la fin d'août 1761.

XVIIIe siècle. Papier. 73 feuillets. 160 sur 98 millimètres. Cartonné. (Supplément français 5130.)

14188. « Manœuvres exécutées en présence de Sa Majesté par son régiment d'infanterie, au camp près Fontainebleau, en 1770. »

XVIIIe siècle. Papier. 13 feuillets oblongs. 132 sur 195 millimètres. Rel. maroquin rouge, aux armes du duc de Choiseul. (Supplément français 3973, 3.)

14189. « Mémoires sur le ministère du marquis de Louvois, secrétaire d'État de la guerre, contenans tous les projets, tant militaire[s] qu'autres, concertés dans le cabinet du Roy avec ce seul ministre. »

XVIIIe siècle. Papier. viii et 322 pages. 208 sur 158 millimètres. Cartonné. (Supplément français 3404.)

14190. Mémoires relatifs aux maréchaux de France et aux duels.

Fol. 1. « Mémoire pour messieurs les gouverneurs et lieutenans generaux de province contre les pretensions de messieurs les maréchaux de France. »

Fol. 21. « Extrait des édits touchant les duels... »

Fol. 45. « Mémoire pour messieurs les maréchaux de France contre les prétentions de messieurs les gouverneurs et lieutenans généraux de province. »

XVIIe-XVIIIe siècle. Papier. 79 pages. 242 sur 180 millimètres. Cartonné. (Supplément français 4112.)

14191. « Titres des ordonnances et règlemens concernant les troupes, depuis le 1er juillet 1706 jusqu'au [1er janvier 1750]. »

XVIIIe siècle. Papier. 106 feuillets. 210 sur 160 millimètres. Rel. veau rac. (Supplément français 4956.)

14192. « Extrait de plusieurs ordonnances relatives aux dragons, par monsieur DE MONDÉSIR, lieutenant-colonel du régiment de dragons d'Orléans. »

XVIIIe siècle. Papier. 80 feuillets. 150 sur 92 millimètres. Rel. maroquin rouge. (Ex-libris gravé du comte de La Luzerne. — Supplément français 3393.)

14193. « Annuel chronologique des troupes de France depuis l'établissement de la monarchie, avec le nom de M^{rs} les nouveaux colonels d'Infanterie, Cavallerie et de Dragons et les uniformes des troupes, pour l'année 1753 et 1754. »

XVIIIe siècle. Papier. 147 feuillets. 160 sur 100 millimètres. Rel. maroquin rouge. (Ex-libris gravé du marquis de Montfermeil. — Supplément français 3963.)

14194. « Tableau militaire, ou dénombrement général des troupes du Roy, avec le traitement de ceux qui les composent,... conformément... aux dispositions de la présente année 1730. »

XVIII⁰ siècle. Papier. 76 pages. 235 sur 180 millimètres. Rel. maroquin rouge. (Supplément français 5112.)

14195-14198. Revues du régiment des Gardes Suisses. (1763-1769.)

14195. « Revue du régiment des Gardes Suisses. 1763. » — 11 feuillets.

14196. Autre de l'année 1769. — 12 feuillets. (Rel. maroquin citron, aux armes du duc de Choiseul.)

14197. Autre de l'année 1769. — 40 feuillets.

14198. Suite du précédent. — 11 feuillets.

XVIII⁰ siècle. Papier. 4 volumes. 190 sur 130 millimètres. Cartonnés. (Supplément français 5085.)

14199. « État du militaire de France. 1740. »

XVIII⁰ siècle. Papier. 248 feuillets. 178 sur 112 millimètres. Rel. maroquin bleu. (Exemplaire du maréchal de Saxe; ex-libris gravé du duc de Brissac. — Supplément français 5085.)

14200. « État du militaire de France. 1751. »

XVIII⁰ siècle. Papier. 112 pages. 150 sur 92 millimètres. Rel. maroquin rouge, avec fleurs de lis. (Supplément français 5085.)

14201. « Régiment d'infanterie de Touraine, composé de quatre bataillons. »

État imprimé, complété par des mentions mss. (s. d.).

XVIII⁰ siècle. Papier. 21 feuillets. 152 sur 112 millimètres. Rel. maroquin olive, aux armes du roi. (Supplément français 5085.)

14202. « Composition du régiment de Touraine, le 1ᵉʳ juin 1770. »

Enluminé aux armes de Montmorency.

XVIII⁰ siècle. Papier. 183 pages. 155 sur 100 millimètres. Rel. maroquin rouge. (Supplément français 5085.)

14203-14206. « Régiment d'infanterie de Penthièvre. Livret des services de Mʳˢ les officiers dudit régiment... 1776, » 1778, 1780 et 1781.

XVIIIᵉ siècle. Papier. 55, 40, 44 et 47 feuillets. 110 sur 63 millimètres. Rel. maroquin rouge. (Supplément français 5085.)

14207. « Régiment de Dragons de S. A. S. Mgr. duc de Penthièvre. » (1788.)

XVIIIᵉ siècle. Papier. 42 feuillets. 120 sur 75 millimètres. Rel. maroquin rouge, aux armes du duc de Penthièvre. (Supplément français 5085.)

14208. « État des différents corps de troupes nationalles qui existent dans les gouvernemens du Béarn, de la Navarre, Bayonne et païs adjacens,... remis à Mgr. le duc de Choiseul par le sʳ Lefebvre, commissaire ordonnateur des guerres, le 1ᵉʳ décembre 1770. »

XVIIIᵉ siècle. Papier. 66 feuillets. 170 sur 110 millimètres. Rel. maroquin citron, aux armes du duc de Choiseul. (Supplément français 5085.)

14209. « Détail des officiers et troupes de France. 1726. »

XVIIIᵉ siècle. Papier. 47 feuillets. 215 sur 160 millimètres. Rel. maroquin vert, aux armes de Fontanieu. (Supplément français 4955.)

14210. « État général du militaire de France. 1748. »

XVIIIᵉ siècle. Papier. 405 pages. 195 sur 155 millimètres. Rel. veau rac. (Supplément français 4959.)

14211. « L'Estat de France. 1669. » — « État des trois ordres de la noblesse de France et des gouvernemens du royaume. »

XVIIᵉ siècle. Papier. 82 feuillets. 245 sur 190 millimètres. D. rel. (Supplément français 1987.)

14212. « État des troupes et des états-majors des places, au 1ᵉʳ mars 1748. »

Enluminé aux armes du maréchal de Belle-Isle.

XVIIIe siècle. Papier. x et 317 pages. 140 sur 97 millimètres. Rel. maroquin bleu. (Supplément français 3150, 3.)

14213. « État du militaire de France. 1751. »

XVIIIe siècle. Papier. 115 pages. 150 sur 90 millimètres. Rel. maroquin rouge, avec fleurs de lis. (Supplément français 3150, 4.)

14214-14225. Gouvernements civils et militaires, ou « État de toutes les places du royaume avec leurs apointemens et emolumens de M[rs] les gouverneurs et lieutenans du Roy. 1751 »-1785.

États des années 1751, 1771, 1772, 1777, 1778, 1779 (double ex.), 1780, 1783, 1784, 1785 et 1755.

XVIIIe siècle. Papier. 208 pages, 105, 113, 106, 105, 103, 103, 101, 100, 101, 101 et 85 feuillets. 152 sur 90 et 178 sur 120 millimètres. Rel. maroquin rouge et bleu. (Supplément français 3959, 1-11 et 3157.)

14226. « État des officiers et gardes du corps du Roi. Compagnie de Luxembourg. Année [1783]. »

État imprimé, avec mentions ajoutées à la main.

XVIIIe siècle. Papier. 206 feuillets. 222 sur 152 millimètres. Rel. maroquin orange. (Supplément français 5244.)

14227. « Controlles de la compagnie de Hercé. » (1789.)

XVIIIe siècle. Papier. 39 pages. 155 sur 110 millimètres. Rel. bas. rac. (Supplément français 3973.)

14228. « Contrôle général de la compagnie de Nantouillet, à l'époque du 1er may 1787. »

XVIIIe siècle. Papier. iv et 34 pages. 142 sur 98 millimètres. Rel. bas. rac. (Supplément français 5484.)

14229-14230. « Rôle de la seconde compagnie des mousquetaires à cheval de la garde ordinaire du Roy, à la revüe de

Sa Majesté à Versailles, » le 22 may 1752 et le « 23 juin 1753. »

XVIII° siècle. Papier. 17 et 17 feuillets. 188 sur 140 millimètres. Rel. maroquin rouge, aux armes du Dauphin. (Supplément français 3966, 1-2.)

14231. « Rolle de la première compagnie des mousquetaires à cheval de la garde ordinaire du Roy. — Année 1753. »

XVIII° siècle. Papier. 19 feuillets. 175 sur 122 millimètres. Rel. maroquin rouge, aux armes du Dauphin. (Supplément français 3964.)

14232-14243. « Contrôle d'ancienneté de la seconde compagnie des mousquetaires à cheval de la garde ordinaire du Roy pour l'année 1754 »-1775.

14232. Année 1754. — 51 feuillets.
14233. — 1755. — 84 —
14234. — 1756. — 26 —
14235. — 1761. — 29 —
14236. — 1762. — 23 —
14237. — 1763. — 26 —
14238. — 1764. — 22 —
14239. — 1775. — 25 —
14240. — 1769. — 135 pages.
14241. — 1773. — 30 feuillets.
14242. — 1775. — 35 feuillets.
14243. « Contrôle par ordre alphabétique des mousquetaires surnuméraires dans la seconde compagnie. » — 46 feuillets.

XVIII° siècle. Papier. 12 volumes. 142 sur 90 et 180 sur 110 millimètres. Rel. maroquin rouge ; n° 14240, aux armes de Montboissier; n° 14241, aux armes du Dauphin ; n° 14242, aux armes de Montboissier. (Supplément français 3965, 1-11 et 3967.)

14244. État des différentes compagnies du « Régiment du Roy. »

XVIII° siècle. Papier. 22 feuillets. 182 sur 130 millimètres. Rel. maroquin rouge, aux armes du duc de Choiseul. (Supplément français 3973, 2.)

14245-14248. « Premier régiment de cavalerie de Mgr. le Dauphin, créé en 1658. »

Quatre contrôles, dont le dernier seul est daté de 1772.

XVIIIe siècle. Papier. 44, 44 pages, 9 et 26 feuillets. 140 sur 97 et 180 sur 127 millimètres. Rel. maroquin rouge. (Supplément français 3973, 4 et 3970, 1-3.)

14249-14251. « Situation du corps des carabiniers de Monsieur, au 1er janvier 1774 », 1776 et 1786.

XVIIIe siècle. Papier. 48, 22 et 9 feuillets. 150 sur 90 et 195 sur 135 millimètres. Rel. maroquin rouge, aux armes du roi. (Supplément français 3968, 1-2 et 3969.)

14252-14255. États des troupes réunies au « camp de Compiègne. — Juillet 1765 » et 1766.

XVIIIe siècle. Papier. 97, 94, 84 et 154 feuillets. 220 sur 175 millimètres. Rel. maroquin bleu et rouge, aux armes du roi et du duc de Choiseul. (Supplément français 4048, 1-2, 4049 et 4050.)

14256-14257. État des troupes réunies au « camp de Verberie. — Année 1769. »

Cf. le ms. franç. 14452.

XVIIIe siècle. Papier. 49 et 79 feuillets. 235 sur 182 millimètres. Rel. maroquin bleu, aux armes du roi. (Supplément français 4051 et 4052.)

14258-14259. État du « régiment du mestre de camp général de la cavalerie. » (1772 et 1788.)

XVIIIe siècle. Papier. 47 et 82 feuillets. 140 sur 87 et 170 sur 110 millimètres. Rel. maroquin vert et maroquin rouge, aux armes du duc de Castries. (Supplément français 3150, 1-2.)

14260. « Mémoire pour M[rs] les officiers de Gendarmerie. — 1746. »

XVIIIe siècle. Papier. 205 pages. 125 sur 75 millimètres. Rel. veau brun. (Supplément français 1351.)

14261. « Livret de revue du régiment d'hussards de Chamborant ; fait à St-Denis, le 24 septembre 1767. »

XVIIIe siècle. Papier. 170 sur 130 millimètres. Couvert. maroquin rouge. (Supplément français 3972.)

14262. État du régiment des Gardes françoisses, par rang des compagnies, et suivant l'ancienneté de M^{rs} les officiers, pour l'année 1735. »

XVIIIe siècle. Papier. 47 feuillets. 135 sur 80 millimètres. Rel. maroquin rouge. (Supplément français 3971.)

14263. « État général des officiers suisses au service du Roi, suivant leur rang dans chaque régiment, au 1er juin 1776... »

XVIIIe siècle. Papier. 166 feuillets. 185 sur 110 millimètres. Rel. maroquin rouge, aux armes du comte d'Affry. (Supplément français 3210.)

14264. « État général des élèves de l'École royale militaire, depuis son établissement jusqu'à présent. » (1769.)

XVIIIe siècle. Papier. 119 feuillets. 175 sur 110 millimètres. Rel. parchemin vert. (Supplément français 1309.)

14265-14278. « Table générale des édits et ordonnances concernant la Marine. » (1551-1756.)

I (14265). Années 1552-1598. — 202 feuillets.
II (14266). — 1648-1663. — 199 —
III (14267). — 1663-1670. — 198 —
IV (14268). — 1670-1674. — 199 —
V (14269). — 1690-1695. — 202 —
VI (14270). — 1695-1702. — 203 —
VII (14271). — 1702-1708. — 201 —
VIII (14272). — 1708-1714. — 198 —
IX (12273). — 1714-1718. — 198 —
X (14274). — 1718-1723. — 201 —
XI (14275). — 1724-1728. — 204 —

XII (14276). Années 1728-1734. — 209 feuillets.
XIII (14277). — 1734-1740. — 205 —
XIV (14278). — 1740-1756. — 174 —

XVIIIe siècle. Papier. 14 volumes. 180 sur 105 millimètres. D. rel. (Supplément français 4693.)

14279. « Extrait des ordonnances rendues sur le fait de la Marine depuis Charles VI jusques à l'Ordonnance du Roy. » (1681.)

XVIIIe siècle. Papier. 58 feuillets. 245 sur 180 millimètres. Rel. veau rac. (Supplément français 4580.)

14280-14281. « Essai ou dissertation sur les galères de France, » par LE CAMUS. (1705.)

Double exemplaire.

XVIIIe siècle. Papier. 47 et 48 feuillets. 248 sur 175 millimètres. Rel. veau gr. (Supplément français 514 et 268.)

14282. « Narration de la campagne, ou voyage de course de Jean BOURNEUF, Parisien, en Levant contre les Turcz, soubs le commandement du chevallier Valbel, faicte en l'année 1660. »

XVIIIe siècle. Papier. 71 feuillets. 210 sur 160 millimètres. Rel. bas. fauve. (Supplément français 1966.)

14283. « Journal de la campagne que j'ay fait sur la galère *Patronne*, commandée par M. le bailly de la Pailletric, chef d'escadre et inspecteur des Galères, et commandant les six galères armées sur la coste d'Italie, pendant les mois de juillet et aoust 1719. » (1734.)

XVIIIe siècle. Papier. 585 pages. 208 sur 160 millimètres. Rel. bas. rac. (Supplément français 1664.)

14284. « Agenda de Marine, » ou « Liste générale des vaisseaux du Roi au 1er janvier 1683. »

Matériel et personnel.

XVIIe siècle. Papier. 57 feuillets. 235 sur 175 millimètres. Rel. parchemin, aux armes de Colbert. (Supplément français 1931.)

14285. Relations de campagnes au Levant. (1699-1700.)

Page 1. « Remarques journalières du voyage de Constantinople en l'année 1699. »

Page 29. « Journal de la campagne de l'année 1700, que j'ay faite dans le vaisseau *le Trident*, commandé par M^r le chevalier de Beaujeu, capitaine de vaisseau, commandant la compagnie des Gardes de la Marine dans le département de Toulon. » — Campagne de l'escadre de la Méditerranée sur les côtes d'Espagne.

Fol. 64. Relation anonyme des antiquités d'Athènes.

XVIIIe siècle. Papier. 72 pages. 222 sur 162 millimètres. D. rel. (Supplément français 4665)

14286. Liste générale des officiers, etc. de la Marine et des vaisseaux du Roi. (1757.)

XVIIIe siècle. Papier. 142 pages. 205 sur 132 millimètres. Rel. bas. rac. (Supplément français 4004.)

14287. Liste générale des officiers, etc. de la Marine et des vaisseaux du Roi. (1759.)

XVIIIe siècle. Parchemin. 75 feuillets. 175 sur 115 millimètres. Rel. marquin rouge, aux armes du roi. (Supplément français 5063.)

14288. « État abrégé [de la] Marine du Roy. Année 1765. »

XVIIIe siècle. Papier. 65 feuillets. 175 sur 110 millimètres. Rel. maroquin rouge. (Supplément français 5064.)

14289-14290. « Idée générale de la fourniture des vivres » pour la Marine française.

XVIIIe siècle. Papier. vi-222 et ix-340 pages. 195 sur 150 millimètres. Couvert. parchemin. (Supplément français 3069, 1-2.)

14291. « Régiment du Corps royal de l'artillerie des Colonies; situation dudit régiment le 6 septembre 1785. »

XVIIIe siècle. Papier. 13 feuillets. 240 sur 170 millimètres. Rel. maroquin rouge, du maréchal de Castries. (Supplément français 2598, 1.)

14292. « Régiment du Mestre de camp général de la Cavalerie; livret de la revue faite audit régiment, le 5 septembre 1785, par Mgr. le maréchal de Castries, ministre et secrétaire d'État au département de la Marine. »

XVIIIe siècle. Papier. 5 feuillets. 230 sur 175 millimètres. Rel. maroquin vert, du maréchal de Castries. (Supplément français 2598, 2.)

14293. « Questions très curieuses et très utiles touchant le Commerce, avec leurs solutions. » (1719.)

XVIIIe siècle. Papier. 122 feuillets. 195 sur 130 millimètres. Rel. veau brun. (Supplément français 4010.)

14294. Recueil de mémoires sur le Commerce, etc.

Fol. 3. « Différentes veües qu'on doit avoir en faisant un état tout les ans de ce qui sort et de ce qui entre par jour dans le royaume. »

Fol. 5. « Pour régler les droits d'entrée et de sortie. — 1702. »

Fol. 9. « Pour fixer le tarif proposé par Mrs les Fermiers généraux pour le prochain bail des Fermes... »

Fol. 10. « Mémoire pour le rétablissement du commerce,... pour ne faire payer qu'un droit unique d'entrée et de sortie, » par M. Anisson.

Fol. 16. Autre mémoire du même sur le même sujet.

Fol. 32. « Mémoires du sr de Granville Locquet, député de la ville de St-Mâlo à la Chambre de commerce à Paris, pour établir le commerce de France avec l'Espagne. » (28 juin 1705.)

Fol. 59. « Mémoire sur ce qui regarde trois vaisseaux de St-Mâlo, qui ont esté faire commerce dans la mer du Sud, et qui sont partis au mois d'aoust 1703. »

Fol. 68. « Mémoire sur l'entrée des manufactures du Nort restrainte aux ports de Calais et de St-Valery, et sur l'exécution du tarif de 1667... »

Fol. 80. « Sentiment des députez au Conseil de commerce sur les passeports demandez par des négocians anglois. » (28 mars 1707.)

Fol. 84. « Lettre et mémoire envoyez par le s^r Cappeau, négociant à Marseille, contenant les moyens d'empescher la sortie de l'argent hors du Royaume par le port de Marseille. » (1706.)

Fol. 108. « Mémoire du s^r de Montgermain, contrôleur général des fermes au département de Bugey, résident à Belley, pour empescher l'entrée des marchandises défendues venant de Genève, et le transport des espèces d'or et d'argent à Genève. » (Août 1704.)

Fol. 126. « Mémoire sur la contestation qui est entre les rafineurs de La Rochelle et ceux de Bordeaux. » (1705.)

Fol. 130. Mémoire sur le « commerce des dentelles de fil. » (1704.)

Fol. 134. Mémoires sur les fabriques de savon en Provence. (1705.)

Fol. 146. « Mémoire des deputez de la Chambre du commerce sur les ports de lettres. »

Fol. 150. Avis et lettres de M. Cazier sur le commerce. (1705.)

Fol. 158. « Extrait sur le second mémoire de M. de La Hestroy touchant le commerce. » (1704.) — Fol. 181. « Second mémoire » du même.

Fol. 266. « Origine de l'établissement de la manufacture des glaces en France. »

XVIIIe siècle. Papier. 267 feuillets. 240 sur 185 millimètres. Couvert. parchemin. (Supplément français 3044.)

14295-14296. Recueil de mémoires sur la « Police des grains. » (1764.)

XVIIIe siècle. Papier. I : 24, 41, 71 et 173 pages ; II : 69, 39, 87, 59, 51, 52 et 23 pages. 195 sur 120 millimètres. Rel. maroquin rouge, aux armes de Chauvelin. (Supplément français 3893, 1-2.)

14297. Tableaux de la « quantité, vente et prix de la farine et du bled à la halle. — 1775. »

XVIIIe siècle. Papier. 205 feuillets. 230 sur 190 millimètres. Rel. parchemin vert. (Supplément français 2124.)

14298. Recueil des édits, déclarations, etc., concernant les courtiers-jaugeurs de boissons et inspecteurs aux boucheries et aux boissons. (1691-1726.)

Fol. 144. « Extrait des édits, déclarations et arrests rendus pour assurer les fonds nécessaires au renfermement des mendians, compris dans le recueil des hôpitaux, depuis le mois d'aoust 1722, jusques et compris le 19 mars 1727. »

XVIIIe siècle. Papier. 177 feuillets. 235 sur 180 millimètres. Rel. veau gr. (Supplément français 5478.)

14299. Tableaux des « monnoies, mesures longues, mesures rondes pour les grains, mesures pour les corps liquides, mesures pour le sel, jauges des vaisseaux, poids, changes, etc. »

XVIIIe siècle. Papier. 79 pages. 198 sur 125 millimètres. Rel. veau rac. (Supplément français 3126.)

14300. « Extraits des lettres écrites par les curés de l'arrondissement des nourrices à Mr de Sartine, conseiller d'État, lieutenant-général de police de la ville de Paris, à l'occasion de son nouvel établissement concernant les nourrices, et observations des directeurs aux réflexions contenues auxdits extraits. »

XVIIIe siècle. Papier. 95 feuillets. 210 sur 168 millimètres. Cartonné. (Supplément français 5876.)

14301. « Collection de tous les grades de la Maçonnerie. »

XIXe siècle. Papier. 128 feuillets. 182 sur 110 millimètres. Rel. bas. rouge. (Supplément français 2505.)

14302. Recueil des différents grades de la Franc-Maçonnerie.

XVIIIe siècle. Papier. 312 pages. 235 sur 185 millimètres. Rel. maroquin rouge. (Provient de « del Castillo, comte de Fuentes. » — Supplément français 2254.)

14303. « De l'usage des feux et des illuminations dans les festes sacrées et prophanes. »

XVIIIe siècle. Papier. 99 feuillets. 220 sur 160 millimètres. Cartonné. (Supplément français 4483.)

14304. « Lettre théologique contre les Loteries. »

XVIIIe siècle. Papier. 38 feuillets. 230 sur 185 millimètres. Cartonné. (Supplément français 4297.)

14305. « Abrégé du service des Postes, contenant les jours du départ et arrivée de chaque courrier à Paris... »

Avec le tarif des ports de lettres des différentes villes de France et de l'étranger.

XVIIIe siècle. Papier. 49 feuillets. 185 sur 120 millimètres. Rel. maroquin rouge, aux armes de Thiroux d'Arconville. (Supplément français 5067.)

14306. « Tarif général des postes, ou tableaux de la taxe respective des 83 départemens du royaume, en exécution du décret de l'Assemblée nationale, du 17 août 1791. »

XVIIIe siècle. Papier. 44 feuillets. 165 sur 90 millimètres. Rel. maroquin rouge. (Supplément français 1317.)

14307. « Mémoire concernant le commerce de la librairie en général et la police littéraire, par M. Denis Diderot. — Juin 1767. »

XVIIIe siècle. Papier. 72 feuillets. 250 sur 180 millimètres. Cartonné. (Supplément français 5603.)

14308. « Receüil des modèles de commissions et brevets qui s'expédient au Bureau des hôpitaux. »

XVIIIe siècle. Papier. 25 pages. 202 sur 160 millimètres. Rel. veau rac. (Supplément français 4957.)

14309. Procès-verbaux d'évaluation du duché d'Albret et du comté d'Armagnac. (1654-1676.)

XVIIIe siècle. Papier. 119 pages. 245 sur 190 millimètres. Rel. veau rac. aux armes de La Tour-Bouillon. (Supplément français 3948.)

14310-14329. Mémoires concernant les Généralités du royaume, dressés par les Intendants pour le duc de Bourgogne. (1697-1699.)

I (14310). Tours, Maine, Anjou. — 133, 150 et 130 feuillets.
II (14311). Artois. — 105 feuillets.
III (14312). Bordeaux, La Rochelle, Béarn et Basse-Navarre. — 146, 120 et 43 feuillets.
IV (14313). Bourgogne, tome I. — 694 pages.
V-VI (14314-14315). Champagne. — 299 et 259 feuillets.
VII-VIII (14316-14317). Dauphiné. — 210 feuillets et 481 pages.
IX (14318). Flandre gallicane et flamingante. — 181 et 170 ff.
X-XI (14319-14320). Franche-Comté. — 95 et 117 feuillets.
XII-XIII (14321-14322). Languedoc. — xvii-661 pages in-8° et cartes. (Provient de Lamoignon.)
XIV (14323). Lorraine, Hainaut. — 130 et 114 feuillets.
XV (14324). Trois-Évêchés : Metz, Toul et Verdun. — 64 ff.
XVI (14325). Lyon. — 259 feuillets.
XVII-XVIII (14326-14327). Montauban. — 273 pages et 190 ff.
XIX (14328). Picardie. — 330 feuillets.
XX (14329). Artois, Soissons. — 317 feuillets.

XVIIIe siècle. Papier. 22 volumes. 240 sur 180 millimètres. Rel. veau rac. (Supplément français 2100, 3946, 2129, 2141, 2160, 4973, 2052, 2051, 2130, 357, 3949, 254¹⁶, 2155, 5277, 2166, 3947, 2161, 2162 et 2111.)

14330-14334. « État de la France, » ou « Mémoires abrégés des Généralités du Royaume, » par le comte DE BOULAINVILLIERS.

I (14330). « Histoire du gouvernement de la France, » tome I. — 444 pages.
II (14331). Généralité de Tours. — 159 feuillets.

III (14332). Trois-Évêchés : Metz, Toul et Verdun. — 81 feuillets.
IV (14333). Province d'Alsace. — 120 feuillets.
V (14334). Généralité de Bourges. — 53 feuillets.

XVIII° siècle. Papier. 5 volumes. 250 sur 195 millimètres. Demi-rel. (Supplément français 5215, 1-2 et 3945, 1-3.)

14335. « Description du royaume de France et recueil de diverses lettres-patentes, déclarations du Roy, commissions, provisions d'offices de finances et de la maison du Roy, et plusieurs autres actes curieux de diverses matières, par Henry (ou Oudart) Cocquebert, sieur d'Adon. »

Il y a une table générale alphabétique à la fin du volume.

XVII° siècle. Papier. 210 feuillets. 220 sur 155 millimètres. Rel. veau gr. (Supplément français 3389.)

14336. « Mémorial de l'administration du royaume de France. »

Exemplaire de dédicace au Dauphin.

XVIII° siècle. Papier. 228 pages. 220 sur 175 millimètres. Rel. maroquin rouge, aux armes du Dauphin. (Supplément français 2170.)

14337. « Idée des richesses de l'Empire français et de ses ressources, » par Accard. (An 12 = 1804.)

XIX° siècle. Papier. 6 feuillets. 235 sur 175 millimètres. Rel. maroquin vert. (Supplément français 3955.)

14338. Notices biographiques sur les princes et principaux personnages du règne de Louis XIV et du début du règne de Louis XV.

XVIII° siècle. Papier. 187 feuillets. 240 sur 160 millimètres. Rel. bas. rac. (Provient de l'École royale militaire. — Supplément français 3067.)

14339. « Les vies des Jurisconsultes anciens et modernes, tirées des meilleurs auteurs qui en ont écrit, » par Taisand, trésorier de France en Bourgogne. (1702.)

XVIII° siècle. Papier. xx-560 pages. 225 sur 160 millimètres. Rel. maroquin rouge. (Supplément français 1755.)

14340. « Histoire de Jean de Calais, sur de nouveaux mémoires. »

Roman.

XVIIIe siècle. Papier. 28 feuillets. 245 sur 190 millimètres. Cartonné. (Supplément français 3346.)

14341. « Abrégé de la vie de Juste de Clermont d'Amboise, chevalier de Reynel. »

XVIIIe siècle. Papier. 28 feuillets. 235 sur 175 millimètres. Cartonné. (Don de l'abbé d'Olivet. — Supplément français 3292.)

14342. « La vie de Mademoiselle de Lamoignon, écrite par le R. P.***, de la Compagnie de Jésus. »

XVIIIe siècle. Papier. 162 pages. 160 sur 200 millimètres. Rel. veau gr. (Supplément français 3868.)

14343. « Discours sur la reine de France et de Navarre, Marguerite, fille unique maintenant restée de la noble maison de France; » par BRANTÔME.

XVIIe siècle. Papier. 189 feuillets. 215 sur 155 millimètres. Rel. veau rac. (Supplément français 1652.)

14344. « Histoire du cardinal Mazarin. »

Pamphlet.

XVIIe siècle. Papier. 7 feuillets. 235 sur 180 millimètres. Cartonné. (Supplément français 4161.)

14345. « Mémoires pour servir à l'histoire du duc de Montausier, » par le R. P. Nicolas LE PETIT. (1726.)

Ms. autographe.

XVIIIe siècle. Papier. 301 pages. 230 sur 175 millimètres. D. rel. (Provient des Jésuites du Collège de Clermont, à Paris, n° 816. — Supplément français 755.)

14346. « Éphémérides, ouvrage inédit d'Alexis MONTEIL, publiées par la Société... de l'Aveyron, » ou « Mémoires posthumes et inédits d'Alexis Monteil. » (Rodez, s. d., in-8°.)

Publiées par A. Herbert, professeur au lycée de Rodez; avec portrait lithographié de Monteil et additions mss. autographes.

Fol. 176. Procès-verbaux des séances de la Société des lettres, sciences et arts de l'Aveyron. (1856 et 1857.) *Imprimés*.

XIX° siècle. Papier. 252 feuillets. 220 sur 140 millimètres. Rel. veau fauve. (Supplément français 5442.)

14347. « La vie de feu madame la presidante de Nesmond, par madame DE MIRAMION, et donné par elle aux religieuses du monastère de la Conception Notre-Dame. »

XVII° siècle. Papier. 108 pages. 160 sur 110 millimètres. Rel. veau gr. (Supplément français 3921.)

14348. Journal des principalles affaires de ma famille, » par Eusèbe RENAUDOT. (1646-1680.)

Ms. autographe. — Publié dans les *Mémoires de la Société de l'histoire de Paris* (1878), t. IV, p. 239-269.

XVII° siècle. Papier. 145 sur 95 millimètres. D. rel. (Supplément français 5564.)

14349. « Les Trophées et les disgrâces des princes de la maison de Vendôme, par Henri BONAIR, historiographe de France. — 1 vol. in-12. (Supplément français 1509.) » — *En déficit*.

14350. « Les Trophées et les disgrâces des princes de la maison de Vandosme; aux sérénissimes reynes Marie-Jeanne de Savoye, reyne de Savoye et de Chypre, et Marie-Françoise Élisabeth de Savoye, reyne de Portugal et d'Algarve. 1669. »

La dédicace est signée par Henri STUART, sieur DE BONAIR, et datée de Paris, le 25 juillet 1675. — Ms. autographe.

XVII° siècle. Papier. 301 pages. 165 sur 100 millimètres. Rel. veau brun, aux armes du comte de Toulouse. (Provient de la bibliothèque de Rambouillet. — Supplément français 2428.)

14351. « Les Trophées et les disgraces des princes de Vandosme,... 1669, » par [Henri] STUART, [sieur DE] BONAIR.

Fol. 20. « Impromptu : Si le chevalier de Vandosme a deu pretendre la droite à la cour de Savoye. — Quel rang doivent tenir les cardinaux, et en quoy consiste la principauté. 1669. » (1671.) Ms. autographe.

XVIIe siècle. Papier. 38 feuillets. 240 sur 180 millimètres. D. rel. (Supplément français 3290.)

14352. « Notes sur la Noblesse. »

XVIIIe siècle. Papier. 15 feuillets. 228 sur 175 millimètres. Cartonné. (Supplément français 3815.)

14353. « Les Honneurs de la Cour. »

Copie d'un manuscrit de Chifflet.

XVIIe siècle. Papier. 87 pages. 195 sur 140 millimètres. Rel. maroquin brun. (Provient de « M. Gibert, de l'Académie des Belles-Lettres, » et « Ægidii Biard Ebroi[censis]. » — Supplément français 401.)

14354. « Recueil de quantité d'annoblissements, confirmations, rehabilitations, sentences de noblesse, de plusieurs extractions et illustrations de maisons et familles establies dans le pays d'Artois, Flandres et ailleurs, avec autres pièces touchant l'art héraldique, by Knithg of... (*sic*). Copie fidèlement tirée de l'original manuscrit et enrichie de quantité d'armes par C : m : h : j : de Coupigny, en l'an 1752. »

Une note au crayon, au bas du titre, mentionne que ce ms. a été « trouvé chez Robespierre » et « apporté à la Bibliothèque Nationale en prairial de l'an 3. » — Blasons peints.

XVIIIe siècle. Papier. 892 pages. 230 sur 175 millimètres. Rel. veau rac. (Supplément français 697.)

14355. « Greffe de la Cour royale de Paris, anciennement Cour d'appel. — Enregistrement à cette Cour des lettres-patentes de dotations, titres et majorats. — Table alphabétique. » (1808-1823.)

XIX® siècle. Papier. 217 feuillets. 232 sur 180 millimètres. D. rel. (Supplément français 5343.)

14356. Armorial de France.

Divisé par provinces, et dans chaque province par bannerets et bacheliers.

XV® siècle. Parchemin. 130 pages. 155 sur 105 millimètres. Rel. maroquin rouge. (Supplément français 254, 24.)

14357. Traité de blason.

Nombreux blasons peints. — Au fol. 1 sont peintes la figure du roi Charles VIII, et au verso ses armes et celles du pape Innocent VIII.

Fol. 30. Traité de la nature des animaux figurés dans le blason.

XV® siècle. Parchemin. 39 feuillets. 210 sur 135 millimètres. Rel. maroquin rouge. (Supplément français 782.)

14358. « Devises pour Monseigneur Colbert, » par « le president DE SILVECANE. »

Emblèmes peints, avec un quatrain au bas.

XVII® siècle. Parchemin. 28 feuillets. 250 sur 180 millimètres. Rel. veau brun. (Supplément français 1102.)

14359. « Genealogie et armes de Guilaume de Flandre, et Alix de Clermont. »

Blasons peints sur chaque feuillet.

XVI® siècle. Parchemin. 36 feuillets. 205 sur 150 millimètres. Rel. veau gaufré. (Supplément français 767.)

14360. « Les sainctes vefves parentes de Son Altesse Royale Madame, duchesse d'Orléans. »

XVII® siècle. Papier. 67 feuillets. 245 sur 180 millimètres. Rel. veau, semée de fleurs de lis et de croix de Lorraine. (Provient du Séminaire de Saint-Sulpice. — Supplément français 3203.)

14361. Statuts de l'ordre de Saint-Michel.

Miniature au fol. 7 v°; cf. ms. français 14365.

XVIe siècle. Parchemin. 36 feuillets. 250 sur 175 millimètres. Rel. maroquin bleu. (Provient de Guyon de Sardière. — Supplément français 526.)

14362. Statuts de l'ordre de Saint-Michel.

XVe siècle. Parchemin. 43 feuillets. 225 sur 145 millimètres. Rel. veau fauve. (Supplément français 645.)

14363. Statuts de l'ordre de Saint-Michel.

En tête du volume (fol. 3-5), pièce de vers adressée à Louis XI à l'occasion de la fondation de l'ordre de Saint-Michel. — Au fol. 3, miniature, représentant St Michel apparaissant à Louis XI ; autre miniature figurant St Michel combattant un dragon, au fol. 6.

XVe siècle. Parchemin. 17 feuillets. 180 sur 150 millimètres. Rel. velours bleu, avec images de Saint-Michel et coquilles. (Provient du Collège des Jésuites de Clermont, à Paris. — Supplément français 656.)

14364. Statuts de l'ordre de Saint-Michel.

XVe siècle. Papier. 40 feuillets. 235 sur 165 millimètres. Rel. peau rouge. (Supplément français 4060.)

14365. Statuts de l'ordre de Saint-Michel.

Miniature au fol. 8 ; cf. ms. français 14361, fol. 7 v°.

XVIe siècle. Parchemin. 51 feuillets. 250 sur 165 millimètres. Rel. parchemin. (Provient des d'Estrées, puis de l'Oratoire. — Supplément français 525.)

14366. Armorial des chevaliers de l'ordre du Saint-Esprit, créés dans les dix premiers chapitres. (1578-1590.)

Blasons peints.

XVIIIe siècle. Papier. 140 feuillets. 235 sur 170 millimètres. Rel. veau rac. (Supplément français 715.)

14367. « Explication historique des épitaphes de Louis de

France, duc d'Orléans; de Valentine de Milan, sa femme; de Charles et de Philippe d'Orléans, leurs enfans. »

XVIIIe siècle. Papier. 32 feuillets. 230 sur 170 millimètres. Cartonné. (Supplément français 3079.)

14368. Protocolle, ou Formulaire de la chancellerie royale sous le règne de François Ier.

XVIe siècle. Papier. 10 et cciii feuillets. 255 sur 185 millimètres. Rel. veau gr. (Supplément français 4059.)

14369. Protocolle, ou Formulaire de la secrétairerie d'État sous le règne de Louis XIV.

XVIIe siècle. Papier. xii et 462 feuillets. 225 sur 170 millimètres. Rel. veau rac. (Provient de la « Bibliothèque du Tribunat. ». — Supplément français 4497.)

14370. Protocolle de la chancellerie royale sous le règne de Charles VII.

Incomplet.

XVe siècle. Parchemin. 7 et lxvi feuillets. 190 sur 135 millimètres. D. rel. (Provient de l'abbé de Targny. — Supplément français 383.)

14371. Protocolle de la chancellerie royale sous le règne de Charles VII.

Formules d'actes rangées sous ces dix-neuf rubriques : « Graces, Debitis, Sauvegardes, Respitz, Hommaiges et souffrances, Adjournemens, Offices, dons, confirmacions, reabilitacions, resignacions, nominacions et restrinctions d'officiers, Retenues, Passaiges et saufconduictz, Collacions et dons de benefices, Congiez et aides, et les commissions qui y sont necessaires, Lettres diffuses, Defense[s], Commissions, Lettres de finances, Pouvoirs, Chartres, ordonnances, confirmacions, remissions, appanages, emancipacions, amortissemens, anoblissemens et legitimacions, et autres lettres en laz de soye, Lettres closes, Mariages, traitiez et alliances, confederacions, et les lettres qui y convienent. »

Fol. 316. « La maniere de benistre l'Oriflambe en l'eglise mgr. St Denis. » — Fol. 318. « Ordo ad inungendum et coronandum Regem. » (Texte latin.) — Fol. 323 v°. « Ordo ad reginam benedicendam. »

Fol. 328. Formulaire de lettres royaux et taxes des notaires (en latin). — Fol. 335 v°. « Notes et enseignemens touchant les offices des notaires et secretaires du Roy... » — Fol. 337. Récit des obsèques du roi Charles VI (1422). — Fol. 340. « Prothocole de lettres closes. »

Fol. 346. Lettres des rois Jean II (1350), Charles V (1365) et Louis XI (1465), confirmant les privilèges des notaires et secrétaires du Roi.

Fol. 353. « Estat et nombre des officiers qui doivent estre à la cour du Roy et en toute maison de prince du sanc royal. »

Fol. 356. « Serement du Roy à son sacre. »

Fol. 356 v°. « Etates mundi. » — Vers sur le caractère des différents peuples : « Anglicus angelus est... » — Fol. 357. Qualifications de diverses villes : « Boloigne la grasse... — Andegavis vino... » — Note sur les années bissextiles.

Aux fol. *a-p*, qui précèdent ce Protocole, on remarque : Fol. *e* v°. « Privilegia regum et regni Francie. » — Fol. *f*. « Duces... et quo ordine Pares veniant. » — « Les Traitiés fais entre les rois de France et d'Angleterre. » — Fol. *g*. Liste des différents ordres religieux. — Fol. *g* v°. Liste des livres de la Bible, en vers. — Fol. *i*. « Les noms en latin et en françoys des arceveschez estans ou royaume de France... et les eveschez... » — Fol. *m* v°. « Extractum de registris Camere compotorum Parisius, de regaliis ecclesiarum regni Francie. » — Fol. *o*. « Capitula que tenentur petere a Rege licenciam eligendi episcopum. » — Fol. 285-290. Tableau généalogique des rois de France, depuis Pharamond jusqu'à Charles VII, et liste des « Douze pers de France, — ducz » et « contes tenans du Roy. »

Fol. *a* v°. Ex libris de « Jehan Bellehure, de Chervey » (Aube), — de « Thiesser » et « Prevostat. »

XV° siècle. Parchemin. Feuillets *a-p* et 360 feuillets. 168 sur 182 millimètres. Rel. velours noir. (Supplément français 798.)

14372. « Mémoire relatif à la grande carte d'Alsace comprise entre le Rhin, la Motter, la Brusche et les montagnes, que le s⁰ Naudin a fait par ordre de Mgr. de Chamillart. »

XVIII⁰ siècle. Papier. 192 pages. 248 sur 185 millimètres. Rel. maroquin rouge, aux armes de Chamillart. (Supplément français 2131.)

14373. « Mémoire concernant l'establissement d'une Chambre souveraine en Alsace. »

XVII⁰ siècle. Papier. 406 pages. 250 sur 170 millimètres. Couvert. parchemin. (Supplément français 3049.)

14374. « Observations meterologiques (*sic*), faites par Projecte-Josephe EHRHART, docteur en médecine pour 1776, 1777, 1778, à Strasbourg. »

XVIII⁰ siècle. Papier. 186 pages. 198 sur 165 millimètres. Cartonné. (Supplément français 4765.)

14375. « Visions de Jean TENNHARDT, de Nurenberg, et extraits de divers mystiques allemands.

Tome III, seul. — On a joint, en tête du volume, une lettre de Jean Tennhardt à Armand-Gaston de Rohan, évêque de Strasbourg (1710.)

XVIII⁰ siècle. Papier. 103 feuillets. 175 sur 105 millimètres. Rel. veau fauve, aux armes de Rohan. (Supplément français 3885.)

14376. « Statuts faits pour les anciens religieux de la Chaize-Dieu, par ordre du cardinal de La Rochefoucaud. » (1624.)

Copie de Hugues Béral.

XVII⁰ siècle. Papier. 49 pages. 240 sur 170 millimètres. Cartonné. (Supplément français 4357.)

14377. Registre de la cour de la châtellenie et de la taille de Saint-Ilpize (Haute-Loire). (1326-1328.)

Additions postérieures de 1339 à 1379.

XIV⁰ siècle. Papier. 240 pages. 200 sur 150 millimètres. D. rel. (Supplément français 3560.)

14378. « Chronologie générale du chapitre noble de St-Julien de Brioude (novembre 1788), » par MM. Dantil et de Chavanat.

Ms. original. — On y a joint le texte imprimé de la dédicace et de la préface, 5 ff. in-8° (1805).

XVIIIe siècle. Papier. 98 pages. 230 sur 180 millimètres. Rel. bas. rac. (Supplément français 5050.)

14379. « Copie des priviléges, franchises, immunités des habitans de Lescun, qui leur sont communs avec la vallée d'Aspe. »

Fol. 28. « Seguense lous priviledges, franquesses, et libertats donnats et autreiats aux vesins, manans et habitans de la montaigne et val d'Aspe per lous seignours de Bearn, et primo per mossen Archambaut, en l'an mille tres cens navante-oeit. » (Pau, 1694, in-4°.) *Impr.*

XVIIe-XVIIIe siècle. Papier. 106 feuillets. 215 sur 160 millimètres. Couvert. parchemin. (Supplément français 1361.)

14380. Journal tenu par Jean Glaumeau, prêtre, né en 1517, à Nouhan le Ferron en Touraine, des événements survenus à Bourges pendant les années 1541-1562.

Publié par le président Hiver (Paris, 1868, in-8°).

XVIe siècle. Papier. 80 feuillets oblongs. 130 sur 185 millimètres. Cartonné. (Supplément français 5410.)

14381. « Constitutions de l'abbaye royal[e] de St-Laurent de Bourges. »

XVIIe-XVIIIe siècle. Papier. 265 feuillets. 190 sur 150 millimètres. Rel. parchemin vert. (Provient du Collège des Jésuites de Clermont, à Paris. — Supplément français 657.)

14382. « Mémoires du convent des Frères Prêcheurs de la ville de Bourges, par le P. Antoine Gevry, docteur en théologie, religieux du même convent. — A Bourges, 1715. »

Ms. autographe.

XVIIIᵉ siècle. Papier. 285 pages. 235 sur 190 millimètres. Couvert. parchemin. (Supplément français 1322.)

14383. « *Nommées* [ou aveux] de la seigneurie de La Grange, en Berry, près Sancerre. »

XIVᵉ siècle. Parchemin. LXI feuillets. 235 sur 160 millimètres. Rel. veau gaufré. (Provient de l'abbé de Targny. — Supplément français 412.)

14384. « Description generale du pays et duché de Bourbonois, faite en l'année 1566, par Nicolas NICOLAY,... géographe ordinaire du Roy... »

Publié par M. V. Advielle (Paris, 1864, in-8°).

XVIIIᵉ siècle. Papier. 28 feuillets. 230 sur 170 millimètres. Cartonné. (Supplément français 1841.)

14385. « Essai sur l'histoire générale et particulière de Bourgogne, » par MILLE.

Livre premier, seul.

XVIIIᵉ siècle. Papier. 44 feuillets. 190 sur 130 millimètres. D. rel. (Provient de A.-A. Monteil. — Supplément français 3060.)

14386. « Fiction faicte en la personne du duc Charles [de Bourgogne] parlant à ly mesmes soubz fiction de son propre entendement, autre personnaige de ly, lequel l'instruit de son affaire, » sur la mort de Philippe le Bon.

Nombreuses miniatures.

XVᵉ siècle. Parchemin. 49 feuillets. 250 sur 180 millimètres. Rel. veau gaufré. (Supplément français 3160.)

14387. « Recueil des délibérations secrettes du parlement de Bourgogne, par Mʳ BOUHIER, président. — 1748. »

XVIIIᵉ siècle. Papier. 475 pages. 185 sur 130 millimètres. Rel. veau rac. (Supplément français 5881.)

14388. « Abregé de la vie de la bienheureuse Marguerite

du Saint-Sacrement, » religieuse carmélite à Beaune. (1619-1648.)

Abrégé de la Vie attribuée au P. Amelotte.

XVII° siècle. Papier. 395 pages. 225 sur 170 millimètres. Cartonné. (Supplément français 2156.)

14389-14390. « Mémoires sur l'histoire ecclésiastique d'Auxerre, depuis 1754 [jusqu']à 1801, sous les épiscopats de MM. de Condorcet et Champion de Cicé. »

XVIII° siècle. Papier. 1333 et 1168 pages. 255 sur 185 millimètres. Rel parchemin. (Supplément français 632.)

14391. « Mémoire sur les droits du second ordre, » ou « Mémoire pour les doyen, chanoines et chapitre de l'église cathédrale d'Auxerre, contre le s* Monteix, qui avoit dans une requête avili les chapitres. — 1789. »

Imprimé in-4°, avec quelques notes mss.

XVIII° siècle. Papier. 240 pages. 240 sur 195 millimètres. D. rel. (Supplément français 631.)

14392. Extraits relatifs aux antiquités de la ville d'Autun, tirés des ouvrages de Perrin, Pierre de S*-Julien, Guillaume Paradin, etc.

XVII° siècle. Papier. 251 feuillets. 160 sur 120 millimètres. Rel. veau rac. (Don du marquis de Quincy. — Supplément français 836.)

14393. « Histoire de la maison magistrale, conventuelle et hospitalière du Saint-Esprit, fondée à Dijon l'an 1204, » par D.-F. Calmelet († 1777).

Vues, portraits, dessins d'antiquités, etc.

XVIII° siècle. Papier. 412 pages. 253 sur 195 millimètres. Rel. veau fauve. (Provient de A.-A. Monteil. — Supplément français 1900.)

14394. « Mémoires pour l'histoire de la ville et comté de Joigny, par le s* Davier, avocat. — 1723. »

XVIII° siècle. Papier. 269 pages. 230 sur 170 millimètres. Cartonné. (Supplément français 3075.)

14395. « Catalogue des terres de Bretagne erigées en dignité et de celles qui leur sont unies, qui se trouvent à la fin de la 4ᵉ partie des priviléges, franchises et libertés de la province de Bretagne, impr. in-fol. Nantes, 1722. »

XVIIIᵉ siècle. Papier. 68 feuillets. 155 sur 100 millimètres. Cartonné. (Supplément français 5119.)

14396. Coutume de Bretagne.

I. Calendrier, office, litanies, prières, etc.

II. Début de la Coutume : « Qui vouldroit entendre à vivre honestement... » (333 articles.)

Fol. 184. « Corrections, moderacions et addicions faictes sur les Coustumes de Bretaigne ou Parlement general à Vennes, en l'an mil IIIIᶜ et vingt. — Le jugement de la mer » (1296).

III. Fol. 1. Répertoire alphabétique de la Coutume de Bretagne.

Fol. 59. Recueil de pièces diverses de droit breton, du XIIᵉ au XVᵉ siècle, débutant par « les Assises de Bretaigne selon l'ordrenance du conte Geffroy... »

XVᵉ siècle. Parchemin. 42, 191 et 111 feuillets. 162 sur 125 millimètres. D. rel. (Supplément français 399.)

14397. Coutume de Bretagne.

Précédée d'Évangiles. Même texte de la Coutume (332 articles, moins le dernier article) que dans le précédent ms., suivie de « l'Assise du comte Geffroy » (fol. 205), — des « Constitutions faictes en genneral Parlement de Bretaigne, tenu à Vennes » le 8 oct. 1420 (fol. 206), — et des « Corrections et moderacions... des Coustumes de Bretagne, faictes au Parlement qui fut à Rennes, » le 15 sept. 1405, « sur le faict de la justice des avocatz et des playdeeurs... » (fol. 215).

XVᵉ siècle. Parchemin. 222 feuillets. 138 sur 92 millimètres. Rel. maroquin vert. (Supplément français 1516.)

14398. Coutume de Bretagne.

Même texte que dans le ms. 14396 (333 articles), suivi de divers textes de droit breton, du XIIᵉ au XVᵉ siècle, débutant par « l'Assise au conte Gieffroy. » — A la fin (fol. 155) mentions de la copie de cette Coutume par « Y. Le Borngne, ou moys de septembre l'an mil CCCC cinquante quatre; » et de l'achat qu'en fit, le 11 mars 1468 [1469], Gacien Robin de « Madoz Dilland, bideau et biblioteque de la universecité de Nantes. » — Cachet de « de Launoy. »

XV⁰ siècle. Papier, encarté de parchemin. 155 feuillets. 258 sur 195 millimètres. Rel. veau rac. (Supplément français 254, 8.)

14399. Inventaire des chartes et réformation de la noblesse de Bretagne.

I. « Inventaire general des titres et chartes de Bretagne trouvées en la chambre du Trésor du Roi... en la tour neuve du château de Nantes, fait par René du Bourgneuf; » suivi d'une table alphabétique.

II. « Extrait du Livre doré, étant aux archives de la ville de Nantes, contenant les noms des maires, » de 1564 à 1747.

Page 19. Liste des membres de la Chambre des comptes de Bretagne.

Page 37. Extraits de la Réformation de la noblesse de Bretagne, etc., avec une table alphabétique des noms cités.

XVIII⁰ siècle. Papier. 253 et 108 pages. 240 sur 185 millimètres. D. rel. (Supplément français 4768.)

14400. « Règlement pour les États de Bretagne. »

Pièces mss. et imprimées. (1767-1768.)

XVIII⁰ siècle. Papier. 79 et 74 pages. 242 sur 195 millimètres. Rel. parchemin. (Supplément français 5217.)

14401-14404. Procès-verbaux des États de Bretagne. (1776-1785.)

I (14401). Années 1776-1777. — 144 feuillets.
II (14402).   —   1778-1779. — 99   —
III (14403). —   1780-1781. — 85   —
IV (14404).   —   1784-1785. — 98   —

XVIII⁰ siècle. Papier. 4 volumes. 240 sur 170 millimètres. D. rel. (Supplément français 5214, 1-4.)

14405. « Extrait en abregié des vieulx memouriaulx de l'abboie de Saint-Aubin des Bœs en Bretaigne por la moison de Matigneon, qui a fondé la dicte abboie, sievant un vieux chartrier qui fut autrefez en celle abboie. »

En vers. — Publié par Fr. Michel (Paris, 1853, in-12).

XVIIIe siècle. Parchemin. 26 feuillets. 175 sur 120 millimètres. Rel. bois. (Provient du comte de Matignon. — Supplément français 1525.)

14406. « Livre des professions des religieuses du monastère de St-Dominique de l'ordre des Frères Prescheurs, à Rennes, l'an 1642, » jusqu'en 1736.

XVIIe-XVIIIe siècles. Papier. 506 pages. 215 sur 150 millimètres. Rel. bas. rac. (Supplément français 1368.)

14407. Pouillé de l'archevêché de Reims.

Fol. 147. « Ordre des présentateurs aux bénéfices qui se trouvent dans le diocèze de Reims. » — Fol. 177. « Modèles de requêtes, plaintes, conclusions et autres actes qui regardent l'officialité. » — Fol. 218. Procès entre M° J.-L. Bachelier, curé de Rodelinghen, résignataire d'un canonicat de l'église cathédrale de Boulogne et l'évêque de Boulogne (1703).

XVIIIe siècle. Papier. 228 feuillets. 228 sur 160 millimètres. Rel. veau rac. (Supplément français 644.)

14408. Lettre sur le sacerdoce, et vie de F. Vialart, évêque de Châlons.

I. « Lettre sur le sacerdoce », adressée de Paris, le 24 janvier 1705, à M. Baudouin, chanoine de Reims.

II. « Lettre sur la vie et la mort de messire Félix de Vialart, évêque et comte de Chaalons, pair de France. »

XVIIIe siècle. Papier. 255 et 133 pages. 205 sur 158 millimètres. Rel. veau gr. (Supplément français 3934.)

14409. « Constitutions pour les religieuses du Tiers-Ordre de [St-François] de la ville de Chateauvillain, sous la conduite des Récollets. ».

« Écrit par Frère Charlemagne Cuvier, Récollet et confesseur dudit monastère, en 1743. »

XVIIIe siècle. Papier. 144 pages. 200 sur 145 millimètres. D. rel. (Provient des Récollets de Corbeil. — Supplément français 2256.)

14410. Nécrologe de l'abbaye du Paraclet, suivi de l'ordre des offices observé dans le même monastère.

Cf. A. Molinier, *Obituaires français*, n° 450.

XIIIe siècle. Parchemin. 125 feuillets. 190 sur 135 millimètres. Rel. peau blanche. (Supplément français 254, 26.)

14411. « Recueil portatif d'observations et d'instructions sur l'origine des droits utiles et honorifiques de la commanderie de Choisy le Temple, l'une des chambres prieurales du grand prieuré de France, tirées de l'inventaire des titres de lad. commanderie, fait en 1741.. » (1742.)

XVIIIe siècle. Papier. 109 feuillets. 230 sur 178 millimètres. Rel. veau rac., aux armes du chevalier d'Orléans, grand prieur de France. (Supplément français 2584.)

14412. « Cens deubz à noble femme Marie Potier, vefve de feu noble homme Jehan Trotet, en son vivant sieur du Blanc Mesnil, à cause du fief qui fut Me Jehan Fourcy et Jehan de la Tournelle, assis à Compans... »

XVe siècle. Papier. 17 feuillets. 215 sur 145 millimètres. Cartonné. (Provient de A.-A. Monteil. — Supplément français 2475.)

14413. « Dictionnaire alphabétique des mots vulgaires de Dauphiné, » par Nicolas CHARBOT. (1717.)

XVIIIe siècle. Papier. 468 feuillets. 230 sur 152 millimètres. D. rel. (Supplément français 1109.)

14414. « Histoire de l'abbaïe de St-Aubert, chanoines

réguliers de St-Augustin, à Cambray, fondée vers l'an 1060... »

XVIIIe siècle. Papier. 21 pages. 165 sur 95 millimètres. D. rel. (Supplément français 5073.)

14415. « Histoire de l'abbaye de Vaucelles, religieux de l'ordre de Cîteaux, fondée en 1132, située à deux lieues de Cambray. »

XVIIIe siècle Papier. 40 pages. 165 sur 100 millimètres. D. rel. (Supplément français 5074.)

14416. Petite Chronique de Flandre, en vers (1244-1409), intitulée : « Les Aventures depuis II^c ans. »

Début : « Pour ce qu'il m'est avis... »

XVe siècle. Papier. 10 feuillets. 210 sur 140 millimètres. Rel. bas. rouge. (Supplément français 5195.)

14417. « Mémoires sur l'état général de toutes les provinces de France, tome [...] contenant la province d'Artois. — Année 1710. »

XVIIIe siècle. Papier. vi et 269 pages. 238 sur 182 millimètres. Rel. maroquin noir. (Supplément français 1459.)

14418-14420. « Actes capitulaires du couvent des Pères Minimes de Mons en Hainault de l'ordre de St-François de Paule. » (1620-1730.)

    I (14418). Années 1620-1683. — 149 feuillets.
    II (14419).   —   1683-1710. — 79   —
    III (14420).   —   1711-1730. — 70   —

XVIIe-XVIIIe siècles. Papier. 3 volumes. 170 sur 150 millimètres. Rel. parchemin. (Supplément français 5174, 1-3.)

14421. Remontrances au roi sur l'exil du Parlement de Besançon.

XVIIIe siècle. Papier. 21 feuillets. 190 sur 150 millimètres. Cartonné. (Supplément français 3454.)

14422. Histoire de Besançon, jusqu'en 1613, par un chanoine de cette ville.

XVIIe siècle. Papier. 98 feuillets. 215 sur 140 millimètres. Rel. veau rac. (Supplément français 1895.)

14423. « Recueil de ce qui s'est passé durant le voyage que le Roy a faict en Guyenne, ensemble des cérémonies faictes tant à cause de son mariage que de celuy de madame sa sœur, princesse d'Espaigne, cellebrez en la ville de Bourdeaulx, et de l'entrée solemnelle que Sa Majesté a faicte en icelle, par le herauld d'armes de Normandie, à Paris, en l'année 1616. »

XVIIe siècle. Papier. 18 feuillets. 210 sur 168 millimètres. Couvert. parchemin. (Provient de l'abbé de Targny. — Supplément français 1120.)

14424. « La Dessente de la très auguste lignée de Lebret, » par « François Le Maire, docteur en la sacrée théologie de Paris et superior... Fratrum Minorum de Chastel-Jaloux. »

Falsification généalogique.

XVIIe siècle. Parchemin. 47 feuillets à 2 col. 248 sur 165 millimètres. Rel. velours rouge. (Provient de la Bibliothèque de la Chancellerie. — Supplément français 3035.)

14425. « Mémoires et généalogie de la maison d'Albret, de Lebret, de Labrit, Lebretensis, de Leporeto. »

XVIIe siècle. Papier. 141 pages. 230 sur 168 millimètres. Rel. veau brun. (Supplément français 4953.)

14426. « Histoire de l'église collégiale de St-Caprais d'Agen, » par Bernard Labenazie.

Ms. autographe.

XVIIIe siècle. Papier. 281 pages. 250 sur 165 millimètres. D. rel. (Don du maréchal de Mouchy. — Supplément français 3785.)

14427. « Mémoires sur la ville de Lectoure. »

Notes mss. et impr. sur les antiquités et les inscriptions latines de Lectoure.

XVIIIe siècle. Papier. 103 feuillets. 380 sur 200 millimètres. D. rel. (Supplément français 2439.)

14428. Recueil de conférences ecclésiastiques.

I. Fol. 1. « Conferences tenues au chasteau episcopal de Merqués, diocese de Cahors, au mois d'octobre 1649, par les... evesques de Cahors, d'Alet, de Pamiés, de Sarlat et de Perigueux. »

Fol. 87. « Resolutions des difficultés proposées par Mgr. l'evesque d'Alect, touchant la discipline et la conduitte generalle d'un diocese. »

Fol. 121. « Resolutions arrestées à Paris par Mgrs. les evesques et quelques superieurs de seminaires avec M... 1657. »

Fol. 150. « Ordre journalier pour la basse famille, etc. »

II. Fol. 1. Entretiens pour des retraites ecclésiastiques.

XVIIe siècle. Papier. 204 et 211 feuillets. 235 sur 170 millimètres. Rel. veau rac. (Supplément français 714.)

14429. Journal de M. DE LA MOTHE-BESSOT (1609-1652), principalement sur les troubles de la Fronde en Périgord.

Ms. autographe.

Fol. 2-4. Fragment d'une histoire des empereurs d'Allemagne, de Venceslas à Matthias (1378-1612).

Fol. 5-32. Sermons de différents Capucins de Cannes. (1687.)

XVIIe siècle. Papier. 70 feuillets. 260 sur 190 millimètres. D. rel. (Supplément français 5255.)

14430. « Mémoire des anciens comtes du païs de Querci et du comté de Cahors, » par AUSON. (1680.)

XVIIe siècle. Papier. 123 pages. 235 sur 180 millimètres. Rel. veau fauve. (Ex-libris gravé de Caumartin. — Supplément français 510.)

14431. Voyages à Chantilly, Ermenonville, Andrésy,

Choisy-le-Roy, Villeneuve-St-Georges, Versailles et Belloy, en 1780, 1786 et 1791, par Nic.-Ant. Duchesne.

XVIIIe siècle. Papier. 60 feuillets. 215 sur 162 millimètres. D. rel. (Supplément français 4363.)

14432. Dépenses du Roi pour le « département de Paris. — 1756. »

XVIIIe siècle. Papier. 83 pages. 170 sur 110 millimètres. Rel. maroquin olive, aux armes de Voyer d'Argenson. (Provient de la « bibliothèque de Th. de Jonghe. » — Supplément français 5835.)

14433. « Observations sur l'examen du Cérémonial d'Anieres. » (1724.)

XVIIIe siècle. Papier. 14 feuillets. 252 sur 190 millimètres. Cartonné. (Supplément français 3638.)

14434. « Histoire généalogique des comtes de Braine, descendus de Louis le Gros, roy de France, et d'Alix de Savoye, son épouse, » par F. G. B. D. C. D. B. »

Blasons peints.

XVIIIe siècle. Papier. 183 pages. 225 sur 170 millimètres. Cartonné. (Provient du Collège des Jésuites de Clermont, à Paris. — Supplément français 779.)

14435. Règle, constitutions et cérémonial des religieuses de l'ordre de Fontevrauld, à l'usage des monastères de Chelles, Montmartre et Malenoue.

XVIe siècle. Papier. 325 feuillets. 130 sur 90 millimètres. Rel. veau gaufré, avec les noms de « Denise de Lavernade » « et Françoys de Lavernade. » (Supplément français 254, 25.)

14436-14437. « Voyages du Roy au château de Choisy, avec les logements de la cour et les menus de la table de Sa Majesté. — Années 1744, 1745 et 1746, » et 1759.

XVIIIe siècle. Papier. 114 et 40 feuillets. 252 sur 192 millimètres. Rel. veau rac., aux armes du roi. (Supplément français 2036, 5.)

14438. « Remarques sur la vie de sœur Barbe de Compiègne, » par le P. DE CONDREN.

XVIIᵉ siècle. Papier. 205 feuillets. 240 sur 180 millimètres. Rel. veau gr. (Provient des Augustins déchaussés. — Supplément français 1691.)

14439. « Connoissance exacte du marquisat de Courquetaine, ouvrage fait d'après les déclarations des censitaires et l'inventaire des titres, par Mᵉ Vincent MERCIER, avocat en parlement, prevôt juge gruyer civil, criminel et de police dudit marquisat; présenté à Mᵐᵉ la marquise de Vigny, le 1ᵉʳ janvier 1787. »

XVIIIᵉ siècle. Papier. 131 feuillets. 190 sur 118 millimètres. Rel. veau rac., avec fermoirs. (Supplément français 2593.)

14440. « Extrait des cens et rentes appartenant à l'eglise et abbaye de Nostre Dame de Herivaulx. »

XVIᵉ siècle. Papier. cxx feuillets. 190 sur 100 millimètres. Rel. peau blanche. (Anc. Cartulaires, 60.)

14441. « Anecdotes historiques sur Limours, petite ville de l'Isle-de-France, diocèse, généralité et élection de Paris. — 1778. »

Dédié à la comtesse de Brionne et de Limours par Prevost.

XVIIIᵉ siècle. Papier. 57 feuillets. 215 sur 160 millimètres. Rel. maroquin rouge. (Supplément français 4381.)

14442. « Histoire de l'église Nôtre-Dame de Pontoise. » (1703.)

XVIIIᵉ siècle. Papier. 26 feuillets. 240 sur 170 millimètres. Cartonné. (Supplément français 385.)

14443. Coutumes du bailliage de Senlis. (1493 [1494].)

XVIᵉ siècle. Papier. 65 feuillets. 260 sur 195 millimètres. Rel. parchemin. (Supplément français 98, 23.)

14444. « Ce sont les acqués que je Ysabel de Chasteillon, abbesse de Nostre-Dame de Suessons, ai fais depuis que je fu abbesse jusques à la Chandeleur l'an de grace mil CCC quarante et six. »

XIV° siècle. Parchemin. 14 feuillets. 165 sur 115 millimètres. D. rel. (Supplément français 1971.)

14445. « Discours prononcés à S¹-Cloud par le maire de la commune, le citoyen Bauquer. — An 10. » (1801-1802.)

XIX° siècle. Papier. 119 pages. 155 sur 100 millimètres. Cartonné. (Supplément français 4292.)

14446. « Réglemens généraux de la maison de S. Louis établie à S. Cir. »

XVII° siècle. Papier. vi et 314 pages. 245 sur 180 millimètres. Rel. veau rac. (Provient du « Séminaire des Missions Étrangères. » — Supplément français 5044.)

14447. « Cérémonies observées à la prise d'habit de Madame Louise de France chés les Carmélites de S¹-Denis, en 1770. »

A la suite copies et extraits de différentes lettres sur le même sujet.

Fol. 17. « Lettres-patentes du Roi, données à Versailles le 23 janvier 1771. » — Copie de l'imprimé ; suivi de deux arrêts du nouveau Parlement, des 7 et 16 janvier 1771.

XVIII° siècle. Papier. 21 feuillets. 245 sur 185 millimètres. Cartonné. (Provient des Récollets de Saint-Germain-en-Laye. — Supplément français 2121.)

14448. « Antiquité et origine de l'église et prieuré royal de S¹-Germain en Laye. »

Page 237. « Du château de Marly. »

XVIII° siècle. Papier. 256 pages. 190 sur 128 millimètres. Rel. veau rac. (Supplément français 4053.)

14449. « Oraison funèbre de feue madame Dauvet, prononcée par Mʳ Gautier, curé de Sᵗ-Laurent de Beauvais, le 18 novembre 1783, en l'église de l'abbaye de S. Paul, » près Beauvais, dont elle était abbesse.

Fol. 17. « Épitaphe de Mᵐᵉ Dauvet. »

XVIIIᵉ siècle. Papier. 17 feuillets. 240 sur 175 millimètres. Cartonné. (Supplément français 3416.)

14450. « Recueil des antiquitez de l'abbaïe du Val Nostre-Dame, tant des abbés qui l'ont gouvernée que des bienfaiteurs,... qui y sont enterrés... » (Ordre de Feuillants.)

En tête, lettre autographe de M. de Combauld-Fercourt (13 juin 1631).

XVIIᵉ siècle. Papier. 197 feuillets. 215 sur 155 millimètres. D. rel. (Supplément français 2426.)

14451. « Procès-verbal de réformation des eaux et forests du duché de Valois, fait par Mʳ de Lestrée, grand maître des eaux et forests du département d'Orléans. »

XVIIᵉ siècle. Papier. 105 feuillets. 240 sur 180 millimètres. Rel. maroquin rouge, aux armes d'Orléans. (Supplément français 756.)

14452. « Camp de Verberie. — Année 1769. » « Deuxième division aux ordres de M. le comte de Puységur, maréchal de camp. — Revue faite le 26 juillet 1769. »

Cf. plus haut les mss. français 14256-14257.

XVIIIᵉ siècle. Papier. v et 77 feuillets. 235 sur 182 millimètres. Rel. maroquin bleu, aux armes du roi. (Supplément français 4673.)

14453. « Coutumier general pour la Chapelle royale du Château de Versailles. »

Page 29. « Acte d'établissement des missionnaires à la Chapelle de Versailles. »

II. « Règlement pour les séminaristes de Versailles, depuis

Pâques jusqu'à Toussaint, pour les jours ordinaires quand le Roy est à Versailles. »

III. « Règlement pour les enfans de chœur de la Chapelle du Château royal de Versailles. »

XVIII⁰ siècle. Papier. 33 pages, 11 et 8 feuillets. 210 sur 145 millimètres. Cartonné. (Supplément français 2106.)

14454. « Toisé du pavé de Paris. — État général des longueurs, largeurs et superficies de toutes les rues de Paris en la presente année 17[...] (sic), ainsi que de celles des faux-bourgs et de l'étendue de la banlieue; le tout distribué en quatre quartiers. »

XVIII⁰ siècle. Papier. 473 pages. 235 sur 170 millimètres. Rel. veau rac. (Provient de M. de Montigny. — Supplément français 4056.)

14455. « Catalogue des gouverneurs et lieutenans généraux du gouvernement de la ville, prévosté et vicomté de Paris. » (1728.)

Armoiries peintes.

XVIII⁰ siècle. Papier. 122 feuillets. 242 sur 185 millimètres. Rel. maroquin rouge. (Supplément français 2995.)

14456. Recueil de copies de pièces concernant l'histoire de Paris, etc.

On y remarque : Testaments du cardinal de Richelieu (fol. 1) ; — du chancelier de L'Hospital (fol. 20) ; — de René Potier, évêque de Beauvais (fol. 31) ; — « Deceds de Mgr. le chevalier de Guise, advenu aux Baux, le 1ᵉʳ juin 1614 » (fol. 38 v⁰) ; — « Fondation de l'église Nostre-Dame de Paris et choses le plus remarcables en icelle, tirées des Annales, » et notices des différentes églises et monastères de Paris (fol. 52).

XVII⁰ siècle. Papier. 53 feuillets et pages 54-170. 210 sur 165 millimètres. D. rel. (Supplément français 852.)

14457. « Explication ou comanter sur la Coutume de Paris. »

XVIIIe siècle. Papier. 63 feuillets et 512 pages. 190 sur 110 millimètres. Rel. parchemin vert. (Supplément français 3156.)

14458. « Observations sur la Coutusme de Paris. — Titre Ier, des Fiefs; par Louis-Adrien Lefebvre-Dammecourt. » (1737-1738.)

XVIIIe siècle. Papier. 225 pages, 210 sur 162 millimètres. Rel. veau rac. (Supplément français 3429.)

14459. « Ministère de l'Intérieur. — Situation sommaire des travaux de Paris. — 1er janvier 1813. »

XIXe siècle. Papier. 11 feuillets oblongs. 145 sur 220 millimètres. Rel. maroquin rouge. (Supplément français 1295.)

14460-14466. Statuts et ordonnances de différents corps de métiers de Paris.

I (14460). Balanciers (1494-1510). — 15 feuillets.
II (14461). Batteurs d'or (1258-1519). — 8 feuillets.
III (14462). Patenôtriers, Bouchonniers (1614-1747). — 72 ff.
IV (14463). Ceinturiers (1595-1598). — 19 feuillets.
V (14464). Lanterniers, Soufletiers et Boisseliers (1608). — 16 ff.
VI (14465). Tonneliers (1566-1599). — 46 pages.
VII (14466). Tondeurs de draps (1384). — 12 feuillets.

XVIIIe siècle. Papier. 7 volumes. 260 sur 190 millimètres. Rel. veau rac. et d. rel. (Supplément français 5223, 5224, 5164, 5225, 5222, 5042 et 5041.)

14467. Répertoire alphabétique d'adresses parisiennes. (1779.)

XVIIIe siècle. Papier. 112 feuillets. 240 sur 180 millimètres. D. rel. (Supplément français 4702.)

14468. « Origines des familles de Paris, tirées des registres du Conseil d'État, du Parlement, du Grand Conseil, de la Cour des Aides, de la Chambre des Comptes et de la Ville. »

Notes généalogiques ; sans blasons.

XVIIIe siècle. Papier. 223 feuillets. 218 sur 165 millimètres. D. rel. (Supplément français 4313.)

14469. « La vie de Madame d'Épernon, Anne-Marie de Jésus, Carmélite, par M. Boileau, chanoine du chapitre de St-Honoré. »

XVIIIe siècle. Papier. 250 pages. 188 sur 115 millimètres. Rel. veau brun. (Supplément français 5158.)

14470. « Abbrégé de la vie de messire Louis de Marillac, prestre, docteur de la maison de Sorbone, et curé de St-Germain-l'Auxerrois et ensuitte de St-Jacques-la-Boucherie, à Paris, premier supérieur des Clercs de la paroisse de St-Paul. — 1714. »

Page 329. « Abbregé de la vie de messire Pierre Polot, prestre de la Communauté du Séminaire de Saint-Nicolas-du-Chardonnet, à Paris. — 1714. »

XVIIIe siècle. Papier. 339 pages. 218 sur 160 millimètres. Rel. veau brun. (Ex-libris gravé de J.-T. Aubry, curé de Saint-Louis-en-l'Ile. — Supplément français 1342.)

14471. « Histoire de la princesse de Ponthieux. » Roman.

Fol. 37. « La vie du vénérable père en Dieu dom Ambroyse Helyot, religieux profès de la Chartreuse de Paris, » par le P. Maillet.

Fol. 87. « La Vie de Catherine Helyot. »

On lit au fol. 37 v° : « Ce pressen liuvre est ecrit par Jeanne-Étiennette Augereaux, famme de Charles de Perignon. »

XVIIIe siècle. Papier. 100 feuillets. 145 sur 100 millimètres. D. rel. (Supplément français 652.)

14472. « La vie du vénérable père en Dieu dom Ambroise

Heliot, religieux profès de la Chartreuse de Paris, par le P. Maillet. »

XVII⁰ siècle. Papier. 84 feuillets. 170 sur 115 millimètres. Rel. veau brun. (Supplément français 1812.)

14473. « Antiquitez du monastère des Blancs-Manteaux, » à Paris; suivies de pièces mss. et imprimées, plan et devis, etc., pour la reconstruction du monastère au XVII⁰ siècle.

XVII⁰ siècle. Papier. 147 feuillets. 240 sur 150 millimètres. D. rel. (Supplément français 1532.)

14474. « Livre des professions » des religieuses du « monastère du Calvaire de la Crucifixion, situé au Marets du Temple, à Paris. » (1634-1784.)

XVII-XVIII⁰ siècles. Papier. 139 feuillets. 220 sur 155 millimètres. Rel. maroquin noir. (Supplément français 1339.)

14475. « Constitutions pour la direction et conduite du monastère de la Conception Notre-Dame, du Tiers Ordre de S*t*-François, estably en la ville de Paris, rue S*t*-Honoré. »

XVII⁰ siècle. Papier. 80 feuillets. 150 sur 100 millimètres. Rel. veau rac. (Supplément français 3881.)

14476. « Constitutions des Dames de la Conception, » du Tiers Ordre de S*t*-François, établies à Paris, rue S*t*-Honoré.

XVII⁰ siècle. Papier. 178 feuillets. 140 sur 80 millimètres. Rel. maroquin noir. (Supplément français 3903.)

14477. « Roole des fondations et rentes » du grand couvent des Cordeliers de Paris. (1628.)

XVII⁰ siècle. Papier. 97 feuillets. 210 sur 155 millimètres. D. rel. (Supplément français 4382.)

14478. « Roole des fondations et rentes de ce couvent, des Cordeliers de Paris. — 1 vol. in-4°, pap. XVII⁰ siècle. (Cartulaires, n° 76.) » — Paraît former double emploi avec le ms. précédent et non *en déficit*.

14479. Règlements et exercices des postulants et novices de l'ordre des Feuillants, à l'usage du noviciat du monastère de S. Bernard, de Paris.

XVIIe siècle. Papier. 48 feuillets. 202 sur 152 millimètres. Rel. veau brun. (Supplément français 2425.)

14480. Cérémonial pour la vêture et profession des religieuses du monastère de Notre-Dame-de-Consolation, ordre de S. Benoît, à Paris.

Cf. le ms. français 14483.

XVIIe siècle. Papier. 101 pages. 185 sur 125 millimètres. Rel. maroquin noir. (Supplément français 3904.)

14481. « Chartre reformative du feu roy Charles sixiesme » pour la Ste Chapelle de Paris. (18 juillet 1401.)

Vidimus du 19 décembre 1541.

XVIe siècle. Parchemin. Pièce coupée en 7 feuillets mesurant 46 centimètres de large. D. rel. (Anc. Maugérard, 26.)

14482. « Livre du greffier, contenant les résultats et délibérations du chapitre du couvent de Saincte-Croix-de-la-Bretonnerie, commençant le 27e septembre de l'année 1652, » jusqu'au 27 août 1677.

XVIIe siècle. Papier. 376 feuillets. 215 sur 170 millimètres. Couvert. parchemin. (Supplément français 4579.)

14483. Cérémonial des religieuses du monastère de Notre-Dame-de-Consolation, ordre de St Benoît, à Paris.

Cf. le ms. français 14480.

XVIIIe siècle. Papier. 214 pages. 200 sur 150 millimètres. Rel. veau gr. (Supplément français 3878.)

14484. « Cérémonies de la vêture (et de la profession) des religieuses hospitalières de Sainte-Anastaze, dict Saint-Gervais, Vielle rue du Temple, à Paris. »

XVIII⁰ siècle. Papier. 37 et 37 pages. 240 sur 175 millimètres. Rel. maroquin noir. (Supplément français 3922.)

14485. « Précis de la guérison miraculeuse opérée sur Pélagie Foulon, le 16 novembre 1786, le 3⁰ jour d'une neuvaine faite à St Pierre par la malade dans l'hôpital de St Julien, rue Mouffetard, » par VAGNE, diacre janséniste. (1787.)

XVIII⁰ siècle. Papier. 39 pages. 258 sur 195 millimètres. Cartonné. (Supplément français 5536.)

14486. « Érection et institution de la maison et monastère des Filles de Ste-Marie-Magdeleine à Paris, soubz la règle de St Augustin, régy et gouverné par les religieuses de la Visitation de Nostre-Dame, dictes de Ste Marie... »

Traduction de la bulle du pape Urbain VIII (15 décembre 1631), instituant ce monastère.

XVII⁰ siècle. Papier. 40 pages. 210 sur 170 millimètres. Couvert. parchemin. (Supplément français 2621.)

14487. « Règlement du séminaire de S. N. D. C. » [S.-Nicolas-du-Chardonnet], à Paris.

XVII⁰ siècle. Papier. 34 feuillets. 135 sur 92 millimètres. D. rel. (Provient de l'abbé de Targny. — Supplément français 824.)

14488. « Règlemens de la maison du Refuge de Sainte-Pélagie de l'Hôpital général de Paris. » (1703.)

XVIII⁰ siècle. Papier. 69 feuillets. 195 sur 145 millimètres. D. rel. (Supplément français 2944.)

14489. « Annales de la Compagnie du St Sacrement de Paris, » par D'ARGENSON. (1627-1665.)

Duplicata de l'original, donné au Séminaire des Missions Étrangères (1695). — En tête du volume, on a relié une lettre d'envoi de d'Argenson à l'archevêque de Paris (24 mai 1696).

XVIIe siècle. Papier. 161 feuillets. 220 sur 170 millimètres. D. rel. (Supplément français 2108.)

14490. « Inventaire des vestemens, calices, reliques et joyaulx d'argent, de nappes, d'aubes, livres et paremens, appertenans à l'eglise du Saint-Sepulcre, fondée à Paris, en la grant rue Saint-Denis... » (1379.)

A la suite sont les copies de différents titres de fondations dans la même église (fol. 29 et suiv.). — Publiés par É. Molinier, dans les *Mémoires de la Société de l'histoire de Paris* (1882), t. IX, p. 239-286.

XIVe siècle. Parchemin. 70 feuillets. 245 sur 180 millimètres. Rel. veau rac. (Supplément français 1488.)

14491-14495. Recherches sur l'histoire de l'Université de Paris, par Jérôme Besoigne († 1763).

Ms. autographe.

XVIIIe siècle Papier. 206, 309, 202, 221 et 255 feuillets. 230 sur 170 millimètres. D. rel. (Supplément français 4305, 1-5.)

14496. Livre de comptes des docteurs-jubilés de la Faculté de théologie de l'Université de Paris. (1694-1708.)

XVIIe-XVIIIe siècles. Papier. 60 feuillets. 195 sur 138 millimètres. Rel. peau jaune. (Supplément français 659.)

14497. « Une Revue des fous de Paris, ou la journée d'un observateur, par L. S. A*** [André] de Champcour. — A Stultopolis, 1818. »

XIXe siècle. Papier. 175 feuillets. 230 sur 175 millimètres. Cartonné. (Provient de M. André de Champcour. — Supplément français 3059.)

14498. Instruction religieuse des Savoyards.

Fol. 1. « Projet d'un établissement déjà commencé pour élever dans la piété les Savoyards qui sont dans Paris » (Paris, 1735, in-12.) *Imprimé.*

Fol. 15. « Règles que Messieurs les Ecclésiastiques qui font le catéchisme aux Savoyards auront la bonté d'observer. »

XVIIIe siècle. Papier. 38 feuillets. 175 sur 110 millimètres. Rel. maroquin rouge, aux armes d'Orléans. (Supplément français 1713.)

14499. « État des diocèses compris dans chacune des deux Généralités de la province de Languedoc; ensemble celui des villes et lieux qui composent ladite province. »

XVIIIe siècle. Papier. vIII et 255 pages. 195 sur 130 millimètres. Rel. maroquin rouge. (Supplément français 3960.)

14500. « Mémoire sur la deffense des côtes du Languedoc, [en 1766], par M^r le marquis DE CARAMAN. — A Paris, année 1772. »

XVIIIe siècle. Papier. 144 pages. 238 sur 180 millimètres. Rel. veau rac. (Supplément français 4054.)

14501. « Dissertation sur ces paroles du projet de l'Histoire du Languedoc par les RR. PP. de la Congrégation de St-Maur, contenant une démonstration de l'assiette d'Alesia à Alais, capitale des Sevennes. »

XVIIIe siècle. Papier. 12 pages. 220 sur 165 millimètres. Cartonné. (Supplément français 4293.)

14502. « Relation du voyage d'Alet, faite par M. Claude LANCELOT, adressé[e] à la Mère Angélique de St-Jean Arnaud, depuis abbesse de Port-Royal-des-Champs. » (1667.)

XVIIIe siècle. Papier. 278 pages. 170 sur 110 millimètres. Rel. parchemin. (Provient du marquis de Quincy. — Supplément français 829.)

14503. « Journal de FAURIN, » marchand chaussetier à Castres, relatif aux événements survenus dans la ville de Castres, et aux guerres civiles du Languedoc et du Comtat-

Venaissin dans la seconde moitié du XVI° siècle et pendant les premières années du XVII° siècle.

A la fin (p. 719) : « Relation de la seconde navigation solemnelle du canal royal de communication des mers Océane et Méditerranée en Languedoc,... 1683, » par le P. Matthieu de Morgues, Jésuite.

XVIII° siècle. Papier. 737 pages. 230 sur 170 millimètres. Rel. veau gr. (Don du marquis d'Aubais. — Supplément français 274.)

14504. « Istorio des troubles et sedissieu arribados a Gaillac d'Albigéz entre lous catoulics et lous igounauts, l'an 1562, facho par Matieu BLOUIN, canongé de Sanct-Miquel. »

XIX° siècle. Papier. ix feuillets et 200 pages, avec plan de Gaillac au XVI° siècle et carte des environs de la ville. 215 sur 168 millimètres. D. rel. (Provient de M. de Combettes. — Supplément français 2645.)

14505. « Plaidé fait en la Cour de Parlement de Tholose sur la vérification des lettres patentes de l'érection du visconté de Joyeuse en duché et pairerie, le xvii° octobre 1581, par M° Guilhaume BERTIER, secretere du Roy... »

XVI° siècle. Papier. 6 feuillets. 218 sur 158 millimètres. Couvert. parchemin. (Provient du Collège des Jésuites de Clermont, à Paris. — Supplément français 963.)

14506. « Discours sur la règle et fondation de l'ordre royal et militaire des chevaliers et archihospitaliers du St-Esprit de Montpellier, faite par Ste Marthe,... l'an 33 de Christ ; avec les esdits, arrestz, declarations et privileges des roys de France... et plusieurs bulles des SS. Pères,... par Mre Olivier DE LA TRAU, sr DE LA TERRADE, grand maistre et général dudit ordre,... 1629. »

Jusqu'en 1689. — Blasons.

XVII° siècle. Papier. 145 pages. 252 sur 178 millimètres. Rel. veau gr. (Supplément français 1324.)

14507. « Costumas e franquizas de la villa de Monpeslier. »

Fol. 51 v°. Catalogue des consuls de Montpellier, s'arrêtant à l'année 1270 et continué jusqu'en 1273.

XIIIe siècle. Parchemin. 82 feuillets à 2 col. 235 sur 168 millimètres. Rel. veau gr. (Ex-libris gravé de M. de Joubert, président en la Cour des comptes de Montpellier. — Supplément français 742.)

14508. « Recit fidelle de la conduite de Monsieur de Caulet, évêque de Pamiers, durant son episcopat, » par M. Le Maistre.

XVIIe siècle. Papier. 79 pages. 180 sur 118 millimètres. D. rel. (Provient du Collège des Jésuites de Clermont à Paris, n° 783. — Supplément français 806.)

14509. Collection de divers objets relatifs au spirituel et au temporel de l'évêché de Tarbes, ainsi que l'état des cures et bénéfices simples,... et plusieurs mémoires concernans les droits du siège. (1773.)

XVIIIe siècle. Papier. 397 pages. 140 sur 100 millimètres. Rel. veau rac. (Supplément français 1430.)

14510. « Los statutz que volen et entenden far los supplicans nommatz en la requesta assy estacade sur la confrayrie que volen erigir en la capela de Sancte Radegunde en la gleysa de Sanct Stienne de Tholouze, a lo honnor de Nostre Dame et de Monseigne Sainct Joseph. » (Vers 1590.)

XVIe siècle. Parchemin. 9 feuillets. 200 sur 135 millimètres. D. rel. (Provient du Collège des Jésuites de Clermont, à Paris. — Supplément français 670.)

14511. Notice et analyse des pièces du « secundus liber » (1479-1580) du notaire Jean d'Auvergne, concernant l'abbaye de St-Martial de Limoges.

XVIIIe siècle. Papier. 32 feuillets. 230 sur 170 millimètres. D. rel. (Anc. Cartulaires, 35.)

14512. « Itinéraire général des grandes routes, routes et chemins de communication des provinces de Lorraine et Barrois, entretenus par les Ponts et chaussées... »

XVIII° siècle. Papier. 29 feuillets. 258 sur 195 millimètres. Rel. veau rac. (Supplément français 2212.)

14513. « Libvre... de champ de bataille, présenté par missire Hardouin DE LA JAILLE à ... Mgr. René, duc de Lorraine et de Calabre... »

Duel de Jean Bidots et de Baptiste de Roquelaure, à Nancy (1482). Cf. D. Calmet, *Histoire de Lorraine*, II, 1084. — Au bas du fol. 1, est peint un écu : de gueules, à 3 fasces d'argent, chargées de 3 coquilles d'azur, au chef cousu d'or. — En haut de ce même feuillet, on lit : « Pour noble homme André de Pont Bellangier. »

XV° siècle. Parchemin. 59 feuillets. 195 sur 138 millimètres. Rel. veau rac., (Supplément français 4694.)

14514. « Epitome de l'origine et succession de la duché de Lorraine, composé par frère Jean DANCY, religieux Observantin de St-François. »

XVII° siècle. Papier. 240 feuillets. 205 sur 145 millimètres. D. rel. (Supplément français 420.)

14515. « Mémoires sur la Lorraine. »

XVII° siècle. Papier. 84 feuillets. 210 sur 160 millimètres. Couvert. parchemin. (Supplément français 1815.)

14516. « Mémoire de l'estat ancien et moderne de la Lorraine,... où l'on voit les droits de la couronne de France sur la Lorraine ;... tiré de la Géographie historique de M. J. D. [Jean DOUJAT], professeur du Roy en droit et historiographe de Sa Majesté. — 1673. »

XVII° siècle. Papier. 149 feuillets. 250 sur 190 millimètres. Cartonné. (Supplément français 4964.)

14517. Dénombrement du duché de Lorraine, en 1594, par Thierry ALIX, président en la Chambre des comptes de Lorraine.

Publié par H. Lepage (Nancy, 1870, in-8º).

XVIe siècle. Papier. iv et 149 feuillets. 210 sur 165 millimètres. Couvert. parchemin. (Supplément français 389.)

14518. Journal de Balthasar DE GUILLERME, secrétaire du duc de Lorraine, des différents événements survenus, principalement à Nancy, de 1595 à 1623.

Ms. autographe.

XVIe-XVIIe siècles. Papier. 92 pages. 125 sur 95 millimètres Rel. veau gr. (Supplément français 651.)

14519. Protocole de la chancellerie des ducs de Lorraine.

XVIIe siècle. Papier. 119 feuillets. 200 sur 150 millimètres. Couvert. parchemin. (Supplément français 1114.)

14520. Épithalame en l'honneur du mariage de Charles II [III], duc de Lorraine, et de Claude de France, fille de Henri II (1559), par « Jehan MALLARD, poète, orateur et escripvain royal. »

Blason peint, en tête du volume.

XVIe siècle. Parchemin. 19 feuillets. 180 sur 140 millimètres. Rel. velours violet. (Provient du maréchal d'Estrées. — Supplément français 561.)

14521. « Aulcuns petis point de la... vie qu'a mené la feu bonne royne de Cecille et duchesse de Lorraine et de Bar, nostre reverende mere sœur Philippe de Gheldres, l'espace qu'elle at estez religieuse en nostre povre convent » de Ste-Claire de Pont-à-Mousson. († 1547.)

XVIe siècle. Papier. 57 feuillets. 202 sur 150 millimètres. D. rel. (Supplément français 962.)

14522. « Nobiliaire de Lorraine. »

XVIIIe siècle. Papier. viii et 585 pages. 220 sur 165 millimètres. Rel. maroquin rouge, aux armes du roi. (Supplément français 5048.)

14523. Autre exemplaire.

XVIIIe siècle. Papier. xii et 867 pages. 230 sur 175 millimètres. Cartonné. (Supplément français 5132.)

14524. « Index alphabétique de tous les annoblis crééz, déclaréz, confirméz et reconnus nobles et autrement de la Lorraine et Barrois, par Louis XIV,... Frédéric II et Charles-Quint, » etc.

XVIIe siècle. Papier. 134 feuillets. 190 sur 135 millimètres. Rel. veau gr. (Supplément français 5872.)

14525. « Mémoire pour servir à l'histoire du duché de Bar. (1730.) »

XVIIIe siècle. Papier. 168 feuillets. 220 sur 170 millimètres. D. rel. (Supplément français 2409.)

14526. Chronique de Metz, en vers, jusqu'en 1525.

Cf. A. Prost, *Études sur l'histoire de Metz* (Paris, 1865, in-8°), p. 102. Même texte que dans le ms. suivant. — A la fin, la signature : « Cordier, notaire à Toul. »

XVIIe siècle. Papier. 133 feuillets. 205 sur 150 millimètres. D. rel. (Supplément français 415.)

14527. Chronique de Metz, en vers, jusqu'en 1525.

A la fin (fol. 102 v°), notes et glossaire de termes de droit (XVIIe s.).

XVIe siècle. Papier. 120 feuillets. 208 sur 135 millimètres. D. rel. (Supplément français 419.)

14528. « Cronicques de la noble cité de Metz, » en vers, jusqu'en 1585.

Même texte que dans le ms. précédent, avec continuation ; à la suite, une table alphabétique de cette chronique.

XVIe siècle. Papier. 185 feuillets. 195 sur 150 millimètres. D. rel. (Supplément français 560.)

14529. Vocabulaire de l'ancien « langage messin du moyen-âge et patois d'aujourd'hui, » par OBERLIN.

XVIIIe-XIXe siècle. Papier. 118 feuillets. 220 sur 170 millimètres. Rel. veau rac. (Supplément français 1848.)

14530. Chronique de Metz, en vers et en prose, jusqu'en 1497, continuée jusqu'à l'année 1609.

Fol. 67. Chronique universelle abrégée, en français, depuis Adam jusqu'à Mahomet III (835).

Fol. 79. Notes diverses sur l'histoire de France et l'histoire de Metz, de 1585 à 1634, continuées jusqu'en 1685.

XVIe-XVIIe siècles. Papier. 170 feuillets. 255 sur 160 millimètres. Cartonné. (Supplément français 394.)

14531. « Précis du mémoire présenté à Sa Majesté l'Empereur et S. A. R. Mgr. l'archiduc Ferdinand, grand duc de Toscane, touchant la profanation de la chapelle royale et la violation du caveau, où reposoient les cendres des ducs de la maison de Lorraine à Nancy. » (1794.)

XVIIIe siècle. Papier. 15 feuillets. 225 sur 190 millimètres. Cartonné. (Supplément français 4064.)

14532. « Conclusions capitulaires faictes durant le correctoriat du V. P. F. Lazar de Lachenay, correcteur des Minimes de Serre, l'année 1606, » jusqu'en 1671.

XVIIe siècle. Papier. 75 feuillets. 190 sur 150 millimètres. Rel. parchemin. (Supplément français 3887.)

14533. « Enqueste du pillage et destruction de l'abbaye de St-Michel, l'an 1569. — 1 vol. in-4° (deux pièces). (Supplément français 2461, 8.) » — *En déficit.*

14534. « Recueil des évènemens qui ont eu lieu dans l'arrondissement de Toul. » (An XI-1818.)

Par ordre alphabétique de communes.

XIXe siècle. Papier. 147 feuillets. 210 sur 170 millimètres. Cartonné. (Supplément français 3137.)

14535. « Coutumes du comté de Vaudémont. »

XVIIIe siècle. Papier. 85 feuillets. 210 sur 150 millimètres. Cartonné. (Supplément français 3895.)

14536. Antiquités de l'église de Lyon et chronique de l'abbaye d'Ainay, par J.-M. DE LA MURE.

I. « Miroir historial des sacrées antiquitez et nobles singularitez du très illustre chapitre de Messieurs les doyen et chanoines de l'église métropolitaine de Lyon, primatiale de France,... par Jean-Marie DE LA MURE,... chanoine... de Montbrison. 1675. »

II. « Chronique de la très ancienne et insigne abbaye royale d'Aisnay, sacré trophœe des premiers martyrs de Lyon,... par Jean Marie DE LA MURE,... chanoine... de Montbrison. 1675. »

XVIIe siècle. Papier. xv-233 et xiv-143 pages. 198 sur 185 millimètres. Rel. veau gr. (Provient de Falconet, n° 16337. — Supplément français 5503.)

14537. « Relation au vray de tout ce qui s'est fait et passé dans la mission envoyée par ordre du Roy, le mois de mars dernier, dans le baillage de Gex, diocèse de Genève. »

Mission royale de l'abbé de Brisacier.

XVIIe siècle. Papier. 50 feuillets. 205 sur 140 millimètres. D. rel. (Provient du Collège des Jésuites de Clermont, à Paris. — Supplément français 409.)

14538. Copies de chartes royales relatives à l'histoire des provinces d'Anjou et du Maine. (XIIIe et XIVe siècles.)

Plusieurs sont tirées d'un recueil de Vyon d'Hérouval, provenant de la Chambre des comptes.

XVIIIe siècle. Papier. 154 feuillets. 240 sur 175 millimètres. Cartonné. (Supplément français 4062.)

14539. « Discours historique et critique sur les écrivains de l'histoire d'Anjou, par Pierre RANGEARD. »

Publié en tête de l'*Histoire d'Anjou* de Barthélemy Roger (Angers, 1852, in-8°).

Fol. 69. Dissertation sur le point de savoir « si l'église métropolitaine de Cambray et les églises d'Arras et de Saint-Omer, qui en dépendent, sont sujettes au droit de joyeux avènement. »

XVIIIe siècle. Papier. 121 feuillets. 252 sur 192 millimètres. Rel. veau gr. (Supplément français 4863.)

14540. Formules imprimées, en forme de questionnaire, pour une description de la Touraine.

Ces formules sont remplies pour les paroisses de Chedigny, La Croix, Cicogné, Lucillé, Saint-Quentin et Sublaines.

XVIIe siècle. Papier. 12 feuillets. 260 sur 170 millimètres. Cartonné. (Supplément français 6427.)

14541. Édits et actes du Parlement de Navarre relatifs à l'office de sénéchal, créé en 1639 en faveur de François d'Oihénart. (1624-1672.)

XVIIIe siècle. Papier. 122 feuillets. 210 sur 140 millimètres. D. rel. (Supplément français 3874.)

14542. « Table des forests, gardes et triages, dépendans de la maistrise de Rouen, digérées... par J.-Baptiste Tisserend,... arpenteur général au département de Normandie. »

Nombreuses cartes.

XVIIe siècle. Papier. 43 feuillets. 205 sur 145 millimètres. Rel. veau gr. (Supplément français 3894.)

14543. Notices sur différentes abbayes de Normandie, par Léchaudé d'Anisy. (Caen, 1830 et 1831.)

Abbayes de Troarn (fol. 1), — Notre-Dame, ou Ste-Marie du Val (fol. 12), — prieuré de Ste-Barbe-en-Auge (fol. 20), — Abbayes de Barbery (fol. 29), — Aunay (fol. 40), — Thorigny (fol. 65), — et Ardennes (fol. 74).

XIXe siècle. Papier. 77 feuillets. 190 sur 125 millimètres. D. rel. (Supplément français 5290.)

14544. Recueil de copies de pièces relatives à l'histoire de la Normandie, formé par Léchaudé d'Anisy.

Fol. 1. « Synodalia precepta Constanciensis ecclesie,... a. 1538 impressa Rothomagi. »

Fol. 9. Notes diverses concernant Saint-Lô et Coutances, — les abbayes de Jumièges, du Bec-Hellouin et de Saint-Wandrille, etc.

Fol. 23. « Note biographique sur le véritable nom de Malerbe. » (Avec fac-similés de signatures.)

Fol. 34. « Éloge historique de Huet, évêque d'Avranches,.. par Segrais et Restout. — 1769. »

Fol. 53. « Description... d'une médaille d'or de l'empereur Honorius,... par le Vte de Santarem. »

Fol. 65. « Extrait de quelques documens historiques sur les Templiers de Normandie, tirés des archives du Calvados. »

Fol. 77. Rapport sur un tumulus gallo-romain trouvé à Fontenay-le-Marmion, près Caen. » (Figure.)

Fol. 85. « Description d'une monnoye de Henri V, comme roi d'Angleterre et héritier de France. » (Figure.)

Fol. 98. Titres concernant l'union des collèges de Boncourt et de Navarre, tirés d'un ms. de la bibliothèque de Sainte-Geneviève, et autres extraits sur divers sujets.

XIXe siècle. Papier. 112 feuillets. 190 sur 140 millimètres. D. rel. (Supplément français 5291.)

14545. Recueil d'extraits historiques sur la Normandie, formé par Léchaudé d'Anisy.

« Siège de Paris par les Normands, poème d'Abbon » (fol. 1); — Chronique de Frodoard, invasion des Normands (fol. 29); — Extraits de Raoul Glaber (fol. 37 v°), — des Annales de St-Bertin (fol. 40 v°), — Annales de Metz (fol. 53 v°); — « Exploits des Normands en France (837-896) », auteur inconnu (fol. 65); — Extrait de la Chronique de Réginon, abbé de Prum (fol. 71).

XIXe siècle. Papier. 72 feuillets. 195 sur 160 millimètres. Cartonné. (Supplément français 5304.)

14546. « Extrait des Comptes de Normandie sous Henry VI, roy d'Angleterre et le duc de Bedford, son lieutenant, en 1424, par Pierre Surreau, receveur général des finances de ladite province, depuis le 16 novembre 1423 jusqu'au 15 janvier 1425 (n. s.). »

Suivis d'autres extraits jusqu'en 1429. — Les comptes originaux de P. Sureau sont conservés sous les n°⁸ 4485, 4488 et 4491 du fonds français.

XVII⁰ siècle. Papier. 35 feuillets. 185 sur 150 millimètres. Cartonné. (Supplément français 3795.)

14547. Recueil de poèmes concernant la Normandie, ou d'auteurs normands, formé par Léchaudé d'Anisy.

Fol. 1. « Complainte des bons François, poème inédit de Robinet de Normandie, traduit du latin de M⁰ Robert Blondel. » — Copie du ms. latin 6196 A.

Fol. 42. « Vigiles de la mort du feu roy Charles septiesme à neuf psaumes et neuf leçons, » par Martial de Paris. — Copie du ms. français 5054.

Fol. 142. « Le livre du recouvrement de la duché de Normandie, faict par Berry, hérault du Roy. » — Copie du ms. Duchesne, 79.

Fol. 184. « Note des titres originaux concernant le Mont-Saint-Michel, recueillis par M⁰ de S¹-Victor et envoyés par lui à M⁰ Le Herissier de Gerville, comme matériaux pour son histoire du département de la Manche. »

XIX⁰ siècle. Papier. 185 feuillets. 205 sur 130 millimètres. D. rel. (Supplément français 5300.)

14548. Coutume de Normandie, en vers français, attribuée à Guillaume Cauph.

Voir Frère, *Manuel du bibliographe normand*, t. I, p. 201 et 373.

XIV⁰ siècle. Parchemin. 302 feuillets. 85 sur 60 millimètres. Rel. maroquin rouge. (Provient de « T. Gale. » — Supplément français 254, 38.)

14549. « Arests notables rendus au Parlement de Rouen en exécution de quelques articles de la Coustume de Normandie et sur l'explication d'iceux, » recueillis par M. de Fermanel, depuis l'édition de la Coutume par MM. Godefroy et Bérault jusqu'en 1659.

XVIIe siècle. Papier. 77 feuillets. 225 sur 160 millimètres. Rel. veau rac. (Supplément français 271.)

14550. Coutume de Normandie.

Fol. 1. Calendrier. — Fol. 8. Office, psaumes et prières, en latin.

Fol. 34. « Ci commence de de Lillebonne les droits et les établissemens de Normandie. Nostre entente est en ceste presente euvre... »

Aux fol. 23 et 33 v°, notes relatives à Jehan Denise, de Vernon, possesseur de ce ms. et à sa famille. — Au fol. 1, ex-libris « Lemoyne de Belle-Isle, 1709. »

XVe siècle. Parchemin. 143 feuillets. 110 sur 90 millimètres. Rel. veau gr., avec fermoir. (Supplément français 816.)

14551. Répertoire des pièces concernant la Normandie dans les « Monstres et reveues... des chevaliers », « à la solde du Roy » (1363-1593), recueillies par Gaignières et conservées aujourd'hui à la Bibliothèque nationale, mss. franç. 21945-21538 ; par LÉCHAUDÉ D'ANISY.

Fol. 110. Copies de diverses pièces concernant l'histoire de Normandie, montres, etc., la plupart tirées des mss. de la Bibliothèque nationale.

XIXe siècle. Papier. 167 feuillets. 205 sur 135 millimètres. D. rel. (Supplément français 5333.)

14552. Répertoire alphabétique des « Terres de Normandie, avec les noms de leurs possesseurs vers 1697, d'après le vol. 384 des *Meslanges* » de Clairambault.

XVIIIe siècle. Papier. 23 feuillets. 158 sur 98 millimètres. D. rel. (Supplément français 5072.)

14553. « Chartres extraictes du cartulaire des religieulx, abbé et convent de Saint-Martin d'Aumale, et aussi de l'esglise de la Saincte-Trinité de Fescamp, et de l'esglise de la benoiste Marie-Magdalene de Rouen, et outre du prioré de Nostre-Dame d'Ouville, translatées de latin en françoys. »

Ces chartes concernent les maisons d'Aumale, Blosseville et Esneval.

XV⁰ siècle. Papier. 58 feuillets. 155 sur 120 millimètres. Rel. parchemin. (Don de l'abbé Vergès. — Supplément français 5882.)

14554. « Registre de l'Ostel de Saint-Ladre d'Andeli,... l'an 1380. »

XIV⁰ siècle. Parchemin. 24 feuillets. 245 sur 155 millimètres. D. rel. (Supplément français 2507.)

14555-14558. « Origines de Caen, » par P.-D. HUET.

I (14555). Copie incomplète. — A la fin (fol. 145) : « Dialogue de St Pierre et St Paul sur l'absence de Mlle C... C... » dans l'église St-Pierre de Caen. — 149 feuillets.

II (14556). Copie annotée et corrigée par Huet. — 305 feuillets.

III (14557). Minute de la main de Huet. — 423 feuillets.

IV (14558). Autre copie annotée et corrigée par Huet. — 369 ff.

XVII⁰ siècle. Papier. 4 volumes. 205 sur 155 millimètres. D. rel. (Supplément français 5267 à 5270.)

14559. « Lettres et mémoires de M^r DU QUESNAY sur les Origines de Caen, » recueillis par LÉCHAUDÉ D'ANISY.

En tête du volume est une « notice biographique sur Le Blais, sieur Duquesnay. »

XIX⁰ siècle. Papier. 156 pages. 190 sur 125 millimètres. Cartonné. (Supplément français 5298.)

14560. « Liste de ceux qui ont reçeu l'absolution de l'heresye en nostre convent [des Capucins] de Caen, depuis le 19e d'aoust 1629 » jusqu'en 1755.

Fol. 53. « Ordini fatti dall'ill. sig. cardinale S. Onofrio, comprotettore della religione de' frati Minori Cappucini... » (Romæ, 1629, in-4°.) *Impr.*

Fol. 57. « Decretum... cardinalis S. Honufrii, religionis Fratrum Minorum sancti Francisci Capuccinorum comprotectoris... » (Romæ, 1629, in-4°.) *Impr.*

Fol. 59. « Indulgences et grâces concédées par N. S. P. le pape Paul V aux couronnes, rosaires, croix, médailles et agnus Dei du R. P. Laurens Brindisi, capucin. » (*Ms.*)

XVIIe-XVIIIe siècles. Papier. 60 feuillets. 165 sur 135 millimètres. Cartonné. (Provient de Léchaudé d'Anisy. — Supplément français 5293.)

14561. « Mémoire au vrai de plusieurs choses concernantes la famille de Beaullart, en la ville de Caen, tant de nativitez, mariages, que decedz d'iceux et autres choses, faites de tems en tems. » (1535-1639.)

Les feuillets 1-44 contiennent un *Album amicorum* de Beaullart (Paris, 1586), avec blasons peints et portraits gravés, découpés, de rois, reines et princes français.

XVIe-XVIIe siècles. Papier. 95 feuillets. 168 sur 100 millimètres. D. rel. (Supplément français 3188.)

14562. Recueil de pièces relatives au Père Eudes.

Fol. 1. « Factum pour la deffense de l'autheur de la lettre à un docteur pour respondre aux objections et invectives du P. Eudes ou de ses amis. » (*Impr.*, 51 p., in-4°.)

Fol. 27. « Briève réponse à un écrit que l'on fait courir contre la *Lettre à un docteur*, etc. » (*Impr.*, 25 p., in-4°.)

Fol. 40. « Réfutation par M^r DE LAUNAY HÜE d'un écrit fait contre le P. Eudes et Marie des Vallées. »

Fol. 85. Autres pièces relatives au P. Eudes et à Marie des Vallées (1658-1666).

XVIIe siècle. Papier. 116 feuillets. 255 sur 195 millimètres. Cartonné. (Provient du Séminaire de Saint-Sulpice. — Supplément français 2461, 10.)

14563. Réfutation par M. de Launay-Hüe d'un écrit fait contre le Père Eudes et Marie des Vallées.

XVII⁰ siècle. Papier. 36 feuillets. 195 sur 155 millimètres. Cartonné. (Supplément français 4681.)

14564. « Remarques sur la ville de Dieppe. »

A la fin, plusieurs plans gravés de la ville et du gouvernement de Dieppe, du champ de bataille d'Arques, de Rouen, etc.

XVIII⁰ siècle. Papier. 133 feuillets. 230 sur 175 millimètres. D. rel. (Supplément français 254, 12.)

14565. « La Vie de Messire Henry-Marie Boudon, prestre, docteur en théologie, grand archidiacre d'Évreux. — 1703. »

Par « Anthoine Delahaye, curé de Sᵗ-Amand de Rouen. » — Copie de 1741.

XVIII⁰ siècle. Papier. 211 pages. 178 sur 148 millimètres. Rel. veau gr. (Supplément français 1804.)

14566. « Le Thresor ou abbregé de l'histoire de la noble et royalle abbaye de Fescamp, contenant l'histoire du précieux sang,... par le R. P..., sacristain de ladite abbaye. » (1682.)

XVII⁰ siècle. Papier. 218 feuillets. 168 sur 110 millimètres. Cartonné. (Supplément français 837.)

14567. « Détail historique du comté de Gacé, d'après le relevé des titres qui sont dans le chartrier du château dudit lieu. »

Aux armes de Matignon.

XVIII⁰ siècle. Papier. viii et 180 pages. 162 sur 98 millimètres. Rel. maroquin rouge. (Supplément français 5117.)

14568. « Antiquités de la ville de Harfleur, recherchées par de La Motte. — 1676. »

XVII⁰ siècle. Papier. 92 pages. 220 sur 160 millimètres. Couvert. parchemin. (Supplément français 254, 11.)

14569. Gages-plèges d'Urville, Calvados. (1421-1462.)

XV⁰ siècle. Papier. 52 feuillets. 210 sur 145 millimètres. Cartonné. (Provient de Léchaudé d'Anisy. — Supplément français 5286.)

14570. Aveu rendu à dame « Louise-Anne Charlotte Perier de La Génévraye, veuve et héritière de Messire Pierre-Louis Agis,... seigneur de Longprey,... » pour le fief de Peulevey (25 mai 1778).

XVIII⁰ siècle. Parchemin. 24 feuillets. 240 sur 190 millimètres. D. rel. (Supplément français 4764.)

14571. Coutumes de la Vicomté de l'eau de Rouen, etc.

Page 1. « Usages des acquis de la Viconté de l'eaue de Rouen. »
Page 41. « Jugemens et coustumes de la mer, dictes d'Oleron. »
Page 53. « Justicia quam Willermus rex, qui regnum Anglie acquisivit, habuit in Normannia... »
Page 57. « Extrait du compte de la Viconté [de l'eau] de Rouen, du terme de Pasques 1373. »

XIV⁰ siècle. Parchemin. 63 pages. 165 sur 110 millimètres. Rel. maroquin rouge. (Supplément français 254, 39.)

14572. « Ordonnance et estatut de la charité et confrarie du mestier de chaveterie et carrellerie, fondée en l'eglise parroissiale de Sainct-Amand de Rouen, » en 1342 ; confirmée en 1446.

XV⁰ siècle. Parchemin. 14 feuillets. 225 sur 160 millimètres. Miniature (fol. 3 v⁰). Cartonné (Supplément français 254, 13.)

14573. « Estatus et ordonnances de la caritté de la benoiste ncrée Trinité de paradix, en l'an [1]357, le 28⁰ jour de juing, ... fondée et establie en l'eglise Sainct-Godard de Rouen... »

XV⁰ siècle. Parchemin. 11 feuillets. 150 sur 110 millimètres. D. rel. Supplément français 5487.)

14574. « Terrier de la seigneurie de Sandouville » (Seinc-

Inférieure), appartenant aux religieux de Sainte-Vaubourg. (1430.)

XVe siècle. Parchemin. 10 feuillets. 255 sur 260 millimètres. Cartonné. (Provient de A.-A. Monteil. — Supplément français 1480.)

14575. « Lectures et audiences des contracts qui ont esté lecturés en la parroisse de Ste-Marie aux Anglois (Calvados), par Jehan HAREL, prestre curé dudit lieu. » (1617-1634.)

XVIIe siècle. Papier. 60 feuillets. 170 sur 135 millimètres. D. rel. (Supplément français 5292.)

14576. Terrier du prieuré de Saint-Vigor le Grand, près Bayeux. (1290.)

XIIIe siècle. Parchemin. 52 feuillets. 185 sur 138 millimètres. Cartonné. (Anc. Cartulaires, 177. — Supplément français 4659.)

14577. Recueil de pièces sur la Trappe et les Trappistes.

Page 1. « Mémoires sur le célèbre monastère de la Trappe, pour servir de suite aux recherches sur la ville de Séez,... » par M. D'ORVILLE. (1817.) — Cartes et plans.

Page 469. « Notice sur le couvent de Trappistes de Bricquebec, envoyée par M. de Gerville. »

Page 479. Lettre sur la fondation de la Trappe de Mont-Melloray, près Cappoquin, en Irlande (1832).

Page 489. Notes sur différents mss. de la bibliothèque d'Alençon.

XIXe siècle. Papier. 509 pages. 198 sur 150 millimètres. D. rel. (Provient de Léchaudé d'Anisy. — Supplément français 5257.)

14578. Gages-plèges de la seigneurie de Maupertus (Manche).

XIVe siècle. Parchemin. 18 feuillets. 195 sur 150 millimètres. Cartonné. (Provient de Léchaudé d'Anisy. — Supplément français 5285.)

14579. Constitutions du Roy de France, lesquelles on doibt garder en la Maison-Dieu de Vernon, suyvant l'adresse de l'ordre et de la règle de S. Augustin. »

Cf. le ms. français. nouv. acq. 4171.

XVII° siècle. Papier. 23 feuillets. 210 sur 150 millimètres. D. rel. (Provient du Collège des Jésuites de Clermont, à Paris, n° 792. — Supplément français 668.)

14580. Coutume d'Orléans, en français.

XIV° siècle. Parchemin. 88 feuillets. 65 sur 45 millimètres. Rel. maroquin noir. (Supplément français 5196.)

14581. « Registre pour servir à la recette des cens et profits de rellevoison à plaisir dus aux dames religieuses de la Madeleine d'Orléans. — 1772. »

XVIII° siècle. Papier. 145 feuillets. 240 sur 175 millimètres. Couvert. parchemin. (Supplément français 5011.)

14582. « Mémoires touchant la famille de messieurs Bizoton, de la ville d'Orléans. »

XVIII° siècle. Papier. 129 pages. 220 sur 165 millimètres. Rel. veau gr. (Supplément français 3202.)

14583. « Histoire, ou recherches sur l'histoire de Chartres,... par M. Charles CHALLINE, conseiller et premier advocat du Roy au baillage et siège présidial de Chartres. »

Nombreux dessins et blasons.

XVIII° siècle. Papier. 206 feuillets. 240 sur 180 millimètres. D. rel. (Supplément français 520.)

14584. « Abrégé de l'histoire de Dreux. »

XVIII° siècle. Papier. 8 feuillets. 220 sur 168 millimètres. Cartonné. (Supplément français 3750.)

14585. « Caïer des C[oustumes], usaiges et stilles de la [comté] de Ponthieu. » (1495.)

XVII° siècle. Papier. 130 feuillets. 198 sur 145 millimètres. D. rel. (Supplément français 2227.)

14586. « Livre des aumônes et présens » faits aux Capucins d'Amiens. (1635-1663.)

XVIIe siècle. Papier. 70 feuillets. 162 sur 98 millimètres. Couvert. parchemin. (Supplément français 5021.)

14587. « Dissertation sur l'origine de l'évesché de Noion, et la ville jadis de Vermand, » par Nicolas Delahaie, doyen de Noyon.

Copie de l'abbé de Targny (1694).

XVIIe siècle. Papier. 137 pages. 140 sur 92 millimètres. Rel. veau gr. (Provient de l'abbé de Targny. — Supplément français 3211.)

14588. « Relation du siège mémorable de la ville de Péronne, par le P. Pierre Fenier, religieux Minime. — 1682. »

XVIIIe siècle. Papier. vi et 112 pages. 205 sur 125 millimètres. Rel. maroquin vert, aux armes de Ménars. — Supplément français 4566.)

14589. « Histoire du chapitre de Rosoy, tirée de ses cartulaires et chartes. »

XVIIIe siècle. Papier. 218 feuillets. 185 sur 102 millimètres. D. rel. (Supplément français 5561.)

14590. « Quartulaire et copie des lettres comment le capelle de Saint-Jehan-Baptiste, seans en l'eglise de Saint-Quentin en Vermendois, fut faitte, fondée et amortie... » par le chanoine Jean Courtoys. (1372-1375.)

XIVe siècle. Parchemin. 12 feuillets. 200 sur 140 millimètres. Rel. veau rac. (Anc. Cartulaires, 132.)

14591. « Mémoire sur les dénonciations faites au sénéchal d'Angoulême contre quelques capitalistes, prêteurs d'argent, sous prétexte d'intérêts usuraires. »

XVIIIe siècle. Papier. 100 feuillets. 230 sur 175 millimètres. Cartonné. (Supplément français 2112.)

14592. Registre de la « Confrérie de l'ordre de la S⁺ᵉ-Trinité de rédemption des captifs » d'Angoulême. (1630.)

Actes d'association et fondations de messes.

XVIIᵉ siècle. Papier. 93 feuillets. 145 sur 95 millimètres. D. rel. (Don du marquis de Quincy. — Supplément français 827.)

14593. « Premier livre du recueil en forme d'histoire de ce qui se treuve par escrit de la ville et des comtes d'Angoulesme, » par Corlieu.

XVIIᵉ siècle. Papier. 66 pages. 250 sur 170 millimètres. Rel. veau rac. (Supplément français 1444.)

14594. Revenu de la cure de Bouillé-Loret (Deux-Sèvres), en 1452.

XVᵉ siècle. Parchemin et papier. 17 feuillets. 220 sur 160 millimètres. Rel. peau verte. (Provient de A.-A. Monteil. — Supplément français 3036.)

14595. « Mémoires chronologique[s] pour servir à l'histoire de la ville de Chatelrault, recueillis et mis en ordre par le sieur ***. »

Dédié à M. Le Nain, intendant de la généralité de Poitiers. (1738.) — Ms. original.

XVIIIᵉ siècle. Papier. xx et 283 pages. 255 sur 200 millimètres. Rel. veau gr. (Supplément français 2036, 81.)

14596. « La Science experimentale des choses de l'autre vie, acquise en la possession des Ursulines de Loudun, par le Père Jean-Joseph Surin, de la Compagnie de Jésus. »

XVIIᵉ siècle. Papier. 74 feuillets. 250 sur 180 millimètres. Couvert. parchemin. (Supplément français 3727.)

14597. « Mémoire et observations sur les titres produits par le chapitre de l'église cathédrale de Sainctes pour servir de preuves à ses prétendus priviléges. »

XVIIIᵉ siècle. Papier. v et 275 pages. 255 sur 180 millimètres. Rel. veau rac. (Supplément français 4933.)

14598. « Mémoires historiques de la ville de Thouars, rédigez par ordre de M^r Le Nain, intendant de Poitiers. — 1742. »

XVIIIe siècle. Papier. 109 feuillets. 215 sur 175 millimètres. Rel. veau gr. (Supplément français 5769.)

14599-14600. « Essai sur l'histoire des comtes souverains de Provence, ... par M. Boisson-de-la-Salle. » (Aix, 1820, in-8°.)

Deux exemplaires imprimés, avec corrections et additions mss. de l'auteur. — A la suite du second exemplaire : « Précis historique sur la vie de René d'Anjou,... par M. le comte de Villeneuve... 2e édition. » (Aix, 1820, in-8°.) *Impr.*

XIXe siècle. Papier. iv-358, 358 et 72 pages. 215 sur 130 millimètres. D. rel. (Supplément français 4766, 1-2.)

14601. « Constitutions des Filles de l'Enfance de N. S. J. C., faites par Mr de Ciron, leur fondateur, et chancelier de l'Université de Toulouse ; corrigées par Mgr. de Burlemont, archevêque de Toulouse, et par M. de Ciron, notre fondateur. »

Fol. 76. « Visite de la Communauté de l'Enfance d'Aix, du 15 décembre 1680. »

Sur le premier feuillet de garde, la mention : « Pour Pezenas. »

XVIIIe siècle. Papier. 78 feuillets. 225 sur 165 millimètres. Couvert. parchemin. (Supplément français 3051.)

14602. « Abregé de l'histoire de l'établissement et de la destruction de la Congrégation des Filles de l'Enfance de N. S. Jésus-Christ, fondée à Toulouse par M^r l'abbé de Cyron et Madame de Mondonville, et ensuite à Aix-en-Provence. »

XVIIIe siècle. Papier. 235 feuillets. 225 sur 165 millimètres. Rel. veau gr. (Supplément français 4942.)

14603. « Dissertation sur une colonne antique, élevée par la ville d'Arles à l'honneur de l'empereur Constantin le

Grand, par M. Terrin, ancien conseiller au siège d'Arles. »
Figures.

XVIIe-XVIIIe siècle. Papier. viii et 40 pages. 225 sur 170 millimètres. D. rel. (Don du marquis de Quincy. — Supplément français 851.)

14604. « Lettres de M. l'abbé de Moyenmoutier [Hyacinthe Alliot], écrites le 28° d'aoust et le 14° septembre 1692 à Mr Alliot, son frère, médecin ordinaire du Roy, » au sujet de découvertes de tombeaux antiques sur la montagne de Framont (Vosges).

Copies.

XVIIIe siècle. Papier. 10 feuillets. 240 sur 175 millimètres. Cartonné. (Supplément français 4257.)

14605. « Mémoire sur l'affaire de Claire Ponce, native du lieu de Cadenet, en Provence, » autrement dite « sœur Magdelaine du Désert. »

XVIIIe siècle. Papier. 10 feuillets. 200 sur 145 millimètres. Cartonné. (Supplément français 4107.)

14606. Commentaires de Scipion de Virail sur les guerres civiles de Provence. (1585-1596.)

I. « La Vie de Caius de Virailh, gentilhomme provenssal, recueillie de plusieurs autheurs et des registres publiques et particulliers de Provence, par Artus Beraud, advocat de Sisteron, l'an 1600. — Tiré de la bibliothèque de Louis-Anthoine Ruffi, de Marseille. »

II. « Commenteres du s^r du Virailh, des guerres de Provence despuis l'année 1585 jusques à l'année 1596. »

XVIIe siècle. Papier. 87 et 330 feuillets. 235 sur 155 millimètres. Couvert. parchemin. (Supplément français 1513.)

14607. « Des droicts du Roy et du Pape sur le Comté Venaissin et sur la ville d'Avignon » (14 nov. 1662), par A. Calvet.

XVIIe siècle. Papier. 24 feuillets. 260 sur 178 millimètres. Cartonné. (Supplément français 3553.)

14608. « Mémoires historiques et critiques contenant les opérations des troupes du roy de France en Corse jusques à son entière reduction, » par Guyot de Puymorin.

Ms. original.

XVIII° siècle. Papier. 88 feuillets. 210 sur 168 millimètres. Rel. maroquin olive. (Supplément français 632, 16.)

14609. « Traité de la défense et de la conservation des colonies, par M. Dumas, brigadier des armées du Roy, ancien commandant général des isles de France et de Bourbon. — 1775. »

XVIII° siècle. Papier. 206 pages. 190 sur 145 millimètres. Rel. veau rac. (Supplément français 4478, 1.)

14610. « Précis sur les Colonies, dans lequel on traite de la défense, de la conservation, de la législation et du commerce de ces établissemens, ouvrage posthume du C. Dumas, ancien commandant général des isles de France et de la Réunion... — 1775. »

Dédié au Premier Consul par A. Gautier-Saurin (Montauban, 25 prairial an XI).

XIX° siècle. Papier. vi-228 et 29 pages. 180 sur 115 millimètres. Rel. maroquin rouge. (Supplément français 4478, 2.)

14611. « Principes sur l'administration, l'amélioration et le commerce des Colonies françoises de l'Amérique, selon les suites prévues de la guerre présente des Colonies, par le chevalier de Ricard, colonel d'infanterie. — 1778. »

Ms. original.

XVIII° siècle. Papier. vi et 292 pages. 220 sur 175 millimètres. Rel. maroquin rouge, aux armes de M. de Sartines. (Supplément français 3196.)

14612. « Mémoires politiques et militaires sur la situation respective de la France et de l'Angleterre à l'occasion de la guerre des Colonies. Premier volume, depuis décembre 1776 jusqu'en aoust 1777; par le chevalier DE RICARD, colonel d'infanterie. — 1778. »

Ms. original.

XVIII° siècle. Papier. IV et 293 pages. 220 sur 175 millimètres. Rel. maroquin rouge, aux armes de M. de Sartines. (Supplément français 3197.)

14613. « Relation, ou annale veritable de ce qui s'est passé dans le païs de la Louisiane pendant vingt-deux années consecutifes, depuis le commencement de l'établissement des François dans le païs, par M^r D'HYBERVILLE et M^r le comte DE SURGÈRE, en 1699, continué jusqu'en 1721,... » par PENICAUT.

XVIII° siècle. Papier. XIV et 374 pages. 200 sur 145 millimètres. Rel. veau gr. (Provient du Collège des Jésuites de Clermont à Paris, n° 828. — Supplément français 653.)

14614. « La Manière de négotier dans les Indes orientalles, » par G. ROQUES.

XVIII° siècle. Papier. IV et 333 pages. 220 sur 160 millimètres. Rel. veau rouge. (Supplément français 3191.)

14615. Projet de réforme de la Compagnie des Indes.

XVIII° siècle. Papier. 7 feuillets. 250 sur 190 millimètres. Cartonné. (Supplément français 4105.)

14616. « Relation de mon voyage d'Allemagne et d'Italie, ez années 1657 et 1658, » par Philippe-Emmanuel DE COULANGES, conseiller au Parlement de Paris († 1716).

On a ajouté en tête du volume (fol. 3) une lettre autographe de Coulanges (Rome, 11 janvier 1691).

XVIII° siècle. Papier. 296 feuillets. 235 sur 180 millimètres. Rel. veau rac. (Supplément français 254, 4.)

14617. Analyse du traité du droit public d'Allemagne, par G. A., avec commentaire de Zschackwiz.

XVIIIe siècle. Papier. 207 pages. 218 sur 160 millimètres. D. rel. (Provient du marquis de Quincy. — Supplément français 395.)

14618. « Essay historiqne et politique sur l'Allemagne. »

XVIIIe siècle. Papier. 82 feuillets. 215 sur 160 millimètres. Rel. parchemin vert. (Supplément français 2591.)

14619-14620. « Mémoires sur l'Allemagne » et « la paix de Westphalie, » par Leblanc.

XVIIIe siècle. Papier. 726 et 307 pages. 180 sur 115 millimètres. Rel. veau gr. (Provient de Lamoignon. — Supplément français 3073, 1-2.)

14621. « Testament politique, relatif à l'auguste maison d'Autriche, » adressé à l'empereur Léopold Ier par un de ses ministres.

XVIIIe siècle. Papier. 144 pages. 160 sur 98 millimètres. Rel. veau fauve. (Supplément français 1582.)

14622. Testament politique adressé à l'empereur Léopold Ier par un de ses ministres.

XVIIIe siècle. Papier. 70 pages. 215 sur 160 millimètres. Cartonné. (Supplément français 4968.)

14623. « Méditations faites par Sa Majesté l'Empereur François Ier. — Copiées l'année 1766 » aux Hongrois.

XVIIIe siècle. Papier. 105 pages. 220 sur 155 millimètres. Rel. maroquin bleu, aux armes de Marie-Antoinette. (Supplément français 3390.)

14624. « Manifeste du comte Tekeli » aux Hongrois.

XVIIIe siècle. Papier. 18 pages. 220 sur 165 millimètres. Cartonné. (Supplément français 4173.)

14625. État géographique du duché de Brabant.

« État géographique du duché de Brabant, qui comprend les quartiers de Louvain, de Bruxelles, Anvers et Bosleduc, divisés en leurs principales juridictions. Première partie. » — « Seconde partie, qui comprend les mairies d'Orp, de Hannye, de Landen et de Nivelle. » — « Troisième partie, qui comprend la mairie de Vilvorde. » — Quatrième partie, qui comprend la seigneurie de Malines, les terres d'Asche, le territoire du Haynaut... » — « Cinquième et dernière partie, qui comprend le comté d'Hogshtrate et le Kempeland. »

XVIIIe siècle. Papier. 164, 113, 89, 149 et 53 pages. 200 sur 135 millimètres. D. rel. (Supplément français 2662.)

14626. « Itineraire du voiage d'Hollande, fait en 1760, » par Pierre FAMIN, de Paris.

XVIIIe siècle. Papier. 114 pages. 230 sur 170 millimètres. D. rel. (Supplément français 1304.)

14627. « Considérations sur l'estat présent des Provinces-Unies. »

Avec corrections autographes.

XVIIe-XVIIIe siècle. Papier. 25 pages. 238 sur 175 millimètres. Cartonné. (Supplément français 4178.)

14628. « Responces à l'escript intitulé : Considérations sur l'estat présent des Provinces-Unies, ou examen du manifeste du roy d'Angleterre par un particulier fort zélé pour le bien de sa patrie...; traduit de flamand en françois,... par Christophle DE MAUR, aumosnier ordinaire du Roy... et prevost... de Coyre ez Grisons. — 1672. »

Ms. original, avec dédicace et corrections autographes.

Fol. 42. « Traité sommaire des droits qui appartiennent dès à présent à la Reine dans les Pays-Bas et comté de Bourgogne, et de ceux qui escherront un jour à Sa Majesté par le deceds du roy d'Espagne, son père, par M⁕ Jean DU HAN,... secrétaire de Mgr. de Turenne. — 1664. »

XVII⁕ siècle. Papier. 106 feuillets. 220 sur 165 millimètres. D. rel. (Supplément français 513.)

14629. Correspondance de Jean-Jacques WETSTEIN, professeur au collège des Remonstrants d'Amsterdam, avec son cousin Gaspard Wetstein, chapelain et bibliothécaire du prince, puis de la princesse douairière de Galles, à Londres. (1716-1754.)

A la suite on a joint (fol. 165) : « Dissertatio de variis lectionibus Novi Testamenti, quam... defendet Jo. Jacobus Wetstenius » (Basileæ, 1713, in-4°), *impr.* avec notes mss., et différentes variantes du Nouveau Testament.

XVIII⁰ siècle. Papier. 188 feuillets. 240 sur 190 millimètres. D. rel. (Supplément français 4104.)

14630. « Les Bataves, ou vertu et courage couronnés par la persévérance, » traduit de l'anglais par BITAUBÉ.

XIX⁰ siècle. Papier. 187 et 235 pages. 220 sur 170 millimètres. Cartonné. (Supplément français 1807.)

14631. « Genealogie de la maison d'Egmont. »

Sur la couverture en parchemin est doré le nom de : « Marie Chrestienne || d'Egmont, || anno || 1585. »

XVI⁕ siècle. Papier. 70 feuillets. 200 sur 150 millimètres. Couvert. parchemin gaufré. (Anc. Maugérard 311. — Supplément français 2036, 35.)

14632. « Premier volume du Code Frederic, avec des observations manuscrites. — In-4°. (Supplément français 4809.) » — *En déficit.*

14633-14634. « Journal de la glorieuse campagne de Sa Majesté Prussienne en Bohème, en Saxe, en Silésie et ailleurs, pour l'année 1757, » par DE KRETSCHMAR. (1758.)

Ms. original, avec dédicace et reliure aux armes de la princesse d'Orange et de Nassau, gouvernante des Provinces-Unies. — Cartes.

XVIII° siècle. Papier. vii-196 et 205 pages. 250 sur 200 millimètres. Rel. maroquin rouge, aux armes d'Orange-Nassau. (Supplément français 5104, 1 et 2.)

14635. Projet de fortifications de la ville de Luxembourg, rédigé après la prise de cette ville en 1684.

XVIII° siècle. Papier. 13 feuillets. 250 sur 190 millimètres. Cartonné. (Supplément français 4652.)

14636. « Négociations sur la vacance du trône de Pologne en 1696, après la mort du roi Jean Sobieski, et des diètes pour l'élection de son successeur. »

Mémoire rédigé en 1730 par M. Le Dran, premier commis des Affaires étrangères.

Page 458. « Sur les traitemens en France à la reine de Pologne, veuve du roi Jean Sobieski. » (1714.)

XVIII° siècle. Papier. 468 pages. 250 sur 190 millimètres. Rel. veau rac. (Supplément français 1773.)

14637. « Anecdote de la cour de Russie, sous le règne du czar Pierre Ier et de sa seconde femme Catherine, par le sieur de Villebois, chef d'escadre dans la marine de Russie. »

XVIII° siècle. Papier. 188 pages. 190 sur 150 millimètres. Rel. veau marbré. (Supplément français 254, 7.)

14638. « Observations sur les mines et salines de Sibérie. — Année 1786. »

XVIII° siècle. Papier. 71 pages. 205 sur 130 millimètres. Rel. veau marbré. (Supplément français 3064.)

14639. « Quelques remarques sur l'histoire de Charles XII, roi de Suède, écrite[s] par Mr Voltaire et imprimée[s] à Basle, 1731. »

Par le comte de Poniatowski; d'après une note en tête du volume. — Sur le plat supérieur de la reliure, le nom de « M^da Geoffrin. »

XVIIIe siècle. Papier. 30 et 70 pages. 218 sur 170 millimètres. Rel. parchemin vert. (Supplément français 5150.)

14640. Chroniques abrégées d'Angleterre, en français, depuis Brut jusqu'à l'année 1272.

Cf. *Bulletin de la Société des anciens textes français* (1878), IV, 115.

XIIIe-XIVe siècle. Parchemin. 49 feuillets. 205 sur 150 millimètres. Rel. veau rac. (Supplément français 847.)

14641. Résumé de l' « Histoire d'Angleterre, » jusqu'en 1763.

XVIIIe siècle. Papier. 227 pages. 185 sur 120 millimètres. Rel. parchemin. (Supplément français 2251.)

14642-14643. « Abrégé de l'histoire d'Angleterre de Bevill Higgons, écuyer; traduit de l'anglois, » par M. de Mondésir.

Dédié au fils du traducteur.

XVIIIe siècle. Papier. x-263 et 262 pages. 182 sur 125 millimètres. Rel. veau marbré. (Ex-libris gravé de M. de Mondésir. — Supplément français 4489, 1-2.)

14644. « Le Commencement du schisme d'Angleterre. » (1534.)

XVIIe siècle. Papier. 97 feuillets. 235 sur 180 millimètres. Rel. peau verte. (Supplément français 2400.)

14645. Histoire de Richard II, roi d'Angleterre, par Créton.

En vers et prose. — Début :

« Au departir de la froide saison
« Que printemps a fait reparacion
. . . .
« Car je n'en suys pas bien rusé. Amen. »

On lit à la fin (fol. 91 v°) les deux ex-libris suivants : « Ce present livre est à Marie Lefebvre, demurant à Chartres, fille de Philipes Lefebvre, procureur au siège présidial à Chartres. — M⁰ Philipes Le Fevre, procureur au bailliage et siege presidial de Chartres, 1580, xxvi⁰ jour de mars. Vivent les Febvres. » — Miniature au fol. 4.

XV⁰ siècle. Parchemin. 91 feuillets. 250 sur 165 millimètres. Rel. velours rouge. (Provient de Ch.-Adr. Picard (1758). — Supplément français 254, 30.)

14646. « Remonstrance faicte par la seur du duc [de] Julliers [Anne de Clèves] au roy d'Engleterre [Henri VIII] et à son conseil. »

A la fin du volume, la signature : « Jehan de Luxembourg. »

XVI⁰ siècle. Papier. 22 feuillets. 215 sur 150 millimètres. Cartonné. (Supplément français 3522.)

14647. « Doutes historiques sur la vie et le règne de Richard III, par M. Horace WALPOLE. »

Portraits de Richard III et de la reine Anne.

XVIII⁰ siècle. Papier. 86 feuillets. 240 sur 195 millimètres. Rel. veau rac. (Supplément français 1970.)

14648. « La vie et mort d'Olivier Cromwel, dernier usurpateur. »

En tête du volume, ex-libris gravé de « M⁰ Jean baron de Launay,... 1662, » et portraits gravés de Duguesclin et de Guillaume de Launay, dict Gelin... »

XVII⁰ siècle. Papier. 238 feuillets. 195 sur 152 millimètres. Rel. veau gr. (Supplément français 685.)

14649. Jean BRETON, ou BRITTON, évêque de Hereford († 1275), livres de « dreit de possession » et de « dreit de propreté. »

Publiés par Houard, *Traités sur les coutumes anglo-normandes* (Rouen, 1776, in-4°), t. IV, p. 1-462.

XIV° siècle. Parchemin. 129 feuillets à 2 col. 255 sur 170 millimètres. D. rel. (Supplément français 5878.)

14650-14652. « Anecdotes sur l'état de la peinture en Angleterre,... par Mʳ Horace Walpole, traduites en françois par Mʳ J.-P. Mariette. »

Ms. autographe. — En tête du premier volume est un billet de Walpole à Mariette.

XVIII° siècle. Papier. 201, 246 et 185 pages. 210 sur 170 millimètres. Cartonné. (Supplément français 1846, *a-c*.)

14653. « Les Armories et enseignes du souverene et compagnions du tresnoble ordre de la Jarretiere, en nombre de xxv, come ilz sont par ordre au chasteau de Wyndsor, l'an 1572. »

Blasons peints, à pleine page.

XVI° siècle. Parchemin. 14 feuillets. 210 sur 145 millimètres. D. rel. (Provient « de la bibliothèque des religieux de la Charité de Paris, de l'ordre de Sᵗ-Jean de Dieu. » — Supplément français 2508.)

14654. « La vie de Marie-Hélène Obrien d'Insiquin, fille du comte d'Insiquin, pair du royaume d'Irlande. »

XVIII° siècle. Papier. 506 pages. 185 sur 118 millimètres. Rel. veau gr. (Supplément français 2174 *bis*.)

14655. « Projet du traité d'aliance et ligue deffensive que Dom Jean de Watteville se promet de conclure entre les seigneurs des louables Ligues Suisses et la Franche-Conté de Bourgogne, moyennant l'aveu et consentement de Sa Majesté... » (1667.)

Pièces diverses sur le même sujet. — Copies.

XVII° siècle. Papier. 127 feuillets. 220 sur 165 millimètres. Rel. maroquin rouge, aux armes du roi. (Supplément français 691.)

14656. « Recueil de l'histoire des Suisses, par Wolfgand Colliard, advocat à Genève. »

XVIIe siècle. Papier. 85 feuillets. 165 sur 105 millimètres. D. rel. (Supplément français 823.)

14657. « Exposition abrégée de l'histoire, du gouvernement, des mœurs, usages et loix de la République de Genève, » par le duc Louis-Alexandre de La Rochefoucauld.

Dédié à sa mère la duchesse d'Enville, et suivi d'un « Voyage de Paris à Lyon par le Bourbonnois » (p. 94), — « de Lyon à Genève » (p. 106), — et « des glaciers de Savoie » (p. 110) en 1762 ; — enfin « Discours académique prononcé à la distribution des prix par M. Tronchin, professeur, traduit en françois » (p. 168).

XVIIIe siècle. Papier. 198 pages. 185 sur 112 millimètres. Rel. veau marbré. (Supplément français 2594.)

14658. « Chroniques du païs de Vaud. »

Incomplète. — A la suite ont été ajoutées postérieurement une liste de livres, anonyme (p. 113), — une « Profétie de Nostradamus » (p. 116), — et un compte de succession (p. 119).

XVIe-XVIIe siècles. Papier. ix et 133 pages. 150 sur 100 millimètres. D el. (Supplément français 5129.)

14659. « Chroniques du pays de Vaulx. »

Cette chronique, divisée en six livres et qui débute de même que la précédente, est suivie d'un « Roolje des seigneurs sindicqs, qui ont estez esleus dès l'an 1503 » jusqu'en 1628 (p. 325) ; — d'un « Catalogue des évesques » de Genève « jusques après la Réformation en l'an 1544 » (p. 341) ; — et d'un « Sommaire discours des droictz que le duc de Savoye prétend luy appartenir sur la cité de Genève » (p. 345).

XVIIe siècle. Papier. 491 pages. 265 sur 180 millimètres. D. rel. (Supplément français 5547.)

14660. « Mémoire de tout mon voege faict en Italie, l'an 1583, avec les choses remercables que j'i ay veues, par Charles DE NEUFVILLE DE VILLEROY, marquis d'Alincourt. (1583-1585.)

Ms. autographe. — Inscriptions latines et grecques.

XVIe siècle. Papier. 42 feuillets. 200 sur 150 millimètres. Couvert. parchemin. (Provient de Falconet, n° 14747. — Supplément français 5499.)

14661. Journal de voyage d'un Parisien en Italie pendant les années 1669-1670.

XVIIe siècle. Papier. 66 feuillets. 155 sur 110 millimètres. Rel. maroquin rouge. (Provient des Augustins déchaussés. — Supplément français 1671.)

14662. « Voyage du chevalier des *** » en Italie. (1738.)

XVIIIe siècle. Papier. 142 pages. 165 sur 105 millimètres. Rel. veau fauve. (Provient « du château de Montboissier. » — Supplément français 5118.)

14663-14664. « Voyage d'Italie, » par l'architecte Robert DE COTTE. (1689-1690.)

XVIIe siècle. Papier. 85 et 145 feuillets. 142 sur 100 millimètres. D. rel. (Supplément français 792, 1-2.)

14665. Lettres historiques et critiques sur l'Italie, par le président DE BROSSES.

Second volume contenant les Lettres XXXVI-LV seulement.

XVIIIe siècle. Papier. 371 feuillets. 255 sur 185 millimètres. D. rel. (Supplément français 4279.)

14666. « Relation de toutes les cours d'Italie, faite en 1692. »

Savoie, Gênes, Lucques, Florence, Parme, Modène, Mantoue, Venise, Rome, Naples, Sicile, Sardaigne et Milan.

XVIIe siècle. Papier. 72 feuillets. 235 sur 180 millimètres. Rel. veau rac. (Supplément français 2036, 92.)

14667-14668. Mémoires sur les différentes cours d'Italie, par Le Blanc.

I (14667). Savoie, Gênes, Lucques et Toscane. — 460 pages
II (14668). Modène, Mantoue, Parme et petits souverains d'Italie. — Pages 461-801.

A la fin (p. 740) : « Lettre du cardinal d'Ossat touchant les intérest des princes d'Italie, » adressée de Rome à Henri IV (20 déc. 1597).

XVIIIe siècle. Papier. 2 volumes. 175 sur 110 millimètres. Rel. veau gr. (Provient de Lamoignon. — Supplément français 3072, 2.)

14669. « Mémoire contenant les distances des postes les plus importants pour la guerre en Italie. »

XVIIIe siècle. Papier. vi et 65 pages. 190 sur 115 millimètres. Rel. veau fauve, aux armes de Fontanieu. (Supplément français 4986.)

14670. « La Conjuration du comte Jean-Louis de Fiesque. »

XVIIIe siècle. Papier. 87 feuillets. 200 sur 155 millimètres. Rel. veau rac (Supplément français 4477.)

14671. « Nouvelles d'Italie. — 1743. »

Nouvelles à la main adressées de Gênes à « Mr Leffilles, aux Galleries du Louvre, à Paris. »

XVIIIe siècle. Papier. 108 feuillets. 205 sur 150 millimètres. D. rel. (Supplément français 4170.)

14672. « Traité ou advis du droit de la succession royalle, apartenant à la maison royalle de Bourbon et particulièrement au très chrestien Louys le Juste, roy de France et de Navarre, sur le royaume de Naples et autres qui en dépendent, recerché par Jean de Remond, procureur de Sa Magesté en la ville et comté de Castres. »

XVIIe siècle. Papier. 44 feuillets. 245 sur 180 millimètres. Rel. veau rac. (Supplément français 542.)

14673. « Reflexions sur ce qui s'est passé au 23 de septembre de l'an 1701, touchant le soulèvement de Naples. »

XVIIIe siècle. Papier. 19 feuillets. 198 sur 145 millimètres. Rel. velours bleu. (Supplément français 4967.)

14674. « Lettres historiques au C. D. L. sur la conjuration de Naples, du 23 de septembre 1701 »-1702.

XVIIIe siècle. Papier. 245 feuillets. 220 sur 160 millimètres. Rel. veau gr. (Supplément français 737.)

14675. « Les Anecdotes de Florence, ou l'histoire secrette de la maison de Medicis. »

XVIIe siècle. Papier. 859 pages. 220 sur 160 millimètres. Rel. veau gr. (Supplément français 2036, 96.)

14676. « Histoire d'Espagne. »

XVIIIe siècle. Papier. 94 feuillets. 205 sur 170 millimètres. Cartonné. (Supplément français 2157.)

14677. Correspondance de Philippe II, roi d'Espagne et de la duchesse Marguerite de Parme, gouvernante des Pays-Bas. (1565-1567.)

Copies.

XVIIe siècle. Papier. 421 pages. 220 sur 160 millimètres. Cartonné. (Supplément français 5350.)

14678. « Ordonnances de la Toison d'or. — In-8°. (Supplément français 4977.) » — *En déficit*.

14679. « Estat de la marine de l'Empire Othoman, et le journal de l'armée navalle, » par François Pétis « de Lacroix, cy-devant secrétaire de l'ambassade à la Porte. »

Fol. 104. « Journal des campagnes de l'armée othomane, depuis l'année 1656 jusques après la conquête du royaume de Candie. » (1656-1683.)

Exemplaire de dédicace à Pontchartrain.

XVIIᵉ siècle. Papier. 186 feuillets. 225 sur 168 millimètres. Rel. veau rac., aux armes de Pontchartrain. (Supplément français 4283.)

14680. « Voyage de Jérusalem, fait en l'année 1717, » par un religieux... et le chevalier DE LANGON.

XVIIIᵉ siècle. Papier. 96 feuillets. 255 sur 190 millimètres. Rel. parchemin. (Supplément français 4838.)

14681. « Le Viateur en la plus grande partie d'Orient,... rédigé de langue toscane en langue françoise par Jehan DE RACONIS, commissaire ordinaire en l'artillerie du Roy... »

Fol. 102. « Petit traicté de Theodore SPANDOIN CANTHACUSIN, de Constantinnoble, de l'origine des princes des Turcs de present dix empereulx, et l'ordre de leur court,... et des coustumes de leurs nations,... traduyct d'ytallien en françoys par le dessusdict de Racconys. »

XVIᵉ siècle. Papier. 155 feuillets. 260 sur 185 millimètres. Rel. veau rac., aux armes de Caumont-La Force. (Supplément français 4939.)

14682. « Recueil très exact des ports et rades d'une partie des illes de l'Archipelle, par le chevalier DE CONSTANTIN, officier de marine, l'an 1685. »

Cartes, vues de villes, et dessins d'antiquités de Délos.

XVIIᵉ siècle. Papier. 33 pages oblongues. 190 sur 260 millimètres. Rel. veau gr. (Supplément français 1299.)

14683. « Extrait du Journal du sieur Fr. PÉTIS DE LA CROIX, professeur royal en arabe,... où est marqué ce qu'il a fait en Orient durant dix années qu'il y a demeuré par ordre de Sa Majesté; présenté à Mgr. Phélipeaux, secrétaire d'État, en l'an 1694. »

Il y a un duplicata de ce volume sous le n° 6122 du fonds français.

XVIIᵉ siècle. Papier. VI et 204 pages. 225 sur 170 millimètres. Rel. maroquin rouge, aux armes de Pontchartrain. (Supplément français 390.)

14684. « Examen critique des *Annales Chinoises*, ou mémoire sur l'incertitude des douze premiers siècles de ces annales et de la chronologie chinoise, » par Chr.-L.-J. DE GUIGNES.

Imprimé dans les *Mémoires de l'Académie des Inscriptions et Belles-Lettres* (1774), t. XXXVI, p. 164-189.

XVIIIe siècle. Papier. 55 pages. 218 sur 175 millimètres. Rel. veau rac. (Supplément français 5548.)

14685. Recueil de pièces sur la Chine.

Fol. 1. « Chronique Tartare (984 av.-1697 ap. J.-C.); » traduction française.

Fol. 59. « Thchūn-thsiēou, c'est-à-dire le Printems et l'Automne, ou Annales de la principauté de Loù, depuis l'an 722 jusqu'à l'an 480 av. J.-C., ouvrage du célèbre philosophe Confucius,... traduit de chinois en françois par M. Le Roux Deshauterayes. »

Fol. 78. « Extrait des *Lettres édifiantes* » des missionnaires Jésuites en Chine.

XVIIIe siècle. Papier. 119 feuillets. 240 sur 170 millimètres. D. rel. (Supplément français 5554.)

14686. Recueil de pièces sur la Chine.

Fol. 1. « Tchun-Tsieou, le Printems et l'Automne, ou Annales de la principauté de Lou, depuis 722 jusqu'en 481 avant l'ère chrétienne, etc., écrites par le célèbre philosophe Confucius, l'an 480 av. J.-C.,... et traduites en françois par Le Roux Deshauterayes. 1750. »

Fol. 16. « Le Printems et l'Automne, ou Annales de la principauté de Loù. » Traduction française.

XVIIIe siècle. Papier. 109 feuillets. 245 sur 182 millimètres. D. rel. (Supplément français 5555.)

14687. « Remarques sur la chronologie et l'histoire chinoise, » par LE ROUX DESHAUTERAYES.

Avec divers mémoires et textes chinois sur le même sujet.

XVIIIe siècle. Papier. 177 feuillets. 250 sur 190 millimètres. D. rel. (Supplément français 5552.)

14688. Recueil de pièces sur la Chine.

I. « Recueuil de diverses choses remarquables qui se sont passées à la cour de Pékim et en quelques autres lieux du royaume, ces deux dernieres années 1666 et 67. » — 35 pages.

II. « Persécution de nostre sainte Loy dans le royaume de la Chine soubs l'empire des Tartares. » — 231 pages.

III. « Noms de l'evesque et des prestres Soriens ou Arméniens, qui vinrent à ce royaume prescher l'Evangile il y a environ mil ans, » « gravéz sur la pierre qui se trouva dans la province de Chen-si, » en 1625. — 2 pages.

IV. « Quelques choses dignes de remarque qui sont venues à ma connoissance depuis que je suis dans la Chine. » — 12 pages.

V. « Prodiges arrivez en quelques provinces du royaume de la Chine aux mois de julhet et d'aoust de l'an 1668. » — 5 pages.

VI. « Lettre des RR. PP. de Pequin, Gabriel de Magalhères, Louys Buchtio, Fernand Verbiest, » sur la mission des Jésuites à Pékin (20 janv. 1669). Copie. — 24 pages.

XVIIe siècle. Papier de Chine. 210 sur 150 millimètres. Rel. parchemin. (Supplément français 5553.)

14689. « Mémoire touchant la Compagnie angloise des Indes orientales. »

XVIIIe siècle. Papier. 192 feuillets. 240 sur 178 millimètres. Rel. veau gr. (Supplément français 1668.)

14690. « Relation de la campagne dans l'Inde qui a terminé la guerre contre Tipoo-Sultan, en 1792,... par le major Dirom, député-adjudant général de l'armée de Sa Majesté dans l'Inde (Londres, 1794); traduite de l'anglois par le général Dumouriez. — 1799. »

Avec un « Discours préliminaire du traducteur », et des cartes.

XVIIIe siècle. Papier. 105 feuillets. 218 sur 165 millimètres. D. rel. (Supplément français 2813.)

14691. « Remarques sur la médaille d'or, treuvée en Alexandrie d'Ægipte, sous de vieilles masures, en l'année 1639. »

Médaille d'Arsinoé, femme de Ptolémée II Philadelphe.

XVIIe siècle. Papier. 8 feuillets. 265 sur 180 millimètres. Cartonné. (Supplément français 3668.)

14692. « Voyage en Espagne, à la suite de S. A. R. Mgr. le comte d'Artois, par Alexandre BALLET, valet de chambre de Mr le comte de Vaudreuil. — 1782. »

Ms. autographe.

XVIIIe siècle. Papier. 168 feuillets. 215 sur 165 millimètres. D. rel. (Supplément français 254, 5.)

14693. « L'Esclave de Hadgi Mehemmed Codgia, autrement dit Dom Philippe, fils d'un day de Tunis, » ou « Histoire de l'esclavage d'un marchand de Cassis à Tunis, » par Antoine GALLAND.

Ms. autographe; imprimé à Paris, 1810, in-8º.

XVIIe siècle. Papier. 205 pages. 210 sur 150 millimètres. Cartonné. (Supplément français 3068.)

14694. « Relation du prince DE BROGLIE » de son voyage, avec le chevalier de Lameth, aux États-Unis et au Venézuela. (1782-1783.)

Avec corrections autographes (?).

XVIIIe siècle. Papier. 174 pages. 145 sur 92 millimètres. Rel. maroquin rouge. (Supplément français 3928.)

14695. « Voïage au continent américain par un Français,

en 1777, et réflexions philosophiques sur ces nouveaux républicains. »

XVIIIe siècle. Papier. 108 feuillets. 210 sur 160 millimètres. D. rel. (Supplément français 1814.)

14696. « Receüil de pièces diverses sur les opinions des anciens philosophes. »

On lit au bas du titre : « Escript par Tallendier de la Bussière, 1728 ; » et autour : « Serenissimo principi Julio Frederico de La Tour d'Auvergne, ann. 1728. »

XVIIIe siècle. Papier. 210 feuillets. 230 sur 180 millimètres. Rel. veau brun. (Supplément français 731.)

14697. « Cayers originaux de Mr Crouzas, donnez par luy même à l'abbé Bakger, bibliothécaire de Mr l'abbé de Zaluski. »

« Ces cayers sont contre le Pyrrhonisme et principalement contre Bayle, etc. » (Cahiers 26 et 27.)

XVIIIe siècle. Papier. 77 feuillets. 230 sur 175 millimètres. Cartonné. (Supplément français 3514.)

14698. « De l'union de l'âme avec le corps. »

XVIIIe siècle. Papier. 33 pages. 200 sur 140 millimètres. Cartonné. (Supplément français 3742.)

14699. « Mémoire sur les sollicitations que fait Mr Morel avec quelques autres docteurs pour obtenir du Parlement un arrêt qui condamne toute autre philosophie que celle d'Aristote, par M. Arnault. — 1673. »

Cf. le ms. français 14837.

XVIIe siècle. Papier. 17 feuillets. 235 sur 170 millimètres. Cartonné. (Supplément français 3504.)

14700. Extraits divers des ouvrages philosophiques de Descartes, Malebranche, Locke, le P. Buffier.

XVIIIe siècle. Papier. 152 feuillets. 188 sur 135 millimètres. (Supplément français 2587.)

14701. « Les Dogmes fondamentaux de la nouvelle philosophie, comparez avec les dogmes de l'ancienne; ouvrage posthume du R. P. G., Jéronimite, traduit de l'espagnol. » (1716.)

Un avis préliminaire, à la suite du titre, attribue cet ouvrage au « R. P. G., Jésuite célèbre de la province de Lion. » — Ms. original, avec l'approbation du censeur.

XVIIIe siècle. Papier. 231 pages. 245 sur 195 millimètres. Cartonné. (Supplément français 1124.)

14702. « Censure de la philosophie de Descartes, à Mr de Montausier, duc et pair de France, » par P.-D. HUET.

Ms. original, avec corrections autographes.

XVIIIe siècle. Papier. 55 feuillets. 235 sur 170 millimètres. Cartonné. (Provient de Léchaudé d'Anisy. — Supplément français 5309.)

14703. « Censure de la Réponse faite par M. Regis au livre intitulé : *Censura philosophiæ Cartesianæ*, par Théocrite de La Roche, seigneur de Pluvigny, » pseudonyme de P.-D. HUET.

Ms. autographe ; précédé de « Nouveaux mémoires pour servir à l'histoire du Cartésianisme » et d'une lettre à M. Régis, prince des philosophes Cartésiens.

XVIIe siècle. Papier. 144 feuillets. 200 sur 160 millimètres. Cartonné. (Provient de Léchaudé d'Anisy. — Supplément français 5308.)

14704. « Dissertation sur l'infini créé selon l'hypothèse et le nouveau système de M. Descartes. »

XVIIe siècle. Papier. 68 feuillets. 225 sur 165 millimètres. Rel. veau fauve, aux armes de P.-D. Huet. (Provient de la Maison professe des Jésuites de Paris. — Supplément français 744.)

14705-14706. « Critique des ouvrages du R. P. Malebranche, » par le R. P. Hardouin.

Ms. autographe.

XVIIIe siècle. Papier. 364 et 146, 88, 144 et 64 pages. 240 sur 170 millimètres. D. rel. (Don du marquis de Quincy. — Supplément français 382.)

14707. « Observations sur les causes des progrez et des décadanses de la sagesse et de la raison humaine ; — sur le désir et l'espéranse de la béatitude ; — Projet pour les conférances de morale et de politique, décembre 1734. »

XVIIIe siècle. Papier. 34, 11 et 7 pages. 240 sur 180 millimètres. Cartonné. (Supplément français 3744.)

14708. Lettres de M. Perelle sur différentes questions philosophiques. (1715.) — Copies.

Fol. 75. Traité de grammaire française, en réponse aux théories de l'abbé Régnier.

XVIIIe siècle. Papier. 115 feuillets. 250 sur 190 millimètres. Cartonné. (Supplément français 3744, 2.)

14709. « Principes phisiques de la raison et des passions des hommes, par Mr Maubec, docteur en médecine de la faculté de Monpellier. »

XVIIIe siècle. Papier. v et 200 pages. 215 sur 160 millimètres. Rel. parchemin. (Ex-libris gravé de « Le Roy Demont Flobert. » — Provient de l' « École royale militaire. » — Supplément français 3054.)

14710. « Le Manuel de Xéfolius. — 1780. »

Ms. déposé par l'auteur à la Bibliothèque du Roi en 1792 ; il avait été imprimé en 1788.

XVIIIe siècle. Papier. 208 pages. 218 sur 170 millimètres. Rel. veau gr. (Supplément français 1906.)

14711-14713. « Maximes chrestiennes, morales et politiques. »

Maximes numérotées de 1 à 15881.

XVIIe siècle. Papier. 3 vol. de 1082 pages. 230 sur 165 millimètres. Rel. veau rac. (Supplément français 5391-5393.)

14714. Instructions, sous forme de lettre, adressées au duc de Berry, plus tard Louis XVI, par son confesseur, l'abbé SOLDINI.

XVIIIe siècle. Papier. 30 feuillets. 215 sur 160 millimètres. Cartonné. (Supplément français 4427.)

14715. « Première conversation avec Mgr. le duc de Berry [Louis XVI], le 1er avril 1763, et plan général des instructions que je me propose de lui donner, » par l'abbé SOLDINI.

On lit au bas du titre : « Ces conversations m'ont été communiquées par M. l'abbé Berthier, frère du P. Berthier et son héritier, lequel P. Berthier les avoit reçues de M. le duc de Vauguyon. 1784. »

XVIIIe siècle. Papier. 54 pages. 235 sur 190 millimètres. Cartonné. (Supplément français 4428.)

14716-14718. « Avis à mon fils, » par Mme... »

Début : « Vous êtes enfin parvenu, mon cher fils,... »

XVIIIe siècle. Papier. 168 pages, 66 feuillets et 141 pages. 162 sur 100 millimètres. Rel. maroquin rouge et veau rac. (Supplément français 3861, 3862 et 3212.)

14719. « Coup d'œil sur l'éducation, en faveur des pères et mères, et des instituteurs et des institutrices, par M. A. GAUTIER-SAUZIN ; seconde édition,... à laquelle on a joint une lettre sur l'instruction des aveugles, adressée à l'auteur par M. Jean Izaac ROQUES, de Montauban, aveugle lui-même, avec quelques-unes de ses poésies. 1845. »

Exemplaire de dédicace à Louis XVIII.

XIX⁰ siècle. Papier. 18, vii et 354 pages. 225 sur 172 millimètres. Cartonné. (Supplément français 1818.)

14720. « Abrégé de l'ordre naturel des sociétés. »

XVIII⁰ siècle. Papier. viii et 111 pages. 220 sur 150 millimètres. Rel. maroquin rouge. (Supplément français 2113.)

14721. « Petit traicté de la Politique. »

Début : « Dieu ayant créé l'homme pour demeurer quelque temps dans le monde... »

XVII⁰ siècle. Papier. 78 feuillets. 225 sur 165 millimètres. Rel. veau rac. (Supplément français 4479.)

14722-14724. « L'Origine, dignité et debvoir du prince, du seigneur, du gentilhomme et du noble homme; leur institution, religion, faictz d'armes, fiefs, dignitez, seigneuries, honneurs, rangs, ceremonyes, qualitez, différences; avecques le moyen de pacifier toutes querelles par le poinct d'honneur, par messire René, comte DE SANZAY... » (1583.)

XVI⁰ siècle. Papier. 316, 451 et 360 feuillets. 260 sur 190 millimètres. Couvert. parchemin. (Provient du Dépôt des Affaires étrangères. — Supplément français 1086.)

14725. « L'art de régner sur les cœurs et les esprits, par M. P.-C. BURTRET DU PAQUIER. — 1806. »

Exemplaire de dédicace à Napoléon I⁰ʳ.

XIX⁰ siècle. Papier. 64 pages. 198 sur 135 millimètres. Rel. maroquin rouge, aux armes de l'Empereur. (Supplément français 3957.)

14726. « Reigles du bon sens pour bien juger des écrits polémiques dans des matières de science, appliquées à une dispute entre deux théologiens, touchant cette question métaphisique : Si nous ne pouvons voir les véritez nécessaires et immuables que dans la vérité souveraine et incréée. »

Fol. 37. Premier et « second écrit géométrique, » sur la grâce, etc.

XVIII° siècle. Papier. 62 feuillets. 250 sur 185 millimètres. Cartonné. (Supplément français 3745.)

14727. Manuel d'un ingénieur-architecte de la première moitié du XVII° siècle.

Traités d'Arithmétique (fol. 15 v°) ; — de Géométrie, en six livres (fol. 63) ; — « De la fabrique des forteresses » (fol. 208) ; — « Septième livre de la démonstration de l'architecture des fortification[s] » (fol. 238) ; — « Huitième livre demonstrantes plusieur machine servant à l'art militaire, tant pour asallir que pour defandre » (fol. 278) ; — « Dixième livre de la démonstration de l'architecture des batiment de plusieur conditions, à sçavoir des batiment roialles, chempaistres et non champaistres... » (fol. 340) ; — « Onzième livre de la démonstration des traict de masongnerie... » (fol. 406).

Très nombreuses figures, artistement dessinées, parmi lesquelles on peut remarquer pour la provenance et la date de ce recueil : « Le pondevis qui a esté fait à Courmatin, 1614 » (fol. 283 v°) ; — « Cintre du pon[t] de Toulouze » (fol. 465 v°) ; — « Charpantry... à la gallery du Louvre, à Paris » (fol. 466 v°) ; — « Desain de la Halle failct à Courmatin l'an 1621 par M. Philbert Nettement pour Monsieur le marquis d'Uxelle » (fol. 470) ; — « Le pon de bois qui est à Viene en Dofigné... » (fol. 473) ; — « A Versoy, deux lieu près Geneve » (fol. 572 v°) ; — « A Geneve » (fol. 574 v°) ; — « A Sedan » (fol. 578 v°) ; — « A Fontainebleau » (fol. 582 v°) ; — « A Fontenay en Voge » (fol. 583).

XVII° siècle. Papier. 594 feuillets. 125 sur 90 millimètres. Couvert. parchemin. (Supplément français 5008.)

14728. Mélanges et extraits de géométrie, astronomie et astrologie.

Fol. 1. Traité anonyme de géométrie, en français.

Fol. 20. « Mémoire de préparer le papier pour couvrir un globe, » etc.

Fol. 23 v°. « De la grandeur, longueur et vray lieu de la comète, par J. de Mont-Roial. » [Jean Müller, de Königsberg.]

Fol. 40. « Observations » astronomiques de « Georg. Beurbach et Jean de Mont-Roial, » etc. (1457-1504.)

Fol. 47. « Tabula arcuum horariorum, tam in horizonte quam verticali circulo ad subscriptas poli arctici elevationes, » etc. astronomica et astrologica, fol. 53 v°, 62 v°, 74 v° et 118.

Fol. 55 v°. Traité de l' « Holomètre,... propre à mesurer toutes distances. »

Fol. 59 v°. « De l'invention des racines quarrées et cubiques. »

Fol. 66 v°. « Les règles les plus mémorables de la Géométrie de Bouvelles. »

Fol. 82. « Bibliotheca sive repertorium librorum mathematica. »

Fol. 148. « Observations du lieu et haulteur du soleil à Blois. » (1556-1560.)

XVI° siècle. Papier. 149 feuillets. 190 sur 130 millimètres. Couvert. parchemin. (Provient de Bigot, n° 305. — Supplément français 1115.)

14729. « Mémoires de mathématique et de physique, extraits des Registres de l'Académie royale des Sciences, années 1696 et 1697. »

Figures. — Sur le titre, la signature : « Godin, 1728. »

XVIII° siècle. Papier. xii et 573 pages. 255 sur 185 millimètres. Rel. veau gr. (Supplément français 2939.)

14730. « Considérations sur quelques formules intégrales, dont les valeurs peuvent être exprimées en certains cas par la quadrature du cercle, » par EULER.

Ms. autographe, donné par Lagrange à Lacroix, membre de l'Académie des sciences.

XVIII° siècle. Papier. 19 feuillets. 210 sur 160 millimètres. Rel. veau brun. (Supplément français 2806.)

14731. « Arithmétique curieuse pour sa nouveauté, facilité et brièveté; ensuitte le thoisé, l'arpentage, le jaugeage, selon la mesme méthode, 1702; [par le] Père Hilarion, Augustin déchaussé. » († 1708.)

XVIII⁰ siècle. Papier. vi et 591 pages. 225 sur 165 millimètres. Rel. veau gr. (Supplément français 1752.)

14732. « Éléments d'algèbre. — Traités de la parabole et du mouvement. — Traité du jeu des bombes. »

XVIII⁰ siècle. Papier. 159 pages. 225 sur 165 millimètres. D. rel. (Supplément français 3931.)

14733. « Mémoire sur une nouvelle méthode d'appliquer le feu, fondée sur le principe des conducteurs de la chaleur, par O'Reineke. »

Daté de « Marseille, le 1ᵉʳ janvier 1793. »

XVIII⁰ siècle. Papier. iv et 113 pages. 240 sur 195 millimètres. D. rel. (Supplément français 1809.)

14734. « Découvertes de M. Marat, docteur en médecine et médecin des Gardes du corps de Mgr. le comte d'Artois, sur le feu, l'électricité et la lumière. » (Paris, 1779, in-8°.)

Exemplaire imprimé, avec corrections mss. autographes.

XVIII⁰ siècle. Papier. 38 pages. 225 sur 132 millimètres. D. rel. (Supplément français 2430.)

14735. « L'Usage des Lunettes pour toutes sortes de veues,... par Benoist Daça de Valdes, licentié et notaire de l'inquisition en la cité de Seville,... traduit d'espagnol en françois, jouxte la coppie imprimée à Seville par Diego Perez, l'an 1623, in-4°. »

XVIII⁰ siècle. Papier. 125 pages. 200 sur 130 millimètres. Cartonné. (Supplément français 640.)

14736. « Premiers élemens de la construction des Lieux géométriques. »

XVIII⁰ siècle. Papier. 121 pages. 265 sur 190 millimètres. Cartonné. (Supplément français 3057 *bis*.)

14737. « Elemens de Géométrie, par Mr Sauveur, professeur royal, maître de mathématiques de Mgrs. les ducs de Bourgogne, d'Anjou et de Berry... »

Planches gravées.

XVII⁰ siècle. Papier. 215 pages et figures gravées. 230 sur 185 millimètres. Rel. veau fauve. (Supplément français 4080.)

14738. « Géométrie pratique, » par le même.

Planches gravées.

XVII⁰ siècle. Papier. 170 feuillets. 255 sur 190 millimètres. Rel. veau fauve. (Supplément français 4080.)

14739. « Recueil de Géométrie. »

XVII⁰ siècle. Papier. 80 feuillets. 210 sur 160 millimètres. Rel. veau gr. (Provient de A.-A. Monteil. — Supplément français 2528.)

14740-14741. Œuvres du P. Georges Deschamps.

I. « Traité abrégé de la mesure de la Terre (suivi d'un « Traité du nivellement » et d'un « Traité d'hydrostatique et d'hydraulique »), extrait de M. Picart, académicien, et des Mémoires de l'Académie, » par le Père George Deschamps, Jésuite. (1750.)

II. « Traité de la nature, des propriétés et de l'équilibre de l'air avec certaines liqueurs, comme l'eau, le vif-argent, etc., » par le même.

Mss. autographes.

XVIII⁰ siècle. Papier. 56, 68 et 103, et 203 pages. 235 sur 170 millimètres. Rel. parchemin. (Provient de A.-A. Monteil. — Supplément français 2529.)

14742. « Géométrie pratique, » par M. Godin.

XVIII⁰ siècle. Papier. 189 feuillets. 220 sur 160 millimètres. Rel. veau rac. (Supplément français 2943.)

14743. « Géométrie pratique, » par M. Godin.

Figures coloriées.

XVIIIe siècle. Papier. 295 pages. 235 sur 180 millimètres. Rel. veau fauve. (Supplément français 3041.)

14744. « Traité des Proportions » géométriques.

XVIIIe siècle. Papier. 111 feuillets. 240 sur 180 millimètres. Rel. veau gr. (Supplément français 3041.)

14745. « Abregé pour congnoistre combien une quantitté de piedz ou de poulces peuvent valoir sur une quantitté de perche qui se trouvera en une piece que l'on arpentera. »

XVIIe siècle. Parchemin. 21 feuillets. 130 sur 85 millimètres. Couvert. parchemin. (Supplément français 4647.)

14746. « Mémoire pour faire connoître la méthode de carter un terrier en pays de franc-aleu par l'utilité des plans géométrique[s]... »

XVIIIe siècle. Papier. 5 feuillets. 218 sur 170 millimètres. Cartonné. (Provient de A.-A. Monteil. — Supplément français 2482.)

14747. « Traité des Sections coniques. »

XVIIe siècle. Papier. 93 pages et 15 planches. 230 sur 175 millimètres. Rel. veau fauve. (Supplément français 3041, 3.)

14748. « Traité de Mechanique. »

XVIIe siècle. Papier. 112 feuillets. 230 sur 170 millimètres. Rel. veau rac. (Provient des Augustins déchaussés de Paris. — Supplément français 1753.)

14749. « Traité de Mechanique. — Ce premier avril 1708. »

XVIIIe siècle. Papier. 109 feuillets. 225 sur 165 millimètres. Rel. parchemin. (Supplément français 5395.)

14750. « Abrégé de Méchanique. »

XVIIIe siècle. Papier. 99 feuillets. 230 sur 175 millimètres. Rel. parchemin vert. (Supplément français 2174.)

14751. « Abrégé de Méchanique. »

Figures coloriées.

XVIIIe siècle. Papier. 202 pages et 7 planches. 255 sur 185 millimètres. Rel. veau fauve. (Supplément français 3942.)

14752. « Abrégé de Méchanique, par Mr SAUVEUR, professeur royale, maître des mathématiques de Mgrs. les ducs de Bourgogne, d'Anjou et de Berry... »

Nombreuses planches coloriées.

XVIIIe siècle. Papier. 74 feuillets. 250 sur 190 millimètres. Rel. veau fauve. (Supplément français 4079.)

14753. Lettre de J.-B. BERNOUILLI, en réponse à la lettre du chevalier Renau, du 19 juillet 1714. (Bâle, 12 août 1714.)

Copie.

XVIIIe siècle. Papier. 25 feuillets. 230 sur 170 millimètres. Cartonné. (Supplément français 3743.)

14754. « Lettre philosophique à Son Altesse Sérénissime Madame la princesse de Conty douairière » sur l'Astronomie.

XVIIe siècle. Papier. 54 feuillets. 188 sur 120 millimètres. Rel. maroquin rouge. (Supplément français 764.)

14755. « Principes de Cosmographie, représentés par des figures aisées, fait par E. GARDEBOSC. — 1688. »

Exemplaire de dédicace à Bégon, intendant général des galères.

XVIIe siècle. Papier. 49 feuillets. 210 sur 160 millimètres. Rel. maroquin noir. (Supplément français 780.)

14756. « Traitté de sphere, dans lequel on explique tout ce qui paroist du mouvement des astres, suivant les differens systhemes qui placent la terre, ou le soleil, au centre de leurs mouvemens ; l'on y donne aussy les principes de la géographie. — 1720. »

XVIIIe siècle. Papier. 142 pages, 26 et 5 planches peintes. 255 sur 200 millimètres. Rel. veau gr. (Supplément français 5160.)

14757. « Abrégé de sphère, contenant une idée des prinpaux sistèmes du monde,... l'usage des sphères armillaires, des globes célestes et terrestres, pour la résolution de plusieurs problèmes de géographie et d'astronomie. — 1721. »

Exemplaire à l'usage de Louis XV.

XVIIIe siècle. Papier. 91 pages et planches 5-12 peintes. 240 sur 180 millimètres. Rel. maroquin olive, doublée de maroquin rouge, aux armes du roi. (Supplément français 5163.)

14758. « Observations d'étoiles, commencées le 1er septembre 1788, faites à la lunette méridienne pour être comparées au Catalogue de Flamsteed, » par DELAMBRE. (Sept.-oct. 1788.)

XVIIIe siècle. Papier. 41 feuillets. 180 sur 115 millimètres. Rel. bas. rac. (Supplément français 3057, 1.)

14759. « Petit traité de Gnomonique, par M. GORET-MOREAU, maître de mathématiques. »

XVIIIe siècle. Papier. 151 pages. 240 sur 180 millimètres. Cartonné. (Supplément français 4391.)

14760. « L'art et manière de trouver certainement et en tout temps la longitude, ou différence longitudinale de tous lieux proposez ;... item ung singulier metheoroscope,.. le tout nouvellement inventé... par Oronce FINÉ, natif du Daulphiné, lecteur mathématicien du Roy... en l'Université de Paris. » (1543.)

Cf. le ms. français 1337.

XVIe siècle. Papier. 19 feuillets. 215 sur 152 millimètres. Cartonné. (Supplément français 3802.)

14761-14762. « Suite des observations météorologiques extraites des registres de la Société royale de médecine. » (1783 et 1784.)

Formules imprimées in-4°, avec notes mss. certifiées par Vicq d'Azyr, secrétaire-perpétuel de la Société.

XVIIIe siècle. Papier. 291 et 321 feuillets. 230 sur 185 millimètres. D. rel. (Supplément français 3402, 1 et 2.)

14763. « L'Astrologie réduicte dans ses véritables principes et causes naturelles, purgée des erreurs, superstitions et impostures glissées en icelle par les Chaldées, Perses, Arabes, Aegiptiens, Maures, » etc.

XVIIe siècle. Papier. 80 feuillets. 200 sur 140 millimètres. Cartonné. (Provient de Léchaudé d'Anisy. — Supplément français 5329.)

14764. « Aphorismes astrologiques de la mutation de l'air et autres diverses causes. »

XVIIe siècle. Papier. 69 feuillets. 190 sur 145 millimètres. D. rel. (Provient de Léchaudé d'Anisy. — Supplément français 5327.)

14765. « Habraham, juif, prince, prêtre, lévite, astrologue et philosophe, à la nation des Juif, répandue dans toute la Gaule, salut en nôtre Seigneur. — Livre des figures hiéroglifiques, avec l'explication des fables des poètes, des mistères du Christianisme, de l'alchimie de la pharmasie, suivant les nombres. »

Page 204. « Alchimie de Flamel, écritte en chiffres, en 12 clefs,... par Denis MOLINIER, chevalier de l'Ordre royal et militaire de Christ. »

Nombreuses figures peintes, sur vélin. — Sur l'un des premiers feuillets de garde, la mention : « J'appartiens au chevalier

Molinier, pensionnaire du Roy, amateur de la science hermétique. »

XVIII° siècle. Papier. 395 pages. 230 sur 200 millimètres. Rel. maroquin violet. (Supplément français 680.)

14766. « Nomancie cabaliste, ou la science du nom et surnom des personnes dont l'on veult en connoistre l'événement par alphabet néomentique ou onomentique, suivant les astres et par leur influence ; tiré d'Abraham, juif. »

XVIII° siècle. Papier. 132 feuillets. 235 sur 175 millimètres. Rel. veau gr. (Provient de A.-A. Monteil. — Supplément français 2523.)

14767. Mélanges d'astrologie et de géométrie.

Fol. 1. « Mercure Trismégiste en son Pimandre et Mons' de Foix, evesque d'Ayre, font mention des choses celestes en ceste manière. »

Fol. 17. Traité d'astrologie. — Fol. 39. « Principes de géométrie. » — Fol. 46. « Traité de la sphère. »

XVI°-XVII° siècles. Papier. 55 feuillets. 230 sur 170 millimètres. D. rel. (Provient de Léchaudé d'Anisy. — Supplément français 5324.)

14768. « Le Pimandre de Mercure Trismégiste de la philosophie chrestienne,... traduit de l'exemplaire grec,... par François Monsieur de Foix, de la famille de Candalle,... evesque d'Ayre, etc. »

Dédié à Marguerite de France, reine de Navarre.

XVII° siècle. Papier. 104 feuillets. 215 sur 165 millimètres. Rel. veau fauve. (Provient de l'abbé de Targny. — Supplément français 786.)

14769. « Traicté des nativités, selon la doctrine de Ptolomée, expliquée par Cardan. »

XVII° siècle. Papier. 66 feuillets. 225 sur 175 millimètres. Cartonné. (Provient de Léchaudé d'Anisy. — Supplément français 5321.)

14770. Recueil de figures astrologiques coloriées.

XVIII° siècle. Papier. 55 feuillets. 205 sur 155 millimètres. D. rel. (Provient de A.-A. Monteil. — Supplément français 2517.)

14771. *Dodechedron*, ou livre de sorts.

Début : « I. Si vivra aquest efantz o no. El i. gra d'aries ter dig. — S'il er bo que fassa benda d'aquela causa... »

Fol. 3 : « I. Guozal. i. Aquest hom vivra e espleguera be sos dias... »

A la fin (fol. 9), figures des douze signes du zodiaque dans un cercle. — Fol. 9 v°, note de possession : « Se livre cy est à Estienne Charmoy [apothicaire de Louis XI], et luy conste de mestre Pierre l'Espaignol iiij escus d'or et vj escus de drogueries à luy bailiées... »

XIVe siècle. Parchemin. 10 feuillets. 200 sur 140 millimètres. Rel. veau rac. (Supplément français 749 *bis*.)

14772. Recueil de thèmes de nativités de différents personnages du XVIe siècle (1519-1561), par Jean BRUNET.

A la fin, table alphabétique des noms. — Cf. *Menagiana*, t. II, p. 149.

XVIe siècle. Papier. 653 pages. 190 sur 130 millimètres. D. rel. (Supplément français 1933.)

14773. Mélanges astrologiques.

Fol. 1. « Pronostication perpétuelle. » (1560-1588.) — Fol. 71. Chiromancie. — Fol. 78. « Prédictions astronomiques. » (1576-1606.)

XVIe-XVIIe siècles. Papier. 84 feuillets. 185 sur 140 millimètres. Cartonné. (Provient de Léchaudé d'Anisy. — Supplément français 5328.)

14774. « Prédictions du grand et sublime docteur Theophraste PARACELSE. »

Dédié « à Son Altesse Sérénissime Madame la Princesse, » par « CHRISTALLIN, » qui appliquait ces prédictions à Louis XIV.

XVIIIe siècle. Papier. 213 feuillets. 240 sur 180 millimètres. Rel. veau rac., aux armes de Bourbon. (Provient de A.-A. Monteil. — Supplément français 2521.)

14775. Mélanges astrologiques.

Fol. 1. Prédictions astrologiques relatives à Louis XIV, à différents membres de sa famille, et au prince d'Orange, par ROCHET. (1699.)

Fol. 53 v°. « Le Voïageur céleste, l'Almanach ou observations astrologiques pour l'an de grâce 1699, » par le même.

Fol. 107. « Predictions generalles pour l'horison de Paris, pour l'an de grâce 1699, » par le même.

XVII\ieme siècle. Papier. 142 feuillets. 240 sur 180 millimètres. Rel. veau gr. (Provient de A.-A. Monteil. — Supplément français 2520.)

14776. Livre de fortune du jeu des dés.

Début :   « I. D'armes; va au chevalier
. . . .
« Ci est le prologue et le compte,
« Qui au jeu des dez se monstre
. . . .

« *Le Chevalier*. De ta proesse parleront maint... »

Fol. 23. « L'art et science de Cyromancie, qui devise et enseigne à congnoistre les signes des mains de homme et de femme... » — La place des figures a été laissée en blanc.

Fol. 49 v°. Recueil de pronostics divers et de prédictions. Début : « S'aucune personne sera mariée ceste année... »

XV\eme siècle. Parchemin. 62 feuillets. 235 sur 162 millimètres. Rel. parchemin. (Don du P. Oudin, Jésuite. — Supplément français 1116.)

14777. « La Géomance du seigneur Christophe Cattan, gentilhomme Genevois,... avec la roue de Pitagore; le tout mis en lumière par Gabriel du Preau, dédié à M. Nicot, reveu et corrigé. — Paris, 1577. »

XVII\ieme siècle. Papier. 306 feuillets. 245 sur 175 millimètres. Rel. veau gr. (Provient des Augustins déchaussés de Paris.— Supplément français 1751.)

14778. « Dictionnaire de géomancie et des Rosecroix. »

XVIII\ieme siècle. Papier. 174 feuillets. 215 sur 160 millimètres. Rel. veau rouge. (Provient de A.-A. Monteil. — Supplément français 2524.)

14779. Mélanges d'astrologie.

I. « Justification des sciences secrettes et le moyen de s'aquerir la famillierété de son bon génie. » — 103 pages.

II. « Chrisopée véritable, sans aucune figure ; l'autheur est J. G. A. E. L. C., qui l'a composée en la ville. 1699. » — 55 pages.

III. « Traité fort notable des propriété[s] des jours de chaque lune, extrait de la grande science et sapience du roy Salomon, etc. 11e janvier 1542. » — 19 pages.

IV. « Les 72 versets des Pseaumes de David, choisis et recueillis par les anciens Hébreux cabaliste[s]. — 5 pages.

Figures coloriées.

XVIIIe siècle. Papier. 248 sur 180 millimètres. Rel. maroquin rouge. (Supplément français 515.)

14780. « De l'art et jugement des songes et visions nocturnes, avec la phisionomie des songes et visions fantastiques des personnes et l'exposition d'iceulx selon le cours de la lune, composé par Me Ancelme JULIAN, docteur en médecine. — Lugduni, 1580. »

Page 336. « Petit recueil du livre de VALÈRE-MAXIME. »

XVIe siècle. Papier. 390 pages. 180 sur 110 millimètres. Rel. parchemin. (Supplément français 400.)

14781. Mélanges astrologiques et cabalistiques.

Il y a une table du contenu en tête du volume.

XVIIe-XVIIIe siècle. Papier. 367 pages. 190 sur 135 millimètres. Cartonné. (Provient de l'abbaye de Troarn, puis de A.-A. Monteil. — Supplément français 2525.)

14782. « Remarques les plus curieuses extraites de la philosophie occulte d'Henry-Corn. AGRIPPA, par P. A. M. A. S. S. E. — 1774. »

Suivies de mélanges cabalistiques.

XVIIIe siècle. Papier. 467 pages. 215 sur 160 millimètres. Rel. parchemin. (Provient de A.-A. Monteil. — Supplément français 2522.)

14783. « Clavicule de Salamon (*sic*), mise de latin en françois et rangée selon l'ordre des matières... »

XVe siècle. Papier. 142 pages. 220 sur 140 millimètres. Rel. maroquin rouge, au chiffre de Béthune. (Supplément français 1336.)

14784. « La vraye Cabale mistérieuse et divine pour l'intelligence des 150 psaumes de... David... »

XVIIIe siècle. Papier. 87 feuillets. 218 sur 160 millimètres. Cartonné. (Supplément français 1113.)

14785-14787. Mélanges astrologiques.

I (14785). « Clavicule de la sacrée Caballe juive. » — 365 pages.
II (14786). « Pseaumes de David, » et « Le sort des Apôtres, la Caballe des Apôtres, ou l'oracle des fidelles. » — 175 et 144 pages.
III (14787). « Roue de Pitagoras » et « Clavicule céleste. » — 403 pages.

XVIIe-XVIIIe siècle. Papier. 3 volumes. 190 sur 140 millimètres. Rel. maroquin noir, à fermoirs. (Supplément français 3046, 1-3.)

14788. Mélanges astrologiques.

Fol. 1. « Œuvres de Picatrix, traduction françoise, du latin en françois et d'espagnol en latin, sur l'original arabe en 1256.(1756.) » — Copie du ms. du marquis de Paulmy, aujourd'hui à la Bibliothèque de l'Arsenal.
Fol. 73. « Clef des clavicules de Salomon, des 150 Psaumes de David, avec les caractères de tous les génies ou esprits qui président dans les opérations miraculeuses. (1787.) — F. B. »
Fol. 155. « Les 72 noms de Dieu, avec des versets des Pseaumes qui y répondent. »

XVIIIe siècle. Papier. 162 feuillets. 190 [sur 140 millimètres. Rel. veau marbré. (Supplément français 3379.)

14789. « La Clefs des secrets de philosophie, qui est le premier livre du serviteur prêtre, » par « Me Pierre Vicot, prêtre, serviteur domestique de Nicolas de Grosparmy, comte de Flers, et de Noel Le Vallois, gentilhomme compagnon de Grosparmy... »

XVIIIe siècle. Papier. 213 pages. 190 sur [150 millimètres. Couvert. parchemin. (Supplément français 3032.)

14790. « Annotations sur la recherche de l'œuvre universel, traduites du latin d'Ortellius. »

Page 323. « Extrait de Perrier de Mr Quenel, médecin. »

XVIIIe siècle. Papier. 386 pages. 200 sur 145 millimètres. Rel. veau gr. (Supplément français 1300.)

14791-14793. « Recueil de plusieurs manuscrits sur le grand œuvre, traduits par un adepte sur les originaux, qui se trouvent dans différentes bibliotheques de sçavants du Levant... »

Il y a une table à la fin de chaque volume. — Figures.

XVIIIe siècle. Papier. 1278, 1254 et 1252 pages. 245 sur 180 millimètres. D. rel. (Supplément français 2574, 1-3.)

14794. « L'Art transmutatoire. »

XVIIIe siècle. Papier. 379 pages. 228 sur 182 millimètres. Rel. veau rac. (« Ex bibliotheca D. Crozat. » — Supplément français 728.)

14795. Mélanges d'alchimie.

XVIIIe siècle. Papier. 488 pages. 210 sur 155 millimètres. Rel. veau rac. (Provient de l'abbaye de Troarn. — Supplément français 1392.)

14796. « Traité de la Pierre philosophale, tiré du Cosmopolite très excellent. »

XVIIIe siècle. Papier. 100 feuillets. 228 sur 182 millimètres. Rel. veau rac. (« Ex bibliotheca D. Crozat. — Supplément français 743.)

14797. Recueil de traités d'alchimie.

I. Fol. 1. « Tractatus alkymie nuncuppatus Verbum dimissum; » en français.

Fol. 70. « Le livre du conte de La Marche, lequel traicte de la Pierre des philosophes. »

Fol. 130. Recettes alchimiques diverses.

Fol. 178. « Liber Questionum Rainaldi de Villanova, 1498. »

Fol. 202. « Extraits du livre des *Secreta secretorum*, attribué à Aristote.

Fol. 228. « L'Œuvre des philosophes. »

Fol. 262. Recettes diverses.

II. Fol. 1. « Le Prothocolle de philosophie moralle et naturelle. »

Fol. 108. « L'Œuvre composée par M⁰ Guillaume de Sens, chancelier de l'Université de Paris, à R. P. en Dieu Mʳ l'archevesque de Rains, » — et (fol. 140) : « Aulcuns enseignemens et questions essencielles audit Guillaume par ledit reverend archevesque de Rains. »

XVIᵉ siècle. Papier. 299 et 163 pages. 210 sur 150 millimètres. D. rel. (Provient de Bigot, n° 303. — Supplément français 279.)

14798. Mélanges astrologiques.

I. « Rosaire des philosophes, deuxième partie de l'alchimie de la Pierre des philosophes... »

II. « Poissons du Zodiaque inférieur, ou bien les solutions philosophales, avec les énigmes de toute la Pierre Epitome, Luca Rodargiro, autheur Eutopiensi auctore. » (1562-1563.) — A la suite, extraits alchimiques divers.

XVIᵉ-XVIIᵉ siècles. Papier. 91, 44, 14 et 43 pages. 170 sur 120 millimètres. Rel. peau verte. (Supplément français 3097.)

14799. « Le livre des Régimes, ou Fleur de sapience, de Nicolas Flamel, philosophe insigne, copié mot à mot sur son original, qu'il a écrit et relié de sa propre main; à Paris, ce 3 octobre 1743. »

XVIIIᵉ siècle. Papier. 232 pages. 212 sur 165 millimètres. Rel. parchemin vert. (Provient de A.-A. Monteil. — Supplément français 2518.)

14800. « Les Remonstrances de nature à l'Alchymiste errant, autheur Jehan de Meung. »

En vers.

Fol. 41. « Extraict du Romant de la Rose, où J. Clopinel, dit de Meung, parlant des faictz tant de nature que de l'art, son imitateur, escript : « Œuvre l'homme tant qu'il voudra... » En vers.

Fol. 44. « Petit traicté d'alchimie, intitulé : Le Sommaire philosophique de Nicolas Flamel. » En vers.

XVIIe siècle. Papier. 64 feuillets. 162 sur 105 millimètres. Rel. veau gr. (Provient de A.-A. Monteil. — Supplément français 2516.)

14801. Opuscules de Raymond Lulle.

I. « Phisique de Raymond Lulle. » — 125 pages.

II. « Considération sur l'estre divin, faict en l'an 1645, par M. C.-F. Delaville sur les principes de R. Lulle. » — 25 pages.

III. « De l'Analise » philosophique. — 89 pages.

IV. « Discours et questions par les principes de Raymond Lulle sur la Divinité, faict l'an de Nostre Seigneur 1647, à Paris. » — 49 pages.

XVIIe siècle. Papier. 205 sur 162 millimètres. Couvert. parchemin. (Supplément français 1745.)

14802. « Testament de maistre Raymon Lulle sur l'art et science de philosophie naturele. »

XVIe siècle. Papier. 69 feuillets. 195 sur 125 millimètres. Rel. maroquin rouge. (Supplément français 5167.)

14803-14805. « Dictionnaire hermétique, » « œuvre d'un gentilhomme de Picardie. »

XVIIIe siècle. Papier. 420, 563 et 646 pages. 218 sur 168 millimètres. Couvert. parchemin. (Supplément français 574.)

14806. « Système des connoissances chimiques, » par Fourcroy.

Ms. autographe. (Vendémiaire an VI.)

XVIIIe siècle. Papier. 718 feuillets. 235 sur 180 millimètres. D. rel. (Supplément français 2576.)

14807. « Rhenanus, le Soleil sortant du puits. — Théorèmes chymiotechniques. »

Recettes diverses.

XVIIe siècle. Papier. 42 feuillets. 210 sur 160 millimètres. Couvert. parchemin. (Supplément français 404.)

14808. « Traité sur différentes espèces de gaz, etc. »

Appendice à la 2ᵉ édition anglaise du *Dictionnaire de chimie* de Macquer.

XVIIIᵉ siècle. Papier. 7 et 179 pages. 215 sur 155 millimètres. D. rel. (Supplément français 4350.)

14809. « Expériences et observations... sur la magnésie blanche,... par Thomas Henry, apoticaire. — Londres, Johnson, 1773, in-8°, en anglois. »

Traduction française.

XVIIIᵉ siècle. Papier. 36 pages. 200 sur 155 millimètres. Cartonné. (Supplément français 5059.)

14810. Traité du « muriate suroxigéné de potasse, » etc., par Bomplan.

Ms. autographe.

XIXᵉ siècle. Papier. 15 feuillets. 160 sur 95 millimètres. D. rel. (Supplément français 2690.)

14811-14812. Traité de médecine, par Chirac.

En partie autographe.

XVIIIᵉ siècle. Papier. 677 et 564 pages. 230 sur 170 millimètres. Rel. veau gr. (Supplément français 1387, 1 et 2.)

14813. Dictionnaire abrégé de médecine et d'histoire naturelle.

XVIIIᵉ siècle. Papier. 221 pages. 240 sur 165 millimètres. Cartonné. (Supplément français 2114.)

14814. « Mémoire sur l'établissement des écoles cliniques à former dans les principaux hôpitaux civils de la France, à l'instar de celle de Vienne,... par M. Würtz, docteur en mécine de la faculté de Strasbourg... »

Exemplaire de dédicace à la reine Marie-Antoinette.

XVIIIᵉ siècle. Papier. vi et 51 pages. 238 sur 185 millimètres. Rel. maroquin vert, aux armes de Marie-Antoinette. (Supplément français 5161.)

14815. « Traité des maladies des yeux, » par M. Ferrin.

XVIII° siècle. Papier. 541 pages. 220 sur 165 millimètres. Couvert. parchemin. (Provient des Récollets de Paris. — Supplément français 1747.)

14816. Opuscules médicaux.

Fol. 1. « Le quint traictié et ung livre appart, lequel s'appelle *Actidotaire*, ouquel nous mectrons les medicines simples et composées, qui sont necessaires à cestes science, cellon ce qui appartient à cyrulgie et à remede des plaies d'apostumes et aultres maladies qui peullent seurvenir à corps humain... » — A la fin (fol. 35 v°) : « Explicit *Magnus Lanfrancus.* »

Fol. 36. « Les nons et condicions d'aulcunes especiales herbes, arbres, racine, gomes et numeres qui appartiennent à fait de medecine et de cirulgie en plusseurs et divers cas. »

Fol. 48 v°. Recettes diverses. (Cf. fol. 1-6.)

Fol. 63. « Livre de Guidon [de Chauliac], où seront misez aucunnes choses moult neccessaires à tous surgiens. »

Fol. 131. Notes diverses sur la famille et les études du possesseur de ce ms., François Joly, à Nice et Turin. (1498-1506.)

XV° siècle. Papier. 133 feuillets. 205 sur 135 millimètres. D. rel. (Supplément français 3077.)

14817. Recueil de recettes médicales et autres.

Fol. 161. « Dictum Jansenii, sive quinque illius propositiones, cum sensu hæreticorum Jansenistarum et anti-Jansenistarum... »

XVII° siècle. Papier. 164 feuillets. 225 sur 185 millimètres. Rel. peau verte. (Supplément français 5504.)

14818. Recueil de recettes chimiques, alchimiques, etc.

XVII° siècle. Papier. 166 feuillets. 200 sur 155 millimètres. Rel. parchemin. (Provient de Falconet, n° 7864. — Supplément français 5502.)

14819. « Analise des eaux de St-Amand, de Forges et d'Aumale, par Pierre-Antoine Marteau, docteur en médecine,... d'Amiens... » (1769.)

XVIII° siècle. Papier. 35 feuillets. 200 sur 155 millimètres. D. rel. (Supplément français 4352.)

14820. Traité des venins, de Pierre d'Albano; traduction française faite en 1402, sur l'ordre de Jean Lemeingre, dit Boucicaut, par son chapelain Philippe Oger, de l'ordre des Carmes.

XVe siècle. Parchemin. 41 feuillets. 230 sur 175 millimètres. Rel. parchemin. (Supplément français 391.)

14821. Registre des réceptions de pharmaciens devant le Collège des maîtres en pharmacie de Paris. (1764-1791.)

XVIIIe siècle. Papier. 48 feuillets. 230 sur 175 millimètres. Rel. veau rac. (Provient de A.-A. Monteil. — Supplément français 2532.)

14822. « Le livre comment on se doit tenir en santé. »

C'est le *Régime du corps*, attribué à Alebrand de Florence.

XIIIe siècle. Parchemin. 138 feuillets à 2 col. 145 sur 100 millimètres. Rel. maroquin bleu. (Supplément français 3086.)

14823. « Estimation des degrés de la mortalité du genre humain, tirée de tables curieuses des naissances et des morts dans la ville de Breslau, avec un essay pour déterminer le prix des rentes viagères, par M. Edmond Halley, de la Société Royale [de Londres]. Traduit des *Transactions philosophiques*, art. 196, n° 5, janvier 1692/3. »

XVIIIe siècle. Papier. 71 pages. 265 sur 195 millimètres. Rel. parchemin vert. (Supplément français 4405.)

14824. « L'Anatomie de l'homme, faite par M. Delon, chirurgien juré de Paris. »

Cahier de cours de J.-B.-Fr. Prémont (Paris, 21 mars 1725).

XVIIIe siècle. Papier. 475 pages. 210 sur 160 millimètres. Rel. veau gr. Supplément français 5245.)

14825. « Traicté des opérations de chirurgie... Tome second. » (1666.)

Livres IX-XIV ; suivis des Aphorismes d'Hippocrate. — Copié le 13 avril 1666.

XVIIe siècle. Papier. 258 pages. 245 sur 170 millimètres. Rel. veau rac. (Supplément français 4285.)

14826. « L'École du chirurgien, ou les principes de la chirurgie françoise,... par G. C. L. C., docteur en médecine de la faculté de Montpellier. — A Paris, l'an 1684. »

XVIIe siècle. Papier. xvi et 240 pages. 165 sur 105 millimètres. Rel. veau gr. (Supplément français 5070.)

14827. Opuscules médicaux.

Fol. 1. « Le livre (de sirurgie en romans) maistre Rogier de Baron, cirurgien et maistre licencié à Paris. »

Fol. 54 v°. « Anthidotaire de Nicolas » de Salerne. Traduction française (lettres A-B seulement).

Fol. 62. Recettes diverses, ajoutées au XVIe siècle.

XVe siècle. Papier. 71 feuillets. 205 sur 145 millimètres. Rel. parchemin. (Provient de Falconet, n° 6010. — Supplément français 5500.)

14828-14829. Traité des métaux de George Agricola.

Traduction française.

XVIIIe siècle. Papier. 502 et 31, et 720 pages. 250 sur 185 millimètres. Rel. veau rac. (Supplément français 5113, 1 et 2.)

14830. « Le livre des Pierres precieuses, qui pevent estre trouvéez selon le cours de nature... »

Fol. 2. « Le livre des Pierres precieuses, » que « le roy David envoya par escript a Tibere, l'empereur de Romme. » — Fol. 17. « Du basme. » — Fol. 18 v°. Autre traité des Pierres. « Aspicytes est une pierre rouge... » ; — suivi (fol. 26 v°) de la mention de diverses eaux médicinales.

Sur le second feuillet de garde : « A Nicolas Degouy, ann. 1580. »

XVe siècle. Parchemin. 27 feuillets. 155 sur 110 millimètres. Rel. parchemin gr. (Provient de Falconet, n° 3630. — Supplément français 5557.)

14831. Mélanges.

I. « Mémoires pour servir à l'histoire des Solipses ou Ophisgenètes. (1725-1736.) » — « Affaire du Collège de la ville de Laon (1735-1736) » avec les Jésuites.

II. « Mémoires sur l'affaire des princesses du sang et des duchesses, au sujet des paniers, et sur les prérogatives des ducs,... par M. JAMET » — 1728.

III. « Idée de la Compagnie des Indes de France, par M. JAMET. (1743-1746.) » — Avec notes autographes.

XVIIIe siècle. Papier. xxxvi-317, 64 et 67 pages. 210 sur 160 millimètres. Cartonné. (Supplément français 2137.)

14832. Recueil de figures d'oiseaux coloriées.

XVIIIe siècle. Papier. 129 feuillets oblongs. 160 sur 195 millimètres. Rel. parchemin. (Provient des Augustins déchaussés de Paris. — Supplément français 1746.)

14833. « Nouveau traité des sereins de Canarie, contenant les manières de les élever, les apparier... et les secrets pour les guérir, » par J.-C. HERVIEUX.

XVIIIe siècle. Papier. 89 pages. 190 sur 150 millimètres. Rel. peau verte. (Supplément français 2269.)

14834. « Pantologie, » tome Ier. — Recueil d'extraits sur toutes sortes de matières d'histoire et de sciences.

XVIIIe siècle. Papier. 499 pages. 155 sur 90 millimètres. D. rel. (Supplément français 4557.)

14835-14836. « Système des sciences, tel que l'offre la bibliothèque de l'abbaye de St-Vincent du Mans, congrégation de St-Maur, à tout amateur et à tout genre d'érudition, » par Dom DE GENNES, bibliothécaire de l'abbaye.

XVIIIe siècle. Papier. 138 et 129 feuillets. 248 sur 185 millimètres. Rel. veau rac. (Supplément français 2036, 6$^{t\cdot s}$.)

14837. Recueil de traités de théologie, de mathématiques et de physique, par Jacques ROUAULT.

« Du calcul par la dixme » (fol. 1) ; — « Traitté de mechanique » (fol. 15) ; — « Physica rerum particularium, seu naturæ phænomenon explicatio » (fol. 112) ; — « Coppie d'une lettre escritte par Mʳ Rohault à Mʳ Guiard, sindic de Sorbonne (10 juin 1671) » (fol. 211) ; — « Mémoire sur les sollicitations que fait M. Morel... pour obtenir du Parlement un arrest qui condamne toute autre philosophie que celle d'Aristote » [par M. ARNAULD, 1673]; cf. le ms. franç. 14837 (fol. 225) ; — « Explication familière de la théologie eucharistique » (fol. 293) ; — « Méthode naturelle et chrétienne pour connoistre les mystères divins et l'essence des créatures » (fol. 401) ; — « De la justice » (fol. 465).

XVIIᵉ siècle. Papier. 490 feuillets. 218 sur 160 millimètres. Rel. veau gr. (Provient de l'abbé de Targny. — Supplément français 777.)

14838. « Le Palais de Scaurus, » par François MAZOIS.

Ms. original.

XIXᵉ siècle. Papier. 281 pages. 255 sur 200 millimètres. D. rel. (Supplément français 5637.)

14839. « Les Ruines de Pompéi, dessinées et mesurées par François MAZOIS. »

Ms. original.

XIXᵉ siècle. Papier. 106 feuillets. 255 sur 198 millimètres. D. rel. (Supplément français 5638.)

14840-14841. « Essai sur les habitations des anciens Romains, » par François MAZOIS.

Ms. original.

XIXᵉ siècle. Papier. 184 et 122 feuillets. 258 sur 200 millimètres. D. rel. (Supplément français 5639-5640.)

14824. « Essai sur les monumens primitifs et particulièrement sur le temple d'Essé, en Bretagne, » par François MAZOIS.

XIXᵉ siècle. Papier. 11 feuillets. 235 sur 175 millimètres. D. rel. (Supplément français 5641.)

14843. « Traité du toisé des bâtiments, aux us et coutume de Paris, expliqué en l'Académie royale d'architecture par Mʳ Desgodets, architecte des bâtiments du Roy et professeur de ladite Académie. »

XVIIIᵉ siècle. Papier. v-218 pages et 18 planches. Rel. maroquin rouge. (Supplément français 5518.)

14844. « Essai sur l'art de vérifier l'âge des miniatures peintes dans des manuscrits depuis le XIVᵉ jusqu'au XVIIᵉ siècle, » par l'abbé Rive. (1782.)

Minute autographe du prospectus de cet ouvrage, avec une lettre de l'abbé Rive, datée du 31 mars 1782.

XVIIIᵉ siècle. Papier. 5 feuillets. 195 sur 155 millimètres. Cartonné. (Supplément français 4100.)

14845. « Catalogue of the Orleans Collection of Pictures. — État général des tableaux appartenans à S. A. Mgr. le duc d'Orléans, dressé au mois de mars 1788. »

XVIIIᵉ siècle. Papier. 49 feuillets. 230 sur 180 millimètres. Rel. maroquin rouge. (Supplément français 5605.)

14846. « Choix de notices sur des tableaux du Musée Napoléon, par Mʳ T.-B. Émeric-David. Extrait du *Musée français.* » (Paris, 1812, in-8°.)

Exemplaire impr. avec dédicace ms. autogr. à Esprit David.

XIXᵉ siècle. Papier. 66 pages. 210 sur 130 millimètres. D. rel. (Supplément français 5642.)

14847. « Remarques sur le dessin. »

XVIIIᵉ siècle. Papier. 86 feuillets. 180 sur 118 millimètres. D. rel. (Supplément français 1744.)

14848. « Iconologie, » recueil de symboles, en neuf livres.

XVIIIᵉ siècle. Papier. 36 feuillets. 165 sur 100 millimètres. Rel. veau fauve. (Supplément français 3860.)

14849. « Les Proverbes du roy Salomon, de la main d'Esther ANGLOIS, Françoise. — A Lislebourg, l'an 1601. »

Exemplaire calligraphié dédié à « Henri, vicomte de Rohan, prince de Léon. » — Portrait d'Esther Anglois au fol. VII.

XVIIe siècle. Papier. VII feuillets et 57 pages. 165 sur 118 millimètres. Rel. veau gr. (Supplément français 2297.)

14850. « Les Anagrammes des noms du roy et de la royne en hebrieu, grec et latin, faicts par Jean DE GOURDON, sieur de Longormes en Beausse,... escrits de la main de Guillaume Le Gangneur, secrétaire de la chambre de Sa Majesté. »

Exemplaire calligraphié.

XVIe siècle. Parchemin. 21 feuillets. 182 sur 138 millimètres. Rel. maroquin rouge, aux armes de Henri IV. (Provient de Fontanieu. — Supplément français 1960.)

14851. « Le Psaultier de Jesus, contenant de très dévotes prières et pétition, faict à Paris, 1641, par le commandement de Madame de Lorraine. »

A la fin : « N. Jarry scripsit, anno 1640. » — Nombreuses miniatures ; au bas du frontispice, le nom du miniaturiste (?) : Aumont.

XVIIe siècle. Parchemin. 54 feuillets. 150 sur 88 millimètres. Rel. maroquin rouge, à petits fers. (Supplément français 2299 *bis*.)

14852. Traité « de la Musique. »

XVIIIe siècle. Papier. 93 feuillets. 260 sur 180 millimètres. Cartonné. (Ex-libris gravé de D. Dodart. — Provient de Falconet, n° 8836. — Supplément français 5220.)

14853. « Traité de la « Mémoire artificielle, » par Nicolas GUENIN. (1595.)

XVIe siècle. Papier. 72 feuillets. 165 sur 100 millimètres. Cartonné. (Supplément français 3179.)

14854. Catalogue du cabinet d'un antiquaire provençal, du milieu du XVIIe siècle.

Collections d'estampes, rangées par catégories de personnages ; — de portraits de cardinaux, capitaines et seigneurs, et savants, peints à l'huile ; — de médailles antiques. — Listes de curieux de diverses villes.

XVIIe siècle. Papier. 121 feuillets. 235 sur 170 millimètres. Rel. peau verte. (Provient de Falconet, n° 18584. — Supplément français 5172.)

14855-14860. Journal de voyages d'un artiste en France et en Belgique. (1833-1840.)

I (**14855**). « Voyage dans les Alpes, à Vienne, à Roanne et à St-Étienne. » (1833.) — 46 feuillets.

II (**14856**). « Voyage en Auvergne. » (1834.) — 55 feuillets.

III (**14857**). « Voyage à Blois. » (1836.) — 25 feuillets.

IV (**14858**). « Voyage en Belgique. » (1836.) — 46 feuillets.

V (**14859**). « Voyage en Provence et en Bourgogne. » (1839.) — 39 feuillets.

VI (**14860**). « Voyage dans la Haute-Loire. » (1840.) — 49 ff.

XIXe siècle. Papier. 6 volumes. 155 sur 98 millimètres. D. rel. (Supplément français 5342, 1-6.)

14861. « Dissertation sur les élèves ambidextres. — Notice sur le graveur François. — Réflexions sur la manière d'apprendre la langue latine, par Antoine DUCHESNE, né en 1709, peintre et architecte. — In-4°, papier. XVIIIe siècle. (Supplément français 4364.) » — *En déficit.*

14862. « L'École de Mars, dédiée par GOBBET à Monseigneur le duc de Bourgogne. »

XVIIIe siècle. Papier. 50 feuillets. 188 sur 145 millimètres. Rel. bas. rac. (Don du marquis de Quincy. — Supplément français 750.)

14863. Mémoire sur l'art de la guerre et la tactique, à l'usage d'un général d'armée.

Cf. un texte analogue dans le ms. français 14867.

XVIIIe siècle. Papier. 103 pages. 245 sur 185 millimètres. Cartonné. (Supplément français 4233.)

14864-14866. « Mémoires sur la guerre, » par G.-M. de Fontanieu.

XVIIIe siècle. Papier. xii-587, viii-643 et viii-718 pages. 205 sur 160 millimètres. Rel. parchemin vert. (Provient de Fontanieu. — Supplément français 4824, 1-3.)

14867. « Mémoires sur la guerre. »

Cf. un texte analogue dans le ms. français 14863.

XVIIIe siècle. Papier. 494 pages. 200 sur 155 millimètres. Rel. parchemin. (Supplément français 2158.)

14868. « Dissertation sur la subordination, avec des réflexions sur l'exercice et sur l'art militaire, par Mr Doizal, capitaine au régiment d'infanterie de Beauvoisis. A Avignon, aux dépens de la Compagnie, 1752. »

XVIIIe siècle. Papier. 189 pages. 212 sur 160 millimètres. Rel. veau rac., aux armes de Choiseul. (Supplément français 2146.)

14869. « Maximes des fortifications modernes. »

Les auteurs cités sont : « le chevallier de Ville, — Donato Rozetti, — le comte de Pagan, » — et « Vauban. »

XVIIIe siècle. Papier. 16 feuillets. 210 sur 160 millimètres. Cartonné. (Supplément français 3476.)

14870. « Mémoire sur la conduite et la manœuvre des galleries de contremines, tant pour la fouille que pour la maçonnerie. »

XVIIIe siècle. Papier. 62 feuillets. 235 sur 185 millimètres. D. rel. (Supplément français 3053.)

14871. « Mémoires sur l'Infanterie, » par le maréchal de Saxe.

Page 77. « Copie de la lettre de M. le maréchal comte de Saxe à M. le comte d'Argenson, Paris, le 25 février 1750. »

XVIII⁰ siècle. Papier. 84 pages et 2 tableaux. 225 sur 180 millimètres. Rel. veau fauve. (Ex-libris gravé du « M¹ˢ de Montfermeil. » — Supplément français 5165.)

14872. « Mémoire sur l'Infanterie, par M. le maréchal DE SAXE. »

Page 183. « Réponse au Mémoire sur l'Infanterie. »
II. « Mémoire contenant les moyens de remédier aux défauts qui se trouvent dans le corps de l'Infanterie françoise et de le porter au plus haut point de perfection. »
Page 107. « Observations sur le Mémoire précédent. »

XVIII⁰ siècle. Papier. 210 (et 2 tableaux) et 153 pages. 198 sur 150 millimètres. Rel. veau rac. (Supplément français 4958.)

14873. « Ouvrage militaire sur l'Infanterie, où l'on trouve un projet d'une nouvelle tactique, fondée sur d'excellens principes » et adaptée à la nouvelle Ordonnance militaire du 20 mars 1764.

XVIII⁰ siècle. Papier. 456 pages et xxxvii planches. 258 sur 198 millimètres. Rel. veau rac. (Provient du maréchal de Broglie. — Supplément français 2642.)

14874. « Élémens militaires à l'usage de l'Infanterie, contenant un abrégé des ordonnances militaires qui concernent l'Infanterie, un traité de son service en garnison et en campagne, et un traité des évolutions; par le sieur LE GENDRE, capitaine au régiment d'infanterie de Mortemart. »

XVIII⁰ siècle. Papier. xi-620 pages. 230 sur 175 millimètres. Cartonné. (Supplément français 2597.)

14875. « Projet d'instruction sur le service de l'Infanterie pendant les sièges. »

XVIII⁰ siècle. Papier. 23 feuillets. 188 sur 150 millimètres. Rel. veau gr. (Supplément français 2082.)

14876. « Régiment de Beauvoisis ; ordre relatif à l'instruction des compagnies du régiment. »

XVIIIe siècle. Papier. 77 feuillets. 205 sur 162 millimètres. Cartonné. (Supplément français 4057.)

14877. « Mémoire pour servir à l'instruction des chasseurs à cheval et troupes légères. »

Figures peintes.

XVIIIe siècle. Papier. 117 feuillets. 180 sur 142 millimètres. Rel. maroquin rouge, aux armes du roi. (Supplément français 3973, 5.)

14878. « Service de campagne à l'usage des chasseurs et troupes légères. »

Figures peintes.

XVIIIe siècle. Papier. 53 feuillets. 180 sur 135 millimètres. Rel. maroquin rouge, aux armes du roi. (Supplément français 5061.)

14879. « Observations sur la conduite d'une troupe à l'égard d'un cavalier. »

XVIIIe siècle. Papier. 105 pages. 215 sur 155 millimètres. Rel. veau gr. (Supplément français 2172.)

14880. « Abregé de différents traités d'artillerie concernant tout ce qui peut avoir raport à cette partie en général (1770) », par « le chevalier DE CAMPAGNOL. »

La seconde partie est intitulée : « Traité de différens mémoires relatifs à l'artillerie, aux mines et contre-mines. »

XVIIIe siècle. Papier. 213 et 111 pages. 195 sur 150 millimètres. Rel. veau gr. (Supplément français 1284.)

14881-14882. Même ouvrage, daté de 1774, et dédié au maréchal de Broglie, par « le chevalier DE CAMPAGNOL, capitaine au Corps royal. »

XVIIIe siècle. Papier. iv-439 et 417 pages. 210 sur 145 millimètres. Rel. veau rac. (Supplément français 2036, 101 ¹⁻².)

14883. « Prix et matières nécessaires pour la construction des vaisseaux [de guerre] ci-après. — 1785. »

XVIIIe siècle. Papier. 97 feuillets. 190 sur 138 millimètres. Rel. maroquin rouge. (Supplément français 2398.)

14884. « Chorégraphie, par Descan. » (1748.)

Figures des différentes danses, et musique. — Il y a, en tête du volume, une table des danses.

XVIIIe siècle. Papier. 48 et 513 pages. 160 sur 110 millimètres. Rel. veau rac. (Supplément français 823.)

14885. « Explication du Jeu de l'Histoire, » et manière de le jouer avec 200 tablettes.

XVIIIe siècle. Papier. 14 feuillets. 172 sur 145 millimètres. Rel. veau rouge. (Supplément français 2268.)

14886. « Instruction sur le Jeu des Échets; nouvelle méthode à l'italienne pour se deffendre et assaillir. »

XVIIIe siècle. Papier. 290 pages. 210 sur 160 millimètres. Cartonné. (Supplément français 1748.)

14887. « Le nouveau Jeu des Eschets; dissertation sur ce jeu. — Année 1710. »

XVIIIe siècle. Papier. 65 feuillets. 225 sur 170 millimètres. Rel. veau gr. (Provient des Capucins de Saint-Honoré, à Paris. — Supplément français 1749.)

14888. Notes sur les anciens Jeux de cartes, tarots, etc.

XVIIIe siècle. Papier. 7 feuillets. 240 sur 180 millimètres. D. rel. (Provient de Gaignières. — Supplément français 364.)

14889-14890. « Ébauches, ou essai de la Grammaire universelle spéculative. »

XVIIIe siècle. Papier. 636 pages. 238 sur 175 millimètres. Rel. parchemin. (Supplément français 3141 et 4697.)

14891. « Mémoire hsitorique et critique sur les langues orientales. »

XIXe siècle. Papier. 87 feuillets. 230 sur 180 millimètres. Cartonné. (Provient de Langlès. — Supplément français 5049.)

14892. « Catalogue des histoires arabes, persanes et turques, traduit de l'arabe par M. Ant. Galland. — A Constantinople, 1682. »

Ms. autographe, avec l'approbation du censeur. — Extrait et traduction du *Dictionnaire bibliographique* de Hadji-Khalfa.

II. « Mémoire des principaux manuscripts pour une bibliothèque, dressé par M. du Puis pour Mr de La Vrillière, secrétaire d'Estat. »

XVIIe siècle. Papier. xi-129 et 22 pages. 220 sur 150 millimètres. D. rel. (Supplément français 3062.)

14893. « Le fameux livre hébreu intitulé : Chizzouk Emounah, c'est-à-dire : Rempart de la foi, traduit en françois par A.-F. Jault, D. E. M. » (1740-1744.)

Ms. autographe.

XVIIIe siècle. Papier. 32, liii et 821 pages. 230 sur 170 millimètres. Cartonné. (Supplément français 414.)

14894. « Morceaux et extraits tirés de divers écrivains, commentateurs et philologues chinois. »

Par un missionnaire Jésuite.

XVIIIe siècle. Papier. 327 pages. 198 sur 150 millimètres. Cartonné. (Supplément français 5230.)

14895. « Vies des hommes savans arabes, écrites par Léon l'Afriquain, et traduites de l'arabe. » (1527.)

XVIIe siècle. Papier. 60 pages. 220 sur 165 millimètres. D. rel. (Supplément français, sans n°.)

14896. « Histoire du prince Apprius, extraite des Fastes du monde depuis sa création, manuscrit persan trouvé dans la bibliothèque de Schah-Hussain, roy de Perse, déthroné par Mamouth en 1722; traduction françoise par Mr Esprit, gentilhomme provençal, servant dans les troupes de Perse. — A La Haye,... 1729. »

XVIIIe siècle. Papier. iv et 57 pages. 220 sur 140 millimètres. Cartonné. (Supplément français 4677.)

14897-14898. « Les Argonautiques d'Apollonius de Rhodes. »

Traduction française.

XVIIIe siècle. Papier. 835 pages et 450 feuillets. 230 sur 180 millimètres. Rel. veau brun, au chiffre du maréchal d'Estrées. — Supplément français 2098, 1-2.)

14899. « Traité du mépris de la mort, traduit du grec de Cydonius, en françois, par M. Ménard. 1686. »

XVIIe siècle. Papier. 44 feuillets. 170 sur 105 millimètres. Rel. veau brun. (Provient du collège des Jésuites de La Flèche. — Ancien Supplément grec 517, puis Supplément français 5425.)

14900. « Notice historique et critique d'un ms. grec de la Bibliothèque du Roi, in-4°, cotté 2912, » par Dacier.

Notice sur le ms. grec 2912, Andreopuli narratio de Syntipa et Cyri filio. — Ms. autographe; imprimé dans les *Mémoires de l'Académie des Inscriptions* (1780), t. XLI, p. 546.

XVIIIe siècle. Papier. 29 pages. 220 sur 165 millimètres. Cartonné. (Supplément français 4296.)

14901-14902. « Indiculus universalis, » ou Dictionnaire français-latin, disposé par ordre de matières.

XVIIIe siècle. Papier. 762 pages. 180 sur 115 millimètres. D. rel. (Provient de la bibliothèque du Prytanée. — Supplément français 4492, 1-2.)

14903. « L'Art poétique d'Horace, traduit en vers disillabes, par M.-J. Chénier. — An XI = 1803. »

Fol. 18 v°. « La Bataviade, » poème ; suivi de différentes pièces de vers, essais et extraits de la main de M.-J. Chénier.

XIXe siècle. Papier. 56 feuillets. 180 sur 115 millimètres. D. rel. (Supplément français 5204.)

14904. « Les Odes d'Horace ; » traduction française. (1650.)

XVIIe siècle. Papier. 212 pages. 155 sur 132 millimètres. D. rel. (Supplément français 5497.)

14905. « Nouvelle traduction des quinze livres des Métamorphoses, précédée de la vie d'Ovide, tirée de ses écrits,... ouvrage posthume par Malfilâtre de Clinchant... »

Ms. autographe.

XVIIIe siècle. Papier. 328 feuillets. 240 sur 200 millimètres. Rel. veau rac. (Supplément français 1955.)

14906. « Les Loix de Cicéron ; traduction nouvelle, » par « Taisand, trésorier de France en Bourgogne. » (1702.)

Ms. autographe, dédié au duc de Bourgogne.

XVIIIe siècle. Papier. viii et 167 pages. 225 sur 165 millimètres. Rel. maroquin rouge. (Ancien Supplément grec 60, puis Supplément français 5339.)

14907. Cicéron, « troisième Catilinaire ; » traduction française, avec notes.

XVIIIe siècle. Papier. 23 pages. 210 sur 160 millimètres. Cartonné. (Supplément français 2461, 7.)

14908-14919. Cicéron, Discours ; traduction française, avec notes.

I (14908). Ier discours contre Verrès. — 138 pages.
II (14909). IIe discours contre Verrès. — 229 et 55 pages.

III (14910). IIIe discours contre Verrès. — 351 pages.
IV (14911). IVe discours contre Verrès. — 654 —
V (14912). V^e discours contre Verrès. — 377 —
VI (14913). VIe discours contre Verrès. — 459 —
VII (14914). Ier, IIe et IIIe discours sur la Loi agraire. — 96, 14, 291 et 33 pages.
VIII (14915). Discours pour Sextus Roscius. — 252 pages.
IX (14916). Discours pour la Loi Manilia. — 213 —
X (14917). Discours pour Quintus Roscius. — 105 —
XI (14918). Discours pour Aulus Cluentius. — 551 —
XII (14919). Discours pour Manius Fonteius. — 14 et 128 pages.

XVIIIe siècle. Papier. 12 volumes. 210 sur 165 millimètres. Cartonnés. (Supplément français 3074, 1-12.)

14920. Morceaux choisis des Colloques d'Érasme. »

XVIIIe siècle. Papier. 169 et 8 pages. 220 sur 165 millimètres. D. rel. (Supplément français 2168.)

14921. « Essai sur l'homme, par M. Pope, traduit de l'anglois en françois par M. D. S****. — 1736. »

II. « L'OEconomie de la raison pour le bonheur de la vie. — Fribourg, 1756. »

XVIIIe siècle. Papier. 137 et 187 pages. 170 sur 138 millimètres. Rel. parchemin. (Supplément français 5871.)

14922. « Les Joueurs et Mr Dusaulx. — A Cripinæ, chés N. Lescot, 1781. »

A la fin (p. 88), « Noel » sur la naissance d'un Dauphin, et « Les Rien, » chanson.

XVIIIe siècle. Papier. 92 pages. 225 sur 170 millimètres. D. rel. (Supplément français 2036, 99.)

14923. « Vie de Torquato Tasso;... traduit de l'anglais par A.-L. L*** d'Anisy. — Caen, 1828. »

Ms. autographe de Léchaudé d'Anisy.

XIXe siècle. Papier. 173 feuillets. 190 sur 125 millimètres. D. rel. (Supplément français 5305.)

14924-14927. « Histoire de Don Quichote de la Manche, par Michel Cervantes Saavedra, » traduite en français par Petitot.

Ms. autographe, donné en 1860 à la Bibliothèque impériale par M. Monmerqué, à la condition que ce travail ne soit pas publié. — Double exemplaire.

XIX° siècle. Papier. 294, 330 feuillets et 1141 pages. 225 sur 175 millimètres. D. rel. (Supplément français 5799-5802.)

14928. Commentaire du 53° chapitre d'Isaïe, annonçant la venue de Jésus-Christ, « par un juif espagnol nommé Orobco,... traduit en françois par un juif estably en Hollande, nommé Henriquez. »

Page 223. « Dissertation sur le Messie, où l'on prouve qu'il n'est pas encore venu..., » par le même (?).

XVIII° siècle. Papier. 280 pages. 220 sur 165 millimètres. Rel. veau rac. (Supplément français 719.)

14929. « Grammaire raisonnée de la langue italienne. »

XVIII° siècle. Papier. 90 feuillets. 230 sur 170 millimètres. Cartonné. (Supplément français 4535.)

14930. « Le Xénophon d'Éphèse, ou les aventures d'Abrocomés et d'Anthie, traduit de l'italien. »

XVIII° siècle. Papier. viii-307 pages. 232 sur 178 millimètres. Rel. maroquin rouge, aux armes de Fontanieu. (Supplément français 4811.)

14931. Minute de la traduction précédente.

XVIII° siècle. Papier. 131 pages. 230 sur 180 millimètres. D. rel. (Supplément français 4812.)

14932. Autre copie de la même traduction.

XVIII° siècle. Papier. viii et 251 pages. 228 sur 175 millimètres. Rel. parchemin vert. (Supplément français 4813.)

14933. « Remarques, » ou éléments de la Grammaire latine.

XVIIIe siècle. Papier. 54 pages. 145 sur 115 millimètres. D. rel. (Supplément français 801.)

14934. Extraits du P. Bouhours et de Furetière.

I. « Remarques sur la langue françoise, » tirées de « l'Entretien du P. Bouhours sur la langue françoise. » (Fol. 1-8.)

II. « Lettre de Mr Furetière à Mr Doujat, doïen de l'Académie françoise et des professeurs du droit canon de l'U[nive]rsité de Paris, » du 17 mai 1687, suivie de vers sur Furetière. (Fol. 9-13.)

XVIIe siècle. Papier. 13 feuillets. 210 sur 150 millimètres. D. rel. (Transmission du Département des imprimés, X 1361 et 1362. — Supplément français 5170.)

14935. « Prosodie. — Un cahier in-4°, moderne. — (Supplément français 1536.) » — *En déficit.*

14936. « Essai sur la ponctuation, » par M. D..., de Rouen. (1845.)

Ms. autographe; don de l'auteur.

XIXe siècle. Papier. 94 feuillets. 220 sur 170 millimètres. Cartonné. (Supplément français 2997.)

14937. « L'Étymologiste françois — latin — græk. — 1818. »

XIXe siècle. Papier. 426 pages. 250 sur 200 millimètres. Rel. veau rac. (Supplément français 5473.)

14938. Recueil de notes et d'exercices grammaticaux en grec, latin et français.

XVIIIe siècle. Papier. 186 feuillets. 190 sur 150 millimètres. Cartonné. (Supplément français 398.)

14939. « Le Miraour du monde. »

Début : « Li premier comandament que Dieu commanda si est

tel... » — A la fin (fol. 160) : « Ce livre compila et parfist un frère de l'ordre des Prescheurs, à la requeste du roy de France Philippe. — Escript à Paris l'an M.CCC.LXXIII, la veille de l'Ascension Nostre Seigneur. Deo gratias. » (Cf. *Bulletin de la Société des anciens textes français* (1892), XVIII, 70, n. 2.)

Fol. 161. « En ce livret sont contenues XII. des tresgrans profis esperitueulx que les tribulations font à ceulz qui benignement et paciaument les reçoivent. » Début : « A sa très chiere amie en Jhesucrist... »

XIVe siècle. Parchemin. 184 feuillets à 2 col. 250 sur 175 millimètres. Miniatures. Rel. veau rac. (Supplément français 202.)

14940. Traité des infortunes des reines et princesses, dédié à « la ducesse de Savoye, Marguerite d'Austrice, » par Michel Riz [Riccio], Napolitain, docteur és drois, conseillier du Roy... en son grand Conseil... »

Exemplaire de dédicace, avec nombreuses miniatures.

XVe siècle. Parchemin. 38 feuillets. 178 sur 130 millimètres. Rel. veau, ornée, aux armes de Marguerite d'Autriche. (Supplément français 2509.)

14941. « La Justice et Piété, [poème] à Mgr. Larcher, président pour le Roy au siége présidial du Lyonnois, par Catherin Fortuné, Chalonnois. MDLXX. »

Trois miniatures à pleine page, y compris le titre.

XVIe siècle. Parchemin. 12 feuillets. 270 sur 180 millimètres. Couvert. parchemin peinte, aux armes de Larcher. (Supplément français 5604.)

14942. Traité de l'Amitié, par Pierre Sala, dédié « à son amy maistre Jehan de Paris. »

A la fin, on lit : « Ce livre est à moy Jehan Sala. »

XVIe siècle. Parchemin. 16 feuillets. 242 sur 162 millimètres. D. rel. (Supplément français 5089.)

14943. « Œuvre du Lyon vert de Jacques Le Tesson, en dialogue. »

Traité d'alchimie.

XVIIe siècle. Papier. 291 pages. 160 sur 95 millimètres. Rel. veau gr. (Supplément français 2514.)

14944. Les Aventures de Télémaque, ms. autographe de Fénelon.

Fol. 454. « Examen de conscience pour un Roy, » adressé au duc de Bourgogne par Fénelon. (Autographe.)

En tête du volume, portrait peint de Fénelon, sur un feuillet de vélin.

XVIIe siècle. Papier. 505 feuillets. 240 sur 180 millimètres. Rel. maroquin rouge. (Supplément français 2775.)

14945. Les Aventures de Télémaque, par Fénelon.

Copie du ms. autographe, par l'abbé Porée, secrétaire de l'archevêque de Cambray, avec corrections de la main de Fénelon.

XVIIe siècle. Papier. 594 feuillets. 245 sur 185 millimètres. Cartonné. (Supplément français 2776.)

14946-14947. « Les Avantures de Télémaque, » par Fénelon. (1724.)

XVIIIe siècle. Papier. 686 et 605 pages. 210 sur 155 millimètres. Rel. veau brun. (Supplément français 1383, 1-2.)

14948-14949. « Histoire de Télémaque, » par Fénelon.

XVIIIe siècle. Papier. 291 et 327 feuillets. 195 sur 155 millimètres. Rel. veau fauve. (Supplément français 734.)

14950. « Suite du Voyage sentimental [de L. Sterne], chapitre xv. »

Fol. 25. « Le Seigneur du Château, chapitre 50e du Voyage sentimental. »

XVIIIe siècle. Papier. 52 feuillets. 175 sur 115 millimètres. Cartonné. (Supplément français 3863.)

14951. « Toxaris ou de l'Amitié, dialogue de Lucien, traduit par Sinson.

En tête, une lettre d'envoi du traducteur à Foncemagne.

XVIII⁰ siècle. Papier. 34 feuillets. 240 sur 180 millimètres. Cartonné. (Supplément français 3468.)

14952. « Le Cosmopolite, ou le Citoyen du monde ; aux dépens de l'auteur Mombron. — 1756. »

Par Fougeret de Monbron.

XVIII⁰ siècle. Papier. 130 feuillets. 178 sur 110 millimètres. Rel. veau gr. (Supplément français 5068.)

14953. « Éloge funèbre de l'Amour, par M^de de St-Aubain. — A Paris, 1773. »

XVIII⁰ siècle. Papier. 40 pages. 175 sur 105 millimètres. Rel. maroquin rouge, aux armes de Marie-Antoinette. (Supplément français 3378.)

14954. « La dernière Guerre des Bêtes, fable pour servir à l'histoire du XVIII⁰ siècle, par l'auteur d'Abassai (Mlle Fauque). — A Londres, 1758. »

XVIII⁰ siècle. Papier. 142 pages. 218 sur 160 millimètres. Cartonné. (Provient du maréchal de Broglie. — Supplément français 2588.)

14955. Recueil satyrique contre les dévotes.

XVIII⁰ siècle. Papier. 29 feuillets. 218 sur 162 millimètres. D. rel. (Supplément français 3140.)

14956. Recueil : « sur Alexandre et César ; — sur Sénèque, Plutarque et Pétrone ; — la Matrone d'Éphèse ; la Conspiration de la baronne d'Alby. »

XVII⁰ siècle. Papier. 36, 48, 12, 9 et 62 pages. 190 sur 125 millimètres. Rel. maroquin rouge. (Supplément français 1294.)

14957. « Le Triomphe des femmes, où il est montré par

plusieurs et puissantes raisons que le sexe féminin est plus noble et plus parfait que le masculin, » par C. M. P. Noel. »

XVIII⁰ siècle. Papier. 115 pages. 182 sur 130 millimètres. D. rel. (Don du marquis de Quincy. — Supplément français 661.)

14958. « Essai sur la fureur du jeu et sur les femmes du monde, » par « Rivals, ancien garde du corps du Roi. »

Exemplaire de dédicace « à Monsieur, frère du Roy. »

XVIII⁰ siècle. Papier. 52 feuillets. 190 sur 150 millimètres. Rel. maroquin rouge. (Supplément français 2145.)

14959. « Le Manuel de pechez, » poème de « Willam de Widdindune » [Wilham de Wadington].

Cf. *Histoire littéraire de la France*, t. XXVIII, p. 179.
Fol. 64, en écriture anglaise postérieure, trente vers, qui débutent :

« Pour les blainques (?) d'amour soustenir en verdour... »

XIII⁰ siècle. Parchemin. 64 feuillets à 2 col. Rel. maroquin rouge. (Provient de l'abbaye de Saint-Évroult, n⁰ 115. — Supplément français 2635.)

14960. Matfré Ermengaud, Breviari d'Amor, fragment.

Vers 20629-20839 de l'édition de la Soc. arch. de Béziers.

XIV⁰ siècle. Parchemin. 1 feuillet à 2 col. 245 sur 180 millimètres. D. rel. (Supplément français 2029.)

14961. Gautier de Metz, Image du monde.

Rédaction interpolée, contenant entre autres la légende de S. Brandan (fol. 27). — La copie se termine par ces trois vers :

« Car maistre Martin pagara le vin,
Qui le fist traire de romans en latin ;
Deu le conduie à bone fin. — Amen. »

La place des miniatures a été laissée en blanc ; quelques-unes sont dessinées. — Mappemonde au fol. 87 v°. — Notes de l'abbé Lebeuf.

XIIIe siècle. Parchemin. 88 feuillets à 2 col. 202 sur 140 millimètres. Rel. veau rac. (Supplément français 386.)

14962. Gautier de Metz, Image du monde.

Rédaction non interpolée. — Le poème se termine par cette mention : « Explicit. En l'an de l'incar[na]tion. M. CC. IIII^{xx} et .II. l'escrit Wautiers dou Kai, foi que jou doi à Deu. »

XIIIe siècle. Parchemin. 98 feuillets. 195 sur 125 millimètres. Rel. veau gr. (Supplément français 4937.)

14963. Gautier de Metz, Image du monde.

Rédaction non interpolée. — Le poème se termine par cette mention : « Renauz de Muleçon escript cest romant à Villers lou Duc, l'an de l'inquarnation .M. CC. et quatreviz et sept, ou mois de septembre, lou juesdi devant la saint Mathier l'apostre. »

Fol. xlvi v°. Poème sur les douze signes qui précèderont le Jugement dernier.

« Oez trestuit communemant... »

Au fol. 1, ex-libris du XVe siècle : « Iste liber est de Thesauraria Montis. »

XIIIe siècle. Parchemin. xlviii feuillets à 2 col. 180 sur 130 millimètres. Rel. veau brun. (Supplément français 3315.)

14964. Gautier de Metz, Image du monde.

Rédaction non interpolée.
Fol. 117. Mappemonde peinte.
Fol. 118. « Bestiaires, » poème de Guillaume le Clerc.
Début :

« Qui bien commence et bien define... »

Fol. 182. « Lapidaires » de Marbode, traduction en vers par Guillaume le Clerc (ms. A de L. Pannier).

« Cil qui aiment pierres de pris... »

XIIIe siècle. Parchemin. 208 feuillets. 180 sur 115 millimètres. Miniatures Rel. veau fauve. (Supplément français 660.)

14965. Gautier de Metz, Image du monde.

Rédaction non interpolée.

XVe siècle. Parchemin. 101 feuillets. 220 sur 148 millimètres. Rel. veau rac. (Supplément français 739.)

14966. Cantique des cantiques de Salomon, traduction en vers des trois premiers chapitres.

Voir J. Bonnard, *Traductions de la Bible en vers*, p. 162.

XIVe siècle. Parchemin. 95 feuillets. 98 sur 65 millimètres. Rel. veau brun. (Supplément français 1984.)

14967. Psaumes divers traduits en vers français, suivis de poésies pieuses, de « Chants à la louange du Roy et de Madame de Maintenon, » et de « Chants d'Athalie et d'Esther. »

Il y a une table des pièces à la fin du volume.

XVIIIe siècle. Papier. 374 pages. 238 sur 180 millimètres. Cartonné. (Supplément français 2110.)

14968. Poésies françaises de Watriquet de Couvin.

Fol. 2. « Li Mireoir as dames. »
Fol. 27. « Dit du conestable de France, conte de Porchieus, nommez Gauchier de Chastillon. »
Fol. 33. « Dit de la nois. »
Fol. 39. « Dit de l'yraigne et du crapot. »
Fol. 43. « Dit de fortune. »
Fol. 44. « Dit des Mahommés. »
Fol. 47. « Dit de l'arbre roial. »
Fol. 57 v°. « Dit de la fontaine d'amours. »
Fol. 63. « La Confession Watriquet. »
Fol. 65. « Dit de haute honnour, comment le pere enseigne au filz. »
Fol. 68. « Li Enseignement du jone prince. »
Fol. 72. « Dit de loiauté. »
Fol. 74. « Dit de l'ortie. »

Fol. 83. « Le Despit du monde. »

Fol. 87. « Dit des .IIII. sieges. »

Fol. 101. « Dit du preus chevalier. »

Fol. 107. « Le Mireoir aus princes. »

Fol. 126 v°. « Le Tournoi des dames az chevaliers, » ou « les Paraboles de verité. »

Fol. 151. « Dit du roy. »

Fol. 155 v°. « Dit de la cygoigne. »

Fol. 160. « Ave Maria de Nostre Dame. »

Fol. 162. « Li fatras de quoi Raimondin et Watriquet desputerent le jour de Pasques devant le roy Phelippe de France. »

Nombreuses miniatures. — En tête du volume, au bas d'une miniature de présentation de ce recueil, on lit : « Veschi comment Watriqués, sires de Verioli, baille et presente touz ses meilleurs diz en escrit à monseigneur de Blois, son maistre. »

XIV° siècle. Parchemin. 169 feuillets. 218 sur 128 millimètres. Rel. veau rac. (Supplément français 632, 18.)

14969. « Bestiarie, » poème de Guillaume Le Clerc.

Début :

« Qui ben comence, ben define... »

Fol. 73 v°. Lapidaire de Marbode, traduction en vers, débutant :

« Evax estait un riche rais... »

Nombreuses miniatures. — Ce ms., perdu au moment où L. Pannier a rédigé son mémoire sur les *Lapidaires français*, a été restitué à la Bibliothèque nationale, le 5 sept. 1878. Il se termine par l'article « Éliotropie. » (Cf. Pannier, *op. cit.*, p. 235.)

XIII° siècle. Parchemin. 85 feuillets. 220 sur 148 millimètres. Rel. maroquin rouge, aux armes du roi. (Supplément français 632, 25.)

14970. « Biestiaires, » poème de Guillaume le Clerc.

Début :

« Qui bien commence et bien define... »

Fol. xxxiv v°. « Lapidaires » de Marbode, traduction en vers par Guillaume le Clerc (ms. *C* de L. Pannier).

Début :

« Ci ki aiment pieres de pris... »

Nombreuses miniatures. — On a ajouté à la fin une mappemonde peinte, qui terminait un exemplaire de l'*Image du monde* de Gautier de Metz, laquelle formait primitivement la première partie de ce ms.

XIVe siècle. Parchemin. xlviii feuillets à 2 col. 235 sur 165 millimètres. Cartonné. (Supplément français 632, 23.)

14971. Fables de Marie de France.

Ms. *F* de L. Hervieux, *Les Fabulistes latins* (1883), t. I, p. 626. — Cent fables.

Fol. 41. « Li Dis du Secretain et de dame Ydoisne.

Qui veult bien dire ne traitier... »

Fol. 48 v°. « Du chevalier qui donna l'anel à la dame.

Jadis uns franc chevaliers iere... »

XIVe siècle. Parchemin. 56 feuillets à 2 col. 240 sur 180 millimètres. Rel. parchemin. (Supplément français 632, 28.)

14972. Les Vœux du Paon, par Jacques de Longuyon.

Début :

« Après ce qu'Alixandres ot Desur conquis... »

Fin :

« ... Tel prince ne nasqui, ne jamez ne nestra. »

XIVe siècle. Parchemin. 139 feuillets. 228 sur 160 millimètres. Rel. veau rac. (Supplément français 679.)

14973. Poésies provençales.

Fol. 1. Dialogue du corps et de l'âme. — Début : « L'autrier ausiy una tenson... »

Fol. 26. Chant de la Sibylle. Début : « Al yorn del yusisi... » (Cf. *Romania*, IX, 356.)

Fol. 27 v°. Vie de S. Georges. Début : « El non de Dyeu omnipotent... » (Cf. *Revue des langues romanes*, 3º série, t. XV, p. 246 et 4ᵉ série, t. I, p. 139.)

XVᵉ siècle. Papier. 46 feuillets. 130 sur 100 millimètres. Rel. maroquin rouge. (Provient de Lesdiguières et de Marmoutiers. — Supplément français 2924.)

14974. Fragments d'un Lapidaire provençal.

Deux feuillets ayant formé les gardes du ms. latin 3934 A. — Cf. la notice de M. P. Meyer dans le *Jahrbuch für romanische und englische Literatur* (1862), t. IV, p. 78-84.

XIVᵉ siècle. Parchemin. 2 feuillets à 2 col. 250 sur 185 millimètres. Rel. veau rac. (Supplément français 98, 19ᵉ.)

14975. « Le Prisonnier desconforté. »

Incomplet du commencement.

XVᵉ siècle. Parchemin. 70 feuillets. 185 sur 130 millimètres. Rel. maroquin rouge. (Supplément français 254, 34.)

14976. Guillaume de Digulleville, Pèlerinage de Jésus-Christ.

Quelques miniatures dessinées.

XVᵉ siècle. Parchemin. 227 feuillets. 212 sur 160 millimètres. Rel. veau rac. (Supplément français 261.)

14977. Vies des saintes Marguerite, Warnefride et Catherine, par Destrées. (1451.)

Fol. 1. « La vye, cronicque, legende et passion de... Madame saincte Marguerite,... compillée... à l'instance... de Madame Marguerite d'Austrice,... ducesse de Savoye... »

Fol. 21. « La vie, légende et tresincredible passion de... saincte Wenefrede,... »

Fol. 41. « La tresadmirable passion, tresdevote vie, cronicque et tresmagnifique legende de... Madame saincte Katherine... »

XVᵉ siècle. Papier. 80 feuillets. 205 sur 135 millimètres. Rel. veau rac. (Supplément français 632, 27.)

14978. Guillaume de Saint-André, Jeu des échecs moralisé.

Incomplet du commencement. — Miniature au fol. 3 v°.

XVe siècle. Parchemin. 30 feuillets. 245 sur 165 millimètres. D. rel. (Supplément français 741.)

14979. « Les Faintises du monde », attribuées à Pierre Gringore.

Début : « Beau frere, Dieu vous donne joye... » — Miniature au fol. 1. — A la fin, signatures et ex-libris : « Ce livre est à moy Jehanne Gaillarde. — Ysabeau Regnaulde. »

XVe siècle. Parchemin. 33 feuillets. 210 sur 140 millimètres. Rel. peau verte. (Supplément français 1918.)

14980. Jean Molinet, « le Nauffraige de la Pucelle. »

Dessins à la plume.

XVe siècle. Parchemin. 19 feuillets. 160 sur 98 millimètres. D. rel. (Supplément français 2427.)

14981. Poésies de « Tristan l'Hermite » [François], adressées à Madame, au duc d'Orléans, à Mme et Mr de Savion.

XVIIe siècle. Parchemin. 35 feuillets. 202 sur 155 millimètres. Rel. veau gr., aux armes de Langeac. (Provient de l'abbé de Rothelin. — Supplément français 2296.)

14982. « Epistres, chants royaulx, ballades, rondeaulx et dixains, faicts à l'honneur de Dieu. »

Début de l'« Epistre au lecteur » :

« Amy lecteur, par ces œuvres petites... »

XVIe siècle. Papier. 132 feuillets. 260 sur 180 millimètres. Rel. veau gaufré. (Provient des Augustins déchaussés de Paris. — Supplément français 1637.)

14983. « Recueil de vieulx et nouveaulx Noelz, recueillis par frère Jehan de Vilgontier, prestre, religieux profex de l'abbeye de la Coulture, prieur de St-Saulveur, près Fresnoy. »

XVIe siècle. Papier. 246 feuillets. 190 sur 140 millimètres. Rel. veau gr. (Supplément français 1303.)

14984. Recueil de cantiques et poésies pieuses.

Il y a une table des pièces à la fin du volume.

XVIIIe siècle. Papier. 89 feuillets. 200 sur 150 millimètres. Couvert. peau violette. (Supplément français 2089.)

14985. Recueil de Noëls, avec airs notés.

Il y a une table des noëls en tête de ce recueil, qui a été à l'usage de la maison de Saint-Cyr.

XVIIIe siècle. Papier. 365 pages. 245 sur 185 millimètres. Cartonné. (Supplément français 5043.)

14986. « Poésies en l'honneur de la très sacrée vierge Marie, mère de Dieu. »

XVIIe siècle. Papier. 16 feuillets. 255 sur 185 millimètres. Cartonné. (Supplément français 4036.)

14987. « Hymnes sacrées, traduites en vers françois » par SAURIN.

Exemplaire de dédicace à Mme de Maintenon.

XVIIe siècle. Papier. viii et 191 pages. 245 sur 185 millimètres. Rel. maroquin rouge, aux armes de Saint-Cyr. (Supplément français 4416.)

14988. « Cantiques spirituels, composés par M^r l'abbé VINCENT, père correcte Jésuite, dédiés et présentés à Mme Louise de France, dépositaire des Carmélites de St-Denis, par ma sœur St Raphael, Carmélite du même couvent, en 1783. »

Copie exécutée pour Mme Élisabeth de France.

XVIIIe siècle. Papier. v et 54 pages. 205 sur 140 millimètres. Rel. maroquin rouge, aux armes de Mme Élisabeth. (Supplément français 4488.)

14989. Danse macabre, en vers français.

Début : « *Le Docteur*. O creature raisonnable... »

Fol. 13. Complexions du corps humain. — Début : « *Le sangin*. Li sangins est debonaire... »

Fol. 14. Dialogue, en vers, entre Bonne Amour, Malice, Union, Division, etc. — Début : « Division felone et fiere... »

XV**e** siècle. Papier. 15 feuillets. 210 sur 140 millimètres. Cartonné. (Supplément français 632, 24.)

14990. « Le Compot, en françoys. »

Début : « Le Compot en françoys,
 « Selon le texte et glose,
 « Extrait au mileur choys,
 « Tout en rime, sans prose.
 « A tous escoliers et autres gens... »

On lit à la fin (fol. 66°) : « Ce livre appartient à Jehan Du Maretz, prestre indigne, chevecier de Sainct George de Chelles Saincte Baulteur. »

XVI**e** siècle. Papier. 67 feuillets. 208 sur 140 millimètres. Couvert. parchemin. (Supplément français 655.)

14991. Poème de Jean de Luxembourg, adressé à la reine de Navarre.

Exemplaire de dédicace. — Début :

« Celluy qui est, o Royne incomparable... »

XVI**e** siècle. Parchemin. 17 feuillets. 165 sur 110 millimètres. D. rel. (Supplément français 2412.)

14992. Voyage de Charles-Quint par la France, poème de René Macé, bénédictin de la Trinité de Vendôme.

Incomplet de la fin (éd. G. Raynaud, p. xx).

XVI**e** siècle. Parchemin. 45 feuillets. 230 sur 162 millimètres. Rel. veau gaufré, avec l'ex-libris : « Renati || Thevenin || et || amicorum. » (Provient de « M**r** de Villayer, doyen du Conseil. » — Supplément français 748.)

14993. « La Constance, à très illustre princesse Loyse, reyne de France, » par L. Papon.

Exemplaire de dédicace, avec armes peintes et nombreuses miniatures et bordures, en médiocre état de conservation.

XVI**e** siècle. Parchemin. 31 feuillets. 100 sur 65 millimètres. Rel. veau rac. (Supplément français 254, 35.)

14994. « Les Poésies que Claude Rabet, Chartrain, esleu pour le Roy à Montfort l'Amaulry et advocat audict lieu, a composées en sa jeunesse. »

En quatre livres.

XVIe siècle. Papier. 210 feuillets. 170 sur 110 millimètres. D. rel. (Provient de la Maison professe des Jésuites de Paris. — Supplément français 804.)

14995. « Recueil de diverses pièces de poésies de St. Amand, Mesnard, Marot, Bertaud musicien, Bautru, St. Gelais, Théophile, et extraits divers. — Un volume in-4°. — XVIIe siècle. — (Supplément français 418.) » — *En déficit.*

14996. « Stances à la louange du roy Louis XIII. »

XVIIe siècle. Papier. 48 feuillets. 155 sur 105 millimètres. Couvert. parchemin. (Provient « des Minimes de Paris. » — Supplément français 1968.)

14997. « Liste des éditions des Œuvres de Boileau. — A Paris, 1770. »

Portrait gravé de Boileau, en tête du volume.

XVIIIe siècle. Papier. 25 pages. 160 sur 105 millimètres. Cartonné. (Supplément français 4559.)

14998. Recueil de poésies françaises.

Page 2. Épîtres et satires diverses de Boileau.
Page 39. « Le Janséniste et le Jansénisme, poème héroïque. »
Page 69. « La Pénitente masquée, ou le Directeur duppé, par le sieur de St-Gilles. »
Page 88. « La nouvelle Ève, histoire tirée du 4e livre de Césaire [d'Heisterbach], religieux de Cîteaux... »
Page 99. « Dialogue d'un père, vieil officier, avec son fils ; satire. »
Page 114. « Le Porte-manteau, histoire facétieuse,... 1704. »
Page 162. « La mémoire du philosophe de Roterdam vangée de la calomnie. »

Page 195. « Le Roy à ses ennemis depuis les pertes qu'il a faites sous ses généraux et le refus que les alliés ont fait de la paix. »

Page 207. Odes tirées des Psaumes, par J.-B. Rousseau.

XVIIIe siècle. Papier. 268 pages. 235 sur 175 millimètres. D. rel. (Don du marquis de Quincy. — Supplément français 380.)

14999. Recueil de poésies de D. BOUTEVILLE, dédiées au marquis de Montespan.

Exemplaire de dédicace.

XVIIe siècle. Papier. 63 feuillets. 158 sur 100 millimètres. Rel. maroquin olive, semée de fleurs de lis et de flammes. (Supplément français 832.)

15000. Recueil de poésies françaises et latines.

On y remarque « Le Théâtre du sage, à Mgr. le président de Mesmes » (fol. 51), — « Selecta epigrammata » latines et françaises (fol. 93), — « Henry le Grand au roy très chrestien Louis XIVe, poème composé par Cassagnes en l'année 1661 » (fol. 136 v°); — etc.

XVIIe siècle. Papier. 169 feuillets. 152 sur 100 millimètres. Couvert. parchemin. (Supplément français 2036, 61.)

15001. Recueil de poésies françaises, la plupart du P. DUCERCEAU, Jésuite.

XVIIIe siècle. Papier. 121 pages. 235 sur 165 millimètres. D. rel. (Don du marquis de Quincy. — Supplément français 381.)

15002. « La Pucelle, ou la France délivrée, » par CHAPELAIN.

Seconde partie, livres XIII-XXIV. — Ms. autographe.

XVIIe siècle. Papier. 278 feuillets. 225 sur 160 millimètres. Rel. veau fauve, aux armes de Huet. (Provient de la Maison professe des Jésuites de Paris. — Supplément français 677, 1.)

15003. Copie du manuscrit précédent.

XVIIe siècle. Papier. 41 et 582 pages. 210 sur 145 millimètres. Rel.

veau fauve, aux armes de Huet. (Provient de la Maison professe des Jésuites de Paris. — Supplément français 677, 2.)

15004. Copie du même manuscrit.

Préface et corrections autographes de Chapelain.

XVIIe siècle. Papier. 275 feuillets. 255 sur 180 millimètres. Cartonné. (Provient de l'abbé d'Olivet. — Supplément français 677, 3.)

15005. Recueil de pièces sur la *Pucelle* de Chapelain.

I. « Disposition du poème et la division de ses matières et de son ordre par livres. » — 27 pages.

II. « Response du sieur de la Montagne au sieur du Rivage, où ses observations sur le poème de la Pucelle sont examinées. » — 173 pages.

III. « Ordre du dessein du poème de la Pucelle. » — 36 feuillets.

XVIIe siècle. Papier. 3 parties en un volume. 220 sur 160 millimètres. D. rel. (Provient de l'abbé d'Olivet. — Supplément français 677, 4.)

15006. « Le Vei de Gôdô, » par MALPOY, avocat au Parlement de Dijon. (1620.)

XVIIIe siècle. Papier. 4 feuillets. 205 sur 150 millimètres. Cartonné. (Supplément français 5483.)

15007. « Recueil de diverses poésies et principalement du duc de Nevers, autant au moins que j'en ay pu recueillir; » par M. DE COULANGES.

Copiées pour d'Aguesseau, d'après une note du P. Adry en tête du volume. — Il y a une table à la fin.

XVIIIe siècle. Papier. 276 pages. 235 sur 170 millimètres. Rel. veau rac. (Supplément français 254, 3.)

15008. Recueil sur la Grâce.

I. « Poème sur la Grâce, de Mr RACINE. »
II. « Le livre de St Augustin de la Grâce et du Libre arbitre. »

XVIIe siècle. Papier. 35 et 74 pages. 210 sur 160 millimètres. Rel. parchemin. (Supplément français 2084.)

15009. « Œuvres diverses de Mr Vergier, commissaire général de la marine et président de la chambre établie à Dunkerque. »

Poésies françaises, avec une table des pièces à la fin.

XVIIIe siècle. Papier. 105 feuillets. 235 sur 180 millimètres. Rel. veau gr. (Provient de Falconet, n° 11650. — Supplément français 5162.)

15010. « Œuvres de M^r^ V[ergier]. »

Recueil de poésies françaises, plus complet que le précédent ; il y en a une table alphabétique à la fin.

XVIIIe siècle. Papier. 907 pages. 220 sur 160 millimètres. Rel. veau gr. (Supplément français 1378.)

15011. « Pièces fugitives, par Mlle C... — Versailles, ce 29 septembre 1782. »

Il y a une table de ces pièces à la fin du volume.

XVIIIe siècle. Papier. 123 pages. 190 sur 120 millimètres. Rel. veau fauve. (Supplément français 5154.)

15012. Recueil de poésies diverses et de quelques pièces relatives à l'histoire du règne de Louis XIV.

Il y a une table des pièces en tête du volume.

XVIIIe siècle. Papier. iv et 168 pages. 220 sur 165 millimètres. Couvert. parchemin. (Supplément français 2036, 60.)

15013. « Le Songe de Lizandre, le Voiage nocturne de Roissi, ou le Parnasse triumphant, à Mr Duché, maistre d'hostel du Roy ; récit burlesque. »

XVIIe siècle. Papier. 54 feuillets. 230 sur 170 millimètres. Rel. veau rac. (Supplément français 5873.)

15014-15020. « Receüil de brevets de Calottes, » et « de diverses poésies. »

Collection de pièces en prose et vers sur le Régiment de la Calotte, etc., formée par Fontanieu. Quelques pièces sont imprimées. — Il y a une table des pièces en tête de chaque volume.

XVIIIe siècle. Papier. vi-238, v-220, viii-298, v-231, ix-266, v-271 et iv-313 feuillets. 238 sur 180 millimètres. Rel. veau fauve, aux armes de Fontanieu. (Supplément français 4935.)

15021. Recueil de pièces satyriques, la plupart en vers, de la seconde moitié du XVIIIe siècle.

XVIIIe siècle. Papier. 67 feuillets. 230 sur 180 millimètres. Couvert. parchemin. (Supplément français 2086.)

15022. « Poëme sur l'Eucharistie, » en neuf chants.

XVIIIe siècle. Papier. 103 pages. 210 sur 150 millimètres. D. rel. (Supplément français 4500.)

15023. « Les troisiemes petites Dactyliques. »

Fragment d'un traité de prosodie latine.

XVIIIe siècle. Papier. 18 feuillets. 180 sur 138 millimètres. Cartonné. (Supplément français 2036, 9.)

15024. Recueil de poésies diverses.

XVIIIe siècle. Papier. 214 feuillets. 162 sur 100 millimètres. Rel. parchemin vert. (Supplément français 3287.)

15025. « Voyage de messieurs de BACHAUMONT et LA CHAPELLE, où l'on a joint diverses poésies du même auteur... — A Cologne, chez Pierre Marteau, 1697. »

XVIIIe siècle. Papier. x et 120 pages. 210 sur 160 millimètres. Rel. veau gr. (Provient de l' « École royale militaire. » — Supplément français 2999.)

15026. « Fables nouvelles, par M^r LE BAILLY, avocat en Parlement, et du Musée de Paris. — 1784. »

Exemplaire avec l'approbation du censeur.

XVIIIe siècle. Papier. 57 feuillets. 208 sur 155 millimètres. D. rel. (Supplément français 4490.)

15027. Lettre de Beaumarchais à Goursaut (*s. d.*), suivie de trois pièces de vers : « Consultation sur l'effet du bouquet à Manon Silvie, — Épître à mon amy. Cher Monville... — Romance. Comme j'aimais mon ingrate maitresse... »

Ms. autographe.

XVIIIe siècle. Papier. Feuillets 127 à 135. 195 sur 150 millimètres. D. rel. (Supplément français 2017.)

15028. « Discours de Mr Belgiver [Belleguier], ancien avocat, sur le texte proposé par l'Université de la ville de Paris pour le sujet de prix de l'année 1773. »

Par Voltaire.

XVIIIe siècle. Papier. 14 feuillets. 240 sur 180 millimètres. Cartonné. (Supplément français 4302.)

15029. « Poésies diverses, » de Chaulieu, ou adressées à Chaulieu.

XVIIIe siècle. Papier. 104 feuillets. 215 sur 160 millimètres. Rel. maroquin noir. (Supplément français 3890.)

15030. « Œuvres fugitives de M. de La Grange-[Chancel]. — 1722. »

Philippiques, etc.

XVIIIe siècle. Papier. 98 pages. 215 sur 160 millimètres. D. rel. (Supplément français 2688.)

15031. « Les Philippiques, divisées en iv odes, dédiées à Mgr. le duc d'Orléans, régent de France, par M^r de La Grange-[Chancel]. »

XVIIIe siècle. Papier. 122 feuillets. 225 sur 160 millimètres. Rel. maroquin olive. (Supplément français 4413.)

15032. « Les Philippiques, » par La Grange-Chancel.

XVIIIe siècle. Papier. 53 pages. 178 sur 105 millimètres. Rel. veau fauve. (Supplément français 254, 28.)

15033. *Philotanus*, poème par l'abbé de Grécourt.

Fol. 99. *Jansénius*, par le même.

XVIIIe siècle. Papier. 107 feuillets. 218 sur 162 millimètres. D. rel. (Supplément français 4548.)

15034. « Mélange de pièces fugitives, tant sérieuses que badines et boufonnes, instructives et critiques, recueillies pour ma seule curiosité. — A Paris, 1770. »

Prose et vers. — Il y a, à la fin du volume, une table des pièces, à la suite de laquelle on a joint (p. 585) une lettre autographe, datée de 1773, de M. Quétant à « M. Piau, négociant, rue des Lavandières, près celle du Plat d'étain, à Paris. »

XVIIIe siècle. Papier. 588 pages. 245 sur 165 millimètres. Rel. parchemin. (Supplément français 1811.)

15035. Œuvres de Jean-Baptiste Rousseau.

En tête, préface, débutant : « Voicy enfin une édition fidèle... »

XVIIIe siècle. Papier. xxi et 278 pages. 210 sur 160 millimètres. Rel. veau gr. (Supplément français 4005.)

15036. Poésies héroïques, morales et satyriques, par Mr de Sanlecque, avec quelques épigrammes, sonnets, madrigaux du même autheur. »

Il y a une table des pièces à la fin. — A la suite : « L'Exilé à Versailles, pièce comyque, dont on ignore l'autheur. »

XVIIIe siècle. Papier. 122 et 29 pages. 215 sur 155 millimètres. Rel. veau gr. (Supplément français 2935.)

15037. Recueil de contes, en vers provençaux, par l'abbé Vigne.

Ms. autographe.

XVIIIe siècle. Papier. 56 feuillets. 190 sur 140 millimètres. D. rel. (Supplément français 4045.)

15038. « Le livre d'Esther, composé en vers françois, avec les morales ou réflexions sur chaque chapitre, pour les personnes dévotes et pieuses, par un relligieux bénédictin de la Congrégation de St-Maur. »

L'épître dédicatoire à la Reine est signée : « Fr. J. L. »

XVIIe-XVIIIe siècle. Papier. 113 feuillets. 170 sur 110 millimètres. Cartonné. (Supplément français 3133.)

15039. « Paraphrase en vers des Pseaumes de David. »

XVIIe-XVIIIe siècle. Papier. 553 pages. 210 sur 155 millimètres. Rel. maroquin olive, aux armes du marquis de Saint-Aignan. (Supplément français 2104.)

15040. « Le poème de Maringo, par Joseph LAFFON, contrôleur des contributions directes du 4e arrondissement de l'Aude. »

XIXe siècle. Papier. 9 feuillets. 198 sur 155 millimètres. Cartonné. (Supplément français 2267.)

15041. « Discours sur la descente en Angleterre et sur le Consulat à vie, présenté au Premier Consul de France, en vendémiaire l'an XIIe de la République, par le C. TOURNATORIS. »

Pièce de vers. — Au bas du titre, la mention : « Fait à la plume par Crussaire, l'an XIIe. »

XIXe siècle. Papier. 18 pages. 225 sur 145 millimètres. Rel. veau marbré. (Supplément français 5052.)

15042. « Recueil de diverses pièces de poésies, provenant du cabinet de M. d'Argenson, lieutenant de police. »

Il y a une table de ces pièces en tête du volume. — Quelques-unes paraissent autographes.

XVIIe-XVIIIe siècles. Papier. 321 feuillets. 250 sur 185 millimètres. Rel. veau gr. (Supplément français 1311.)

15043. « Histoire du Théâtre françois jusqu'à Mr Corneille. »

En prose et vers.

XVIIIe siècle. Papier. 31 feuillets. 238 sur 180 millimètres. Cartonné. (Provient de Falconet, n° 11898. — Supplément français 5219.)

15044. « Histoire de la Molière, à présent femme de Guérin, commédien de la trouppe françoise. — 1688. »

A la suite : « Dissertation sur J.-B. Poquelin-Molière,... par L.-F. Beffara. » (Paris, 1821, in-12.) *Impr.*

XVIIe siècle. Papier. 151 et 28 pages. 175 sur 115 millimètres. Rel. parchemin vert. (Supplément français 1535.)

15045. « Les Sentimens de l'Académie françoise sur la question de la Tragicomédie du Cid » de Corneille.

« De la main de Mr Chapelain, avec des apostilles de M. le cardinal de Richelieu, » au témoignage de l'abbé d'Olivet.

XVIIe siècle. Papier. 63 pages. 230 sur 160 millimètres. Rel. maroquin rouge. (Transmission du Département des imprimés, Y. 5666. — Supplément français 5541.)

15046. « Épître libre à Mr de Voltaire sur le goût présent de la Tragédie, avec deux lettres écrites à l'auteur de l'Épître par un de ses amis, et une lettre du même auteur à M. de Voltaire sur la tragédie d'Alzire. — 1736. »

XVIIIe siècle. Papier. 35 feuillets. 205 sur 165 millimètres. D. rel. (Supplément français 5246.)

15047. « Tablettes dramatiques, contenant, par ordre alphabétique et par colonnes, toutes les pièces du théâtre françois, jouées ou imprimées depuis Jodele, en 1522, jusqu'à présent, avec le jugement que les connoisseurs en ont porté, ... par M. le chevalier de Mouhy. »

A la suite (fol. 202), « Abrégé de l'histoire des Théâtres depuis leur origine jusqu'à présent, » etc. (1751.)

XVIIIe siècle. Papier. 255 feuillets. 260 sur 200 millimètres. Rel. maroquin rouge. (Provient du duc de Penthièvre. — Supplément français 5103.)

15048-15061. « Dictionnaire des ouvrages dramatiques, depuis Jodelle jusqu'à nos jours, suivi d'une table des Parodies, de celle des Auteurs et de celle des Personnages célèbres, par Henri Duval. »

Tomes I (15048). Tragédies. — 240 feuillets.
— II (15049). Comédies, A-HO. — 391 feuillets.
— III (15050).   —   HO-Z. — 405   —
— IV (15051). Drames et mélodrames. — 277 feuillets.
— V (15052). Opéras et Opéras comiques. — 296 feuillets.
— VI (15053). Vaudevilles, A-D. — 259 feuillets.
— VII (15054).   —   E-L. — 220   —
— VIII (15055).   —   M-Q. — 237   —
— IX (15056).   —   R-Z. — 229   —
— X (15057). Ballets et Pantomimes; Parodies. — 232 ff.
— XI (15058). Auteurs, A-CHA. — 249 feuillets.
— XII (15059).   —   CHE-H. — 255   —
— XIII (15060).   —   I-Q. — 253   —
— XIV (15061).   —   R-Z, et Compositeurs. — 258 ff.

XIXe siècle. Papier. 14 volumes. 250 sur 190 millimètres. D. rel. (Supplément français 5115, 1-14.)

15062. « Notice historique et biographique sur les spectacles en France et recherches sur la marche de l'art dramatique dans la capitale de ce royaume, » par M. de Pronville.

Ms. autographe.

XIXe siècle. Papier. 394 pages. 220 sur 180 millimètres. D. rel. (Supplément français 5078.)

15063. « La 3e journée [du mystère] du Jugement de Dieu. »

Cf. Petit de Julleville, *Les Mystères*, t. II, p. 460.

XVIe siècle. Papier. 91 feuillets. 260 sur 165 millimètres. D. rel. (Supplément français 5783.)

15064-15065. Mystère de la Passion, par Arnoul Greban.

En vers ; les deux premières journées seulement. Cf. Petit de Julleville, *Les Mystères*, t. II, p. 396. — On lit à la fin du tome II (fol. 209) : « Scriptum anno Domini millesimo cccc° lxix° per fratrem Aubertum, religiosum Carthusiensem conventus Vallis viridis prope muros Parisienses. »

XV⁰ siècle. Parchemin et papier. 192 et 209 feuillets. 195 sur 130 millimètres. Rel. veau marbré. (Supplément français 3085, 1-2.)

15066. « La Crèche, pastorale héroï-comique sur l'avenüe de Nostre Sauveur Jesus-Christ. — 1693. »

« Composée par un religieux de Basse-Normandie, pour être représentée par une assemblée de Sœurs grises. » A la fin, deux Noëls, dont le second est imprimé (placard in-4°).

XVII⁰ siècle. Papier. 35 feuillets. 165 sur 135 millimètres. Rel. veau rac. (Supplément français 254, 33.)

15067. « Théatre indoux, traduit du sanscrit par Horace Hayman Wilson, et publié par L. D. A. » [Léchaudé d'Anisy.]

Traduction du Mrichchakati, ou le Char d'argile, drame, et du premier acte de Vikrama et Urvasi, ou le Héros et la Nymphe, drame.

XIX⁰ siècle. Papier. 103 feuillets. 195 sur 150 millimètres. Cartonné. (Provient de Léchaudé d'Anisy. — Supplément français 5303.)

15068. « Traduction litérale de l'Ion d'Euripide. »

XVII⁰ siècle. Papier. 85 feuillets. 240 sur 190 millimètres. Cartonné. (Supplément français 3869.)

15069. « L'Eunuque de Térence Afriquain de Carthage, » traduit en français par P.-D. Huet.

Page 87. « L'Heautontimorumenos, » traduction du même ; incomplet de la fin.

Ms. autographe.

XVII⁰ siècle. Papier. 104 pages. 170 sur 115 millimètres. Cartonné. (Provient de Léchaudé d'Anisy. — Supplément français 5310.)

15070. « Annibal » tragédie en cinq actes, en vers.

Page 79. Rôle d'Hippolyte dans la *Phèdre* de Racine.

XVIIe-XVIIIe siècle. Papier. 96 pages. 220 sur 170 millimètres. D. rel. (Supplément français 4101.)

15071. « La Générosité d'Esther, reyne de Babillone, tragédye de l'Escriture saincte, où se voit l'inconstance de la fortune humayne; dédié à... Mgr. le ducq d'Orléans, » par HAULTERIVE.

En cinq actes et en vers.

XVIIe siècle. Papier. 130 feuillets. 215 sur 170 millimètres. D. rel (Supplément français 4484.)

15072. « Guisiade, tragédie nouvelle, en laquelle au vray et sans passion est représenté le massacre du duc de Guise; » par Pierre MATTHIEU.

« Dédié au... prince Charles de Lorraine, lieutenant général de l'Estat et coronne de France, » par J. R. D. L. [Jacques Roussin de Lyon.] (1589.) — En cinq actes et en vers.

XVIe siècle. Papier. 42 feuillets. 210 sur 135 millimètres. D. rel. (Supplément français 254, 36.)

15073. « La Jalousie de Théodose, tragédie,... représentée... au tripot du Cherier, le 13e aoust 1643. »

En cinq actes et en vers.

XVIIe siècle. Papier. 42 feuillets. 255 sur 180 millimètres. D. rel. (Supplément français 545.)

15074. « Joas, tragédie, » en cinq actes et en vers.

C'est l'*Athalie* de Racine adaptée pour une représentation de collège.

XVIIIe siècle. Papier. 48 feuillets. 215 sur 170 millimètres. Cartonné. (Supplément français 1391.)

15075. « Joseph, tragédie tirée de l'Écriture sainte. »

En cinq actes et en vers.

XVIIIe siècle. Papier. 45 feuillets. 225 sur 160 millimètres. Cartonné. (Provient de Saint-Cyr. — Supplément français 5866.)

15076. « Linus, tragédie lyrique de feu M. DE LA BRUËRE, mise en musique par M. Rameau; et [p. 43] quelques fragmens d'autres opéras de La Bruëre. »

En cinq actes et en vers. — Fol. 43. Fragment d'un opéra de Romulus.

XVIIIe siècle. Papier. 50 pages. 240 sur 170 millimètres. Cartonné. (Don de la famille Decroix. — Supplément français 4276.)

15077. « La Mariane de TRISTAN, » tragédie en cinq actes et en vers.

XVIIe siècle. Parchemin. 114 pages. 230 sur 170 millimètres. Rel. maroquin rouge fleurdelisée. (Supplément français 740.)

15078. « Corneille au dix-neuvième siècle, ou Œuvres de Pierre Corneille, remises à la scène par F. BRUNOT,... en 1804... »

Sophonisbe, — Pulchérie, — Nicodème, — et Horace.

XIXe siècle. Papier. 244 feuillets. 235 sur 180 millimètres. D. rel. (Provient de A.-A. Monteil. — Supplément français 2031.)

15079. « Comédie sur l'Académie » française, par SAINT-ÉVREMOND.

En cinq actes et en vers; précédée d'une dédicace signée des initiales : C. P.

XVIIe siècle. Papier. 30 feuillets. 255 sur 185 millimètres. D. rel. (Supplément français 5874.)

15080. Farce de « maistre Pierre Pathelin; » fragments.

XVe siècle. Papier. 55 pages. 275 sur 200 millimètres. D. rel. (Provient de Bigot. — Supplément français 5075.)

15081. « Le Centenaire de Corneille, ou le Triomphe du génie, en un acte en vers libres, » par « le chevalier DE CUBIÈRES, de l'Académie de Lyon. (1784.)

Ms. autographe.

XVIIIe siècle. Papier. 9 feuillets. 230 sur 190 millimètres. D. rel. (Supplément français 4650.)

15082. « La Comtesse d'Olonne, comédie par Mr BUSSY-RABUTIN. »

Fol. 5. « Caquire, tragédie [bouffonne] en cinq actes et en vers, par M. DE VESSAIRE. »

Fol. 71. « Composition de pastelles d'un nouveau coloris [etc.], apartenant à Mr le comte du Poulpry, officier au régiment du Colonel général-Cavalerie, l'an 1776. »

XVIIIe siècle. Papier. 81 feuillets. 158 sur 100 millimètres. Rel. veau rac. (Supplément français 2116.)

15083. « Le Fils adopté, comédie en cinq actes en vers, » par le chevalier DE CUBIÈRES.

Ms. autographe.

XVIIIe siècle. Papier. 51 feuillets. 190 sur 120 millimètres. D. rel. (Supplément français 4358.)

15084. « Lei Fourbaries dau siecle, ou lou troumpo qu poout, coumedio en trés actes et en vers prouvençaux, réprésentado à Salon... en 1684, et coumpousado par Palamède TRONC DE CODOLET, natif de la même ville... »

XVIIIe siècle. Papier. 121 pages. 240 sur 185 millimètres. Rel. veau rac. (Supplément français 254, 6.)

15085. « Les Infidelles, comédie en cinq actes; » dédiée à Bégon, par JUBERT.

XVIIIe siècle. Papier. 74 feuillets. 255 sur 168 millimètres. Rel. veau gr. (Supplément français 854.)

15086. « Les Talens inutiles, comédie en un acte, [en prose,] par le R. P. [Cl.-Fr. Lysarde de] Radonvilliers. — 1740. »

Fol. 48. « Le Valet philosophe, pièce comique, » en un acte et en prose, par le même.

XVIIIe siècle. Papier. 78 feuillets. 220 sur 162 millimètres. Rel. veau rac. (Supplément français 4936.)

15087. Rôles d'une actrice dans différentes pièces de théâtre.

« Rolle de l'École des femmes (fol. 1); — de la Coquette fixée (fol. 15); — de Finette, ou des Menechmes (fol. 40); — des Femmes sçavantes (fol. 52); — du Dissipateur (fol. 64); — du Philosophe marié (fol. 102 *bis*); — du Glorieux (fol. 138); — de Lisette, ou du Méchant » (fol. 181).

XVIIIe siècle. Papier. 202 feuillets. 170 sur 142 millimètres. Rel. veau rac. (Supplément français 5125.)

15088. « Ariane, ou le Mariage de Bacchus, opéra, » en cinq actes et en vers.

XVIIIe siècle. Papier. 51 pages. 225 sur 165 millimètres. Cartonné. (Supplément français 3415.)

15089. « Le Chêne roïal, opéra comique, » en un acte et en prose.

XVIIIe siècle. Papier. 61 feuillets. 212 sur 165 millimètres. Rel. parchemin vert. (Supplément français 2036, 100.)

15090. « Le Triomphe d'Alcide à Athènes, intermède en un acte, [en vers,] par P.-L. Moline. »

Exemplaire de dédicace à Napoléon Ier. — On a relié en tête une « Cantate en l'honneur de Napoléon Bonaparte,... pour la fête du 14 juillet 1802; paroles du citoyen Moline, musique du citoyen Ozi fils... » (Placard impr. in-8°.)

XIXe siècle. Papier. 21 pages. 245 sur 165 millimètres. Rel. maroquin rouge, aux armes de l'Empereur. (Supplément français 4286.)

15091. Bagatelles lyriques exécutées chez Mgr. le prince de Conti, et autres petites pièces de société, par M. Quétant. »

On a ajouté en tête du volume une lettre autogr. de Quétant (1778).

XVIIIe siècle. Papier. 78 feuillets. 250 sur 195 millimètres. Rel. veau gr. (Supplément français 1997.)

15092. « La Veillée de Village, prologue [en prose] pour la fête de M. le marquis de Valori. »

XVIIIe siècle. Papier. 8 feuillets. 230 sur 180 millimètres. Cartonné. (Supplément français 5482.)

15093. « Narcisse, pantomine (*sic*) dialoguée, en 2 acte (*sic*) et en prose. 1788. »

Précédé de « Le Lever de l'Amour, prologue de la pantomime de Narcisse ; 1786, 1787, 1788, 1789, etc. » (fol. 1-9).

XVIIIe siècle. Papier. 21 feuillets. 220 sur 170 millimètres. Cartonné. (Supplément français 4277.)

15094. Roman d'Alexandre, en vers.

Ms. *D* de M. P. Meyer (*Romania*, XI, 252).

XIIIe-XIVe siècle. Parchemin. 299 feuillets. 195 sur 120 millimètres. Rel. veau rac. (Provient de Gaignières. — Supplément français 403.)

15095. Roman d'Alexandre, en vers.

Ms. *C* de M. P. Meyer (*Romania*, XI, 250).

XIIIe siècle. Parchemin. 268 feuillets. 175 sur 118 millimètres. Rel. veau rac. (Supplément français 643.)

15096. Histoire d'Assaillant, premier comte de Dammartin, et de Gérard, son fils, traduite en français des « Croniques des roys de Coulongne. »

Cf. le ms. français 1473. — Miniature au fol. 1, et blason peint aux fol. 1 et 6 v°, armes écartelées de Dammartin. — Au haut du fol. 1, « Ex bibliotheca Antonii Dufornet, jur. utr. doct. Vellavii Desideriensis. » — Au bas, la signature : « Dufornet. 1588. »

XVe siècle. Parchemin. 79 feuillets. 210 sur 145 millimètres. Rel. parchemin. (Provient de J.-B. Hautin. — Supplément français 1130.)

15097. Roman de Berinus.

Incomplet du commencement. — On a relié à la suite (fol. 250) : « Le Liure Intitule De Bōnes Meurs », de frère Jacques Le Grant, de l'ordre de St-Augustin. (Paris, Pierre Levet, 1486, in-4°, goth.) Incomplet de la fin.

XVe siècle. Papier. 303 feuillets. 260 sur 182 millimètres. D. rel. (Supplément français 3224.)

15098. « Li roumans dou Chastelain de Couci et de la dame du Faiiel, » par JAKEMON SAKESEP.

Début : « Amours qui est principaument... » — Miniature au fol. 1.

XIVe siècle. Parchemin. 160 feuillets. 230 sur 140 millimètres. Rel. maroquin rouge, aux armes du roi. (Supplément français 632, 20.)

15099. OLIVIER DE LA MARCHE, le Chevalier délibéré.

Miniature au fol. 1, et mention : « Ex dono Joannis Armandi de Mauvillain, A. R. S. H. 1671. — Recollectorum Parisiensium. »

XVIe siècle. Parchemin. 63 feuillets. 198 sur 142 millimètres. Rel. veau gr. (Supplément français 1634.)

15100. VILLEHARDOUIN et HENRI DE VALENCIENNES, Histoire de la conquête de Constantinople.

Ms. *F* de l'édition de N. de Wailly. — A la fin (fol. 96), ex-libris du XIVe s. : « Iste romancius est Petri Dangerans. » — Sur le premier feuillet de garde : « De la bibliothèque du Palais de Bruxelles. »

XIVe siècle. Parchemin. 96 feuillets à 2 col. 242 sur 170 millimètres. Rel. maroquin rouge, aux armes du roi. (Supplément français 687.)

15101. Roman de Florimont.

En tête du fol. 2, l'ex-libris : « C'est à Michel de Barisey. » — Au bas du fol. 119 v° : « C'est à Amée de Gournaix ; » et à côté la signature de : « Durival, secrétaire de M. de La Galaisiere, 1743. »

XIIIe siècle. Parchemin. 120 feuillets à 2 col. 250 sur 160 millimètres. Rel. anc. peau gaufrée. (Supplément français 413.)

15102. Roman de Gaidon.

Ms. *B* de l'édition Guessard et Luce. — Incomplet des 440 derniers vers.

XIIIe siècle. Parchemin. 160 feuillets. 192 sur 115 millimètres. Rel. parchemin. (Ex-libris gravé de Rosanbo et de la duchesse de Berry, bibliothèque de Rosny. — Supplément français 2510.)

15103. « Romant de Girart de Rossillon, (jadis duc de Bourgogne,) et de Berthe sa femme. »

A la fin (fol. 138 v°) mention de la date de la copie de ce ms. « fait et compli par moy Eude Savesterot, prestre, en la ville de Chastillon sur Seigne, le semadi ixme jour du mois de janvier l'an mil iiij^c xvj. »

Fol. 139. « Les quatre complexions des hommes. *Sanguin.* Comme sanguin est debonaire... »

Fol. 140. « Les sept vertus qui parlent es sept pecchiez mortelx. Saint Michiel parle à ourgueul. Puant, charonne abhominable... »

Fol. 141 v°. « La Patenostre saint Julien. Biaux tresdouls sire saint Julien.. »

XVe siècle. Papier. 144 feuillets. 220 sur 140 millimètres. Rel. veau rac. (Supplément français 254, 2.)

15104. « La noble Chevalerie de Judas Macabé et de ses nobles freres. » (1285.)

Début :

« Pour la noble chevalerie
« Cui Dius li fius sainte Marie... »

Très nombreuses petites miniatures.

XIIIe siècle. Parchemin. 73 feuillets à 2 col. 238 sur 155 millimètres. Rel. veau rac. (Supplément français 632, 21.)

15105. Roman de Mélibée et Prudence, en prose.

Début : « Un jouvencel appelé Mellibée, puissant et riche... » — Miniature au fol. 1. — A la fin, l'ex-libris : « Ce livre est à moy Jehan Sala. »

XVe siècle. Parchemin. 40 feuillets. 230 sur 172 millimètres. Rel. maroquin rouge, aux armes du cardinal de Richelieu. (Provient des Augustins déchaussés de Paris. — Supplément français 1559.)

15106. « La maniere et les faitures des monstres des homes qui sont en Orient et le plus en Inde. »

Début :
« Pour la tres plus noble matere,
« Qui onques fu ne jamés ere... »

Nombreuses miniatures.

XIVe siècle. Parchemin. 37 feuillets à 2 col. 238 sur 165 millimètres. Cartonné. (Supplément français 632, 22.)

15107. « Le Roman de Parthenopée de Blois. »

Copie par Dom Lobineau du ms. français 15192. — Cf. le ms. 15111.

XVIIIe siècle. Papier. 532 pages. 160 sur 98 millimètres. Rel. veau gr. (Provient de l'abbaye de Saint-Melaine de Rennes. — Supplément français 650.)

15108. « Li Romant de Roncisvals. »

Remaniement de la Chanson de Roland (dit de Versailles). Copie du ms. Bourdillon, aujourd'hui ms. 1 (B. 225) de Châteauroux, qui avait appartenu à M. le Cte Garnier, pair de France.

XIXe siècle. Papier. ix feuillets et 435 pages. 178 sur 115 millimètres. Rel. veau rac. (Supplément français 254, 21.)

15109. Guillaume de Lorris et Jean de Meung, Roman de la Rose.

A la fin (fol. 121 v°), on lit : « Au seigneur des Essars, N. de Herberay, par le don que luy en a faict Me Jehan Du Val, changeur du Tresor, le xvj^e advril 1541. — *De Herberay.* — M. de Herberay me l'a depuys donné ou moys de janvier MV^c XLI. *Arnoul.* — Et depuis à Goislard. »

XIVe siècle. Parchemin. 121 feuillets à 2 col. 248 sur 190 millimètres. Rel. maroquin olive, à petits fers. (Supplément français 1552.)

15110. « Romanz de la Vie des Peres et des miracles N[ostre] D[ame]. »

Début : « Des .II. hermites dont li uns fist fornication.

« Aide Diex rois Jhesu Criz,
« Peres et filz, sainz Esperiz... »

Fol. viii^{xx}i (161). « La Vie sainte M[arguerite], en prose. — Sainte Marguerite fui née en la cité d'Antioiche... »

XIIIe siècle. Parchemin. 165 feuillets à 3 col. 258 sur 185 millimètres. Rel. parchemin. (Supplément français 254, 40.)

15111. Recueil.

Page 1. « Le Roman de Blanchandin et de Orgueillose d'amours. »

Page 187. « Le Roman de Flore et de Blancheflor. »

Page 329. « Le Roman burlesque d'Audiger et de Turgibus. »

Page 352. « Les Proverbes du Vilain. » — Page 363. « Autres proverbes du Vilain, tiréz des Proverbes du comte de Bretaigne. »

Page 376. « Chastiemusart. »

Copies par Dom Lobineau du ms. français 19152 — Cf. le ms. 15107.

XVIIIe siècle. Papier. 390 pages. 160 sur 95 millimètres. Rel. veau gr. (Provient de l'abbaye de Saint-Melaine de Rennes. — Supplément français 1941.)

15112. Amours de Grégoire VII et du cardinal de Richelieu.

I. « Amours de Grégoire VII et de Mathilde. »
II. « Amours du cardinal de Richelieu. »

XVIIIe siècle. Papier. 122 et 117 pages. 170 sur 100 millimètres. D. rel. (Supplément français 1935.)

15113. « Les Amours du Roy et de Mademoiselle de La Vallière. »

Fol. 43. « Voiage de l'isle d'amour. »

XVIII⁰ siècle. Papier. 50 feuillets. 218 sur 165 millimètres. Rel. veau rouge. (Supplément français 1969.)

15114. « Les Amours de Zeokinizul, roi des Kofirans. — A Amsterdam. »

XVIII⁰ siècle. Papier. 55 feuillets. 200 sur 150 millimètres. D. rel. (Supplément français 1463.)

15115. Les Cent Nouvelles nouvelles.

Copie de l'édition de Lyon, Olivier Arnoullet, 1532.

XVII⁰ siècle. Papier. 371 feuillets. 200 sur 152 millimètres. Rel. maroquin rouge. (Supplément français 2080.)

15116. Histoire amoureuse des Gaules, par Bussy-Rabutin.

XVII⁰ siècle. Papier. 168 feuillets. 220 sur 165 millimètres. Rel. veau gr. (Supplément français 5216.)

15117. « Histoire de Charles Ferdiner. »

Premier volume, contenant 62 lettres de « Ferdiner à Édouard » et de « Charlotte à Julie »; la première est datée de Hambourg, 10 octobre 1760, et la dernière, de Farmbüll, 19 mai.

XVIII⁰ siècle. Papier. 335 pages. 220 sur 175 millimètres. Cartonné. (Supplément français 2270.)

15118. « Histoire de dame Olimpie Maldaquin » [Maldachini], par l'abbé Gualdi; traduction française.

XVII⁰ siècle. Papier. 184 pages. 170 sur 110 millimètres. Rel. veau gr. (Provient des Augustins déchaussés de Paris. — Supplément français 1714.)

15119-15120. « La Rosalinde du chevalier Bernard Morando. »

Ms. original, avec corrections autographes.

XVIII⁰ siècle. Papier. 224 et 266 feuillets. 240 sur 185 millimètres. D. rel. (Supplément français 4814, 1-2.)

15121. « Le Comte de Soissons et le cardinal de Richelieu, rivaux de Madame la duchesse d'Elbœuf, nouvelle galante. »

XVIIIe siècle. Papier. 125 feuillets. 240 sur 175 millimètres. Cartonné. (Supplément français 3758.)

15122. « Le faux Inca, » par P.-D. Huet. (1667.)

Copie.

XVIIe siècle. Papier. 72 feuillets. 205 sur 155 millimètres. Rel. veau gr., aux armes de Huet. (Provient des Jésuites de la Maison professe de Paris. — Supplément français 721.)

15123. Recueil de chansons et airs notés français, italiens et latins, composés par Guillaume Dufay, Antoine Busnois, Jean Okeghem, Firmin Caron et Compère.

On a joint à la fin du volume une notice, par M. Fétis, sur quelques-uns des compositeurs des pièces contenues dans ce ms. (Autographe.)

XVe siècle. Parchemin. 198 et 6 feuillets. 180 sur 120 millimètres. Rel. parchemin. (Ex-libris de « R. C. G. de Pixérécourt. » — Supplément français 2637.)

15124. « Chansons de M. de Coulange. »

Il y a une table des chansons en tête du volume.

XVIIIe siècle. Papier. 47 feuillets. 160 sur 105 millimètres. Rel. parche-vert. (Supplément français 2102.)

15125. « Recueil de rondeaux ; pour l'agréable maison de Viry. »

Dédié à Perrault, par de Pinchesne, dont quelques lettres sont jointes à la fin du volume.

XVIIe siècle. Papier. 218 feuillets. 220 sur 160 millimètres. Rel. veau gr. (Provient de Monmerqué. — Supplément français 5601.)

15126. Chansons diverses.

XVIIIe siècle. Papier. 25 feuillets. 270 sur 190 millimètres. Rel. parchemin. (Supplément français 5546.)

15127-15134. « Receuil de chansons choisies [en vaudevilles], pour servir à l'histoire anecdote, depuis 1600 jusqu et compris... le mois d'aoust 1744. »

 I (15127). Années 1600-1664. — 263 feuillets.
 II. « — [1665-1695]. — *En déficit.*
 III (15128). — 1696-1705. — 468 pages.
 IV (15129). — 1705-1709. — 463 —
 V (15130). — 1709-1715. — 436 —
 VI (15131). — 1715-1723. — 439 —
 VII (15132). — 1723-1732. — 439 —
 VIII (15133). — 1730-1738. — 545 —
 IX (15134). — 1739-1744. — Pages 497-1016.

XVIIIe siècle. Papier. 8 volumes. 250 sur 180 millimètres. Rel. vea rac. (Supplément français 4237 et 4238, 1-7.)

15135. « Recueil de chansons sur différentes personnes d la Cour, depuis 1600 jusqu'en 1707. »

XVIIIe siècle. Papier. 590 pages. 230 sur 165 millimètres. Rel. vea fauve, aux armes de France. (Provient de la « Bibliothèque de Brunoy. — Supplément français 4386.)

15136. « Recueil de chansons choisies pour servir à l'histoire, depuis l'année 1600 jusqu'à présent. » (1771.)

XVIIIe siècle. Papier. 315, 20 et 13 pages. 240 sur 175 millimètres Rel. veau marbré. (Supplément français 4380.)

15137. « Recueil de chansons choisies et vaudevilles, pou servir à l'histoire annecdote depuis 1732 jusques en 1742. »

XVIIIe siècle. Papier. 466 pages. 245 sur 180 millimètres. Rel. veau g Supplément français 2931.)

15138. « Chansons nouvelles. — Bonn, 1746. »

XVIIIe siècle. Papier. 63 feuillets. 190 sur 150 millimètres. Rel. pa chemin. (« Ex bibliotheca Caroli Ottonis L. B. de et in Gymnich. » - Supplément français 5869)

15139. Recueil de chansons choisies pour servir à l'histoire du XVIIIe siècle.

XVIIIe siècle. Papier. 432 pages. 245 sur 180 millimètres. D. rel. (Supplément français 2932.)

15140-15142. Recueil de chansons choisies pour servir à l'histoire du XVIIIe siècle.

XVIIIe siècle. Papier. 433, 457 et 321 pages. 218 sur 178 millimètres. Rel. maroquin rouge. (Supplément français 2933, 1-3.)

15143-15155. « Pièces critiques et satyriques pour servir à l'histoire du tems. — A Pantin, chez Jean Satire, rue des Mauvaises Pensées, à la Sotise. »

Treize volumes, avec tables en tête de chaque volume.

XVIIIe siècle. Papier. 491, 498, 495, 500, 480, 484, 490, 486, 402, 326, 401, 402 et 400 pages. 220 sur 175 millimètres. Rel. veau rac. (Supplément français 2934, 1-13.)

15156-15158. « Recueil de chansons. »

La plus grande partie des premier et troisième volumes et tout le second ont été laissés en blanc.

XVIIIe siècle. Papier. 185, 1 et 37 pages. 195 sur 150 millimètres. Rel. veau fauve. (Supplément français 4678, 1-3.)

15159. Recueil de chansons sur la Constitution *Unigenitus* et les Jésuites.

XVIIIe siècle. Papier. 56 feuillets. 160 sur 105 millimètres. Rel. veau gr. (Supplément français 3907.)

15160. Recueil de chansons et de poésies diverses de la seconde moitié du XVIIIe siècle.

Vers de Voltaire, Saint-Lambert, etc. — Il y a une table des pièces à la fin du volume.

XVIIIe siècle. Papier. 190 pages. 190 sur 140 millimètres. Rel. veau rac. (Supplément français 5870.)

15161. « Mémoire pour servir à l'histoire des couplets de 1710, attribués faussement à Rousseau. »

Le texte de ces couplets a été ajouté en tête du volume. (Affaire de G. Arnould, Ch. Olivier et J. Saurin.)

XVIII⁰ siècle. Papier. 31 feuillets. 220 sur 160 millimètres. D. rel. (Supplément français 5488.)

15162-15170. Chansons, panégyriques, vers, couplets, adressés à Madame Hévin, et à Gaudin, duc de Gaëte, ministre des finances, par Claude-Nicodème Pajot. (1800-1810.)

XVIII⁰-XIX⁰ siècles. Papier. 16, 14, 14, 31, 22, 23, 26 feuillets, 78 et 45 pages. 225 sur 165 millimètres. Cartonné. (Supplément français 3076, 1-9.)

15171. « Lettre de Mʳ Arnauld à Mʳ Perrault, » relative à la Satire X de Boileau.

Copie faite pour l'abbé Eusèbe Renaudot.

XVII⁰-XVIII⁰ siècle. Papier. 10 feuillets. 225 sur 168 millimètres. Cartonné. (Supplément français 3503.)

15172. « Lettres de Dom Armand-Jean Le Bouthillier de Rancé, abbé de la Trappe, à S. A. R. Madame la duchesse de Guise. »

Recueil dédié à la duchesse de Guise par « Lattingais, curé et doyen de la Ferté-sous-Joüarre. — 1710. » — Vingt-sept lettres autographes signées, des années 1692 et 1693[1].

XVII⁰ siècle. Papier. 136 pages. 220 sur 165 millimètres. Cartonné. (Provient de l'École royale militaire. — Supplément français 3009.)

---

1. Un dépouillement complet des lettres contenues dans le présent volume et dans les volumes suivants (mss. français 15171-15209) a été fait par M. M. Sepet et forme un registre manuscrit à la disposition des lecteurs. Les noms de tous les auteurs de ces lettres seront insérés à la table alphabétique du présent catalogue.

15173. Lettres d'un abbé anonyme à une dame de Besançon. (1695-1718.)

Il est question, dans ces copies et extraits de lettres, de Boisot, abbé de Saint-Vincent de Besançon, de Mlle de Scudéry, etc. ; on y a joint différents madrigaux et des vers de La Monnoye et de Piron.

Fol. 113. Correspondance du « Mondain » et du « Solitaire » ; en vers.

XVIIIe siècle. Papier. 164 pages. 178 sur 115 millimètres. D. rel. (Supplément français 5636.)

15174-15178. Recueil des lettres adressées à Bertin du Rocheret, président en l'Élection d'Épernay. (1693-1758.)

XVIIe-XVIIIe siècles. Papier. 641, 373, 405, 484 et 398 feuillets. 240 sur 180 millimètres. Rel. parchemin. (Ex-libris gravé de « Ph.-V. Bertin du Rocherez. » — Supplément français 5385-5389.)

15179. Lettres de Bossuet à la sœur Cornuau. (1686-1695.)

97 Lettres. — Copies adressées au cardinal de Noailles par la sœur Cornuau.

XVIIIe siècle. Papier. 376 pages. 155 sur 105 millimètres. Rel. peau grise. (Supplément français 3728.)

15180. « Copie des lettres écrites par Mr Bossuet au R. P. abbé de la Trappe [Le Bouthillier de Rancé], prise sur les originaux envoyés de cette abbaye. » (1681-1700.)

Copie certifiée par F. Théodore, abbé de la Trappe (1769).

XVIIIe siècle. Papier. 33 pages. 200 sur 155 millimètres. Cartonné. (Supplément français 3484.)

15181. « Extraits des lettres de M^r l'évêque de Meaux, » J.-B. Bossuet.

Extraits des lettres adressées à la sœur Cornuau, etc.

XVIIIe siècle. Papier. 440 pages. 198 sur 145 millimètres. Rel. veau brun. (Supplément français 2144.)

15182. « Lettres de M^r le comte de Bussy-Rabutin à Madame la marquise de Sevigny ; » avec les réponses.

Copies. — Cf. plus haut les mss. français 10334-10336.

XVIIIe siècle. Papier. 208 feuillets. 198 sur 135 millimètres. Rel. veau br., aux armes de Fleuriau d'Armenonville. (Provient de la bibliothèque du Prytanée. — Supplément français 629.)

15183. Recueil de lettres, autographes et copies, adressées par diverses personnes à Dom Clémencet, Dom Tassin, au P. Quesnel, à Arnauld d'Andilly, Antoine Arnauld, etc. (1656-1762.)

XVIIe et XVIIIe siècles. Papier. 58 feuillets. 230 sur 170 millimètres. D. rel. (Supplément français 5531.)

15184. Lettres du R. P. Le Courayer au R. P. Prévôt, bibliothécaire de Sainte-Geneviève. (1727.)

XVIIIe siècle. Papier. 35 feuillets. 175 sur 115 millimètres. Cartonné. (Supplément français 3853.)

15185-15186. Correspondance numismatique de Duvau, ancien capitoul de Toulouse. (1730-1739.)

XVIIIe siècle. Papier. 267 et 284 feuillets. 250 sur 180 millimètres. D. rel. (Supplément français 2432.)

15187. Lettres de P.-D. Huet, évêque d'Avranches, au R. P. Martin, cordelier, à Caen. (1697-1717.)

Cf. le ms. français 15192. — A la suite : « Lampyris, ou le Ver luisant, églogue traduite du latin. » (Paris, 1709, in-12.)

XVIIe et XVIIIe siècles. Papier. 219 feuillets. 195 sur 150 millimètres. Rel. veau rac. (Supplément français 1016 *bis*.)

15188-15190. « Correspondance littéraire et privée d'une partie du siècle de Louis XIV, ou recueil de lettres adressées à Huet, évêque d'Avranches. »

Copies de lettres et opuscules de P.-D. Huet, par Léchaudé

d'Anisy. — Cf. L. Delisle, *Catalogue des mss. des fonds Libri et Barrois*, p. 156.

XIXe siècle. Papier. 362 pages, 246 et 288 feuillets. 195 sur 125 millimètres. D. rel. (Provient de Léchaudé d'Anisy. — Supplément français 5272-5274.)

15191. « Lettre de Mr Huet à Mr de Segrais, de l'origine des romans. »

Ms. autographe.

Fol. 77. « Lettre [de P.-D. Huet] à Mlle de Scudéry touchant Honoré d'Urfé et Diane de Chasteaumorand. »
Avec corrections autographes.

XVIIe siècle. Papier. 90 feuillets. 208 sur 160 millimètres. Cartonné. (Provient de Léchaudé d'Anisy. — Supplément français 5311.)

15192. Lettres du R. P. Martin, cordelier, de Caen, à P.-D. Huet, évêque d'Avranches. (1697-1709.)

Fol. 131. « Remarques touchant le couvent des religieux Cordeliers de Caen, par le P. Martin, en 1698. »

Fol. 139. « Nobilissimæ Annæ Favier, dominæ de St-Clair, tumulus. » (En vers latins.)

Fol. 140. Copies et extraits de lettres de P.-D. Huet au P. Martin. (Cf. le ms. français 15187.)

Fol. 149. « Miscellanea quædam Cadomensia inedita. (1823.) D[e] L[a] Rue. » — Lettres et vers de P.-D. Huet, etc.

XVIIe-XIXe siècle. Papier. 171 feuillets. 250 sur 160 millimètres. D. rel. (Provient de Léchaudé d'Anisy. — Supplément français 5337.)

15193-15194. « Lettres historiques ou aventures de voyages du s^r A. L. D. L. D. B. R. — 1701. »

Copies de lettres datées de différentes villes d'Europe (1682-1687).

XVIIIe siècle. Papier. 260 et 320 pages. 198 sur 150 millimètres. Rel. veau gr. (Supplément français 5839-5840.)

15195. Correspondance du R. P. Joseph-Henri de Prémare,

missionnaire jésuite en Chine, et de l'abbé Jean-Paul Bignon, bibliothécaire du roi, avec Fourmont l'aîné, professeur au Collège royal. (1713-1731.)

XVIIIe siècle. Papier. 142 feuillets. 230 sur 170 millimètres. D. rel. (Supplément français 5550.)

15196. « Lettre de M. de La Chalotais à M[r] le comte de St-Florentin, du 16e juin 1766. »

Copie.

XVIIIe siècle. Papier. 10 feuillets. 200 sur 160 millimètres. Cartonné. (Supplément français 3509.)

15197. Recueil de lettres adressées à l'abbé Lebeuf, chanoine de la cathédrale d'Auxerre. (1727-1751.)

Cf. l'édition des *Lettres de l'abbé Lebeuf*, par MM. Quantin et Cherest (Auxerre, 1866-1867, 2 vol. in-8°).

XVIIIe siècle. Papier. 229 feuillets. 240 sur 190 millimètres. D. rel. (Supplément français 2440.)

15198. « Lettres de M*** sur divers sujets de morale et de piété. » (1686-1719.)

Copies. — 66 lettres, dont il y a une table en tête du volume ; plusieurs de ces lettres sont adressées à « M. Menard, directeur du séminaire de Nantes, » à « M. D. B. dans l'isle d'Oleron, » au « P. Calabre, de l'Oratoire, » à « M. R., professeur royal, » à « Madame de Lafayette. » — Fol. 505. « LIIIe lettre. Relation de la mort de madame d'Aligre, 3 oct. 1712. »

XVIIIe siècle. Papier. XII et 602 pages. 230 sur 178 millimètres. Rel. maroquin noir. (Supplément français 5159.)

15199. Lettres de Madame de Maintenon au marquis, à la marquise, au comte et à la comtesse de Caylus et de la comtesse de Caylus à Madame de Maintenon. (1686-1708.)

A la fin (fol. 117), lettre de Louis-Auguste de Bourbon, duc du Maine (18 avril 1727).

Portraits ajoutés de Mmes de Maintenon et de Caylus, du P. de la Chaise, etc.

XVIIe-XVIIIe siècles. Papier. 118 feuillets. 225 sur 170 millimètres. Rel. maroquin citron. (Provient de la bibliothèque de A.-A. Renouard. — Supplément français 5091.)

15200-15202. « Recueil de [copies de] lettres de Madame DE MAINTENON à plusieurs personnes, » dont Madame de Brinon. (1680-1715.)

XVIIIe siècle. Papier. 83, 57, 280 et 113 feuillets. 225 sur 170 millimètres. Rel. parchemin. (Supplément français 2123, 2, 3867 et 2123, 1.)

15203. Lettres de Madame DE MAINTENON à Madame de Brinon (1680-1698), — et à la marquise de Querjan.

Copies faites pour La Baumelle. — Manquent les pp. 11-18.

XVIIIe siècle. Papier. VII et 238 pages. 250 sur 182 millimètres. D. rel. (Supplément français 1934.)

15204. Lettres de VOLTAIRE à M. de Maupertuis et au roi de Prusse, Frédéric II. (1732-1751.)

XVIIIe siècle. Papier. 251 feuillets. 240 sur 170 millimètres. Rel. maroquin rouge. (Supplément français 2290.)

15205. Lettres de Cl. FABRI DE PEIRESC à B. Borrilly, secrétaire ordinaire de la Chambre du roi, à Aix. (1630-1632.)

Publiées par M. Tamizey de Larroque, en tête du tome IV des *Lettres de Peiresc.*

XVIIe siècle. Papier. 72 feuillets. 210 sur 150 millimètres. D. rel. (Supplément français 5643.)

15206. « Lettres de M^r l'abbé DE S^t-CYR à Mgr. le Dauphin, père de Louis XVI, pendant la campagne de 1745. — A Madame Adélaïde, sa sœur. »

Copies.

XVIIIe siècle. Papier. 130 pages. 188 sur 142 millimètres. Rel. maroquin rouge, aux armes de Madame Adélaïde. (Supplément français 254, 31.)

15207. « Copie de plusieurs lettres de feu M. [l'abbé J.-B.] Thiers, addressées à un de ses amis de Provence. »

34 Lettres.

XVIIIe siècle. Papier. 21 feuillets. 230 sur 165 millimètres. Cartonné. (Supplément français 3678.)

15208. Lettres de Voltaire à l'abbé Moussinot, chanoine de Saint-Merry. (1736-1741.)

Publiées par M. Courtat (Paris, 1875, in-8°).

XVIIIe siècle. Papier. 279 feuillets. 230 sur 185 millimètres. Rel. maroquin bleu. (Supplément français 2291.)

15209. Recueil de lettres, autographes et copies, des XVIIe et XVIIIe siècles.

On y remarque des lettres de Ballesdens (fol. 11), — Sorbière (fol. 13), — du P. Daniel (fol. 16), — Fred. Rostgaard (fol. 40), — Peiresc (fol. 50), — L. et D. Elsevier (fol. 52), — de l'abbé de Marolles (fol. 76), — Maittaire (fol. 213), — etc.

XVIIe et XVIIIe siècles. Papier. 219 feuillets. 240 sur 160 millimètres. Rel. veau rac. (Supplément français 275.)

15210. Recueil.

Fol. 1. Traité des quatre âges de l'homme, par Philippe de Novare. — Incomplet de la fin (§ 220); ms. *B* de l'édition de M. de Fréville.

Fol. 53. Recueil de recettes médicales et autres; incomplet du commencement et de la fin.

Fol. 60. « De l'estat des ames aprés la mort et de la vision du Purgatoire de St Patrice, par Gilebert le Celerier. » Début : « Mes sires saint Augustins dit que quant les ames... »

Fol. 77. Pronostics d'Ézechiel, en vers. (Cf. *Bulletin des anciens textes français*, 1883, p. 89.) Début : « En terre de labor et de promission... »

Fol. 79. Règles de conduite. Début : « Vil chose et mavese est orgueaus... »

Fol. 83. « Daretis historia Frigii, translata de greco in latinum a Nepote Cornelio. »

Fol. 105 v°. « Historia (al. Epistola) Cornelii ad Crispum Salustium in Trojanorum historia. »

Fol. 107. « [Exoticum magistri] Alexandri de Halis. »

Au verso du premier feuillet de garde, on lit : « Achepté à Troye, ce 16 mars 1626, J. Habert. »

XIIIe et XVe siècles. Parchemin et papier. 109 feuillets. 135 sur 105 millimètres. Rel. maroquin rouge. (Provient de Secousse. — Supplément français 254, 22.)

15211. Recueil.

Fol. 1. Prophéties de Merlin. « Ci devant a parlé li contes de Merlin et de ses oevres... »

Fol. 68 v°. Chansons provençales, Peire Cardenal, etc. Voir sur ce ms. Raynouard, *Choix des poésies originales des troubadours* (1817), t. II, p. clix, et Bartsch, *Grundriss der prov. Lit.* (1872), p. 29.

XIVe siècle. Parchemin. 280 feuillets. 172 sur 125 millimètres. D. rel. (Provient de Lesdiguières, puis de Caumont. — Supplément français 683.)

15212. Renclus de Moiliens et Miracles de Notre-Dame.

Fol. 1. Chronique universelle abrégée, en français, depuis Adam jusqu'à Artaxerxès; précédée des Quinze signes du jugement.

Fol. 16 et 75. « Miserere » et « Carités » du Renclus de Moiliens. — Voir l'édition de M. Van Hamel (1885), t. I, p. x.

Fol. 126 v°. Prière à la Vierge, en vers : « O bele dame, trespieue empereis... » Cf. *Bulletin des anciens textes* (1894), p. 54.

Fol. 132 (et 181). Miracles de Notre-Dame, en vers. « Li tresgrans misericorde et li grans douceurs que li douce Mere Diu fist pour le povre femme, et comment Nostre Sires prist trop cruel venjance del userier. Tout li Miracle Nostre Dame... » — Fol. 142. « Du clerc malade que Nostre Dame gari mervilleusement. Pour pluseurs cuers plus enflammer... » — Fol. 145 v°. « Des Juis qui batirent le crucefis, et li .i. le feri el costé, s'en sali sans et iyauye. Des boins ist si biens par nature... » —Fol. 149 v°. « Comment on se doit maintenir selonc les heures du jour qui sont contenues en la passion Jhesucrist. Li sages dist : En l'amour de Nostre Signeur Jhesucrist, trés chiers freres... »

Fol. 156. « Li Quinse signe qui avenront devan le jugement... Or escoutés communalment... » (En vers.)

Fol. 161 v°. « La vie et la conversations le Magdelaine... Haute cose est d'oïr et de retenir... » (En vers.)

Fol. 169 v°. « Li Sermons de le douce virge Marie, comment ele fu vestue u chiel, que maistres Guillames d'Auvergne, evesques de Paris, et maistres Philipes li canceliers disent, et fu fais par miracle. A l'emprendre de dire de le vierge Marie... »

Fol. 181. Miracles de Notre-Dame, en vers. « D'un hermite que li dyables cunchia, du coch et de le gheline. Ci aprés cont d'un autre hermite... » — Fol. 198. « Du frere l'Empereour qui ama sa serouge. Fols est qui acroit souz ses piaus... » — Fol. 211. « De le roine qui tua son senescal et fist ardoir se cousine. Qui sens et raison a ensamble... » — Fol. 222 v°. « Du chevalier qui vist Nostre Dame u pralet. Uns chevaliers jadis estoit... » — Fol. 238. « D'un hermite qui s'acompaigna à l'angle. Un S. Pere en Egypte avoit... »

XIVe siècle. Parchemin. 244 feuillets. 175 sur 110 millimètres. Rel. veau rac. (Supplément français 632, 29.)

15213. Fables d'ALEXANDRE NECKHAM et Bestiaire d'amour de RICHARD DE FOURNIVAL.

Fol. 1. « Les Fables Ysopet et les moralités qui sont dessus. Qui cest livre vodra entendre... » En vers ; cf. L. Hervieux, *Fabulistes latins* (1883), t. I, p. 713.

Fol. 57. « Li Bestiaires d'amours, que maistre Richart de Fornival fist. »

Très nombreuses miniatures.

XIVe siècle. Parchemin. 96 feuillets. 190 sur 125 millimètres. Rel. maroquin rouge. (Supplément français 766.)

15214. CHRISTINE DE PISAN, Épître d'Othéa à Hector de Troie.

XVe siècle. Parchemin. 39 feuillets. 232 sur 162 millimètres. Rel. anc. veau gaufré. (Supplément français 749.)

15215. « La Ressource de la Monarchie crestienne. »

Début : « Nagaires moy estant en certaine speculacion... » — Miniatures aux fol. 1 et 9.

XVe siècle. Parchemin. 23 feuillets. 248 sur 175 millimètres. Rel. velours vert. (Provient de la bibliothèque de Sedan. — Supplément français 524.)

15216. Recueil.

Fol. 1. Paraphrase française des sept Psaumes de la pénitence. « Sire ne m'argües pas en ta fureur... » — Miniature.

Fol. 49. Les neuf Leçons de Job, paraphrasées en vers français, par Pierre [DE] NESSON. — Incomplet du début.

Fol. 94 v°. « Le Remors de conscience. » — En vers; incomplet du début (miniature enlevée).

Fol. 105 v°. « Le Miroir de mort, fait messire Phelippe DE CROY, conte de Chimay. » — Incomplet du début (miniature enlevée).

Fol. 124 v°. « Le Pas de la mort fait par ame. N'a pas long temps que je vivoie... » — Dédié à la comtesse de Charolais; en vers. (Miniature.)

Fol. 142 v°. « Protestations moult necessaires et utiles à dire par chascun feal chrestien ou chrestienne, avant son trespas de ce monde, à l'encontre des ennemis d'enfer. » — Incomplet du début (miniature enlevée).

Fol. 151. Notes de naissances de différents membres de la famille de Saulx (1497-1547). — Fol. 154 v°, la signature : « Chardin l'aîné, 1725. »

XVe siècle. Parchemin. 154 feuillets. 232 sur 165 millimètres. Rel. velours rouge. (Supplément français 511.)

15217. Recueil.

Fol. 2. Dialogue entre l'esprit de Guy de Turno et le prieur de... « L'esperit de Guy, mon mari naguaires trespacé... » Cf. *Notices et extr. des mss.*, XXXIII, I, 111.

Fol. 14. « La Vie saint Alexis, » en vers. Début : « Entendés, bonnes gens, sy orrés en la somme... » Cf. G. Paris et L. Pannier, *Vie de S. Alexis* (1872), p. 332.

Fol. 25 v°. « Example » sur le secret de la confession « Ung docteur raconte que en ung gros village... »

Fol. 27. « Le ... saint voyage de Jherusalem et le chemy pour aller à Saincte Katherine du Mont de Synay, et ainsi à Saint Anthoine et Saint Pol es loingtains deserts de Egipte,... par Monsr d'Angleure,... en l'an 1395. » Publié par MM. Bonnardot et Longnon pour la *Société des anciens textes français* (1880).

Fol. 67 v°. « La Prinse de Constantinoble, l'informacion envoyée par Francisco de Trasve,... et par Jehan Blanchin et Jaques Tetardi, marchans florentins, de l'entreprinse de Constantinoble faicte par l'empereur turc, le 19e jours de mars l'an 1453. »

Fol. 73. « L'Exposicion des Vigilles de mors, en françois, » par P. de Nesson. « Pardonne moy, beau sire Dieux... »

XVe siècle. Papier. 96 feuillets. 252 sur 192 millimètres. Rel. parchemin. (« Ex lib. Nic. Gouriot, doct. Sorb. » — Supplément français 521.)

15218. Recueil.

« Doctrinal de noblesse. A l'honneur, gloire et reverence de nostre benoist Createur. . » — A la fin, adresse en vers à la cité de Metz (fol. 122 v°).

Fol. 131. « L'Art et science de bien parler et de soy taire, moult utile à sçavoir et entandre à touttes personnes. J'ay veu maintes gens que l'en tenoit à saiges. » En vers; imité d'Albertan de Brescia.

Fol. 148. « Aucunes legieres propositions, lettres missives et rescriptions à princes, citez et à aultres. » (Formules de lettres, à l'usage de Metz, en français.)

XVe siècle. Papier. 157 feuillets. 195 sur 130 millimètres. Rel. veau gr. (Supplément français 1893.)

15219. Recueil.

Fol. 2. « Figura ordinationis planetarum et elementorum... »

Fol. 2 v°. Enseignements de Salomon à son fils Roboam, sur les influences de la lune, en vers. « Salmons qui la seignourie... »

Fol. 18 v°. « Il y a xxxi jours périlleux. Cil qui acouchera en nul de ces jours... »

Fol. 25. Compilation d'exemples, miracles, extraits, etc., tirés des écrits des Pères, de quelques auteurs de l'antiquité et de théologiens du moyen âge, dans laquelle on remarque :

Fol. 29. Abrégé des fables d'Ésope. — Fol. 37. Histoire de Joseph d'Arimathie, tirée de l'évangile de Nicodème. — Fol. 46. Lettre d'Abgare à Jésus-Christ, avec la réponse. — Fol. 52. Vie du philosophe Secundus et ses réponses à l'empereur Adrien. — Fol. 54 v°. Histoire d'Amis et Amile. — Fol. 66 v°. Note sur Ste Alpaïs de Cudot. — Fol. 71 v°. Extraits des Cas des nobles hommes et femmes de Boccace.

Fol. 77. La Chastelaine de Vergi, poème. « Une maniere de gens sont... » Publié par M. G. Raynaud, *Romania*, XXI, 147.

Fol. 93 v°. « De la Magdalene. Lou temps que saint Pere tenoit le siege de Romme... »

Fol. 101. « Les nobles faits et histoire du noble roy Pontus, que il ot en son temps. Compter vous vueil ung noble histoire.... »

Fol. 188 v°. « La belle Dame sans mercy, » poème d'Alain CHARTIER.

XVe siècle. Papier, encarté de parchemin. 212 feuillets. 238 sur 170 millimètres. Rel. veau rac. (Supplément français 738.)

15220. Mélanges en prose et en vers.

On y remarque des extraits de St-Amant (fol. 1), — Ménard — (fol. 30 et 47 v°), — Bautru (fol. 32 v°), — Saint-Gelais (fol. 34), — Marot (fol. 42), — Voiture (fol. 49), — Théophile (fol. 50 v°), — le chevalier Marino (fol. 53 v°) ; — Liste des noms latins et vulgaires des principales villes d'Italie (fol. 94) ; — « Collection de l'Alcoran, doctrine, coutumes et autres fatras » (fol. 1-37).

XVIIe siècle. Papier. 105 et 37 feuillets. 220 sur 165 millimètres. D. rel. (Provient de l'abbé de Targny. — Supplément français 814.)

15221. « Secrets de Robert GUÉRIN. »

Remèdes divers et recettes économiques et industrielles.

XVIe siècle. Papier. 26 feuillets. 250 sur 170 millimètres. Cartonné. (Supplément français 4307.)

15222. Recueil de pièces en vers et prose, et recettes diverses.

XVIIe siècle. Papier. 71 feuillets. 198 sur 118 millimètres. D. rel. (Supplément français 4255.)

15223. Recueil de pièces en vers et en prose.

On y remarque : « Les Amours du Palais-Royal » (fol. 3) ; — « Histoire de Madame et du comte de Guiche, de la comtesse de Soissons et du marquis de Vardes » (fol. 46 v°) ; — Almanach d'amour pour l'an de grâce 1665 » (fol. 90) ; — « Plusieurs épitaphes, éloges, rondeaux... sur la vie et les meurs de feu S. R. E. cardinal Mazarin » (fol. 105) ; — « Harangue de l'ambassadeur de Siam en prenant congé du roy Louis XIIII » (fol. 124) ; — etc. — Incomplet de la fin.

XVIIe-XVIIIe siècles. Papier. 132 feuillets. 210 sur 165 millimètres. Rel. veau gr. (Supplément français 4262.)

15224. Recueil de pièces en vers et en prose, formé par « Malier de Monharville. — 1649. »

On y remarque des lettres sur la paix de Münster (1643-1646) (fol. 2) ; — « Remarques sur l'histoire de Charles VIIe, roy de France, » et de ses successeurs jusqu'à François Ier (fol. 80 v°) ; — « Observations sur la peinture et ceux qui l'ont prattiquée » (fol. 136) ; — etc.

XVIIe siècle. Papier. 215 feuillets. 220 sur 155 millimètres. D. rel. (Provient de Falconet, n° 1784. — Supplément français 5506.)

15225. « Répertoire de M[r] le mareschal de Bassompierre, escript de sa propre main. »

XVIIe siècle. Papier. 84 feuillets. 198 sur 140 millimètres. Rel. parchemin. (Supplément français 2036, 44.)

15226. Mélanges.

Fol. 1. « Panégirique de Marie Stuart, reyne d'Angleterre, Écosse, France et Irlande. »

Fol. 31. « Histoire de la Guérin, veuve de Molière. »

Fol. 69. « Requeste présentée par les Réformez au Roy, en l'année 1697. »

Fol. 79. « Plaidoyerie de Messire Denis Talon, avocat-général, au sujet de l'infaillibilité du Pape. » (1663.)

Fol. 143. « Discours de M^r le Premier Président [Guillaume de Lamoignon] sur les articles 20 et 21 de l'Ordonnance de 1669 ; » sur les privilèges des Clercs en justice.

Fol. 151. « Question, si l'on doit prendre le serment de l'accusé avant de l'interroger ? Discours de M^r le Premier Président [de Lamoignon] pour la négative. »

Fol. 167. « Avis, les Chambres assemblées, touchant le règlement fait contre les gens d'affaires, le 23 octobre 1648. »

Fol. 186. « Discours sur cette proposition : le magistrat qui s'aquite de son devoir fait plus d'honneur à la charge qu'il n'en reçoit d'elle. »

Fol. 206. « Lettre d'Heloïse à Abeillard. »

Fol. 224. « Satyre contre les faux directeurs. »

Fol. 229 v°. « Satyre contre la fabrique des paroisses. »

Fol. 241. Épitaphe latine de Richelieu, par « M. Desbois, lieutenant-général de la Flèche. » — Fol. 241 v°. « Épitaphe de Mr Colbert. » — Fol. 242 v°. « Sur M. de La Fontaine. » — Fol. 243. « Sur la mort de M. Arnaud, arrivé le 8 aoust 1694, chanson... » — Fol. 245. « Épigramme sur M^r de La Vauguion. »

Fol. 246. « Arrest donné en faveur des maistres ez arts, médecins et professeurs de l'Université pour le maintien de la doctrine de feu Aristote. »

Fol. 249 v°. Sonnets « au Roy, par Madame de La Vallière. »

Fol. 250 et 266 v°. « Apostrophe à la mort, sur le mausolé de Lully... » — et autres pièces, en vers.

Fol. 252 v°. « Diverses historiettes. »

Fol. 259. « Poëma macaronicum de bello huguenotico. »

Fol. 268. « La Cronique scandaleuse, ou Paris ridicule, par Pierre Le Petit. » (En vers.)

A la fin, « Factum pour les religieuses de S. Catherine-lès-Provins contre les Pères Cordeliers. » (Impr. in-4°, de 110 pages.)

XVIIe siècle. Papier. 298 feuillets et 110 pages. 230 sur 165 millimètres. Rel. veau rac. (Supplément français 2513.)

15227. « Traits d'histoire, bons mots, énigmes, extraits de Télémaque, chansons. — 1 vol. in-4°. (Supplément français 2163.) » — *En déficit.*

15228. Mélanges.

Fol. 1. « Première lettre de Cicéron à son frère Quintus. »

Fol. 18. « Mort de Germanicus, » — « Portrait de Séjan, » — etc., traduits des *Annales* et des *Histoires* de Tacite.

Fol. 63. Extraits divers latins et français.

Fol. 92. « Récit d'une conversation de M. le maréchal d'Hocquincourt avec le P. Canaye, Jésuite, par Mr D. S. E. » [de Saint-Évremont].

Fol. 100. Extraits divers de Ménandre et Térence, Théocrite et Virgile, Horace et Boileau, Euripide et Racine, Plaute et Molière.

XVIIIe siècle. Papier. 192 feuillets. 250 sur 180 millimètres. Couvert. parchemin. (Supplément français 3043.)

15229. Mélanges.

Fol. 1. « Lettres nouvelles de Mr Boursault. »

Fol. 41. « Histoire de la marquise [et du] marquis de Banneville. »

Fol. 57. « Piramide à la gloire de Mgr. l'archevesque de Paris, » François de Chanvallon.

Fol. 70. « Acte second de la comédie de Don Juan, ou le Festin de Pierre. »

Fol. 80. « Vénus dans le cloistre, ou la Religieuse en chemise, » par l'abbé Du Prat [J. Barrin].

Fol. 112. « Les Moines, comédie en musique. »

Fol. 140. « Le Divorce royal, ou Guerre civille dans la famille du grand Alcandre; seconde édition augmantée, par le R. P. B., de la compagnie de Vénus. — A Cologne, 1691. »

Fol. 155. « Histoire de Madame et du comte de Guiche, de Madame la comtesse de Soissons et de Mr de Wardes. »

Fol. 178. « Les Amours de Messaline, cy devant reine d'Albion, contenant l'arrivée du roy Jacques en Irlande... 1691. »

Fol. 190. « Satyre anonime, poëme burlesque » sur le Parlement de Paris.

Fol. 204. « Satyre sur la fausse direction du R. P. Bourdalou, Jésuitte. »

Fol. 212. « Le Cochon mitré, dialogue [entre] l'abbé Furetière [et] Scarron. »

Fol. 222. « Apologie du vin, prononcée par un enfant de Bacchus... »

Fol. 230. « Fable en vers burlesques sur le mariage de Mlle [de] Montpensier avec Mr de Lauzun. »

Fol. 236. « Lettres de Mlle Doujat, à présent Mme Le Boindre, à Mr de Monroy, curé des Invalides, en 1691. »

Fol. 243. « Vers tiréz de plusieurs auteurs. »

XVIIe siècle. Papier. 446 feuillets. 220 sur 165 millimètres. Rel. veau rac. (Supplément français 3901.)

15230. « Recueil de différens morceaux en prose et en vers. — Tome III. »

Page 1. « Extrait de quelques lettres écrittes par M^r d'Alembert pendant son voyage auprès du roy de Prusse en 1763. »

Page 113. « Par le roi de Prusse, Relation de Phihihu, émissaire de l'empereur de la Chine en Europe, traduit du chinois. — A Cologne, 1760. »

Page 159. « Confession du Mis de Maugiron... 1756. »

Page 169. Lettres et vers de Voltaire.

Page 193. « Recueil de différentes lettres [adressées] à M. d'Alembert, par Tronchin, Rousseau, Mme Du Deffand, Mme Geoffrin, etc. »

Page 265. « Recueil de chansons. » — A la suite (p. 342 a-f), table des pièces composant la première partie de ce volume.

Page 343 a. « Dissertation sur l'immortalité de l'âme. » — Page 368. « Autre dissertation sur le suicide. »

Page 396. « Conversation avec M. de La Barre, par M. Dudoyer de Gastel. » (1759.)

XVIIIe siècle. Papier. 417 pages. 225 sur 175 millimètres. Rel. veau marbré. (Supplément français 5134.)

15231. Recueil de pièces en vers et en prose pour servir à l'histoire anecdote. (1713-1758.)

XVIIIe siècle. Papier. 291 feuillets. 240 sur 180 millimètres. D. rel. (Supplément français 4359.)

15232. Recueil de vers, chansons, etc. sur les affaires du temps. (1738-1752.)

L'une de ces pièces est adressée à « Madame de Souscariere, au château de Breuillepont, par Vernon. » — Cf. plus haut les manuscrits 13701-13712.

XVIIIe siècle. Papier. 99 feuillets. 220 sur 190 millimètres. Rel. veau marbré. (Supplément français 5472.)

15233. « Recueil de vers et de chansons; commencé le 1er novembre 1758, » jusqu'en 1765.

XVIIIe siècle. Papier. 74 feuillets. 195 sur 135 millimètres. Rel. parchemin vert. (Provient de la bibliothèque du Prytanée. — Supplément français 4493.)

15234. Mélanges en prose et en vers.

On y remarque : « L'Art d'aimer, poëme en trois chants » (fol. 51); — « Lettres d'Héloïse à Abailard » (fol. 75); — « Les Larmes de saint Ignace, ou dialogue entre St Ignace et St Thomas » (fol. 100); — « Entrée du P. Girard aux Enfers » (fol. 110); — « L'Enfer révolté » (fol. 136).

XVIIIe siècle. Papier. 159 feuillets. 215 sur 165 millimètres. D. rel. (Supplément français 4549.)

15235-15237. « Recueil de pièces en prose et en vers. »

La plus grande partie de ces trois volumes a été laissée en blanc.

XVIIIe siècle. Papier. 43, 66 et 38 feuillets. 198 sur 150 millimètres. Rel. veau fauve. (Supplément français 4679, 1-3.)

15238 « Recueil de diverses pièces sérieuses et badines. »

On y remarque : « Harangue à la reine d'Angleterre, par M. l'abbé Fléchier, évesque de Nismes, député du Clergé, le 3 juin 1695 » (page 1); — « Oraison funèbre de Mme Tiquet, décollée en la place de Grève... 1699 » (fol. 58); — « Dialogue de Piarot de St-Ouïn et de Jeannin de Montmorency » (p. 101); — « Maximes de conduitte pour une demoiselle, qui entre dans le monde, par Madame la Présidente de Nesmond » (p. 133); — « Abbregé de la vie de M^r Le Maistre » (p. 200); — etc.

XVIIIe siècle. Papier. 406 pages. 225 sur 160 millimètres. Rel. veau fauve. (Supplément français 5864.)

15239. « Remontrances du Parlement de Paris au Roi. (18 mai 1749.)

Fol. 6. « Poésies de Mme et Mlle Deshoulières. »

XVIIIe siècle. Papier. 8 feuillets. 175 sur 110 millimètres. Cartonné. (Supplément français 2618.)

15240. Mélanges en prose et en vers; extraits divers.

XVIIe siècle. Papier. 226 feuillets. 175 sur 120 millimètres. D. rel. (Supplément français 5437.)

15241. « Œuvres de Madame DE P***. » [PUISIEUX (?)] — « Céphise, conte moral et poésies diversses. »

XVIIIe siècle. Papier. 33 feuillets. 220 sur 155 millimètres. Rel. maroquin bleu, aux armes du roi. (Supplément français 4418.)

15242. « Recueil de différens morceaux en prose et en vers. »

Il y a une table des pièces à la fin du volume.

XVIIIe siècle. Papier. 615 pages. 220 sur 175 millimètres. Rel. parchemin vert. (Supplément français 2036, 73.)

15243. Recueil de pièces, en prose et en vers, sur l'affaire du P. Girard, Jésuite, et de la demoiselle Cadière. (1730-1733.)

XVIIIe siècle. Papier. 185 feuillets. 240 sur 180 millimètres. D. rel. (Supplément français 1782.)

15244. Recueil de pièces en prose et en vers.

On y remarque des imitations des Odes d'Horace (fol. 1) ; — « Suitte de l'histoire de Madame depuis le retour du comte de Guiche en France, 1667 » (fol. 175) ; — « La Mort de Solon, » tragédie en cinq actes (fol. 301) ; — etc.

XVIIe siècle. Papier. 356 feuillets. 220 sur 165 millimètres. Rel. veau gr. (Supplément français 686.)

15245. « Recueil de diverses lectures, » par le sieur DE BERVILLE, secrétaire de la Royne, mère du Roy, » Catherine de Médicis.

XVIe siècle. Papier. 164 feuillets. 218 sur 170 millimètres. Couvert. parchemin. (Ex-libris gravé de Jean Bigot. — Supplément français 1128.)

15246. Mélanges.

Fol. 1. « Dissertations d'Arnobe contre les paysans ; traduction. »

Fol. 19. « La Treille de vérité, spectacle projetté par Mme la duchesse de Villeroi pour Mme la comtesse de Brionne... »

Fol. 35. « Observations sur le langage, la conversation et l'étude de la grammaire. »

Fol. 58. « Le Sage des Stoïciens. »

Fol. 70. « Réflexions sur le goût. »

Fol. 82. « Projet de roman analogue à l'éducation. »

Fol. 115. « Réflexions générales sur les femmes. »

Fol. 129. « Contre-vérités morales. »

Fol. 141. « Élégies d'Albius Tibulle. » (1re et 2e élégies.)

XVIIIe siècle. Papier. 144 feuillets. 250 sur 190 millimètres. Cartonné. (Supplément français 1808.)

15247. Mélanges.

Page 1. « Traits d'histoires. »

Page 319. « Endroits curieux des lettres de M^r de La Taste sur le Jansénisme. »

Page 351. « Traits tirés de l'histoire de Mme de Mondonville. »

Page 367. « Bons mots » et « Énigmes. »

Page 469. Chansons et cantiques, avec la musique notée.
Page 521. « Table des matières » du volume.

XVIII° siècle. Papier. 613 pages. 180 sur 118 millimètres. Rel. veau gr. (Supplément français 2173 *bis*.)

15248. « Adversaria ms. » de Jean Bigot.

Pages 1 et 17. Épitaphes de quelques églises du diocèse de Rouen. — Page 11. « Extraict d'un livre in-fol. lequel estoit ms. touchant les abbez de St-Ouen de Rouen, lequel me feust presté par M^r Du Chesne, Tourengeau, l'an 1621. » — Page 23. « Les noms de ceulx qui feurent à la conqueste d'Angleterre avec Guillaume le Bastard, duc de Normendie,... pris d'un ms.... appartenant à M^r... de Monchaston, conseiller de la Court des Aides à Rouen, l'an 1630. » — Page 31. « Lettre de M^r le cardinal d'Ossat, envoyée à M^r d'Alincourt, filz de M. de Villeroy. » — Page 52. « Baptesmes des enfants du roy Henry le Grand. » — Page 61. « Extraicts pris sur originaulx de la maison de Dampierre au pays de Caux. » — Pages 63, 89 et 175. Recueil de vers, épitaphes, épigrammes, etc. — Page 73. « Diverses receptes. » — Page 101. « Articles accordez entre le comte-duc pour le roy d'Espaigne et le s^r de Fontrailles pour et au nom de Monsieur, frère unicque du roy de France, duc d'Orléans, à Madry, le 13 mars 1642. » — Pages 108 et 153. Pièces du procès de « Monsieur le Grand et de Monsieur de Thou » (1642). — « Testament de Marie de Médicis » (1642).

XVII° siècle. Papier. 203 feuillets. 240 sur 165 millimètres. Rel. parchemin. (Ex-libris gravé de Bigot. — Supplément français 1117.)

15249. Recueil de pièces, imprimées et manuscrites, en vers et en prose, sur différentes matières politiques, religieuses, littéraires, etc., des XVII° et XVIII° siècles.

XVII°-XVIII° siècles. Papier. 624 feuillets. 240 sur 180 millimètres. Rel. parchemin. (Supplément français 4674.)

15250. Mélanges de Jean Boivin.

I. « L'Histoire vraie des Albigeois et des Vaudois séparée de leur histoire fabuleuse. » — 237 pages.

II. « Des Frères de la Roze-Croix. » — 13 pages.

III. « Le Dessein de l'Odyssée d'Homère. » — 36 pages.

XVIIIe siècle. Papier. 235 sur 170 millimètres. Cartonné. (Supplément français 2885.)

15251. « Recueil d'observations philologiques sur la nouvelle édition de Quintilien, sur les traductions françaises de ce rhéteur, de Longin, des Rhétoriques d'Aristote, de Cicéron et de Cornificius, sur la Rhétorique du Père Lamy et sur quelques autres ouvrages modernes, qui concernent la philologie, par M[r] l'abbé **Capperonnier**,... professeur royal en grec. »

Ms. autographe.

XVIII[e] siècle. Papier. 446 feuillets. 220 sur 160 millimètres. D. rel. (Supplément français 4506.)

15252. « Traicté des noms et surnoms qui ont esté donnez et imposez aux créatures créés de nost[r]e Dieu,... par le vénérable Père F. P. **Heron**, cœlestin. 1637. »

XVII[e] siècle. Papier. 50 feuillets. 220 sur 180 millimètres. Cartonné. (Supplément français 4035.)

15253. « Traitté de la situation du Paradis terrestre, à Messieurs de l'Académie françoise, » par P.-D. **Huet**.

Ms. autographe. — Carte.

XVIIe siècle. Papier. 90 feuillets. 210 sur 155 millimètres. Cartonné. (Provient de Léchaudé d'Anisy. — Supplément français 5312.)

15254. *Voyage littéraire* de Dom Edm. **Martène**. (1713.)

Ms. autographe.

XVIIIe siècle. Papier. 107 feuillets. 160 sur 107 millimètres. D. rel. (Supplément français 1529.)

15255. Papiers de Dom Vincent, bénédictin de S¹-Rémi de Reims († 1777).

Fol. 8. « Vita sancti Eligii, rethorice atque commatice expolita, liber tertius. Innumeros homines... »; e cod. Remensi 468. — Fol. 18. « Lib. XXXI Flavii Blondi » historiarum romanarum. — Fol. 44. « Fragmens pour un mémoire sur les antiquités de Reims. » — Fol. 68. Lettres de Droz et Capperonnier à Dom Vincent (1776 et 1760). — Fol. 75. « Notice d'un ancien polyptique » de Saint-Remi de Reims. — Fol. 85. « Lettre à M¹ *** sur l'obligation de mettre les réguliers sous la juridiction de l'ordinaire. »

XVIIIᵉ siècle. Papier. 109 feuillets. 245 sur 180 millimètres. D. rel. (Supplément français 1520.)

15256. Dits mémorables de grands personnages, la plupart français, anciens et modernes, recueillis par le R. P. Gabriel Brotier.

A la suite (fol. 108), traité pour l'édition de « Jo. Steph. Menochii e Soc. Jesu Commentarii totius Scripturæ... » (1719.)

XVIIIᵉ siècle. Papier. 114 feuillets. 235 sur 175 millimètres. D. rel. (Supplément français 4317.)

15257. « Devises royalles et heroïques. — 1626. — Pinxit Ægid. Roüart, Sᵗⁱ Mart. Noviom. pastor. »

Tirées pour la plupart des *Devises héroïques* de Paradin (1557 et 1614, in-8ᵒ). — Figures dessinées à la plume.

XVIIᵉ siècle. Papier. 178 pages. 165 sur 110 millimètres. Rel. parchemin. (Supplément français 5549.)

15258. Mélanges et notes historiques et littéraires d'Anicet Melot, garde des manuscrits de la Bibliothèque du roi.

XVIIIᵉ siècle. Papier. 100 feuillets. 245 sur 180 millimètres. Cartonné. (Supplément français 4139.)

15259. *Album amicorum* du professeur Magnus Gesner, de Bruxelles.

Figures et blasons dessinés et peints.

XVIIe siècle. Papier et parchemin. 242 feuillets oblongs. 135 sur 195 millimètres. Rel. maroquin noir. (Supplément français 3176.)

15260. Mélanges, et extraits de la *Description de Paris* de Piganiol.

Fol. 1. Histoire de l'Académie de peinture et de sculpture de Paris.

Fol. 46. Notices biographiques de personnages célèbres des XVIIe et XVIIIe siècles.

Fol. 70. « Description du nouveau chœur de St-Merri,... en 1775. » — Fol. 73 « Bibliothèque du Roy. » — Fol. 74 v°. « Hôtel de Soissons, Nouvelle halle pour les grains. » — Fol. 77. « Château d'eau. » — Fol. 80. « Place Royale ; — Place des Victoires ; — Place de Vendôme. » — Fol. 84 v°. « Description des nouveaux boulevarts. »

XVIIIe siècle. Papier. 85 feuillets. 190 sur 155 millimètres. Cartonné. (Supplément français 4310.)

15261. Mélanges littéraires et politiques de Dedelay d'Achères, avocat du roi au Châtelet de Paris.

XVIIIe siècle. Papier. 240 feuillets. 250 sur 190 millimètres. Rel. veau rouge. (Supplément français 4501.)

15262. Œuvres diverses de Fénelon.

Page 1. « Lettre à Mr... sur le culte intérieur et extérieur. » — Autographe.

Page 87. « La nature de l'homme expliquée par les simples notions de l'être en général. » — Copie.

Page 307. « Traité de l'existence de Dieu. » — Copie.

Page 401. Lettre du 12 juin 1705 (*Correspondance*, t. III, p. 59). — Copie.

Page 421. « Discours prononcé au sacre de l'Électeur de Cologne, le 1er mai 1707. » — Copie.

XVIIIe siècle. Papier. 508 pages. 240 sur 185 millimètres. Rel. veau gr. (Supplément français 2002.)

15263. « Œuvres diverses de M' de Saint-Évremont. »

Il y a une table des pièces en tête du volume.

XVIIe siècle. Papier. iv et 417 feuillets. 235 sur 185 millimètres. Rel. maroquin rouge, aux armes de J.-L. d'Usson, marquis de Bonnac. (Supplément français 4454.)

15264. « Suite des Œuvres mêlées de Mr de Saint-Évremont. »

En tête du volume la signature de « Dom Pierre de St-Ignace. »

XVIIIe siècle. Papier. 218 feuillets. 165 sur 110 millimètres. Rel. veau gr. (Supplément français 1759.)

15265. « Histoire de la poésie françoise depuis le règne de François premier jusqu'à nos jours. »

XVIIIe siècle. Papier. 310 feuillets. 190 sur 150 millimètres. D. rel. (Supplément français 1819.)

15266-15272. Papiers du P. J.-F. Adry, de l'Oratoire.

Mss. autographes. — Cf. les mss. n. a. fr. 4175, 4457, 4561-4563.

I-II (15266-15267). « Bibliothèque des Fabulistes, tant anciens que modernes. » — 218 pages et 402 feuillets.

III (15268). « Table générale de la Bibliothèque critique et raisonnée des Fabulistes. » — 41 feuillets.

IV (15269). « Table alphabétique de tous les Fabulistes dont il est fait mention dans la Bibliothèque des Fabulistes. » — 106 feuillets.

V (15270). « Tableau des sources où La Fontaine a puisé les sujets de ses Fables (1797) » ; — et « Notices des principaux fabulistes. » — 85 et 56 pages.

VI (15271). « Histoire littéraire de Port-Royal, où l'on trouve la méthode d'enseigner, qui étoit suivie dans les petites écoles de P. R., et une notice de la vie et des ouvrages des professeurs, et les élèves distingués qu'ils ont formés. (1808.) » — 143 feuillets.

VII (15272). Traité des différentes sortes de styles. — 26 pages.

XVIIIe et XIXe siècles. Papier. 7 volumes in-8°. D. rel. (Supplément français 4560-4565.)

15273. « Bibliothèque des homonymes françois, ou auteurs d'un même nom, » « par M. Billet-Defanière. » (1714.)

XVIIIe siècle. Papier. 253 feuillets. 180 sur 130 millimètres. Rel. veau rac. (Supplément français 278.)

15274. « Professeurs royaux depuis la fondation du Collège royal de France par François Ier, par Martin Billet-Defanière, Parisien. (1709.)

Avec notes ajoutées de l'abbé Mercier de Saint-Léger.

XVIIIe siècle. Papier. 28 feuillets. 245 sur 200 millimètres. D. rel. (Supplément français 4066.)

15275. Mémoires de Brossette sur ses relations avec Boileau-Despréaux. (1702.)

Ms. autographe.

XVIIIe siècle. Papier. 101 feuillets. 245 sur 185 millimètres. Rel. maroquin rouge. (Supplément français 2810.)

15276. « Vie de Mr Charpentier, de l'Académie Françoise, » par Boscheron.

Ms. autographe.

XVIIIe siècle. Papier. 153 feuillets. 220 sur 160 millimètres. D. rel. (Supplément français 4217.)

15277-15280. Journal d'Antoine Galland, membre de l'Académie des Inscriptions et professeur au Collège royal. (1708-1715.)

Mss. autographes.
 I (15277). Années 1708-1709. — 27 et 208 pages.
 II (15278). — 1710-1711. — 518 —
 III (15279). — 1712-1713. — 419 —
 IV (15280). — 1714-1715. — 255 et 10 pages.

XVIIIe siècle. Papier. 4 volumes. 200 sur 125 millimètres. D. rel. (Supplément français 4084.)

15281. « Mémoires sur la vie de Mr Pascal, écrits par Mademoiselle Marguerite Périer, sa nièce. »

Copie provenant du P. Guerrier.

XVIIIe siècle. Papier. 317 feuillets. 230 sur 175 millimètres. D. rel. (Supplément français 2881.)

15282. « Journal du séjour de Jean-Jacques Rousseau, sous le nom de Renou, à Grenoble. » (1768.)

XIXe siècle. Papier. 107 pages. 215 sur 175 millimètres. D. rel. (Supplément français 2829.)

15283. « Questions à résoudre; causes à juger. Jean-Jaques Rousseau, M. Servan et les savans de nôtre siècle, tant français qu'étrangers, que M. l'abbé Barruel a attaqués dans son histoire du Jacobinisme,... ont-ils été précurseurs des Jacobins et Jacobins eux-mêmes? »

XIXe siècle. Papier. 94 pages. 218 sur 170 millimètres. D. rel. (Supplément français 2830.)

15284. « Mémoires secrets pour servir à la vie privée de Voltaire, écrits par lui-même. »

XVIIIe siècle. Papier. 94 feuillets. 210 sur 138 millimètres. Rel. veau marbré. (Supplément français 5054.)

15285. États et notes des biens et rentes de Voltaire.

Ms. autographe (1775-1777).

Fol. 49. « Avant-propos de la réfutation de Machiavel, » de la main de Frédéric II, roi de Prusse.

XVIIIe siècle. Papier. 55 feuillets. 178 sur 122 millimètres. Rel. veau gaufré. (Supplément français 2883.)

15286-15287. « Rapports des ouvrages qui ont été lus dans les assemblées de l'Académie des Sciences, depuis la rentrée de la St-Martin 1750 jusqu'à celle de la St-Martin 1752, par M. de Montigny, de l'Académie des Sciences. »

XVIIIe siècle. Papier. 120 et 96, 107 et 108 pages. 210 sur 165 millimètres. Rel. veau rac. (Ex-libris gravé de M. de Montigny. — Supplément français 2036, 83^{t-2}.)

15288. « Lettres de Trasibule à Leucippe, ouvrage critique, historique et métaphysique, par M. Freret, secrétaire perpétuel de l'Académie des Inscripitions et belles-lettres. »

XVIIIe siècle. Papier. 156 feuillets. 222 sur 170 millimètres. Rel. veau marbré. (Ex-libris gravé du marquis de Montfermeil. — Supplément français 3925.)

15289. « Catalogue par lettres alphabétiques des livres appartenans à Mr l'abbé de Breteuil, chancelier de S. A. S. Mgr. le duc d'Orléans, dans ses bibliothèques de Paris, Livry, château du Mail, la Charité, etc. — 1772. »

XVIIIe siècle. Papier. 115 pages. 152 sur 95 millimètres. Rel. maroquin rouge, aux armes de l'abbé de Breteuil. — (Supplément français 5166.)

15290. « Catalogue raisonné des manuscrits déposez dans les bibliothèques de la Congrégation des Célestins de France ; suivi d'un supplément à l'histoire des écrivains de cet ordre, ... par le P. Daire, prieur des Célestins de Metz... »

XVIIIe siècle. Papier. 405 pages. 210 sur 160 millimètres. D. rel. (Provient des bibliothèques Caussin de Perceval et de Cayrol. — Supplément français 5606.)

15291. « Catalogue des livres de Mr l'abbé Dongois. » (1706.)

XVIIIe siècle. Papier. 71 feuillets. 240 sur 185 millimètres. Rel. veau rac. (Supplément français 2928.)

15292. « Catalogue de la bibliothèque de Mr Douët de Vichy, à Guigneville. »

XVIIIe siècle. Papier. 83 pages. 230 sur 175 millimètres. D. rel. (Supplément français 2585.)

15293. Collection de M. de Fontanieu. — « Extrait du

Catalogue contenant la division des matières et l'ordre des numéros des tablettes. Tome IV. »

XVIIIᵉ siècle. Papier. 96 feuillets. 222 sur 168 millimètres. Rel. maroquin rouge, aux armes de Fontanieu. (Supplément français 4995.)

15294-15295. « Catalogue [de la bibliothèque] de Madame de la U. »

Double exemplaire.

XVIIIᵉ siècle. Papier. 120 et 122 pages. 210 sur 160 et 175 sur 130 millimètres. D. rel. (Supplément français 3094, 1-2.)

15296. « Catalogue des *Mercures de France*, depuis 1717 jusqu'à présent. » (1772.)

XVIIIᵉ siècle. Papier. 73 feuillets. 198 sur 158 millimètres. Cartonné. (Supplément français 2462, 3.)

15297-15310. Catalogue de la « bibliothèque de Simon Vanel » [Milsonneau].

I (15297). Répertoire suivant l'ordre des numéros. — 792 pages.
II-III (15298-15299). Catalogue méthodique. — xxxii-517 et 645 pages.
IV (15300). Table alphabétique, A-B. — 772 pages.
    V (15301). — — C. — 846 —
    VI (15302). — — D-F. — 882 -
    VII (15303). — — G-K. — 835 —
    VIII (15304). — — L-M. — 730 —
    IX (15305). — — N-Q. — 726 —
    X (15306). — — R-S. — 710 —
    XI (15307). — — T-Z. — 501 —
XII-XIII (15308-15309). Premier supplément. — 195, 200 et 413, et 576 pages.
XIV (15310). Deuxième supplément. — 392 pages.

XVIIIᵉ siècle. Papier. 14 volumes. 238 sur 180 millimètres. Rel. maroquin rouge. (Supplément français 2927, 1-14.)

15311. « Catalogue des bons livres rares, avec leurs prix, tel qu'on peut les payer lors qu'on les trouve dans des vieilles biblioteques. — L'auteur de cet amas de livres est le bibliotécaire de Mr de Thou. » [Joseph Quesnel].

XVIIe siècle. Papier. 178 pages. 212 sur 160 millimètres. Rel. veau gr. (Supplément français 5837.)

15312-15313. « Catalogue des livres imprimés tant en France que dans les païs étrangers, dont il est parlé dans les *Mémoires de Trévoux* de l'année 1716, » à l'année 1730, et de 1751 à 1760.

Le second volume est formé de tables imprimées, découpées, des *Mémoires de Trévoux*.

XVIIIe siècle. Papier. 246 et 188 feuillets. 165 sur 105 millimètres. Cartonné. (Supplément français 3155.)

15314. « État de l'Europe du temps de François Ier, » par le prince d'Elbeuf. (1775.)

XVIIIe siècle. Papier. 260 pages. 175 sur 110 millimètres. Rel. parchemin vert. (Supplément français 2178.)

15315-15325. « Cours d'études » du prince d'Elbeuf. Tomes I-X. — « Paris, 1767-1771. »

Le onzième volume est intitulé : « Résultat des études de M. le prince d'Elbeuf. — Tome I. 1771. »

XVIIIe siècle. Papier. 324, 365, 241, 329, 456, 349, 292, 421, 282, 285 feuillets et 598 pages. 235 sur 175 millimètres. Rel. veau rac. (Supplément français 2239, 1-11.)

15326-15329. Cahiers d'études du prince d'Elbeuf. (1772.)

I (15326). « Analyse du *Spectacle de la nature* de M. Pluche. » — 518 pages.

II (15327). « Sur le droit naturel et sur le droit public, avec des notions sur les loix. » — 105, 122 et 106 pages.

III (15328). « Traduction de la *Pharsale* de... Lucain. » — 667 pages.

IV (15329). « Traduction des *Épîtres*, des *Odes* [et des *Satyres*] d'Horace. » — 512 et 77 pages.

XVIII⁰ siècle. Papier. 4 volumes. 230 sur 180 millimètres. Cartonnés. (Supplément français 2240, 2241, 4452 et 4453.)

15330. « Œuvres meslées de M. D. F. » [DE FONTANIEU].

Page 1. « Réflexions sur l'incertitude de l'Histoire. 1752. » — Page 125. « De la Poésie. — 1750. » — P. 281. « Du Bonheur. — 1750. » — Page 385. « De la Beauté. — 1749. »

XVIII⁰ siècle. Papier. 447 pages. 205 sur 155 millimètres. Rel. veau rac. (Provient de Fontanieu. — Supplément français 4815.)

15331-15350. Mélanges historiques et littéraires de l'abbé Louis-François DE FONTENU, de l'Académie des Inscriptions et belles-lettres.

XVIII⁰ siècle. Papier. 247, 258, 257, 293, 208, 245, 233, 181, 190, 206, 266, 231, 138, 262, 225, 243, 257, 215, 244 et 225 feuillets. 180 sur 120 millimètres. Rel. parchemin. (Supplément français 2036 *ter*, 1-20.)

15351. Mélanges autographes de P.-D. HUET.

Fol. 1. Lettre de Pluvignac à Mʳ Régis, prince des philosophes Cartésiens (Bergerac, 1ᵉʳ février 1693).

Fol. 5. « Nouveaux mémoires pour servir à l'histoire du Cartésianisme. »

Fol. 31 et 59. « Examen du sentiment de Longin sur ce passage de la Genèse : Et Dieu dist : Que la lumière soit faite et elle fut faite ; » dedié « à Mgr. le duc de Montausier. » (1683.)

Fol. 44. « P.-D. H[uet], Demonstratio evangelica. »

Fol. 52. « Traitté de la situation du Paradis terrestre. — Pour le *Journal des Savans*. »

Fol. 69. « Petri-Danielis Huetii... Alnetanæ Quæstiones de concordia rationis et fidei. »

Fol. 77. « De l'origine de la poésie françoise, à Mʳ Foucaud, conseiller d'Estat. »

Fol. 81. « Lettre à M. l'abbé Huet,... sur sa censure de la philosophie cartésienne. — Opuscules posthumes de M. Menjot, p. 139. »

XVIIe siècle. Papier. 88 feuillets. 210 sur 160 millimètres. Cartonné. (Provient de Léchaudé d'Anisy. — Supplément français 5338.)

15352. *Établissements* de St Louis.

Ms. *P* de l'édition P. Viollet ; cf. t. I, p. 412-413.

Page 151. Traité du gouvernement des princes et seigneurs, en vers et en prose.

Début :
    « En l'an de dix et sept et trante
    « Tenans de xuj cens la sente... »

XIVe siècle. Parchemin. 209 pages. 220 sur 145 millimètres. Rel. veau gaufré. (Provient de Ch. de Montchal, archev. de Toulouse, et de M. de Joubert, président en la Cour des comptes de Montpellier. — Supplément français 751.)

15353. Mélanges.

Fol. 1. « Définitions de quelque vertus morales. »
Fol. 10 v°. « Indiscrétion. — Réflections. »
Fol. 13. « Maxime[s] de M. le duc du Maine. »
Fol. 19. « Maximes de Madame [de Maintenon] pour servir d'exemples aux demoiselles de St-Cyr. »
Fol. 27 v°. « Avis du sage Jésus, fils de Sirach, aux jeunes gens. »
Fol. 30 v°. « Martire de Léonide. »
Fol. 32. « Avis de Madame [de Maintenon] aux demoiselles de St-Louis. »
Fol. 38. « Acte du martyre de quelques apostres. »
Fol. 53. « Traits remarquables de la vie de Louis XIV. »
Fol. 111 v°. « Histoire de la Pucelle d'Orléans. »
Fol. 121 v°. « Histoire de Caïus Galicula. »

XVIIIe siècle. Papier. 133 feuillets. 210 sur 160 millimètres. Cartonné. (Supplément français 5176.)

15354. Mélanges latins et français.

On y remarque : « Nobilissimi scutarii Blasii Pascalis tumulus, 1662 » (fol. 5) ; — « Catalogue des abbayes et prieurés conventuels de l'ordre de Sainct Benoist, contenus soubz chaque archevesché et evesché du royaume de France » (fol. 9); — « Catalogue des monastères de la Congrégation de St-Maur » (fol. 51); — « Brève et utile compendium totius historiæ ecclesiasticæ » (fol. 57); — « Traicté du blazon des armoiries » (fol. 69) ; — « Brève intruction sur les règles de la poésie françoise » (fol. 132).

XVIIe siècle. Papier. 163 feuillets. 145 sur 90 millimètres. D. rel. (Supplément français 4688.)

15355. Mélanges.

Page 1. « Relation du voyage mistérieux de l'isle de la Vertu ; à Oronte. »
Page 173. « Les délices de l'Esprit. »
Page 267. « Description de la maison des Chartreux. »
Page 286. « Règles sur l'écriture. »

XVIIe-XVIIIe siècle. Papier. 298 pages. 180 sur 130 millimètres. Rel. veau gr. (Supplément français 3930.)

15356. « Mélanges » français et latins.

Fol. 1. « Advis secrets de la Société de Jésus. »
Fol. 48. « Question royale, où il est montré en quelle extrémité, principalement en temps de paix, le sujet pourroit estre obligé de conserver la vie du prince aux dépens de la sienne. »
Fol. 108. « Observationes in novos hymnos Sanctæ Sedi Apostolicæ submissæ, per P. F. Ludovicum Cavalli, Minorem G. R. »
Fol. 144. « Censura seu judicium de genio ac præcipue de epistolis Petri Blesensis. »
Fol. 160. « Censurarum quibus S^{ti} Augustini doctrina de gratia potissimum et libero arbitrio, ac prædestinatione, a scriptoribus Societatis nominis Jesu perstringitur ac sugillatur specimen. »
Fol. 170. « De bibliothecarum antiquitate, utilitate et fine, Dom. Luc. d'Achery. »
Fol. 181. « Des bornes légitimes de cette maxime, de ne se point prévenir et de l'abus qu'on en peut faire. »
Fol. 191. « Remarques sur le livre du P. Thomassin des Dissertations sur les Conciles. »
Fol. 209. « Remarques sur le mesme livre du Père Thomassin. »

Fol. 219. « Autres remarques sur le mesme livre. »

Fol. 235. « Discernement des vrays et faux amis. »

Fol. 243. « Jugement sur le livre *De Canonicis* de feu M^r de La Place, par feu Mr Hermant. »

Fol. 251. « Du mistère de l'Eucharistie conformément aux principes de la Philosophie de Mr Descartes. »

Fol. 301. « Démonstration de l'existence de Dieu par la raison naturelle selon la pensée de Mr Descartes. »

Fol. 313. « Quelques difficultés proposées et résolues suivant les principes de St Augustin. »

Fol. 319. « Sentences tirées de St Augustin. »

Fol. 325. « Lettre de M. de... à Madame la comtesse de..., imitée de Montagne. »

XVIIe siècle. Papier. 332 feuillets. 240 sur 170 millimètres. Cartonné. (Supplément français 3181.)

15357-15358. Mélanges et extraits de différents auteurs anciens. (1593.)

Textes et traductions de Virgile, Ovide, Juvénal, Homère, Plutarque, Tite-Live, Tacite, Jules César, Hérodote, Arnobe, Zosime, Philostrate, Symmaque, St Jean Chrysostome, Tertullien, Julien l'Apostat, Platina, Eusèbe, Rufin, Socrate, Sozomène, Théodoret, Évagre, Plutarque, etc.

XVIe siècle. Papier. 491 et 207 feuillets. 230 sur 170 millimètres. D. rel. et rel. parchemin. (Supplément français 4699.)

15359-15360. « Dissertations ecclésiastiques et historiques. »

XVIIe siècle. Papier. 178 feuillets et 447 pages. 250 sur 185 millimètres. Rel. veau rac., aux armes des Feuillants de Paris. (Supplément français 1689 *a* et *b*.)

15361. Cahier de notes diverses françaises et latines.

XVIIIe siècle. Papier. 92 feuillets. 152 sur 100 millimètres. Cartonné. (Supplément français 4691.)

15362-15363. « Polyanthea, Stromates, ou Miscellanea, ou Chaos, » par Jamet.

Tome I. 1730-1735. — Tome II. 1736-1740.

XVIIIe siècle. Papier. 2136 pages. 210 sur 160 millimètres. Rel. veau rac. (Supplément français 5443-5444.)

15364. « Fragments critiques, historiques, politiques. — D. C. — 1780. »

XVIIIe siècle. Papier. 219 feuillets. 230 sur 170 millimètres. Rel. veau rac. (Supplément français 1805.)

15365. Mélanges, en prose et en vers.

Au dos du volume, le titre : « Entre[tiens] de M. l'ab[bé] de. »

XVIIIe siècle. Papier. 195 feuillets. 165 sur 90 millimètres. Rel. veau gr. (Supplément français 2253.)

15366. Pensées choisies et traits célèbres de différents personnages anciens et modernes, par ordre alphabétique.

XVIIe siècle. Papier. 116 feuillets. 125 sur 98 millimètres. D. rel. (Supplément français 815.)

15367. Mélanges et extraits divers de théologie et morale. — « Volume 2. »

Il y a une table du contenu en tête du volume.

XVIIe siècle. Papier. iii et 806 feuillets. 245 sur 185 millimètres. Rel parchemin. (Supplément français 1122.)

15368. Mélanges et extraits divers, en français et latin.

XVIIe-XVIIIe siècle. Papier. 138 feuillets. 160 sur 105 millimètres. D. rel. (Supplément français 821.)

15369. Carnet de notes et extraits divers, avec figures et dessins.

XVIIe siècle. Papier. 153 feuillets. 98 sur 70 millimètres. Rel. parchemin. (Supplément français 1818.)

CONCORDANCE

DES

NUMÉROS ANCIENS ET ACTUELS DES MANUSCRITS

DU

SUPPLÉMENT FRANÇAIS

Les tableaux de concordance qui suivent donneront les équivalents actuels dans le *Fonds français* des anciens numéros du *Supplément*, ainsi que les cotes nouvelles des volumes, qui, provenant de ce même Supplément, ont été répartis, en raison de la langue à laquelle ils appartenaient, dans les différents fonds : allemand, américain, anglais, celtique, espagnol, italien, néerlandais, portugais, scandinave, slave ; dans les nouveaux fonds chinois, français, grec, latin ; dans les collections de Bourgogne, Champagne et Picardie (Dom Grenier) ; ou enfin ont été transmis au Département des imprimés, à la Section des cartes, ou échangés avec les Archives nationales.

NUMÉROS ANCIENS	NUMÉROS ACTUELS	NUMÉROS ANCIENS	NUMÉROS ACTUELS	NUMÉROS ANCIENS	NUMÉROS ACTUELS
1	8477 à 8511	2^5	7166	3^3	8556
		2^6	7167	4^A	10228
		2^7	7168	4^B	10229
1^2	9106	2^8	7169	5	8514
1^3	8749	2^9	7170	5^2 (1)	8579
1^4	8522	2^{10}	7171	5^2 (2)	8580
1^5	7025	2^{11}	7172	5^2 (3)	8581
1^6	6995	2^{12}	7173	5^2 (4)	8582
2^1	7162	2^{13}	7174	5^2 (5)	8583
2^2	7163	2^{14}	7175	5^3	DOM GRENIER 325
2^3	7164	3^1	8555	5^4 (1)	326
2^4	7165	3^2	8554	5^4 (2)	327

MANUSCRITS FRANÇAIS

NUMÉROS ANCIENS	NUMÉROS ACTUELS	NUMÉROS ANCIENS	NUMÉROS ACTUELS	NUMÉROS ANCIENS	NUMÉROS ACTUELS
5^5	328 ⎫	16^1	8270	41bis	9137 ⎫
$56(1)$	329	16^2	8271	41bis	9138
$56(2)$	330	16^3	8272	41bis	9139
$56(3)$	331 PICARDIE	17	8813	41bis	9140
$56(4)$	332 (DOM GRENIER)	18	12037	41bis	9141 LATINS
$57(1)$	333	19	7176	41bis	9142
$57(2)$	334	20	8967	41bis	9143
$57(3)$	335 ⎭	21	7016	41bis	9144
5^8	6352	22	8150	41bis	9145 ⎭
5^9	7200	23	6271	41^3	12035
6	6465	24	6360	41^4	12028
7^1	6466	25	6696	$41^4 (2)$	12029
7^2	6467	26^1	4448	41^5	8763
8	8648	26^2	4449	41^6	8320
9^1	9550	26^3	4450	41^7	8273
9^2	9551	26^4	4451	$41^7 (2)$	8274
9^3	9552	26^5	4452	41^8	11503
9^4	9553	26^6	4454	41^9	9573
10	6275	27	7613	41^{10}	9091
11^1	9123	28	7615	42	6362
11^2	9220	29	6545	43	9221
12^1	8275	30	7492	44	9140
12^2	8276	31^1	7142	45	6448
12^3	8277	31^2	7143	46^1	6354
12^4	8278	32	7159	46^2	6355
12^5	8279	33	7070	46^3	6356
12^6	8280	34	9022	46^4	6357
12^7	8281	35	8022	46^5	6358
12^8	8282	36^1	7620	46^6	6359
12^9	8283	36^2	7621	47	8558
12^{10}	8284	36^3	7622	48	8252
12^{11}	8285	36^4	7623	49	8816
12^{12}	8286	36^5	7624	50	8149
12^{13}	8287	36^6	7625	51	8151
12^{14}	8288	36^7	7626	52^1	7862
12^{15}	8289	36^8	7627	52^2	7863
12bis	9186	37	7546	52^3	7864
12ter	7213-7214	38	7860	53	8611
13	6216	39	8199	54	8612
14	8265	40	Italien 16	55	11493
15	11528	41	8677	56	8525

NUMÉROS ANCIENS	NUMÉROS ACTUELS	NUMÉROS ANCIENS	NUMÉROS ACTUELS	NUMÉROS ANCIENS	NUMÉROS ACTUELS
57^1	8523	84^1	13004	98^{19} (2)	14974
57^2	8524	84^2	13005	98^{20}	9572
58^1	8517	85	6338	98^{21}	12463
58^2	8518	86	9121	98^{22}	10138
59	12117	87	8024	98^{23}	14443
59bis	6258	88	8516	98^{24}	11207
60	11520	89	10233	98^{25}	11205
61	12169	90	10776	98^{26}	11686
62	7007	91	11510	98^{27}	11579
63	9045	92	8327	98^{28}	11601
64	7868	93	6486	99	10136
65^1	9347	94^1	6471	100	12598
65^2	9348	94^2	6472	101	13068
65^3	9349	94^3	6473	102	12240
65^4	9350	95^1	11319	103	12580
66	6760	95^2	11320	104	9082
67	8266	95^3	11321	105	12669
68	8605	96^1	8765	106	10135
69	7686	96^2	8766	107	10468
70^1	6628	97	Lat. 10183	108	11709
70^2	6629	98^1	7150	109	12557
70^3	6630	98^2	9685	110	9609
70^4	6631	98^3	12578	111	6260
70bis	6632	98^4	11988	112	9576
71	6274	98^5	994	113	6463
72	11808	98^6	1631	114	9124
73	6361	98^7	11781	115	9122
74	9003	98^8	12460	116	9774
75	7212	98^9	12551	117	12295
76	Lat. 8868	98^{10}	12570	118	7631
77	10897	98^{11}	11792	119	6264
78	7706	98^{12}	12458	120	6694
79^1	7713	98^{13}	11662	121	11864
79^2	7714	98^{14}	12584	122	6341
80^1	7702	98^{14} (2)	6214	123	9345
80^2	7703	98^{15}	12089	124	10444
80^3	7704	98^{16}	12326	125	8009
80^4	7705	98^{17}	10637	126	6276
81	8767	98^{18}	13974	127^1	6998
82	9437	98^{19}	11862	127^2	6999
83	Lat. 9371	98^{19} bis	11215	128	6277

NUMÉROS ANCIENS	NUMÉROS ACTUELS	NUMÉROS ANCIENS	NUMÉROS ACTUELS	NUMÉROS ANCIENS	NUMÉROS ACTUELS
129	9195	165	6442	178^{22}	10396
129bis	12464	166	Esp. 220	178^{23}	10373
130	Lat. 9798	167^1	10612	178^{24}	11350
131	Espagn. 38	167^2	10613	178^{25}	10407
132	10658	168	11900	178^{26}	8736
133	12151	169	12744	178^{27}	11691
134	12445	170	9740	178^{28}	10366
135	6562	171	10492	178^{29}	10392
136	9713	172^1	11240	178^{30}	11496
137	7120	172^2	11241	178^{31}	6736
138	Ital. 412	172^3	11242	178^{32}	9430
139	11450	172^4	11243	178$^{32\ A}$	7692
140	7548	173	10706	178^{33}	11806
141	8326	174^1	10736	179	9682
142^1	7152	174^2	10737	180	12603
142^2	7153	174^3	10738	181	12319
142^3	7154	174^4	10739	182	12545
142^4	7155	175	11516	183	12487
143	10538	176	12449	184	12615
144	8261	177	10206	185	11794
145	Lat. 8903	178^1	9737	186	12556
146	9763	178^2	12322	187	12604
147	7582	178^3	Lat. 9814	188	12595
148	Italien 64	178^4	11164	189	12590
149	8200	178^5	10990	190	12594
150	6700	178^6	11411	191	10420
151	8208	178^7	7549	192	9629
152^1	7220	178^8	Ital. 578	193	9592
152^2	7221	178^9	7501	194	10982
153	9152	178^{10}	8345	195	12468
154	12057	178^{11}	6366	196	12593
155	Vacant.	178^{12}	10837	197	12549
156	11103	178^{13}	10272	198	12581
157	7161	178^{14}	10853	199	12566
158	7028	178^{15}	10455	200	12462
159	7030	178^{16}	9562	201	12441
160	8996	178^{17}	10260	202	14939
161	12407	178^{18}	8267	203	12439
162	6351	178^{19}	14116	204	12777
163	6353	178^{20}	11432	205	12552
164	7736	178^{21} (2)	12746	206^1	10148

MANUSCRITS FRANÇAIS

NUMÉROS ANCIENS	NUMÉROS ACTUELS	NUMÉROS ANCIENS	NUMÉROS ACTUELS	NUMÉROS ANCIENS	NUMÉROS ACTUELS
206^2	10149	234^5	10697	254^7	14637
207	12204	235	Espagnol 9	254^8	14398
208	12490	236	Portug. 41	254^9	13342
209	12456	237	Esp. 168	254^{10}	S.Grec 584
210	12560	238	6697	254^{11}	14568
211	10153	239	10151	254^{12}	14564
212	11821	240	8207	254^{13}	14572
213	Allem. 87	241	11822	254^{14}	13385
214^1	Scandin. 5	242	10361	254^{15} (1)	9767
214^2	12466	243	11165	254^{15} (2)	9768
214^3	9681	244	10978	254^{15} (3)	9769
214^4	12591	245	10472	254^{16} (1)	14321
215	10193	246^1	10224	254^{16} (2)	14322
216	10322	246^2	10225	254^{17}	13235
217^1	ESP. { 114	246^3	10226	254^{18}	Anglais 46
217^2	115	246^4	10227	254^{19}	12565
217^3	116	247	12369	254^{20}	13506
218	10132	248	12393	254^{21}	15108
219	10130	249	12125	254^{22}	15210
220	10294	250^1	12060	254^{23}	13317
221	10295	250^2	12061	254^{24}	14356
222	10802	250^3	12062	254^{25}	14435
223^1	11408	251	10652	254^{26}	14410
223^2	11409	252	10773	254^{27}	Lat.10581
223^3	11410	253^1	11882	254^{28}	15032
224	12228	253^2	11883	254^{29}	13985
225^1	10751	253^3	11884	254^{30}	14645
225^2	10752	253^4	11885	254^{31}	15206
226	9760	253^5	11886	254^{32} (1)	13718
227	11476	253^6	11887	254^{32} (2)	13719
228	Ital. 500	253^7	11888	254^{33}	15066
229	12296	253^8	11889	254^{34}	14975
230	8206	253^9	11890	254^{35}	14993
231^1	7757	253^{10}	11891	254^{36}	15072
231^2	7758	254^1	12771	254^{37}	9783
232	11211	254^2	15103	254^{38}	14548
233	8663	254^{2A}	13096	254^{39}	14571
234^1	10693	254^3	15007	254^{40}	15110
234^2	10694	254^4	14616	254^{41}	11936
234^3	10695	254^5	14692	254^{42}	Néerl. 32
234^4	10696	254^6	15084	255	Ital. 878

MANUSCRITS FRANÇAIS

NUMÉROS ANCIENS	NUMÉROS ACTUELS	NUMÉROS ANCIENS	NUMÉROS ACTUELS	NUMÉROS ANCIENS	NUMÉROS ACTUELS
256	13204	292	Bourgogne.	295^{22}	7093
257	13409	1 à 11	91-100	295^{23}	7094
258	13325	293^{1}	10250	295^{24}	7095
259	Ital. 110	293^{2}	10251	295^{25}	7096
260^{1}	14051	293^{3}	10252	295^{26}	7097
260^{2}	14052	293^{4}	10253	295^{27}	7098
261	14976	293^{5}	10254	295^{28}	7099
262	12154	293^{6}	10255	295^{29}	7100
263	Ital. 142	293^{7}	10256	295^{30}	7101
264	12538	293^{8}	10257	295^{31}	7102
265	11809	293^{9}	10258	295^{32}	7103
266	14063	293^{10}	10259	295^{33}	7104
267	10174	294^{1}	11084	295^{34}	7105
268	14281	294^{2}	11085	295^{35}	7106
269	13337	294^{3}	11086	295^{36}	7107
270	14062	294^{4}	11087	295^{37}	7108
271	14549	294^{5}	11088	295^{38}	7109
272	14075	294^{6}	11089	295^{39}	7110
273	13829	294^{7}	11090	295^{40}	7111
274	14503	294^{8}	11091	295^{41}	7112
275	15209	295^{1}	7072	295^{42}	7113
276	13069	295^{2}	7073	295^{43}	7114
277	11574	295^{3}	7074	295^{44}	7115
278	15273	295^{4}	7075	295^{45}	7116
279^{1-2}	14797	295^{5}	7076	295^{46}	7117
280	Ital. 2062	295^{6}	7077	295^{47}	7118
281	14021	295^{7}	7078	295^{48}	7119
282	11929	295^{8}	7079	296	9602
283	10187	295^{9}	7080	297	9225
284	12421	295^{10}	7081	298	11218
284bis	10593	295^{11}	7082	299	7201
285	12392	295^{12}	7083	300	6701
286	11750	295^{13}	7084	301	6679
287	Ital. 464	295^{14}	7085	302	6553
288	12282	295^{15}	7086	303	6556
289	10192	295^{16}	7087	304	10234
290^{1}	8649	295^{17}	7088	305	11429
290^{2}	8650	295^{18}	7089	306	10320
290^{3}	8651	295^{19}	7090	307	10640
291^{1}	9735	295^{20}	7091	308	7977
291^{2}	12571	295^{21}	7092	309	11628

MANUSCRITS FRANÇAIS

NUMÉROS ANCIENS	NUMÉROS ACTUELS	NUMÉROS ANCIENS	NUMÉROS ACTUELS	NUMÉROS ANCIENS	NUMÉROS ACTUELS
310	11534	345	Imprimé.	361^5	12620
311	12795	346	Lat. 9758	361^6	12621
312^1	11797	347^1	10950	361^7	12622
312^2	11798	347^2	10747	361^8	12623
312^3	11799	348	9691	361^9	12624
313	9563	349	11710	361^{10}	12625
314	Portug. 42	350^1	12317	361^{11}	12626
315	10184	350^2	7593	361^{12}	12627
316	11417	350^3	7594	361^{13}	12628
317	10805	350^4	7595	361^{14}	12629
318	12596	350^5	7596	361^{15}	12630
319	12786	350^6	7597	361^{16}	12631
320	12791	350^7	7598	361^{17}	12632
321	9690	350^8	7599	361^{18}	12633
322	11711	350^9	7600	361^{19}	12634
323	12205	350^{10}	7601	361^{20}	12635
324	Espagn. 39	350^{11}	7602	361^{21}	12636
325	4472	350^{12}	7603	361^{22}	12637
326	12222	350^{13}	7604	361^{23}	12638
327^1	Esp. 50	350^{14}	7605	361^{24}	12639
327^2	51	350^{15}	7606	361^{25}	12640
328	12479	350^{16}	7607	361^{26}	12641
329	10784	350^{17}	7608	361^{27}	12642
330	9595	350^{18}	9557	361^{28}	12643
331	9625	350^{19}	7609	361^{29}	12644
332	12465	350^{20}	7610	361^{30}	12645
333^1	10579	351	Esp. 221	361^{31}	12646
333^2	10580	352	9766	361^{32}	12647
334	10581	353	9772	361^{33}	12648
335^1	12242	354	11812	361^{34}	12649
335^2	12243	355	10189	361^{35}	12650
336	11179	356	9605	361^{36}	12651
337	11495	357	14319	361^{37}	12652
338	11853	358	11755	361^{38}	12653
339	12345	359	13745	361^{39}	12654
340	9623	360^1	11625	361^{40}	12655
341	9575	360^2	11626	361^{40}	12656
342	12567	361^1	12616	361^{42}	12657
343^1	9582	361^2	12617	361^{43}	12658
343^2	9583	361^3	12618	361^{44}	12659
344	12323	361^4	12619	362	12810

MANUSCRITS FRANÇAIS

NUMÉROS ANCIENS	NUMÉROS ACTUELS	NUMÉROS ANCIENS	NUMÉROS ACTUELS	NUMÉROS ANCIENS	NUMÉROS ACTUELS
363	12802	398	14938	435^2	12299
364	14888	399	14396	436	9574
365	11805	400	14780	437	11201
366	ITAL. { 389	401	14353	438	9589
367	ITAL. { 143	402	14032	439	5285
368	11514	403	15094	440	11920
369	12223	404	14807	441	12042
370	9719	405	13845	442	10614
371	13765	406	13983	443	8209
372	Ital. 932	407	13812	444	865
373	13326	408	13179	445	6602
374	13954	409	14537	446	10530
375^1	12188	410	Esp. 289	447	8148
375^2	12189	411	13761	448	8762
375^3	12190	412	14383	449	10397
375^4	12191	413	15101	450	9086
375^5	12192	414	14893	451	7628
376	12769	415	14526	452^1	1342
377	13334	416^1	10759	452^2	6343
378	13101	416^2	10760	452^3	6344
379	13225	416^3	10761	452^4	6345
380	14998	417	13180	453^1	10634
381	15001	418	14995	453^2	10635
382^1	14705	419	14527	454	11185
382^2	14706	420	14514	455	12203
383	14370	421	Esp. 238	456	10209
384	13531	422	ITAL. { 925	457	10485
385	14442	423	ITAL. { 897	458	11865
386	14961	424	Allem. 147	459	12559
387	Ital. 924	425	6205	460	10813
388	13645	426	6221	461	12232
389	14517	427^1	ESP. { 40	462	11552
390	14683	427^2	ESP. { 41	463	11470
391	14820	428	12467	464	12600
392	13097	429	Scand. 6	465	10780
393	13899	430	12577	466	Ital. 144
394	14530	431	12601	467	11918
395	14617	432	9650	468	12787
396^1	13827	433	11874	468bis	12235
396^2	Al'em. 34	434	12116	469^1	12610
397	13913	435^1	12298	469^2	12611

MANUSCRITS FRANÇAIS

NUMÉROS ANCIENS	NUMÉROS ACTUELS	NUMÉROS ANCIENS	NUMÉROS ACTUELS	NUMÉROS ANCIENS	NUMÉROS ACTUELS
469^3	12612	508	Vacant	$540^{8(2)}$	12420
469^4	12613	509	Ital. 632	540^9	12574
469^5	12614	510	14430	$540^{10\,(1)}$	10564
470	10806	511	15216	$540^{10\,(2)}$	10565
471	ALLEM. { 40	512	Ital. 801	$540^{11\,(1)}$	10969
472	88	513	14628	$540^{11\,(2)}$	10970
473	77	514	14280	540^{12}	9189
474	41	515	14779	$540^{13\,(1)}$	7852
475	Lat. 9854	516	13863	$540^{13\,(2)}$	7853
476	ALLEM. { 89	517	4021	$540^{13\,(3)}$	7854
477	90	518	10131	540^{14}	6819
478	148	519	Ital. 633	540^{15}	13060
479	Esp. 169	520	14583	540^{16}	11646
480	4897	521	15217	$540^{17\,A}$	Ital. 461
481	1228	522	12401	$540^{17\,B}$	9577
482	12318	523	10548	540^{18}	8707
483	1355	524	15215	541	Ital. 135
484	12789	525	14365	542	14672
485	Esp. 208	526	14361	543	Esp. 253
486	9571	527	12586	544	12324
487	9738	528	2430	545	15073
488	10748	529	4103	546	Ital. 416
489	11533	530	4987	547	11452
490	10713	531	ITAL. { 228	548	1433
491	10141	532	462	549	13646
492	9688	533	2422	550	9771
493	5030	534	10137	551	9773
494	11967	535	Ital. 568	552	Ital. 956
495	10210	536	10973	553	1998
496	Ital. 448	537	9025	554	1396
497	11541	538	12482	555	1399
498	9631	539	10531	556	1400
499	11778	540	12801	557	1401
500	4029	540^1	12469	558	1402
501	4003	540^2	6449	559	13423
502	11501	540^3	12470	560	14528
503	3954	540^4	12562	561	14520
504	4612	540^5	12548	562	Ital. 634
505	11529	540^6	9762	563	Néerl. 33
506	13327	540^7	12582	564	Scand. 22
507	9659	$540^{8\,(1)}$	12558	565	Néerl. 47

NUMÉROS ANCIENS	NUMÉROS ACTUELS	NUMÉROS ANCIENS	NUMÉROS ACTUELS	NUMÉROS ANCIENS	NUMÉROS ACTUELS
566	Néerl. 48	581	7667	600	12244
567	Scand. 21	582	7668	601	6459
568	ALLEM. { 138	583	7669	602	5407
569	{ 139	584	7670	603	Ital. 136
570	{ 149	585	10983	604	10777
571	Néerl. 34	586^1	7671	605	10840
572	Allem. 191	586^2	7672	606^1	10179
573	5552	586^2	6419	606^2	10180
574^1	14803	586^3	7673	607	12788
574^2	14804	586^3	6420	608	9617
574^3	14805	586^4	6421	609	Portug. 43
575^1	10499	586^5	6422	610	10175
575^2	10500	586^6	6423	611	11441
575^3	10501	586^7	6424	612	9778
576	307	586^8	6425	613	Esp. 222
577	9084	586^9	6426	614	12507
578	7650	586^{10}	2808	615	9614
579^1	7651	586^{11}	4314	616	9621
579^2	7652	$586^{12(1)}$	PORT. { 2	617	10140
579^3	7653	$586^{12(2)}$	{ 3	618	1666
579^4	7654	$586^{12(3)}$	{ 4	619	ITALIEN { 365
579^5	7659	586^{13}	895	620	{ 516
579^6	7660	586^{14}	12583	621	{ 517
579^7	7661	587	Lat. 9698	622	{ 125
579^8	7662	588	11594	623	{ 126
579^9	7663	589	4058	624	11922
579^{10}	7664	590	893	625	Esp. 94
579^{11}	7665	591	3972	626	10469
579^{12}	7666	592^1	4398	627	Ital. 477
579^{13}	7655	592^2	4399	628^1	10334
579^{14}	7656	593^1	4734	628^2	10335
579^{15}	7657	593^2	4735	628^3	10336
579^{16}	7658	593^3	4736	629	15182
580^1	7946	594	4833	630	12575
580^2	7947	595^1	10870	631	14391
580^3	7948	595^2	10871	632	14389
580^4	7949	595^3	10872	632	14390
580^5	7950	596	492	632^1	12480
580^6	7951	597	12279	632^2	12476
580^7	7952	598	7020	632^3	12471
580^8	7953	599	10395	632^4	9561

MANUSCRITS FRANÇAIS

NUMÉROS ANCIENS	NUMÉROS ACTUELS	NUMÉROS ANCIENS	NUMÉROS ACTUELS	NUMÉROS ANCIENS	NUMÉROS ACTUELS
632^5	13496	649	13167	679	14972
632^6	9761	650	15107	680	14765
632^7	12780	651	14518	681	13508
632^8	12442	652	14471	682	Esp. 278
632^9	12564	653	14613	683	15211
632^{10}	12201	654	Néerl. 57	684	10617
632^{11}	12488	655	14990	685	14648
632^{12}	12399	656	14363	686	15244
632^{13}	12561	657	14381	687	15100
632^{14}	12568	658	13769	688	13210
632^{15}	12547	659	14496	689^1	14117
632^{16}	14608	660	14964	689^2	14118
632^{17}	9687	661	14957	689^3	14119
632^{18}	14968	662	2418	689^4	14120
632^{19}	10143	663	13247	690	Ital. 839
632^{20}	15098	664	Ital. 974	691	14655
632^{21}	15104	665	Esp. 290	692	97^1
632^{22}	15106	666	ITAL. { 705	693	97^2
632^{23}	14970	667	{ 754	694^1	11254
632^{24}	14989	668	14579	694^2	11255
632^{25}	14969	669	Allem. 165	694^3	11256
632^{26}	10133	670	14510	694^4	11257
632^{27}	14977	671	14022	694^5	11258
632^{28}	14971	672	Ital. 883	695	13262
632^{29}	15212	673	Scand. 8	696	Ital. 959
633	Allem. 150	674	9610	697	14354
634	ITAL. { 984	675^1	11485	697bis	5879
635	{ 985	675^2	11486	698	5878
636	{ 986	676^1	11477	699	6014
637	5795	676^2	11478	700	2109
638	5976	676^3	11479	701^1	ITALIEN { 725
639	Ital. 701	676^4	11480	701^2	{ 893
640	14735	676^5	11481	701^3	{ 894
641	13169	676^6	11482	701^4	{ 764
642	13770	676^7	11483	702	6127
643	15095	676^8	11484	703	Ital. 888
644	14407	677^1	15002	704	2328
645	14362	677^2	15003	705	2358
646	13842	677^3	15004	706	2385
647	13252	677^4	15005	707	2419
648	13892	678	13413	708	Lat. 11109

NUMÉROS ANCIENS	NUMÉROS ACTUELS	NUMÉROS ANCIENS	NUMÉROS ACTUELS	NUMÉROS ANCIENS	NUMÉROS ACTUELS
709	Ital. 706	747	Néerl. 35	784	13509
710	1931	748	14992	785	13986
711	2117	749	15214	786	14768
712	2178	750	14862	787	13277
713^1	13098	751	15352	788	Esp. 307
713^2	13099	752	13839	789	13355
713^3	13100	753	2120	790	13273
714	14428	754^1	5810	791^1	9726
715	14366	754^2	5811	791^2	11635
716	13977	755	14345	791^3	8632
717	13272	756	14451	791^4	7049
718	13966	757	2435	791$^{5\,(1)}$	7050
719	14928	758	2480	791$^{5\,(2)}$	7051
720	Esp. 265	759	2502	791$^{5\,(3)}$	7052
721	15122	759bis	14771	791$^{5\,(4)}$	7053
722	11497	760	ITAL. { 1071	791$^{5\,(5)}$	7054
723	13841	761	1072	791$^{5\,(6)}$	7055
724	ITAL. { 626	762	1073	791$^{5\,(7)}$	7056
725	635	763	14092	792^1	14663
726	Esp. 264	764	14754	792^2	14664
727	13973	765	14131	793	13226
728	14794	765bis	14165	794	13170
729	13969	766	15213	795	13311
730	Ital. 933	766bis	13503	796	13312
731	14696	767	14359	797	13313
732	9693	768	13644	798	14371
733	14167	769	13416	799	13229
734^1	14948	770	13459	800^1	13328
734^2	14949	771	13460	800^2	13329
735	Néerl. { 28	772	13461	801	14933
736	49	773	13462	802	1751
737	14674	774	13953	803	Ital. 755
738	15219	775	13831	804	14904
739	14965	776	14041	805	Ital. 984
740	15077	777	14837	806	14508
741	14978	778	13894	807	13984
742	14507	779	14434	808	13762
743	14796	780	14755	809	Allem. 166
744	14704	781	13354	810	13275
745	Allem. 121	782	14357	811	Ital. 1100
746	13426	783	13565	812	Scand. 9

NUMÉROS ANCIENS	NUMÉROS ACTUELS	NUMÉROS ANCIENS	NUMÉROS ACTUELS	NUMÉROS ANCIENS	NUMÉROS ACTUELS
813[1]	ITAL. { 1074	843[2]	13559	874	8675
813[2]	{ 1075	844	12498	875	12164
814[1]	15220	845	13560	876	Lat. 9367
814[2]	13269	845bis (1)	10481	877	9002
815	15366	845bis (2)	10482	878	7516
816	14550	846	13561	879	9093
817	13297	847	14640	879[1]	9094
818	15369	848	ITAL. { 636	879[2]	9095
819	Angl. 41	849	{ 637	880	6417
820	Esp. 239	850	{ 145	881	7157
821	15368	851	14603	882	8133
822	2508	852	14456	883	10562
823	14656	853	Ital. 710	884	7716
823bis	14884	854	15085	885	Ital. 390
824	14487	855	12790	886	12380
825	13338	856	9616	887[1]	8031
826	Ital. 1041	857	Ital. 59	887[2]	8032
827	14592	858	8006	887[3]	8033
828	13246	859[1]	7209	888	12553
829	14502	859[2]	7210	889	12477
830	13353	860	7147	890	10952
831	13209	861	8255	891	7015
832	14999	862	8254	892	11469
833	Ital. 1051	863	8258	893	8800
834	Lat.11026	864[1]	10424	894	7037
835	13987	864[2]	10425	895	12796
836	14392	864[3]	10426	896	7898
837	14566	864[4]	10427	897	Esp. 35
838	13547	864[5]	10428	898	12419
839[1]	13548	864[6]	10429	899	Esp. 42
839[2]	13549	865[1]	7023	900	10471
839[3]	13550	865[2]	7024	901	12809
839[4]	13551	866	7036	902	12357
839[5]	13552	867	}	903	10873
840[1]	13553	868	} 7061	904[1]	11219
840[2]	13554	869	}	904[2]	11220
840[3]	13555	870	7629	905	10884
840[4]	13556	871	7707	906	11576
841	} 13557	872	9364	907	12170
842	}	873[1]	8609	908	11221
843[1]	13558	873[2]	8610	909	9670

MANUSCRITS FRANÇAIS

NUMÉROS ANCIENS	NUMÉROS ACTUELS	NUMÉROS ANCIENS	NUMÉROS ACTUELS	NUMÉROS ANCIENS	NUMÉROS ACTUELS
910	10298	942	9530	972^2	13027
911	10201	943	9531	973	13028
912	10486	944	9532	974	13029
913	11449	945	9533	975	13030
914^1	12379	946	9534	976	13031
914^2	12155	947	10787	977^1	13032
914^3	12156	948	ESP. { 163	977^2	13033
915	Esp. 95	949	ESP. { 129	978	13034
916	11509	950	11508	979^1	13035
917	10844	951	11138	979^2	13036
918	Ital. 239	952	11298	980	13037
919	9632	953	10717	981	13038
920^1	6644	954	11547	982	13039
920^2	6645	955	12434	983	13040
920^3	6646	956^1	10515	984	13041
920^4	6647	956^2	10516	985	13042
920^5	6648	956^3	10517	986	13043
920^6	6649	956^4	10518	987	13044
921^1	10231	956^5	10519	988^1	13045
921^2	10232	957	10271	988^2	13046
922	10489	958	12249	988^3	13047
923	11693	959	12781	988^4	13048
924	11694	960	10704	989	13049
925	10324	961^1	13230	990	13050
926	11092	961^2	13231	991	13051
927	10758	961^3	13232	992	13052
928	10321	962	14521	993	13053
929	10453	963	14505	994	13054
930	12075	964	13911	995	13055
931^2	10595	965	Esp. 279	996	13056
932	12572	966	CBLT. { 2	997	13057
933	10754	967	CBLT. { 3	997bis	13058
934^1	ESP. { 96	968	Ital. 970	998	9535
934^2	ESP. { 97	969^1	13019	999	9536
935	7038	969^2	13020	1000	9537
936	10150	969^3	13021	1001	9538
937	10606	969^4	13022	1002	9539
938	10831	969^5	13023	1003	9540
939	11442	970	13024	1004	9541
940	Port. 8	971	13025	1005	9542
941	Néerl. 18	972^1	13026	1006	9543

MANUSCRITS FRANÇAIS

NUMÉROS ANCIENS	NUMÉROS ACTUELS	NUMÉROS ANCIENS	NUMÉROS ACTUELS	NUMÉROS ANCIENS	NUMÉROS ACTUELS
1007	9544	1035	11458	1074	8989
1007bis	13059	1036	10684	1075	
1008	11530	1037	10480	1076	12398
1009^1	13664	1038	10553	1077	12239
1009^2	13665	1039	9619	1078	12383
1009^3	13666	1040	12798	1079	10775
1009^4	13667	1041	12277	1080	9587
1009^5	13668	1042	9752	1081	11512
1009^6	13669	1043	9228	1082	12365
1009^7	13670	1044	12555	1083	12589
1009^8	13671	1045	11578	1084	11866
1010	12436	1046	9780	1085	11499
1011	896	1047	Esp. 182	1086^1	14722
1012	8250	1048	10900	1086^2	14723
1013	7697	1049	Esp. 52	1086^3	14724
1014	736	1050	9759	1087	Ital. 307
1015	864	1051	Ital. 146	1088	11437
1016	1726	1052	11823	1089	10195
1016bis	15187	1053	10156	1090	12602
1017	Ital. 593	1054	11559	1091	13830
1018	2121	1055	8241	1092	ITAL. { 366
1019	4090	1056	10152	1093	147
1020	4151	1057^1	10237	1094	871
1021	4152	1057^2	10238	1095	11880
1022	4153	1058	13070	1096	10451
1023^A	4154	1059	Néerl. 10	1097	12437
1023^B	4155	1060^1	10570	1098	Ital. 380
1023^C	4156	1060^2	Allem. 115	1099	12077
1024	4303	1061	10205	1100	Ital. 449
1025	4895	1062	13071	1101	12444
1026	4899	1063		1102	14358
1027$^{1-2}$	4900	1064		1103	12202
1028	4901	1065		1104	13808
1029	4902	1066	11592	1105	Ital. 884
1030	4878	1067	9601	1106	Port. 59
1031	5115	1068	12378	1107	13339
1032	5829	1069	11433	1108	13768
1033^A	10510	1070	10491	1109	14413
1033^B	10511	1071	9556	1110	11810
1033^C	10512	1072		1111	13867
1034	Ital. 113	1073		1112	Ital. 802

NUMÉROS ANCIENS	NUMÉROS ACTUELS	NUMÉROS ANCIENS	NUMÉROS ACTUELS	NUMÉROS ANCIENS	NUMÉROS ACTUELS
1113	14784	1152	11655	1192ᴮ	8680
1114	14519	1153	8328	1193	12179
1115	14728	1154	11572	1194	11654
1116	14776	1155	6739	1195	12021
1117	15248	1156	11863	1196	Esp. 43
1118	13637	1157	10368	1197	ALLEM. { 140
1119	Ital. 734	1158	11609	1198	{ 116
1120	14423	1159	6747	1199	{ 117
1121	13239	1160	10371	1200ᴀ	9461
1122	15367	1161	10372	1200ᴮ	9462
1123¹	ITAL. { 735	1162	8588	1200ᶜ	9463
1123²	{ 736	1163	10375	1200ᴰ	9464
1124	14701	1164	10376	1200ᴱ	9465
1125	6563	1165	10380	1201	9466
1126	Esp. 272	1166	10381	1202	9467
1127	13641	1167	10382	1203	9468
1128	15245	1168	10383	1204ᴀ	9469
1129	Ital. 611	1169	10385	1204ᴮ	9470
1130	15096	1170	10386	1204ᶜ	9471
1131	13216	1171	10387	1204ᴰ	9472
1132	12483	1172	10388	1205	9473
1132ᵇⁱˢ	Lat. 8846	1173	10391	1205ᵇⁱˢ	9474
1133	12768	1174	10394	1206	9475
1134	12767	1175	12034	1207	9476
1135	10236	1176	11968	1208	9477
1136	8633	1177	11689	1209	9478
1137	8210	1178	10408	1210	9479
1138	11731	1179	10415	1211	9480
1139	8329	1180	11785	1212	9481
1140	Lat. 9971	1181	10367	1213	9482
1141	10406	1182	6446	1214	9483
1142	11659	1183	7693	1215	9484
1143	8818	1184	7694	1216	9485
1144	8819	1185	7695	1217	9486
1145	8776	1186	6807	1218	9487
1146	8777	1187	6791	1219	9488
1147	7879	1188	7847	1220	9489
1148	11562	1189	7897	1221	9490
1149	11487	1190	13249	1222	9491
1150	8584	1191	2754	1223	9492
1151	10532	1192ᴀ	8679	1224	9493

NUMÉROS ANCIENS	NUMÉROS ACTUELS	NUMÉROS ANCIENS	NUMÉROS ACTUELS	NUMÉROS ANCIENS	NUMÉROS ACTUELS
1224bis A	9494	1238quat. E	7129	1264^1	13380
1224bis B	9495	1238quat. F	7130	1264^2	13381
1225A	9496	1238quat. G	7131	1265	13516
1225B	9497	1238quat. H	7132	1266	7735
1225C	9498	1239^1	6171	1267	7583
1225D	9499	1239^2	6172	1268	Mal. 451
1225E	9500	1239^3	6173	1269	6546
1226	9501	1240	9136	1270	11454
1227^1	9502	1241	12320	1271	14133
1227^2	9503	1242^1	8591	1272	14129
1228	9505	1242^2	8592	1273^1	14142
1229		1243^1	9177	1273^2	14143
1230	9506	1243^2	9178	1273^3	14144
1231	9508	1244	9176	1274	14161
1232	9506	1245	7149	1275	12475
1233	9507	1246	9179	1276	12587
1234	9508	1247^1	8346	1277	12158
1235	9504	1247^2	8347	1278	11861
1236	9509	1247^3	8348	1279	11741
1237	9507	1248	8671	1280	10817
1238	9510	1249^1	9511	1281	10898
1238bis 1	10273	1249^2	9523	1282	6453
1238bis 2	10274	1250	6441	1283	14146
1238bis 3	10275	1251	6192	1284	14880
1238bis 4	10276	1252	Lat. 8899	1285	Cartes
1238bis 5	10277	1253	9238	1286	9092
1238ter A	13072	1254^1	12446	1287	8626
1238ter B	13073	1254^2	12447	1288	14148
1238ter C	13074	1255	13258	1289	10216
1238ter D	13075	1256^1	9047	1290	11793
1238ter E	13076	1256^2	9048	1291	13250
1238ter F	13077	1257A	ESP. { 142	1292	13288
1238ter G	13078	1257B	143	1293	13214
1238ter H	13079	1257C	144	1294	14956
1238ter I	13080	1258	7156	1295	14459
1238ter J	13081	1259	12149	1296	14183
1238ter K	13082	1260	12256	1297	12276
1238quat. A	7125	1261	12094	1298	7890
1238quat. B	7126	1261bis	12095	1299	14682
1238quat. C	7127	1262	12106	1300	14790
1238quat. D	7128	1263	12145	1301	7057

NUMÉROS ANCIENS	NUMÉROS ACTUELS	NUMÉROS ANCIENS	NUMÉROS ACTUELS	NUMÉROS ANCIENS	NUMÉROS ACTUELS
1302	13495	1337^6	⎧ 845	1365	13979
1303	14983	1337^7	846	1366	14135
1304	14626	1337^8	847	1367	7861
1305	12792	1337^9	848	1368	14406
1306	11209	1337^{10}	ITALIENS ⎨ 849	1369	14031
1307	Ital. 930	1337^{11}	850	1370	8330
1308	14147	1337^{12}	851	1371	12009
1309	14264	1337^{13}	852	1372^1	8779
1310	11645	1337^{14}	853	1372^2	8780
1311	15042	1337^{15}	854	1373	13838
1312	13007	1337^{16}	855	1374	10549
1313	13500	1337^{17}	⎩ 856	1375	11347
1314	13569	1338^1	11237	1376	10167
1315	Ital. 885	1338^2	11238	1377^1	13818
1316	12478	1339	14474	1377^2	13819
1317	14306	1340^1	L. 10990-91	1377^3	13820
1318	13251	1340^2	12585	1377^4	13821
1319	13663	1341	6762	1377^5	13822
1320	6695	1342	14470	1377^6	13823
1321	12020	1343	13263	1378	15010
1322	14382	1344	⎧ 10028	1379	11923
1323	12384	1345	LAT. ⎨ 9104	1380	13922
1324	14506	1346	⎩ 11265	1381	13924
1325	⎫	1347	12012	1382^1	13217
1326^1	⎬ 6215	1348	12026	1382^2	13218
1326^2	12550	1349	8773	1382^3	13219
1327	Néerl. 36	1350	8585	1383^1	14946
1328	13429	1351	Lat. 9229	1383^2	14947
1329	Néerl. ⎰ 37	1352	8791	1384	13529
1330	⎱ 38	1353	8325	1385	13866
1331	8620	1354	11687	1386	12356
1332	8621	1355	8597	1387^1	14811
1333	8622	1356	12064	1387^2	14812
1334	8623	1357	11580	1388	13871
1335	13957	1358	Lat. 10046	1389	10582
1336	14783	1359	11685	1390	8534
1337^1	⎧ 840	1360	8249	1391	15074
1337^2	841	1361	14379	1392	14795
1337^3	ITALIENS ⎨ 842	1362	11752	1393	11783
1337^4	843	1363	7145	1394^1	7839
1337^5	⎩ 844	1364	11214	1394^2	7840

NUMÉROS ANCIENS	NUMÉROS ACTUELS	NUMÉROS ANCIENS	NUMÉROS ACTUELS	NUMÉROS ANCIENS	NUMÉROS ACTUELS
1394^3	7841	1408	10199	1440	11772
1394^4	7842	1409	11234	1441^1	8537
1394^5	7843	1410	Ital. 1076	1441^2	8538
1394^6	7844	1411	11453	1442	11614
1394^7	7845	1412	11829	1443	13958
1394^8	7846	1413	11879	1444	14593
1395	6744	1414	11557	1445^1	8311
1396	11532	1415	Lat. 10984	1445^2	8312
1397	L. 10896	1416	14020	1446^1	10337
1398	11206	1417	7945	1446^2	10338
1399^1	6749	1418	Ital. 417	1446^3	10339
1399^2	6750	1419	6548	1446^4	10340
1399^3	6751	1420	Ital. 293	1446^5	10341
1399^4	6752	1421	6996	1446^6	10342
1399^5	6753	1422	10571	1446^7	10343
1399^6	6754	1423	ITAL. { 116 / 612	1446^8	10344
1400^1	10377	1424		1446^9	10345
1400^2	10378	1425^1	10299	1446^{10}	10346
1400^3	10379	1425^2	10300	1446^{11}	10347
1401^1	8692	1425^3	10301	1446^{12}	10348
1401^2	8693	1425^4	10302	1446^{13}	10349
1401^3	8694	1425^5	10303	1446^{14}	10350
1401^4	8695	1425^6	10304	1446^{15}	10351
1401^5	8696	1426^1	10700	1446^{16}	10352
1401^6	8697	1426^2	10701	1446^{17}	10353
1401^7	8698	1427	12043	1446^{18}	10354
1401^8	8699	1428	7138	1446^{19}	10355
1401^9	8700	1429^1	7140	1446^{20}	10356
1401^{10}	8701	1429^2	7141	1446^{21}	10357
1401^{11}	8702	1430	14509	1446^{22}	10358
1401^{12}	8703	1431^1	11675	1446^{23}	10359
1401^{13}	8704	1431^2	11676	1446^{24}	10360
1401^{14}	8705	1432^1	8337	1447	8539
1401^{15}	8706	1432^2	8338	1448^1	8531
1402	8691	1433	10411	1448^2	8532
1403	8712	1434	14076	1449	8536
1404^1	8243	1435	11773	1450	11611
1404^2	8244	1436	11774	1451	11615
1405	8194	1437	11775	1452	12041
1406	13638	1438	11776	1453	9598
1407	6262	1439	11777	1454	11917

NUMÉROS ANCIENS	NUMÉROS ACTUELS	NUMÉROS ANCIENS	NUMÉROS ACTUELS	NUMÉROS ANCIENS	NUMÉROS ACTUELS
1455	11620	1492	8630	1523^F	12513
1456	13542	1493	6742	1524	11869
1457	13636	1494^1	6743	1525	14405
1458	13563	1494^2	6745	1526^1	12803
1459	14417	1494^3	6746	1526^2	12804
1460	} 13083	1494^4	6740	1527^1	9355
1461		1495	Lat. 9964	1527^2	9356
1462		1496	6755	1528^1	8599
1463	15114	1497	10814	1528^2	8600
1464	7539	1498	6756	1529	15254
1465	12121	1499	6758	1530	10182
1466	10702	1500	Lat. 10901	1531	11931
1467^1	10659	1501	11753	1532	14473
1467^2	10660	1502	8815	1533	14481
1467^3	10661	1503	Lat. 8997	1534	11857
1468	8540	1504	13639	1535	15044
1469	11618	1505	Lat. 9966	1536	14935
1470	12010	1506	10389	1537^1	9365
1471	8676	1507	Lat. 9965	1537^2	9366
1472	11956	1508	11647	1537^3	9367
1473	12006	1509	14349	1537^4	9368
1474	10384	1510	13795	1537^5	9369
1475	10398	1511	Cartes	1537^6	9370
1476	6761	1512	6198	1537^7	9371
1477	10401	1513	14606	1537^8	9372
1478	10400	1514	10194	1537^9	9373
1479	8565	1515^1	8334	1537^{10}	9374
1480	14574	1515^2	8335	1537^{11}	9375
1481	11560	1516	14397	1537^{12}	9376
1482	11762	1517	9757	1537^{13}	9377
1483	11585	1518	8994	1537^{14}	9378
1484	13268	1519	11443	1537^{15}	9379
1485	12988	1520	15255	1537^{16}	9380
1486^1	ESP. { 170	1521$^{1-2}$	11673	1537^{17}	9381
1486^2	{ 171	1522^1	ITAL. { 501	1537^{18}	9382
1487	11455	1522$^{2-3}$	{ 502	1537^{19}	9383
1488	14490	1523^A	12508	1537^{20}	9384
1489	6741	1523^B	12509	1538	10567
1490	11202	1523^C	12510	1539	12546
1491^1	11203	1523^D	12511	1540^1	6784
1491^2	11204	1523^E	12512	1540^2	6785

MANUSCRITS FRANÇAIS

NUMÉROS ANCIENS	NUMÉROS ACTUELS	NUMÉROS ANCIENS	NUMÉROS ACTUELS	NUMÉROS ANCIENS	NUMÉROS ACTUELS
1540³	6786	1576	9686	1612ᴮ	7506
1540⁴	6787	1577	12262	1613	7502
1540bis	6806	1578	12281	1614	7503
1540ter 1	12206	1579	9163	1615	8683
1540ter 2	12207	1580	12293	1616	9044
1541ᴬ	6468	1581	12115	1617	Lat. 9812
1541ᴮ	6469	1582	14621	1618	12252
1542	9689	1583	10636	1619	10749
1543	12237	1584	7537	1620	Lat. 9263
1544	9141	1585	10842	1621	12180
1545	12435	1586	7523	1622	Lat. 9039
1546	12330	1587	10841	1623	Ital. 1120
1547	9196	1588	10839	1624	12176
1548	12461	1589	7524	1625	12199
1549	6272	1590	7525	1626	10774
1550	6445	1591	7526	1627	10221
1551	13233	1592	7527	1628	9097
1552	15109	1593	7528	1629	9046
1553	12440	1594	7532	1630	10975
1554	13654	1595	7538	1631	10725
1555	10142	1596	10410	1632	10651
1556	9683	1597	11537	1633	10753
1557	13211	1598	10798	1634	15099
1558	9684	1599	8251	1635	13318
1559	15105	1600	7062	1636	12481
1560	9633	1601	7774	1637	14982
1561	9188	1602	11535	1638	12406
1562	9410	1603ᴬ	10505	1639	13522
1563	Lat. 10417	1603ᴮ	10506	1640	14105
1564	11749	1603ᶜ	10507	1641	10269
1565	8624	1603ᴰ	10508	1642	10200
1566	11465	1603ᴱ	10509	1643	10265
1567	10446	1604		1644	13720
1568	10203	1605	8598	1645	13723
1569	10198	1606		1646	13650
1570	10293	1607	10616	1647ᴬ	10673
1571	10454	1608	Lat. 9030	1647ᴮ	10674
1572	6650	1609	10647	1648ᴬ	10473
1573	6997	1610	8972	1648ᴮ	10474
1574	10168	1611	7859	1649	13382
1575	12248	1612ᴬ	7505	1650	13724

MANUSCRITS FRANÇAIS

NUMÉROS ANCIENS	NUMÉROS ACTUELS	NUMÉROS ANCIENS	NUMÉROS ACTUELS	NUMÉROS ANCIENS	NUMÉROS ACTUELS
1651	13729	1680	12686	1717^C	Lat.9811
1652	14343	1681	12492	1718^A	10855
1653	10456	1682	13772	1718^B	10856
1654	8202	1683^1	13517	1718^C	10857
1655	12283	1683^2	13518	1718^D	10858
1656^A	10169	1684	{11763	1718^E	10859
1656^B	10170	1685		1718^F	10860
1656^C	10171	1686	12502	1719^A	10948
1657^1	11456	1687	13843	1719^B	10949
1657^2	11457	1688	13773	1720^A	10891
1658	11473	1689^A	15359	1720^B	10892
1659	11816	1689^B	15360	1721^A	10893
1660	11815	1690	9593	1721^B	10894
1661	12073	1691	14438	1722^A	10903
1662	{9729	1692	12194	1722^B	10904
1663		1693	13185	1723^A	10905
1664	14283	1694	13242	1723^B	10906
1665	13725	1695	13321	1724	10945
1666	12159	1696^A	11189	1725	10946
1667	13780	1696^B	11190	1726	10889
1668	14689	1697	11191	1727	10843
1669	10447	1698	11192	1728	10981
1670	12186	1699^A	11193	1729	10875
1671	14661	1699^B	11194	1730	10867
1672	10972	1700	11195	1731^A	10877
1673	10836	1701^A	10559	1731^B	10878
1674^A	13655	1701^B	10560	1732^A	10966
1674^B	13656	1702	10545	1732^B	10968
1674^C	13657	1703	9756	1733	10705
1674^D	13658	1704	9755	1734^A	10688
1674^E	13659	1705	12501	1734^B	10689
1675	Lat.11066	1706	13489	1734^C	10690
1676^1	10475	1707	11188	1735^A	10742
1676^2	10476	1708	9590	1735^B	10743
1676^3	10477	1709-11	13919	1735^C	10744
1676^4	10478	1713	14498	1736	10675
1676^5	10479	1714	15118	1737^A	10721
1677	13647	1715	13487	1737^B	10722
1678	12499	1716	13253	1737^C	10723
1679^A	13660	1717^A	LAT.{9809	1738	10214
à 1679^D	à 13662	1717^B	{9810	1739	10648

MANUSCRITS FRANÇAIS

NUMÉROS ANCIENS	NUMÉROS ACTUELS	NUMÉROS ANCIENS	NUMÉROS ACTUELS	NUMÉROS ANCIENS	NUMÉROS ACTUELS
1740	10771	1780	ITAL. { 613	1819	15265
1741ᴬ	11186	1781	ITAL. { 817	1820	11873
1741ᴮ	11187	1782	15243	1821	11657
1742	Ital. 405	1783	7674	1822	7797
1743	11331	1784	7071	1823ᴬ	11156
1744	14847	1785	7148	1823ᴮ	11157
1745	14801	1786	10493	1824	11158
1746	14832	1787	7144	1825	11361
1747	14815	1788	Picard. 77	1826	9731
1748	14886	1789	10885	1827	13713
1749	14887	1790ᴬ	11545	1828	12070
1750	12396	1790ᴮ	11546	1829	10364
1751	14777	1791	7698	1830	10979
1752	14731	1792	7800	1831	10971
1753	14748	1793	7752	1832	10461
1754	12255	1794¹	12099	1833	6231
1755	14339	1794²	12080	1834	11183
1756	9733	1795	11660	1835	9714
1757	12418	1796	7199	1836	11736
1758	9727	1797	Lat. 9969	1837	9618
1759	15264	1798	11881	1838	12027
1760	12805	1799	10639	1839	12426
1761	12312	1800	12496	1840	13694
1762	269	1801	11632	1841	14384
1763	383	1802	12216	1842	Lat.11365
1764	148	1803	13437	1843	13067
1765	ITALIENS { 1077	1804	14565	1844	8812
1766	ITALIENS { 827	1805	15364	1845¹	13967
1767	ITALIENS { 1101	1806	13375	1845²	Slave, 34
1768	ITALIENS { 1102	1807	14630	1846ᵇⁱˢ	13562
1769	638	1808	15246	1846ᴬ	14650
1770	639	1809	14733	1846ᴮ	14651
1771	640	1810	8978	1846ᶜ	14652
1772	10268	1811	15034	1847ᵇⁱˢ	Allem. 146
1773	14636	1812	14472	1847ᴬ	9159
1774	Ital. 926	1813	13859	1847ᴮ	9160
1775	Port. 58	1814	14695	1547ᶜ	9161
1776	ITALIENS { 996	1815	14515	1847ᵇⁱˢ	9162
1777	ITALIENS { 999	1816	LAT. { 10931	1848¹	14529
1778	ITALIENS { 816	1817	LAT. { 11211	1848²	6444
1779	ITALIENS { 967	1818	14719	1848³ ⁽¹⁾	13438

NUMÉROS ANCIENS	NUMÉROS ACTUELS	NUMÉROS ANCIENS	NUMÉROS ACTUELS	NUMÉROS ANCIENS	NUMÉROS ACTUELS
1848^3 (2)	13439	1869	8260	1896	13501
1848^3 (3)	13440	1870	10989	1897	11867
1848^3 (4)	13441	1871	10988	1898	14156
1848^3 (5)	13442	1872	9085	1899	12986
1848^3 (6)	13443	1873^A	7216	1900	14393
1848^3 (7)	13444	1873^B	7217	1901	9138
1848^3 (8)	13445	1874	7219	1902	10986
1848^3 (9)	13446	1875	12048	1903	
1848^3 (10)	13447	1876^A	8290	1904	11644
1848^3 (11)	13448	1876^B	8291	1905^A	9343
1848^3 (12)	13449	1876^C	8292	1905^B	9344
1848^3 (13)	13450	1876^D	8293	1906	14710
1848^3 (14)	13451	1877^1	9166	1907	Allem. 211
1848^3 (15)	13452	1877^2	9167	1908^A	6454
1848^3 (16)	13453	1877^3	9168	1908^B	6455
1848^3 (17)	13454	1878^A	11231	1909^1	9095
1848^3 (18)	13455	1878^B	11232	1909^2	9096
1848^3 (19)	13456	1879^A	7771	1909^3	9097
1849	6219	1879^B	7772	1909^4	9098
1850	6792	1879^C	7773	1909^5	9099
1851		1880	12111	1909^6	9100
1852	6793	1881^A	Haït. 78	1909^7	LATINS 9101
1853		1881^B	Haït. 79	1909^8	9102
1854		1882	Néerl. 29	1909^9	9103
1855	6794	1883	12181	1909^{10}	9105
1856		1884	Ital. 418	1909^{11}	9106
1857	6795	1865	12150	1909^{12}	9107
1858		1886^1	10281	1909^{13}	9108
1859	6796	1886^2	10282	1909^{14}	9109
1860	6797	1886^3	10283	1909^{15}	9110
1861		1886^4	10284	1909bis	10240
1862^1	6798	1887	10880	1910	LAT. 9119
1862^2	6799	1888	11270	1911	LAT. 9116
1863	6800	1889	7818	1912^1	11841
1864	6801	1890	10797	1912^2	11842
1865	6802	1891^A	8709	1912^3	11843
1866^1	6803	1891^B	8710	1912^4	11844
1866^2	6759	1892	11845	1913	11824
1867^A	6804	1893	15218	1914	11852
1867^B	6805	1894	11850	1915	8769
1868	8259	1895	14422	1916	8589

NUMÉROS ANCIENS	NUMÉROS ACTUELS	NUMÉROS ANCIENS	NUMÉROS ACTUELS	NUMÉROS ANCIENS	NUMÉROS ACTUELS
1917	8739	1948[9]	7565	1960	14850
1918	14979	1948[10]	7566	1961	ITAL. { 149
1919	Celtique, 4	1948[11]	7567	1962	{ 641
1920	10393	1948[12]	7568	1963	Lat. 9258
1921	10399	1948[13]	7569	1964[A]	13399
1922	11494	1948[14]	7570	1964[B]	13400
1923	10412	1948[15]	7571	1964[C]	13401
1924	10413	1948[16]	7572	1964[D]	13402
1925	10414	1948[17]	7573	1964[E]	13403
1926	11513	1948[18]	7574	1964[F]	13404
1927	Allem. 119	1948[19]	7575	1964[G]	13405
1928	8263	1948[20]	7576	1964[H]	13406
1929	9028	1948bis	9185	1964[I]	13407
1930	12166	1949	9679	1964[K]	13408
1931	14284	1950	8526	1965[1]	9603
1932	14179	1951[1]	10487	1965[2]	9604
1933	14772	1951[2]	10488	1966	14282
1934	15203	1952[1]	ITALIENS { 8	1967	12775
1935	15112	1952[2]	{ 9	1968	14996
1936	Ital. 117	1952[3]	{ 10	1969	15113
1937	11297	1952[4]	{ 11	1970	14647
1938[A]	8245	1953[1]	6635	1971	14444
1938[B]	8246	1953[2]	6636	1972	12433
1939	10241	1953[3]	6637	1973	12263
1940	6461	1953[4]	6638	1974	12208
1941	15111	1953[5]	6639	1975[1]	11994
1942	8203	1953[6]	6640	1975[2]	11995
1943	8204	1953[7]	6641	1975[3]	11996
1944	8205	1953[8]	6642	1976	11426
1945	9175	1953[9]	6643	1977	11224
1946	10297	1954[1]	N.A.F. { 3062	1978	9027
1947[1]	13721	1954[2]	{ 3063	1979	9037
1947[2]	13722	1955	14905	1980	8339
1948[1]	7557	1956	Lat. 10370	1981	11556
1948[2]	7558	1957	10261	1982	6436
1948[3]	7559	1958[1]	9359	1983	9409
1948[4]	7560	1958[2]	9360	1984	14966
1948[5]	7561	1958[3]	9361	1984bis	10145
1948[6]	7562	1958[4]	9362	1985	10154
1948[7]	7563	1958[5]	9363	1986	10445
1948[8]	7564	1959	6603	1987	14211

NUMÉROS ANCIENS	NUMÉROS ACTUELS	NUMÉROS ANCIENS	NUMÉROS ACTUELS	NUMÉROS ANCIENS	NUMÉROS ACTUELS
1988	12302	2016	13568	2036ter (14)	15344
1989	Lat. 9792	2017	15027	2036ter (15)	15345
1990	9599	2018	7146	2036ter (16)	15346
1991	ITAL. { 150	2019	12297	2036ter (17)	15347
1992	{ 765	2020	12563	2036ter (18)	15348
1993	11840	2021	12368	2036ter (19)	15349
1994	6575	2022	Portug. 17	2036ter (20)	15350
1995	8690	2023	{ 40	2036^4(1)	11260
1996	12459	2024	{ 42	2036^4(2)	11261
1997	15091	2025	SLAVES { 41	2036^4(3)	11262
1998	11847	2026	{ 38	2036^4(4)	11263
1999	10730	2027	{ 37	2036^4(5)	11264
2000	12453	2028	{ 36	2036^4(6)	11265
2001	9219	2029	14960	2036^4(7)	11266
2002	15262	2030	8211	2036^4(8)	11267
2003^A	6550	2031	15078	2036^4(9)	11268
2003^B	6551	2032	12473	2036^4(10)	11269
2003^C	6552	2033	12474	2036^5(1)	14436
2004	9153	2034	9357	2036^5(2)	14437
2005	9447	2034bis	9358	2036^6(1)	14835
2006	Slave, 39	2035^1	13572	2036^6(2)	14836
2007	13502	2035^2	13573	2036^7	Ital. 114
2008	12338	2035^3	13574	2036^8(1)	11325
2009	12783	2036^1	13905	2036^8(2)	11326
2010$^{1-5}$	14054	2036^2	13906	2036^8(3)	11327
2011	6601	2036^3	13907	2036^8(4)	11328
2012	Lat. 11398	2036^4	13908	2036^8(5)	11329
2013	13746	2036bis	13205	2036^9	15023
2013bis	13747	2036ter (1)	15331	2036^{10}	Ital. 151
2013bis (3)	13748	2036ter (2)	15332	2036^{11}	25724-5
2013bis (4)	13749	2036ter (3)	15333	2036^{12}	13422
2013bis (5)	13750	2036ter (4)	15334	2036^{13}	12408
2013bis (6)	13751	2036ter (5)	15335	2036^{14}(1)	11109
2013bis (7)	13752	2036ter (6)	15336	2036^{14}(2)	11110
2013bis (8)	13198	2036ter (7)	15337	2036^{15}	8634
2014^1	7891	2036ter (8)	15338	2036^{16}(1)	8163
2014^2	7892	2036ter (9)	15339	2036^{16}(2)	8164
2014^3	7893	2036ter (10)	15340	2036^{16}(3)	8165
2014^4	7894	2036ter (11)	15341	2036^{16}(4)	8166
2014^5	7895	2036ter (12)	15342	2036^{16}(5)	8167
2015	13091	2036ter (13)	15343	2036^{16}(6)	8168

MANUSCRITS FRANÇAIS

NUMÉROS ANCIENS	NUMÉROS ACTUELS	NUMÉROS ANCIENS	NUMÉROS ACTUELS	NUMÉROS ANCIENS	NUMÉROS ACTUELS
2036¹⁶ (7)	8169	2036³⁰	12257	2036⁶³	8618
2036¹⁶ (8)	8170	2036³¹	13084	2036⁶⁴	9150
2036¹⁶ (9)	8171	2036³²	12016	2036⁶⁵	6651
2036¹⁶ (10)	8172	2036³³	12018	2036⁶⁶	
2036¹⁶ (11)	8173	2036³⁴	12022	2036⁶⁷ (1)	8294
2036¹⁶ (12)	8174	2036³⁵	14631	2036⁶⁷ (2)	8295
2036¹⁶ (13)	8175	2036³⁶	9029	2036⁶⁷ (3)	8296
2036¹⁶ (14)	8176	2036³⁷		2036⁶⁷ (4)	8297
2036¹⁷	11754	2036³⁸	12253	2036⁶⁷ (5)	8298
2036¹⁸	13314	2036³⁹	12544	2036⁶⁷ (6)	8299
2036¹⁹	9786	2036⁴⁰	12019	2036⁶⁷ (7)	8300
2036²⁰	Lat. 10982	2036⁴¹	6450	2036⁶⁷ (8)	8301
2036²¹	11259	2036⁴²	11581	2036⁶⁷ (9)	8302
2036²²	Ital. 642	2036⁴³	11751	2036⁶⁷ (10)	8303
2036²³	12493	2036⁴⁴	15225	2036⁶⁷ (11)	8304
2036²⁴ (1)	74	2036⁴⁵	Ital. 997	2036⁶⁷ (12)	8305
2036²⁴ (2)	75	2036⁴⁶	10190	2036⁶⁸ (1)	8306
2036²⁴ (3)	76	2036⁴⁷ (1)	10285	2036⁶⁸ (2)	8307
2036²⁴ (4)	77	2036⁴⁷ (2)	10286	2036bis (1)	8308
2036²⁴ (5)	78	2036⁴⁷ (3)	10287	2036bis (2)	8309
2036²⁴ (6)	79	2036⁴⁷ (4)	10288	2036⁶⁹ (1)	12660
2036²⁴ (7)	80	2036⁴⁷ (5)	10289	2036⁶⁹ (2)	12661
2036²⁴ (8)	81	2036⁴⁷ (6)	10290	2036⁶⁹ (3)	12662
2036²⁴ (9)	82 ESPAGNOLS	2036⁴⁷ (7)	10291	2036⁶⁹ (4)	12663
2036²⁴ (10)	83	2036⁴⁸	12579	2036⁶⁹ (5)	12664
2036²⁴ (11)	84	2036⁴⁹ (1)	12171	2036⁶⁹ (6)	12665
2036²⁴ (12)	85	2036⁴⁹ (2)	12172	2036⁷⁰ A 1	12666
2036²⁴ (13)	86	2036⁴⁹ (3)	12173	2036⁷⁰ A 2	12667
2036²⁴ (14)	87	2036⁵⁰ (1)	10219	2036⁷⁰ A 3	12668
2036²⁴ (15)	88	2036⁵⁰ (2)	10220	2036⁷⁰ A 4	12669
2036²⁴ (16)	89	2036⁵¹	12489	2036⁷⁰ A 5	12670
2036²⁴ (17)	90	2036⁵²	13758	2036⁷⁰ A 6	12671
2036²⁴ (18)	91	2036⁵³	10452	2036⁷⁰ A 7	12672
2036²⁴ (19)	Arabe 1163	2036⁵⁴⁻⁵⁵	10217	2036⁷⁰ B 1	12673
2036²⁵	11671	2036⁵⁶	12424	2036⁷⁰ B 2	12674
2036²⁶		2036⁵⁷	10433	2036⁷⁰ B 3	12675
2036²⁷ (1)	11368	2036⁵⁸	12321	2036⁷¹ (1)	12676
2036²⁷ (2)	11369	2036⁵⁹	9218	2036⁷¹ (2)	12677
2036²⁸	11198	2036⁶⁰	15012	2036⁷¹ (3)	12678
2036²⁹ (1)	12532	2036⁶¹	15000	2036⁷¹ (4)	12679
2036²⁹ (2)	12533	2036⁶²	Esp. 308	2036⁷² (1)	12680

MANUSCRITS FRANÇAIS

NUMÉROS ANCIENS	NUMÉROS ACTUELS	NUMÉROS ANCIENS	NUMÉROS ACTUELS	NUMÉROS ANCIENS	NUMÉROS ACTUELS
$2036^{72(2)}$	12681	2036^{100}	15089	2050	11591
$2036^{72(3)}$	12682	$2036^{101(1)}$	14881	2051	14317
$2036^{72(4)}$	12683	$2036^{101(2)}$	14882	2052	14316
$2036^{72(5)}$	12684	$2036^{102(1)}$	9229	2053	9645
$2036^{72(6)}$	12685	$2036^{102(2)}$	9230	2054	12126
$2036^{72\,bis}$	12745	$2036^{102(3)}$	9231	2055	11159
2036^{73}	15242	$2036^{102(4)}$	9232	2056	10699
2036^{74}	11575	$2036^{102(5)}$	9233	2057	7768
2036^{75}	Ital. 342	$2036^{102(6)}$	9234	2058	7759
2036^{76}	12076	$2036^{102(7)}$	9235	2059	7765
$2036^{77(1)}$	12415	2037	13909	2060	7760
$2036^{77(2)}$	12416	2038	13904	2061	7751
2036^{78}	Ital. 1057	2039	9586	2062	7739
$2036^{79(1)}$	11712	2040	8737	2063	7727
$2036^{79(2)}$	11713	2041^{1}	8980	2064	7584
2036^{80}	12373	2041^{2}	8979	2065	11101
2036^{81}	14595	2041^{3}	8981	2066	7649
2036^{82}	10177	2041^{4}	8982	2067	7740
$2036^{83(1)}$	15286	2042^{1}	7675	2068	8625
$2036^{83(2)}$	15287	2042^{2}	7676	2069	8201
2036^{84}	10574	2042^{3}	7677	2070	12451
2036^{85}	9781	2042^{4}	7678	2071	7547
$2036^{86(1)}$	10809	2042^{5}	7679	2072	13464
$2036^{86(2)}$	10810	2042^{6}	7680	2073	11743
$2036^{86(3)}$	10811	2042^{7}	7681	2073bis	12808
$2036^{87(1)}$	10800	2042^{8}	7682	2074	12110
$2036^{87(2)}$	10801	2042^{9}	7683	2075	11677
$2036^{88\,A}$	12146	2042^{10}	7684	2076	8343
$2036^{88\,B}$	12147	2042^{11}	7685	2077	10173
2036^{89}	14089	2043	7803	2078	12452
2036^{90}	14053	2044	11678	2079	9565
2036^{91}	14006	2045	11348	2080	15115
2036^{92}	14666	2046^{1}	8041	2081	10443
2036^{93}	14128	2046^{2}	8040	2082	14875
$2036^{94\,A}$	13212	2047	7761	2083	13571
$2036^{94\,B}$	13213	2048^{1}	7872	2084	15008
2036^{95}	14018	2048^{2}	7873	2085	13861
2036^{96}	14675	2048^{3}	7874	2086	15021
2036^{97}	14038	2048^{4}	7875	2087	13744
2036^{98}	14077	2049^{1}	13065	2088	14015
2036^{99}	14922	2049^{2}	13066	2089	14984

MANUSCRITS FRANÇAIS

NUMÉROS ANCIENS	NUMÉROS ACTUELS	NUMÉROS ANCIENS	NUMÉROS ACTUELS	NUMÉROS ANCIENS	NUMÉROS ACTUELS
2090	7734	2125	13510	2152	12259
2091	9569	2126	7008	2153	9622
2092	7766	2127	12806	2154	9566
2093	7750	2128	10502	2155	14323
2094	11674	2129	14312	2156	14388
2095	10494	2130	14318	2157	14676
2096[1]	8313	2131	14372	2158	14867
2096[2]	8314	2132	14004	2159	13875
2096[3]	8315	2133	6428	2160	14314
2096[4]	8316	2134	10262	2161	14327
2097[1]	7544	2135[1]	11597	2162	14328
2097[2]	7545	2135[2]	11598	2163	15227
2098[1]	14897	2136[1]	11366	2164	13255
2098[2]	14898	2136[2]	11367	2165	12448
2099	11106	2137	14831	2166	14325
2100	14310	2138[1]	11384	2167[1]	9564
2101	Allem. 151	2138[2]	11385	2167[2]	9568
2102	15124	2138[3]	11386	2168	14920
2103	11779	2138[4]	11387	2169	11766
2104	15039	2139	11151	2170	14336
2105	7767	2140	7732	1171	13279
2106	14453	2141	14313	2172	14879
2107	13585	2142	10363	2173	13264
2108	14489	2143	13208	2173bis	15247
2109	14186	2144	15181	2174	14750
2110	14967	2145	14958	2174bis	14654
2111	14329	2146	14868	2175	13265
2112	14591	2147	9547	2176	12017
2113	14720	2148[1]	11493	2177	14094
2114	14813	2148[2]	11494	2178	15314
2115	Ital. 1058	2148[3]	11495	2179	13290
2116	15082	2148[4]	11496	2180[1]	13834
2117	11152	2148[5]	LATINS 11497	2180[2]	13835
2118	12430	2148[6]	11498	2180[3]	13836
2119	13383	2148[7]	11499	2181	11467
2120	13862	2148[8]	11500	2182	11153
2121	14447	2148[9]	11501	2183	13989
2122	14003	2148[10]	11502	2184	13228
2123[1]	15202	2149	11682	2185	13266
2123[2]	15200	2150	9567	2186[1]	9579
2124	14297	2151	9570	2186[2]	9580

NUMÉROS ANCIENS	NUMÉROS ACTUELS	NUMÉROS ANCIENS	NUMÉROS ACTUELS	NUMÉROS ANCIENS	NUMÉROS ACTUELS
2186^3	9581	2224	11213	2232^{15}	6922
2187^1	9606	2225	9657	2232^{16}	6923
2187^2	9607	2226	10460	2232^{17}	6924
2188	11142	2227	14585	2232^{18}	6925
2189	10615	2228^1	7762	2232^{19}	6926
2190	13988	2228^2	7763	2232^{20}	6927
2191	12609	2228^3	7764	2232^{21}	6928
2192	12241	2229	6783	2232^{22}	6929
2193	7741	2230^1	7742	2232^{23}	6930
2194	13184	2230^2	7743	2232^{24}	6931
2194bis	6267	2230^3	7744	2232^{25}	6932
2195	7747	2230^4	7745	2232^{26}	6933
2196	13187	2230^5	7746	2232^{27}	6934
2197	14121	2231^1	11370	2232^{28}	6935
2198	14180	2231^2	11371	2232^{29}	6936
2199	13532	2231^3	11372	2232^{30}	6937
2200	11083	2231^4	11373	2232^{31}	6938
2201	7724	2231^5	11374	2232^{32}	6939
2202	13291	2231^6	11375	2232^{33}	6940
2203	13457	2231^7	11376	2232^{34}	6941
2204^1	11786	2231^8	11377	2232^{35}	6942
2204^2	11787	2231^9	11378	2232^{36}	6943
2205	11107	2231^{10}	11379	2232^{37}	6944
2206	11423	2231^{11}	11380	2232^{38}	6945
2207	7989	2231^{12}	11381	2232^{39}	6946
2208	7737	2231^{13}	11382	2232^{40}	6947
2209	8546	2231^{14}	11383	2232bis	6948
2210	11461	2232^1	6908	2233^1	6949
2211	11105	2232^2	6909	2233^2	6950
2212	14512	2232^3	6910	2233^3	6951
2213	10987	2232^4	6911	2233^4	6952
2214	Esp. 53	2232^5	6912	2233^5	6953
2215	9627	2232^6	6913	2234	11235
2216	11149	2232^7	6914	2235	7726
2217	7687	2232^8	6915	2236^1	7848
2218	6265	2232^9	6916	2236^2	7849
2219	7689	2232^{10}	6917	2236^3	7850
2220	7688	2232^{11}	6918	2237	7851
2221	7690	2232^{12}	6919	2238^1	13575
2222	6568	2232^{13}	6920	2238^2	13576
2223	11744	2232^{14}	6921	2239^1	15315

MANUSCRITS FRANÇAIS 387

NUMÉROS ANCIENS	NUMÉROS ACTUELS	NUMÉROS ANCIENS	NUMÉROS ACTUELS	NUMÉROS ANCIENS	NUMÉROS ACTUELS
2239^2	15316	2261	12606	2275^3	6837
2239^3	15317	2262	11146	2275^4	6838
2239^4	15318	2263	7769	2275^5	6839
2239^5	15319	2264	7770	2275^6	6840
2239^6	15320	2265	7717	2275^7	6841
2239^7	15321	2266	7585	2275^8	6842
2239^8	15322	2267	15040	2275^9	6843
2239^9	15323	2268	14885	2275^{10}	6844
2239^{10}	15324	2269	14833	2275^{11}	6845
2239^{11}	15325	2270	15117	2275^{12}	6846
2240	15326	2271	11217	2275^{13}	6847
2241	15327	2272^A	7177	2275^{14}	6848
2242	9732	2272^B	7178	2275^{15}	6849
2243	13171	2272^C	7179	2275^{16}	6850
2244	Port. 38	2272^D	7180	2275^{17}	6851
2245^1	13535	2272^E	7181	2275^{18}	6852
2245^2	13536	2272^F	7182	2275^{19}	6853
2245^3	13537	2272^G	7183	2275^{20}	6854
2245^4	13538	2272^H	7184	2275^{21}	6855
2245^5	13539	2272^I	7185	2275^{22}	6856
2245^6	13540	2272^J	7186	2275^{23}	6857
2245^7	13541	2272^K	7187	2275^{24}	6858
2246	13387	2272^L	7188	2275^{25}	6859
2247	13398	2272^M	7189	2275^{26}	6860
2248	13397	2272^N	7190	2275^{27}	6861
2249	12107	2272°	7191	2275^{28}	6862
2250	10782	2272^P	7192	2275^{29}	6863
2251	14641	2272^Q	7193	2275^{30}	6864
2252	Lat. 11285	$2272^{R(1)}$	7194	2275^{31}	6865
2253	15365	$2272^{R(2)}$	7195	2275^{32}	6866
2254	14302	$2272^{R(3)}$	7196	2275^{33}	6867
2255^1	9651	$2272^{S(1)}$	7197	2275^{34}	6868
2255^2	9652	$2272^{S(2)}$	7198	2275^{35}	6869
2255^3	9653	$2273^{A(1)}$	9114	2275^{36}	6870
2255^4	9654	$2273^{A(2)}$	9115	2275^{37}	6871
2256	14409	2273^B	9116	2275^{38}	6872
2257	11747	2773^C	9117	2275^{39}	6873
2258^1	8601	2273^D	9118	2275^{40}	6874
2258^2	8602	2274	8817	2275^{41}	6875
2259	7032	2275^1	6835	2275^{42}	6876
2260	8738	2275^2	6836	2276^1	10821

NUMÉROS ANCIENS	NUMÉROS ACTUELS	NUMÉROS ANCIENS	NUMÉROS ACTUELS	NUMÉROS ANCIENS	NUMÉROS ACTUELS
2276^2	10822	2292	Ital. 1059	2318^c	6228
2276^3	10823	2293	7819	2319^1	8673
2276^4	10824	2294	7834	2319^2	8674
2276^5	10825	2295^A	12351	2320^1	6363
2276^6	10826	2295^B	12352	2320^2	6364
2276^7	10827	2295^C	12353	2321	6489
2276^8	10828	2296	14981	2322^1	8137
2277^1	10520	2297	14849	2322^2	8138
2277^2	10521	2298	12350	2322^3	8139
2277^3	10522	2299^1	13793	2322^4	8140
2277^4	10523	2299^2	14851	2323	8678
2277^5	10524	2299^3	Allem. 122	2324	7535
2277^6	10525	2299^4	5707	2325	7522
2277^7	10526	2299^5	12794	2326	7611
2277^8	10527	2300	6184	2327^1	6956
2278	7715	2301	6183	2327^2	6957
2279	7831	2302	6206	2328	6958
2280^1	10329	2303^1	ITALIENS { 20	2329	9049
2280^2	10330	2303^2	21	2330	9034
2280^3	10331	2304^1	22	2331	9125
2281^1	6732	2304^2	23	2332	9107
2281^2	6733	2305	24	2333	9111
2281^3	6734	2306^1	8714	2334	9126
2282^1	10332	2306^2	8715	2335	7504
2282^2	10333	2307	8156	2336^1	8718
2283	13775	2308	8153	2336^2	8719
2284^A	10462	2309^1	7616	2336^3	8720
2284^B (1)	10463	2309^2	7617	2337	6259
2284^B (2)	10464	2310	Esp. 31	2338	8269
2284^C	10465	2311	9083	2339^1	9411
2285	13965	2312^1	LAT. { 9001	2339^2	9412
2286	12485	2312^2	9002	2339^3	9413
2287^A	12265	2313^1	7973	2339^4	9414
2287^B (1)	12266	2313^2	7974	2339^5	9415
2287^B (2)	12267	2314	8681	2339^6	9416
2287^C	12268	2315	9441	2339^7	9417
2288	12269	2316	7215	2339^8	9418
2289^1	10243	2317	8792	2339^9	9419
2289^2	10244	2317bis	6261	2339^{10}	9420
2290	15204	2318^A	6226	2339^{11}	9421
2291	15208	2318^B	6227	2339^{12}	9422

MANUSCRITS FRANÇAIS

NUMÉROS ANCIENS	NUMÉROS ACTUELS	NUMÉROS ANCIENS	NUMÉROS ACTUELS	NUMÉROS ANCIENS	NUMÉROS ACTUELS
2339^{13}	9423	2359^1	7058	2370^5	8050
2339^{14}	9424	2359^2	7059	2370^6	8051
2339^{15}	9425	2359^3	7060	2370^7	8052
2339^{16}	9426	2360	6339	2370^8	8053
2339^{17}	9427	2361	9439	2370^9	8054
2339^{18}	9428	2362	6490	2370^{10}	8055
2339^{19}	9429	2363	7536	2370^{11}	8056
2340	7855	2364^1	8716	2370^{12}	8057
2340bis	7877	2364^2	8717	2370^{13}	8058
2341	7878	2365^1	6763	2370^{14}	8059
2342	7858	2365^2	6764	2370^{15}	8060
2343	7857	2365^3	6765	2370^{16}	8061
2344	7856	2365^4	6766	2370^{17}	8062
2345	9558	2365^5	6767	2370^{18}	8063
2346	8662	2365^6	6768	2370^{19}	8064
2347	11498	2365^7	6769	2370^{20}	8065
2348^1	1005	2365^8	6770	2370^{21}	8066
2348^2	1006	2365^9	6771	2370^{22}	8067
2348^3	1007	2365^{10}	6772	2370^{23}	8068
2349^A	9805 (LATINS)	2365^{11}	6773	2370^{24}	8069
2349^B	9806	2365^{12}	6774	2370^{25}	8070
2349^C	9807	2365^{13}	6775	2370^{26}	8071
2349^D	9808	2365^{14}	6776	2370^{27}	8072
2350^1	10644	2365^{15}	6777	2370^{28}	8073
2350^2	10645	2365^{16}	6778	2370^{29}	8074
2350^3	10646	2365^{17}	6779	2370^{30}	8075
2351	11921	2365^{18}	6780	2370^{31}	8076
2352	10958	2365^{19}	6781	2370^{32}	8077
2353^1	12055	2365^{20}	6782	2370^{33}	8078
2353^2	12056	2366^1	6474	2370^{34}	8079
2354	10785	2366^2	6475	2370^{35}	8080
2355	13016	2367	6476	2370^{36}	8081
2355bis	11466	2368^1	6477	2370^{37}	8082
2356	9620	2368^2	6478	2370^{38}	8083
2357	9608	2368^3	6479	2370^{39}	8084
2358^1	9124	2368bis	10144	2370^{40}	8085
2358^2	9125	2369	10901	2370^{41}	8086
2358^3	9839 (LATINS)	2370^1	8046	2370^{42}	8087
2358^4	9840	2370^2	8047	2370^{43}	8088
2358^5	9841	2370^3	8048	2370^{44}	8089
2358^6	9842	2370^4	8049	2370^{45}	8090

NUMÉROS ANCIENS	NUMÉROS ACTUELS	NUMÉROS ANCIENS	NUMÉROS ACTUELS	NUMÉROS ANCIENS	NUMÉROS ACTUELS
2370^{46}	8091	2381^2	11999	2408	13370
2370^{47}	8092	2382	8747	2409	14525
2370^{48}	8093	2382bis	Mor. 1053	2410	13901
2370^{49}	8094	2383^1	8034	2411	14029
2370^{50}	8095	2383^2	Mor. 1071	2412	14991
2370^{51}	8096	2384^1	8543	2413^1	ITAL. { 503
2370^{52}	8097	2384^2	Mor. 1069	2413^2	504
2370^{53}	8098	2385^1	9386	2414	9611
2370^{54}	8099	2385^2	9387	2415	12457
2370^{55}	8100	2386	11523	2416	12152
2370^{56}	8101	2387	Vacant	2417^1	12174
2370^{57}	8102	2388	7031	2417^2	12175
2370^{58}	8103	2389	7521	2418	11767
2370^{59}	8104	2390	8242	2419	11564
2370^{60}	8105	2391	Arch. des Mss.	2420	11563
2370^{61}	8106	2392	Mor. 1090	2421	11565
2370^{62}	8107	2393	12000	2422	9624
2370^{63}	8108	2394	8520	2423^1	10992
2370^{64}	8109	2395	Ital. 343	2423^2	10993
2370^{65}	8110	2395bis	Mor. 1062	2424^1	11422
2370^{66}	8111	2396	11987	2424^2	11423
2370^{67}	8112	2397	8786	2424^3	LATINS { 11424
2370^{68}	8113	2398	14883	2424^4	11425
2370^{69}	8114	$2398^{bis (1)}$	MOREAU { 1063	2424^5	11426
2370^{70}	8115	$2398^{bis (2)}$	1064	2424^6	11427
2370^{71}	8116	$2398^{bis (3)}$	1065	2424^7	11428
2370^{72}	8117	2399	Vacant	2424^8	11429
2371^1	10325	2400	14644	2425	14479
2371^2	10326	2401^1	13799	2426	14456
2371^3	10327	2401^2	13800	2427	14980
2371^4	10328	2401^3	13798	2428	14350
2372	Lat. 10209	2402^1	13391	2429	13374
2373	ITALIENS { 545	2402^2	13392	2430	14734
2374	546	2402^3	13393	2431	9549
2375	547	2402^4	13394	2432^1	15185
2376	1022	2402^5	13395	2432^2	15186
2377	12340	2403	Mor. 1072	2433	6538
2378	11992	2404	13649	2434	6554
2379	8778	2405	13737	2435	6493
2380	11830	2406	14039	2436^1	6494
2381^1	11998	2407	13368	2436^2	6495

NUMÉROS ANCIENS	NUMÉROS ACTUELS	NUMÉROS ANCIENS	NUMÉROS ACTUELS	NUMÉROS ANCIENS	NUMÉROS ACTUELS
2436^{2A}	6496	2461^6	Lat. 10345	2493	8956
2436^3	6497	2461^7	14907	2494	8957
2436^4	6498	2461^8	14533	2495	8958
2437^1	6499	2461^9	11679	2496	8959
2437^2	6500	2461^{10}	14562	2497	8960
2438	6501	2461^{11}	8616	2498	8961
2439	14427	2461^{12}	13227	2499	Esp. 281
2440	15197	2462^1	Arch. Nat.	2499bis	Angl. 30
2441	13002	2462^2	19027	2500^1	⎧ 145
2442	6470	2462^3	15296	2500^2	⎪ 146
2443	10876	2463	11939	2501	Esp. ⎨ 172
2444	11957	2464	11524	2502^1	⎪ 173
2445	12332	2465	11761	2502^2	⎩ 273
2446	9669	2466	12425	2503^1	9050
2447	10718	2467	12289	2503^2	9051
2448	11997	2468	12122	2503^{3A}	9052
2449	10319	2469	11210	2503^{3B}	9053
2450	11991	2470	11972	2503^4	9054
2451	12001	2471	8748	2503^5	9055
2452	11993	2472	11640	2503^6	9056
2453	11986	2472bis	11955	2503^{7A}	9057
2454^1	11831	2473	10183	2503^{7B}	9058
2454^2	11832	2474	11653	2503^8	9059
2454^3	11833	2475	14412	2503^{9A}	9060
2454^4	11834	2476	11566	2503^{9B}	9061
2455	11599	2477	11567	2503^{10}	9062
2456	11600	2478	11849	2503^{11A}	9063
2457^1	Néerl. ⎧ 11	2479	8553	2503^{11B}	9064
2457^2	⎩ 12	2480	Allem. 42	2503^{12}	9065
2458	11525	2481	12013	2503^{13A}	9066
2459	12049	2482	14746	2503^{13B}	9067
2460^1	11757	2483	8665	2503^{14A}	9068
2460^2	11758	2484	12067	2503^{14B}	9069
2460^3	11759	2485	13000	2503^{15}	9070
2460^4	11760	2486	25950-51	$2503^{16(1)}$	9071
2460^5	14064	2487	11595	$2503^{16(2)}$	9072
2461^1	Ital. ⎧ 406	2488	8535	$2503^{16(3)}$	9073
2461^2	⎩ 132	2489	11621	$2503^{16(4)}$	9074
2461^3	11610	2490	8953	$2503^{16(5)}$	9075
2461^4	Ital. 494	2491	8954	$2503^{16(6)}$	9076
2461^5	10618	2492	8955	$2503^{16(7)}$	9077

MANUSCRITS FRANÇAIS

NUMÉROS ANCIENS	NUMÉROS ACTUELS	NUMÉROS ANCIENS	NUMÉROS ACTUELS	NUMÉROS ANCIENS	NUMÉROS ACTUELS
$2503^{16(8)}$	9078	2530^8	9678	2562^2	10403
$2503^{16(9)}$	9079	2531	13564	2562^3	10404
$2503^{16'(10)}$	9080	2532	14821	2562^4	10405
2504	8310	2533	Allem. 91	2563^1	11629
2505	14301	2533bis	12069	2563^2	11630
2506^1	12534	2534	10734	2564	12078
2506^2	12535	2535	11216	2565	10533
2507	14554	2536	11661	2566	13678
2508	14653	2537	10418	2567	11605
2509	14940	2538	11954	2568	8181
2510	15102	2539	8750	2569	Lat. 9781
2511^1	13414	2540	12278	2570	11588
2511^2	13415	2541	12315	2571	10883
2512^1	13175	2542	11542	2572	11728
2512^2	13176	2543	10864	2573	12999
2513	15226	2544	11511	2574^1	14791
2514	14943	2545	8969	2574^2	14792
2515^1	13315	2546	7519	2574^3	14793
2515^2	13316	2547	7529	2575	10573
2516	14800	2548^1	7530	2576	14806
2517	14770	2548^2	7531	2577	12160
2518	14799	2549	8533	2578	12390
2519	12245	2550	8574	2579	10832
2520	14775	2551	11619	2580	12280
2521	14774	2552	13006	2581	13903
2522	14782	2553	14057	2582	11333
2523	14766	2554	13003	2583	14070
2524	14778	2555	14111	2584	14411
2525	14781	2556^1	8141	2585	15292
2526	12246	2556^2	8142	2586	13427
2527	12335	2556^3	8143	2587	14700
2528	14739	2556^4	8144	2588	14954
2529^1	14740	2556^5	8145	2589	13412
2529^2	14741	2556^6	8146	2590	13424
2530^1	9671	2556^7	8147	2591	14618
2530^2	9672	2557	10642	2592^1	13955
2530^3	9673	2558	7881	2592^2	13956
2530^4	9674	2559	7882	2593	14439
2530^5	9675	2560	Lat. 9112	2594	14657
2530^6	9676	2561	11573	2595^1	14184
2530^7	9677	2562^1	10402	2595^2	14185

MANUSCRITS FRANÇAIS

NUMÉROS ANCIENS	NUMÉROS ACTUELS	NUMÉROS ANCIENS	NUMÉROS ACTUELS	NUMÉROS ANCIENS	NUMÉROS ACTUELS
2596	14168	2607^1	10263	2635	14959
2597	14874	2607^2	10264	2636	13513
2598^1	14291	2608	11814	2637	15123
2598^2	14292	2609^1	11825	2638^1	10430
2599	10799	2609^2	11826	2638^2	10431
2600	9667	2609^3	11827	2638^3	10432
2601^1	11390	2610^1	9724	2639	9765
2601^2	11391	2610^2	9725	2640^1	13292
2601^3	11392	2611	9438	2640^2	13293
2601^4	11393	2612	8723	2640^3	13294
2601^5	11394	2613^1	11612	2641	12065
2601^6	11395	2613^2	11613	2642	14873
2601^7	11396	2614	9776	2643	Celt. 10
2601^8	11397	2615	9777	2644^1	13343
2601^9	11398	2616	13203	2644^2	13344
2601^{10}	11399	2917	13511	2645	14504
2601^{11}	11400	2618	15239	2646	11451
2601^{12}	11401	2619	13828	2647	11586
2601^{13}	11402	2620	13248	2648	11407
2601^{14}	11403	2621	14486	2649	10158
2601^{15}	11404	2622	147	2650	10442
2601^{16}	11405	2623	148	2651	11236
2601^{17}	11406	2624	149	2652	11938
2602	11506	2625	209	2653	9736
2603^1	12303	2626	186	2654^1	7540
2603^2	12304	2627	187	2654^2	7541
2604	11838	2628^1	134	2654^3	7542
2605^1	8007	2628^2	135	2654^4	7543
2605^2	8008	2628^3	136	2655	7211
2605^3	8010	2629^1	137	2656^1	7981
2605^4	8011	2629^2	138	2656^2	7982
2605^5	8012	2629^3	139	2657	9638
2605^6	8013	2630	140	2658^1	9643
2605^7	8014	2631	92	2658^2	9644
2605^8	8015	2632^1	300	2659	9630
2605^9	8016	2632^2	301	2660^1	LAT. 9962
2605^{10}	8017	2632^3	302	2660^2	9963
2605^{11}	8018	2632^4	303	2661^1	11526
2605^{12}	8019	2632^5	304	2661^2	11527
2605^{13}	8020	2633	Slave, 43	2662	14625
2606	10959	2634	13505	2663^1	11714

(Les numéros 2622–2632 sont marqués ESPAGNOLS.)

MANUSCRITS FRANÇAIS

NUMÉROS ANCIENS	NUMÉROS ACTUELS	NUMÉROS ANCIENS	NUMÉROS ACTUELS	NUMÉROS ANCIENS	NUMÉROS ACTUELS
2663^2	11715	2688	15030	2717	Angl. 26
2663^3	11716	2689	13910	2718	Ital. 57
2663^4	11717	2690	14810	2719	6790
2663^5	11718	2691^1	12864	2720	Ital. 51
2663^6	11719	2691^2	12865	2721^1	9031
2663^7	11720	2691^3	12866	2721^2	9032
2663^8	11721	2691^4	12867	2721^3	9033
2663^9	11722	2691^5	12868	2722^1	6622
2663^{10}	11723	2691^6	12869	2722^2	6623
2663^{11}	11724	2691^7	12870	2722^3	6624
2663^{12}	11725	2691^8	12871	2722^4	6625
2663^{13}	11726	2691^9	12872	2722^5	6626
2663^{14}	11727	2691^{10}	12873	2722^6	6627
2664	11729	2691^{11}	12874	2723	7039
2665	11745	2692	10197	2724	7801
2666	10181	2693	10829	2725	8182
2667	13968	2695	11421	2726	12178
2668	10602	2696	11958	2727	8552
2669	Ital. 955	2696^{1-3}	8661	2728^1	8793
2670	10781	2697	8781	2728^2	8794
2671	11811	2698	7696	2728^3	8795
2672	10188	2699	8322	2728^4	8796
2673^1	13895	2700	6229	2728^5	8797
2673^2	13896	2701	6218	2728^6	8798
2674^1	10496	2702	8542	2728^7	8799
2674^2	10497	2703	8544	2729	6257
2675	13199	2704	Lat. 9114	2730^1	7959
2676	9585	2705	6220	2730^2	7960
2677	13143	2706	7835	2730^3	7961
2678^1	13970	2707	8557	2730^4	7962
2678^2	13971	2708	7749	2730^5	7963
2678^3	13972	2709	8545	2730^6	7694
2679	Ital. 75	2710	8323	2730^7	7965
2680	10419	2711^1	6268	2730^8	7966
2681	12140	2711^2	6269	2731	6230
2682	12090	2711^3	6270	2732^1	8999
2683	12079	2712	7612	2732^2	9000
2684	11961	2713	7645	2732^3	9001
2685	11445	2714	6348	2733^1	7978
2686	11522	2715	8324	2733^2	7979
2687	Ital. 766	2716	8562	2734	9174

NUMÉROS ANCIENS	NUMÉROS ACTUELS	NUMÉROS ANCIENS	NUMÉROS ACTUELS	NUMÉROS ANCIENS	NUMÉROS ACTUELS
2735	8722	2767^9	7828	2786	Lat. 9351
2736	8801	2768^1	9009	2787	6994
2737	11656	2768^2	9010	2788	8627
2738	7968	2768^3	9011	2789	6266
2739	6337	2768^4	LATINS 9012	2790	12314
2740	10638	2768^5	9013	2791	8513
2741	9036	2768^6	9014	2792^1	10960
2742	7019	2769	6540	2792^2	10961
2743	8965	2770^1	6429	2792^3	10962
2744	8966	2770^2	6430	2792^4	10963
2745	10984	2270^3	6431	2792^5	10964
2746	6809	2770^4	6432	2792^6	10965
2747	9385	2270^5	6433	2793	11244
2748	6808	2270^6	6434	2794	9749
2749	9139	2270^7	6435	2795	11964
2750	8782	2771^1	6652	2796	8744
2751	8775	2871^2	6653	2797	8764
2752^1	LAT. 9113	2771^3	6654	2798	11708
2752^2	9111	2771^4	6655	2799^1	9626
2753	8262	2771^5	6656	2799^2	Esp. 33
2754	8333	2771^6	6657	2800^1	12515
2755	11596	2771^7	6658	2800^2	12516
2756	11543	2772	12382	2800^3	12517
2757	12495	2773	12427	$2800^{4\,A}$	12518
2758	12217	2774^1	8606	$2800^{4\,B}$	12519
2759	11290	2774^2	8607	2800^5	12520
2760	10594	2775	14944	2800^6	12521
2761	Lat. 9489	2776	14945	2800^7	12522
2762	9753	2777	8672	2800^8	12523
2763	9613	2778	7630	2800^9	12524
2764	12088	2779	10218	2800^{10}	12525
2765	12599	2780	10490	2800^{11}	12526
2766	Lat. 9849	2781	10566	2800^{12}	12527
2767^1	7820	2782	11233	2800^{13}	12528
2767^2	7821	2783	8586	2800^{14}	12529
2767^3	7822	2784^1	8594	2800^{15}	12530
2767^4	7823	2784^2	8595	2800^{16}	12531
2767^5	7824	2784^3	8596	2801^1	9448
2767^6	7825	2785^1	9351	2801^2	9449
2767^7	7826	2785^2	9352	2801^3	9450
2767^8	7827	2785^3	9353	2801^4	9451

NUMÉROS ANCIENS	NUMÉROS ACTUELS	NUMÉROS ANCIENS	NUMÉROS ACTUELS	NUMÉROS ANCIENS	NUMÉROS ACTUELS
2801^5	9452	2802^{33}	8852	2802^{74}	8893
2801^6	9453	2802^{34}	8853	2802^{75}	8894
2801^7	9454	2802^{35}	8854	2802^{76}	8895
2801^8	9455	2802^{36}	8855	2802^{77}	8896
2801^9	9456	2802^{37}	8856	2802^{78}	8897
2801^{10}	9457	2802^{38}	8857	2802^{79}	8898
2801^{11}	9458	2802^{39}	8858	2802^{80}	8899
2801^{12}	9459	2802^{40}	8859	2802^{81}	8900
2801^{13}	9460	2802^{41}	8860	2802^{82}	8901
2802^1	8820	2802^{42}	8861	2802^{83}	8902
2802^2	8821	2802^{43}	8862	2802^{84}	8903
2802^3	8822	2802^{44}	8863	2802^{85}	8904
2802^4	8823	2802^{45}	8864	2802^{86}	8905
2802^5	8824	2802^{46}	8865	2802^{87}	8906
2802^6	8825	2802^{47}	8866	2802^{88}	8907
2802^7	8826	2802^{48}	8867	2802^{89}	8908
2802^8	8827	2802^{49}	8868	2802^{90}	8909
2802^9	8828	2802^{50}	8869	2802^{91}	8910
2802^{10}	8829	2802^{51}	8870	2802^{92}	8911
2802^{11}	8830	2802^{52}	8871	2802^{93}	8912
2802^{12}	8831	2802^{53}	8872	2802^{94}	8913
2802^{13}	8832	2802^{54}	8873	2802^{95}	8914
2802^{14}	8833	2802^{55}	8874	2802^{96}	8915
2802^{15}	8834	2802^{56}	8875	2802^{97}	8916
2802^{16}	8835	2802^{57}	8876	2802^{98}	8917
2802^{17}	8836	2802^{58}	8877	2802^{99}	8918
2802^{18}	8837	2802^{59}	8878	2802^{100}	8919
2802^{19}	8838	2802^{60}	8879	2802^{101}	8920
2802^{20}	8839	2802^{61}	8880	2802^{102}	8921
2802^{21}	8840	2802^{62}	8881	2802^{103}	8922
2802^{22}	8841	2802^{63}	8882	2802^{104}	8923
2802^{23}	8842	2802^{64}	8883	2802^{105}	8924
2802^{24}	8843	2802^{65}	8884	2802^{106}	8925
2802^{25}	8844	2802^{66}	8885	2802^{107}	8926
2802^{26}	8845	2802^{67}	8886	2802^{108}	8927
2802^{27}	8846	2802^{68}	8887	2802^{109}	8928
2802^{28}	8847	2802^{69}	8888	2802^{110}	8929
2802^{29}	8848	2802^{70}	8889	2802^{111}	8930
2802^{30}	8849	2802^{71}	8890	2802^{112}	8931
2802^{31}	8850	2802^{72}	8891	2802^{113}	8932
2802^{32}	8851	2802^{73}	8892	2802^{114}	8933

MANUSCRITS FRANÇAIS

NUMÉROS ANCIENS	NUMÉROS ACTUELS	NUMÉROS ANCIENS	NUMÉROS ACTUELS	NUMÉROS ANCIENS	NUMÉROS ACTUELS
2802^{115}	8934	2815^5	6282	2820^{11}	12859
2802^{116}	8935	2815^6	6283	2820^{12}	12860
2802^{117}	8936	2815^7	6284	2820^{13}	12861
2802^{118}	8937	2815^8	6285	2820^{14}	12862
2802^{119}	8938	2815^9	6286	2820^{15}	12863
2802^{120}	8939	2815^9 bis	6287	2821	9239
2802^{121}	8940	2815^{10}	6288	2822	11515
2802^{122}	8941	2815^{11}	6289	2823	11154
2802^{123}	8942	2815^{11} bis	6290	2824^1	6201
2802^{124}	8943	2815^{12}	6291	2824^2	6202
2802^{125}	8944	2815^{13}	6292	2825	11222
2802^{126}	8945	2815^{14}	6293	2826	13085
2802^{127}	8946	2815^{15}	6294	2827^1	7984
2802^{128}	8947	2815^{16}	6295	2827^2	7985
2802^{129}	8948	2815^{17}	6296	2828^1	7986
2802^{130}	8949	2815^{18}	6297	2828^2	7987
2802^{131}	8950	2815^{19}	6298	2828^3	7988
2802^{132}	8951	2815^{20}	6299	2829	15282
2802^{133}	8952	2815^{21}	6300	2830	15283
$2802^{bis(1)}$	8963	2815^{22}	6301	2831	11444
$2802^{bis(2)}$	8964	2815^{23}	6302	2832	14
2803	9730	2815^{24}	6303	2833^1	344
2804	11681	2815^{25}	6304	2833^2	345
2805	10239	2815^{26}	6305	2834^1	308
2806	14730	2815^{27}	6306	2834^2	309
2807	Esp. 37	2815^{28}	6307	2834^3	310
2808	12985	2815^{29}	6308	2835	475
2809	11740	2816	9110	2836	498
2810	15275	2817	12450	2837	152
2811	12588	2818	6565	2838	643
2811 bis	10633	2819	12371	2839	15
2812	10204	2820^1	12849	2840^1	270
2813	14690	2820^2	12850	2840^2	271
2814^1	7134	2820^3	12851	2841^1	272
2814^2	7135	2820^4	12852	2841^2	273
2814^3	7136	2820^5	12853	2842	153
2814^4	7137	2820^6	12854	2843	391
2815^1	6278	2820^7	12855	2844	431
2815^2	6279	2820^8	12856	2845	154
2815^3	6280	2820^9	12857	2846	155
2815^4	6281	2820^{10}	12858	2847	569

ITALIENS (2832–2847)

NUMÉROS ANCIENS	NUMÉROS ACTUELS	NUMÉROS ANCIENS	NUMÉROS ACTUELS	NUMÉROS ANCIENS	NUMÉROS ACTUELS
2848	274	2875^7	6966	2886^6	6685
2849	346	2875^8	6967	2886^7	6686
2850	156	2875^9	6968	2886^8	6687
2851	392	2875^{10}	6969	2887	9227
2852	505	2875^{11}	6970	2888	6555
2853	157	2875^{12}	6971	2889	9035
2854	570	2875^{13}	6972	2890	10323
2855	158	2875^{14}	6973	2891^1	6480
2856	159	2875^{15}	6974	2891^2	6481
2857	160	2875^{16}	6975	2891^3	6482
2858	367	2875^{17}	6976	2891^4	6483
2859	587	2875^{18}	6977	2891^5	6484
2860	526	2875^{19}	6978	2891^6	6485
2861	161	2875^{20}	6979	2892	10783
2862	312	2875^{21}	6980	2893	7738
2863	473	2875^{22}	6981	2894	12233
2864	8631	2875^{23}	6982	2895	11813
2865	8587	2875^{24}	6983	2896	11440
2866	8551	2875^{25}	6984	2897	9154
2867	9431	2875^{26}	6985	2898	7883
2868^1	12362	2875^{27}	6986	2899	8197
2868^2	12363	2875^{28}	6987	2900	7586
2868^3	12364	2875^{29}	6988	2901	7832
2869	6561	2875^{30}	6989	2902	ITAL. 1060
2870^1	7719	2875^{31}	6990	2903	1018
2870^2	7720	2876	9692	2904	Esp. 266
2870^3	7721	2877	7718	2905	971
2870^4	7722	2878^1	9223	2906	644
2870^5	7723	2878^2	9224	2907	645
2871	Ital. 25	2879	Ital. 393	2908	646
2872	10186	2880	Esp. 34	2909	903
2873	Lat. 10278	2881	15281	2910	647
2874^1	10434	2882	12484	2911	1061
2874^2	10435	2883	15285	2912	648
2874^3	10436	2884	Scand. 16	2913	649
2875^1	6960	2885	15250	2914	1062
2875^2	6961	2886^1	6680	2915	650
2875^3	6962	2886^2	6681	2916	1063
2875^4	6963	2886^3	6682	2917	857
2875^5	6964	2886^4	6683	2918	651
2875^6	6965	2886^5	6684	2919	934

NUMÉROS ANCIENS	NUMÉROS ACTUELS	NUMÉROS ANCIENS	NUMÉROS ACTUELS	NUMÉROS ANCIENS	NUMÉROS ACTUELS
2920^1	13788	2934^{10}	15152	2953	6788
2920^2	13789	2934^{11}	15153	2954	7980
2920^3	13790	2934^{12}	15154	2955	10976
2921	13791	2934^{13}	15155	2956	8787
2922	13792	2935	15036	2957	10157
2923	Ital. 386	2936^1	9695	2958	10540
2924	14973	2936^2	9696	2959	10541
2925	11665	2936^3	9697	2960^1	12260
2926	10270	2936^4	9698	2960^2	12261
2927^1	15297	2936^5	9699	2961	9646
2927^2	15298	2936^6	9700	2962	10732
2927^3	15299	2936^7	9701	2963^1	6810
2927^4	15300	2936^8	9702	2963^2	6811
2927^5	15301	2936^9	9703	2964	12008
2927^6	15302	2936^{10}	9704	2965	12005
2927^7	15303	2936^{11}	9705	2966	Ital. 436
2927^8	15304	2936^{12}	9706	2967	11608
2927^9	15305	2936^{13}	9707	2968	9712
2927^{10}	15306	2936^{14}	9708	2969	11354
2927^{11}	15307	2936^{15}	9709	2970	9081
2927^{12}	15308	2936^{16}	9710	2971^1	12023
2927^{13}	15309	2937	9751	2971^2	12024
2927^{14}	15310	2938	12394	2972^1	11616
2928	15291	2939	14729	2972^2	11617
2929	13001	2940	12414	2973^1	12058
2930^1	12753	2941	14141	2973^2	12059
2930^2	12754	2942	13584	2974	11746
2931	15137	2943	14742	2975	11132
2932	15139	2944	14488	2976	12355
2933^1	15140	2945^1	13526	2977	Lat. 9932
2933^2	15141	2945^2	13527	2978	Ital. 571
2933^3	15142	2946	12165	2979	11803
2934^1	15143	2947	Allem. 35	2980	Esp. 204
2934^2	15144	2948	8768	2981^1	7202
2934^3	15145	2949	11507	2981^2	7203
2934^4	15146	2950^1	9433	2982	11131
2934^5	15147	2950^2	9434	2983	12328
2934^6	15148	2950^3	9435	2984	11870
2934^7	15149	2951	6464	2985	9742
2934^8	15150	2952^1	7829	2986	11828
2934^9	15151	2952^2	7830	2987	10139

NUMÉROS ANCIENS	NUMÉROS ACTUELS	NUMÉROS ANCIENS	NUMÉROS ACTUELS	NUMÉROS ANCIENS	NUMÉROS ACTUELS
2988^1	13348	3000^{23}	6725	3004^{15}	6894
2988^2	13349	3000^{24}	6726	3004^{16}	6895
2988^3	13350	3000^{25}	6727	3004^{17}	6896
2989	14093	3000^{26}	6728	3004^{18}	6897
2990^1	10513	3000^{27}	6729	3004^{19}	6898
2990^2	10514	3000^{28}	6730	3004^{20}	6899
2991	13890	3001	6731	3004^{21}	6900
2992	Ital. 394	3002^1	9202	3004^{22}	6901
2993	11420	3002^2	9203	3004^{23}	6902
2994	13782	3003^1	6604	3004^{24}	6903
2995	14455	3003^2	6605	3004^{25}	6904
2996^1	11357	3003^3	6606	3004^{26}	6905
2996^2	11358	3003^4	6607	3004^{27}	6906
2996^3	11359	3003^5	6608	3004^{28}	6907
2996^4	11360	3003^6	6609	3005^1	10305
2997	14936	3003^7	6610	3005^2	10306
2998	14055	3003^8	6611	3005^3	10307
2999	15025	3003^9	6612	3005^4	10308
3000^1	6702	3003^{10}	6613	3005^5	10309
3000^2	6703	3003^{11}	6614	3005^6	10310
3000^3	6704	3003^{12}	6615	3005^7	10311
3000^4	6705	3003^{13}	6616	3005^8	10312
3000^5	6706	3003^{14}	6617	3005^9	10313
3000^6	6707	3003^{15}	6618	3005^{10}	10314
3000^7	6708	3003^{16}	6619	3006^1	7618
3000^8	6709	3003^{17}	6620	3006^2	7619
3000^9	6710	3003^{18}	6621	3007^1	9142
3000^{10}	6711	3004^1	6880	3007^2	9198
3000^{11}	6712	3004^2	6881	3007^3	9199
3000^{12}	6713	3004^3	6882	3007^4	6447
3000^{13}	6714	3004^4	6883	3007^5	9200
3000^{14}	6715	3004^5	6884	3007^6	9201
3000^{15}	6716	3004^6	6885	3008^1	6570
3000^{16}	6717	3004^7	6886	3008^2	6571
3000^{17}	6718	3004^8	6887	3008^3	6572
3000^{18}	6719	3004^9	6888	3009	15172
3000^{19}	6720	3004^{10}	6889	3010^1	9204
3000^{20}	6721	3004^{11}	6890	3010^2	9205
3000^{21}	6722	3004^{12}	6891	3010^3	9206
3000^{21bis}	6723	3004^{13}	6892	3010^4	9207
3000^{22}	6724	3004^{14}	6893	3010^5	9208

MANUSCRITS FRANÇAIS

NUMÉROS ANCIENS	NUMÉROS ACTUELS	NUMÉROS ANCIENS	NUMÉROS ACTUELS	NUMÉROS ANCIENS	NUMÉROS ACTUELS
3010^6	9209	3026^6	9247	3026^{47}	9288
3010^7	9210	3026^7	9248	3026^{48}	9289
3010^8	9211	3026^8	9249	3026^{49}	9290
3010^9	9212	3026^9	9250	3026^{50}	9291
3010^{10}	9213	3026^{10}	9251	3026^{51}	9292
3010^{11}	9214	3026^{11}	9252	3026^{52}	9293
3010^{12}	9215	3026^{12}	9253	3026^{53}	9294
3010^{13}	9216	3026^{13}	9254	3026^{54}	9295
3011	6185	3026^{14}	9255	3026^{55}	9296
3012^1	8025	3026^{15}	9256	3026^{56}	9297
3012^2	8026	3026^{16}	9257	3026^{57}	9298
3012^3	8027	3026^{17}	9258	3026^{58}	9299
3012^4	8028	3026^{18}	9259	3026^{59}	9300
3012^5	8029	3026^{19}	9260	3026^{60}	9301
3012^6	8030	3026^{20}	9261	3026^{61}	9302
3013	11460	3026^{21}	9262	3026^{62}	9303
3014	9024	3026^{22}	9263	3026^{63}	9304
3015^1	6698	3026^{23}	9264	3026^{64}	9305
3015^2	6699	3026^{24}	9265	3026^{65}	9306
3016	8212	3026^{25}	9266	3026^{66}	9307
3017^1	6820	3026^{26}	9267	3026^{67}	9308
3017^2	6821	3026^{27}	9268	3026^{68}	9309
3017^3	6822	3026^{28}	9269	3026^{69}	9310
3017^4	6823	3026^{29}	9270	3026^{70}	9311
3017^5	6824	3026^{30}	9271	3026^{71}	9312
3017^6	6825	3026^{31}	9272	3026^{72}	9313
3018	8746	3026^{32}	9273	3026^{73}	9314
3019^1	11858	3026^{33}	9274	3026^{74}	9315
3019^2	11859	3026^{34}	9275	3026^{75}	9316
3020	6678	3026^{35}	9276	3026^{76}	9317
3021	Ital. 387	3026^{36}	9277	3026^{77}	9318
3022^1	6349	3026^{37}	9278	3026^{78}	9319
3022^2	6350	3026^{38}	9279	3026^{79}	9320
3023	8021	3026^{39}	9280	3026^{80}	9321
3024	11602	3026^{40}	9281	3026^{81}	9322
3025	Esp. 98	3026^{41}	9282	3026^{82}	9323
3026^1	9242	3026^{42}	9283	3026^{83}	9324
3026^2	9243	3026^{43}	9284	3026^{84}	9325
3026^3	9244	3026^{44}	9285	3026^{85}	9326
3026^4	9245	3026^{45}	9286	3026^{86}	9327
3026^5	9246	3026^{46}	9287	3026^{87}	9328

MANUSCRITS FRANÇAIS

NUMÉROS ANCIENS	NUMÉROS ACTUELS	NUMÉROS ANCIENS	NUMÉROS ACTUELS	NUMÉROS ANCIENS	NUMÉROS ACTUELS
3026^{88}	9329	3038^1	13714	3059	14497
3026^{89}	9330	3038^2	13715	3060	14385
3026^{90}	9331	3038^3	13716	3061	Allem. 152
3026^{91}	9332	3039^1	13995	3062	14892
3026^{92}	9333	3039^2	13996	3063	14115
3026^{93}	9334	3040	7799	3064	14638
3026^{94}	9335	3041^1	14743	3065	13352
3026^{95}	9336	3041^2	14744	3066	13754
3026^{96}	9337	3041^3	14747	3067	14338
3026^{97}	9338	3042	6197	3068	14693
3026^{98}	9339	3043	15228	3069^1	14289
3026^{99}	9340	3044	14294	3069^2	14290
3026^{100}	9341	3045^1	8666	3070	13303
3027	8264	3045^2	8667	3071	14027
3028	6340	3045^3	8668	3072^1	14667
3029^1	10587	3045^4	8669	3072^2	14668
3029^{1A}	10590	3045^5	8670	3073^1	14619
3029^2	10584	3046^1	14785	3073^2	14620
3029^3	10585	3046^2	14786	3074^1	14908
3029^4	Ital. 407	3046^3	14787	3074^2	14909
3029^5	12157	3047	13884	3074^3	14910
3029^6	13530	3048	Lat. 11093	3074^4	14911
3029^7	13781	3049	14373	3074^5	14912
3029^8	10583	3050	14166	3074^6	14913
3029^9	10588	3051	14601	3074^7	14914
3029^{9A}	10589	3052	13305	3074^8	14915
3029^{10}	13779	3053	14870	3074^9	14916
3029^{11}	Vacant	3054	14709	3074^{10}	14917
3029^{12}	10242	3055	11627	3074^{11}	14918
3029^{13}	11228	3056^{1-5}	12271	3074^{12}	14919
3029^{14}	10591	3056^{6-11}	12272	3075	14394
3029^{15}	26072	3056^{12-20}	12273	3076^1	15162
3029^{16}	10586	3056^{21}	} Imprimés	3076^2	15163
3030	11604	3056^{22}		3076^3	15164
3031	Lat. 9868	3056^{23}	12274	3076^4	15165
3032	14789	3056^{24}	12275	3076^5	15166
3033	12238	3056^{25-27}	12273	3076^6	15167
3034	11626	3057^1	14758	3076^7	15168
3035	14424	3057^2	Imprimés	3076^8	15169
3036	14594	3057bis	14736	3076^9	15170
3037	9662	3058	Allem. 123	3077	14816

MANUSCRITS FRANÇAIS 403

NUMÉROS ANCIENS	NUMÉROS ACTUELS	NUMÉROS ANCIENS	NUMÉROS ACTUELS	NUMÉROS ANCIENS	NUMÉROS ACTUELS
3078	Allem. 161	3115	ITAL. { 767	3150^1	14258
3079	14367	3116	872	3150^2	14259
3080	13493	3117	831	3150^3	14212
3081	Ital. 403	3118	Esp. 288	3150^4	14213
3082	13109	3119	656	3151	14260
3083	11652	3120	898	3152	13363
3084	10134	3121	ITALIENS { 935	3153	Ital. 804
3085^1	15064	3122	976	3154	14145
3085^2	15065	3123	657	3155^1	15312
3086	14822	3124	658	3155^2	15313
3087	13389	3125	858	3156	14457
3088	Angl. 42	3126	14299	3157	14225
3089^1	13182	3127	Celtique, 5	3158	11642
3089^2	13183	3128^1	AMÉR. { 3	3159	11928
3090	13322	3128^2	4	3160	14386
3091	13341	3128^3	5	3161	92
3092	Esp. 270	3128^4	6	3162	93
3093	13421	3129	Allem. 162	3163	ALLEMANDS { 94
3094^1	15294	3130	Allem. 167	3164	95
3094^2	15295	3131^1	6954	3165^1	96
3095	13220	3131^2	6955	3165^2	97
3096	13335	3132	13178	3166	98
3097	14798	3133	15038	3167	36
3098	Esp. 234	3134	13320	3168	163
3099	Ital. 1064	3135	13499	3169	141
3100	Ital. 1083	3136	13872	3170	Esp. 210
3101	Esp. 309	3137	14534	3171	ALLEM. { 99
3102	ITALIENS { 1089	3138^{1-5}	Vacants	3172	142
3103	1090	3138^6	13990	3173	153
3104	1017	3138^7	13991	3174	13319
3105	737	3139	13308	3175	Allem. 125
3106^1	911	3140	14955	3176	15259
3106^2	652	3141	14890	3177	Allem. 126
3107	313	3142	Ital. 711	3178	Esp. 312
3108	653	3143	ESP. { 310	3179	14853
3109	927	3144	240	3180	Lat. 11286
3110	13774	3145	Scand. 17	3181	15356
3111	Américain, 2	3146	Ital. 659	3182	13095
3112	ITAL. { 654	3147	ESP. { 237	3183	9559
3113	738	3148	295	3184	13528
3114	655	3149	Allem. 124	3185	14068

MANUSCRITS FRANÇAIS

NUMÉROS ANCIENS	NUMÉROS ACTUELS	NUMÉROS ANCIENS	NUMÉROS ACTUELS	NUMÉROS ANCIENS	NUMÉROS ACTUELS
3186	13420	3207^{19}	21	3240	9026
3187	15024	3207^{20}	22	3241	Esp. 36
3188	14561	$3207^{20\text{bis}}$	23	3242	9222
3189	9628	3207^{21}	24	3243	9113
3190^{1-2}	Port. 18	3208	17	3244	8998
3191	14614	3209	660	3245	11353
3192	Scand. 13	3210	14263	3246	8177
3193^{1-2}	10245	3211	14587	3247^1	7065
3194	12167	3212	14718	3247^2	7066
3195	14091	3213	13514	3247^3	7067
3196	14611	3214	Champ. 17	3247^4	7068
3197	14612	3215	12766	3247^5	7069
3198	13302	3216	14000	3248	7218
3199	13826	3217	14001	3249	11672
3200	1758	3218^1	13586	3250^1	8654
3201^1	91	3218^2	13587	3250^2	8655
3201^2	9197	3219	12747	3250^3	8656
3201^3	6440	3220	12748	3250^4	8657
3202	14582	3221^1	12749	3250^5	8658
3203	14360	3221^2	12750	3250^6	8659
3204	13282	3222	Ital. 756	3251	9663
3205	9087	3223	12044	3252	13879
3206	9137	3224	15097	3253	10155
3207^1	3	3225	13999	3254	8721
3207^2	4	3226	Esp. 106	3255	11472
3207^3	5	3227	11667	3256	8127
3207^4	6	3228	9005	3257	8126
3207^5	7	3229^1	9006	3258	8118
3207^6	8	3229^2	9007	3259	9119
3207^7	9	3229^3	9008	3260	9120
3207^8	10	3230	9009	3261	6346
3207^9	11	3231	9010	3262^1	7646
3207^{10}	12	3232	9011	3262^2	7647
3207^{11}	13	3233^1	9012	3263	7648
3207^{12}	14	3233^2	9013	3264	Allem. 100
3207^{13}	15	3234	9014	3265	10423
3207^{14}	16	3235	9015	3266	10815
3207^{15}	17	3236	9016	3267	9342
3207^{16}	18	3237	9017	3268	11807
3207^{17}	19	3238	9018	3269	9096
3207^{18}	20	3239	9019	3270	9172

NUMÉROS ANCIENS	NUMÉROS ACTUELS	NUMÉROS ANCIENS	NUMÉROS ACTUELS	NUMÉROS ANCIENS	NUMÉROS ACTUELS
3271^1	11225	3298^3	194	3329	11697
3271^2	11226	3298^4	195	3330^1	11698
3271^3	11227	3298^5	196	3330^2	11699
3272^1	6812	3298^6	197	3330^3	11700
3272^2	6813	3298^7	198	3330^4	11701
3272^3	6814	3298^8	ALLEMANDS 199	3330^5	11702
3273	8023	3298^9	200	3330^6	11703
3274	6574	3298^{10}	201	3331^1	11704
3275	10716	3298^{11}	202	3331^2	11705
3276^1	8119	3298^{12}	203	3331^3	11706
3276^2	8120	3298^{13}	204	3332	11707
3276^3	8121	3299	11690	3333	37
3276^4	8122	3300	13923	3334	138
3276^5	8123	3301	11735	3335	168
3276^6	8124	3302	11658	3336	ALLEMANDS 154
3276^7	8125	3303	11139	3337	129
3277	ITAL. 712	3304	10899	3338	9
3278	668	3305	11633	3339	10
3279	818	3306	12576	3340	AMÉRIC. 11
3280	8247	3307	6225	3341^1	12
3281	10779	3308	11531	3341^2	13
3282	9156	3309	13497	3342^1	14112
3283	6204	3310	Américain, 7	3342^2	14113
3284	Ital. 471	3311	Esp. 285	3343	Amér. 14
3285^1	9445	3312	Américain, 8	3344	11768
3285^2	9446	3313	11415	3345	11434
3286	11180	3314	11502	3346	14340
3287^1	11424	3315	14963	3347^1	12305
3287^2	11425	3316	7507	3347^2	12306
3288	Ital. 506	3317	7508	3348	8619
3289	10417	3318	7509	3349	10178
3290	14351	3319	7510	3350	11737
3291	12301	3320	7511	3351^1	11732
3292	14341	3321	7512	3351^2	11733
3293	12071	3322	7513	3352	11692
3294	12258	3323	7514	3353	11695
3295	13223	3324	10191	3354	11688
3296	10954	3325	Allem. 127	3355	12108
3297	12105	3326	Néerl. 39	3356	7804
3298^1	ALL. 192	3327	Allem. 164	3357	12168
3298^2	193	3328	11696	3358	12294

NUMÉROS ANCIENS	NUMÉROS ACTUELS	NUMÉROS ANCIENS	NUMÉROS ACTUELS	NUMÉROS ANCIENS	NUMÉROS ACTUELS
3359	Allem. 130	3390	14623	3428	10569
3360	Néerl. 5	3391	11413	3429	14458
3361	Lat. 11302	3392	12141	3430	11355
3362	13881	3393	14192	3431	10902
3363[1]	10691	3394	13886	3432	11784
3363[2]	10692	3395	13168	3433	14074
3364[1]	9545	3396	Allem. 132	3434	10908
3364[2]	9546	3397	12093	3435	10909
3364[3]	9547	3398	9041	3436	10939
3365	9548	3399	13992	3437	12015
3366	11305	3400	13283	3438	7029
3367	11306	3401	13300	3439	11414
3368	11310	3402[1]	14761	3440[1]	8527
3369	11304	3402[2]	14762	3440[2]	8528
3370	11311	3403	14028	3440[3]	8529
3371	11303	3404	14189	3441	11140
3372	11307	3405	7885	3442	7550
3373	11309	3406	14149	3443	7515
3374	11308	3407	Lat. 10134	3444	10529
3375	11312	3408	8772	3445	10830
3376	Allem. 131	3409	6991	3446	8530
3377	13257	3410	6564	3447[1]	10819
3378	14953	3411	11561	3447[2]	10820
3379	14788	3412	7534	3448	8771
3380	13201	3413	12144	3449	7614
3381	14035	3414	12540	3450	8155
3382[1]	14136	3415	15088	3451	11412
3382[2]	14137	3416	14449	3452	8154
3382[3]	14138	3417	14100	3453	11631
3382[4]	14139	3418	14082	3454	14421
3382[5]	14140	3419	11780	3455	10550
3383[1]	14150	3420	10235	3456	13086
3383[2]	14151	3421	12236	3457	11162
3384[1]	14153	3422	10421	3458	8660
3384[2]	14154	3423[1]	13997	3459	8713
3385[1]	14159	3423[2]	13998	3460	10854
3385[2]	14160	3424	13825	3461	10863
3386	14158	3425	14040	3462	10554
3387	14162	3426	11150	3463	7493
3388	12354	3427[1]	14042	3464[1]	7699
3389	14335	3427[2]	14043	3464[2]	7700

NUMÉROS ANCIENS	NUMÉROS ACTUELS	NUMÉROS ANCIENS	NUMÉROS ACTUELS	NUMÉROS ANCIENS	NUMÉROS ACTUELS
3464^3	7701	3487^{19}	10928	3499	11104
3465	11388	3487^{20}	10929	3500	11800
3466	12422	3487^{21}	10930	3501	12100
3467	11389	3487^{22}	10931	3502	13964
3468	14951	3487^{23}	10932	3503	15171
3469	11965	3487^{24}	10933	3504	14699
3470	12225	3487^{25}	10934	3505	12221
3471	14056	3487^{26}	10935	3506	12097
3472	13436	3487^{27}	10936	3507	12098
3473	11272	3487^{28}	10937	3508	11100
3474	12109	3487^{29}	10938	3509	15396
3475	13307	3488^1	6659	3510	7139
3476	14869	3488^2	6660	3511	10547
3477	11459	3488^3	6661	3512	6992
3478	8970	3488^4	6662	3513	Ital. 662
3479	11670	3488^5	6663	3514	14697
3480	14030	3488^6	6664	3515^1	10146
3481	9754	3488^7	6665	3515^2	10147
3482	6488	3488^8	6666	3516	12086
3483	12983	3489^1	6667	3517	11683
3484	15180	3489^2	6668	3518	7802
3485	10953	3489^3	6669	3519	11989
3486	14103	3489^4	6670	3520	11093
3487^1	10910	3489^5	6671	3521	10887
3487^2	10911	3489^6	6672	3522	14646
3487^3	10912	3489^7	6673	3523	7817
3487^4	10913	3489^8	6674	3524	11345
3487^5	10914	3489^9	6675	3525	8635
3487^6	10915	3489^{10}	6676	3526	8636
3487^7	10916	3490^1	7970	3526bis	8637
3487^8	10917	3490^2	7971	3527	8638
3487^9	10918	3490^3	7972	3528	8639
3487^{10}	10919	3491	7957	3529	8640
3487^{11}	10920	3492	7958	3530	8641
3487^{12}	10921	3493^1	7954	3531	8642
3487^{13}	10922	3493^2	7955	3532	8643
3487^{14}	10923	3494	7956	3533	8644
3487^{15}	10924	3495	7939	3534	8645
3487^{16}	10925	3496	11250	3535	8646
3487^{17}	10926	3497	7551	3536	8647
3487^{18}	10927	3498	7496	3537	7884

NUMÉROS ANCIENS	NUMÉROS ACTUELS	NUMÉROS ANCIENS	NUMÉROS ACTUELS	NUMÉROS ANCIENS	NUMÉROS ACTUELS
3538	12038	8566^1	Ital. 663	3593	Ital. 572
3539	12039	3566^2	7975	3594	11239
3540^1	12040	3567	9432	3595	11589
3540^2	8731	3568	12091	3596	Esp. 181
3540^3	8732	3569	12092	3597	12177
3540^4	8733	3570^1	8985	3598	9597
3540^5	8726	3570^2	8983	3599	347
3540^6	8725	3570^3	8984	3600	420
3540^7	8727	3570^4	N.a.fr.9089	3601	240
3540^8	8728	3571^1	6233	3602	162
3540^9	8729	3571^2	6234	3603	ITALIENS 664
3540^{10}	8730	3572^1	6235	3604	507
3540^{11}	8734	3572^2	6236	3605	12
3540^{12}	8735	3573^1	6237	3606	1103
3540^{13}	8724	3573^2	6238	3607	11184
3541	10542	3574^1	6239	3608	7040
3542	10535	3574^2	6240	3609	13889
3543	10484	3575	6241	3610	10596
3544	12998	3576	6242	3611^1	9647
3545	11468	3577	6243	3611^2	9648
3546	12195	3578^1	6244	3611^3	9649
3547	12163	3578^2	6245	3612	Lat. 9723
3548	10729	3579^1	6246	3613	10601
3549	10643	3579^2	6247	3614	10599
3550	10896	3580	6248	3615	7041
3551	12074	3581^1	6249	3616	13914
3552	9721	3581^2	6250	3617	10603
3553	14607	3582	6251	3618	13918
3554	9718	3583	6252	3619	13810
3555	ITAL. 419	3584	6253	3620	13917
3556	1021	3585	6254	3621	13865
3557	11643	3586	6255	3622	7042
3558	11634	3587	6256	3623	10818
3559	8336	3588^1	11315	3624	11582
3560	14377	3588^2	11316	3625	10202
3561	13330	3588^3	11317	3626	11804
3562	Lat. 9104	3588^4	11318	3627	10213
3563	10230	3589	9723	3628	10654
3564^1	10655	3590	11435	3629	7121
8564^2	10656	3591	Esp. 133	3630	10657
3565	11860	3592	12227	3631	10600

NUMÉROS ANCIENS	NUMÉROS ACTUELS	NUMÉROS ANCIENS	NUMÉROS ACTUELS	NUMÉROS ANCIENS	NUMÉROS ACTUELS
3632	9594	3669	12185	3696^1	7753
3633	12337	3670	10222	3696^2	7754
3634	6566	3671	9758	3697	7756
3635	10598	3672	12101	3698	11147
3636	10537	3673	9775	3699	11148
3637	10534	3674^1	8317	3700	10249
3638	14433	3674^2	8318	3701	11144
3639	13833	3674^3	8319	3702	7725
3640	10539	3675	10703	3703	6232
3641	13912	3676^1	10714	3704	7731
3642	13864	3676^2	10715	3705	11099
3643	13340	3677	10631	3706	11102
3644	10607	3678	15207	3707^1	7728
3645	10536	3679	8688	3707^2	7729
3646	13916	3680	8515	3707^3	7730
3647	13873	3681	9043	3708	7798
3648	10630	3982^1	7026	3709	8128
3649	11636	3682^2	7027	3710	7867
3650	10604	3683^1	6688	3711	8135
3651	10543	3683^2	6689	3712	8136
3652	13915	3683^3	6690	3713	11819
3653	Lat. 9512	3683^4	6691	3714	7748
3654	10608	3683^5	6692	3715	11141
3655	10609	3683^6	6693	3716	14102
3656	10610	3684^1	10315	3717	14101
3657	10611	3684^2	10316	3718	13796
3658	10605	3685	10317	3719	14099
3659	10551	3686^1	6451	3720	14085
3660	10504	3686^2	6452	3721	14087
3661	10503	3687^1	12102	3722	14130
3662	10835	3687^2	12103	3723	14088
3663	12542	3687^3	12104	3724	14090
3664^1	11554	3688	8613	3725	11583
3664^2	10577	3689	8614	3726^1	11291
3664^3	10552	3690	8615	3726^2	11292
3664^4	9664	3691^1	6222	3726^3	11293
3664^5	11649	3691^2	6223	3726^4	11294
3665	9560	3692	6541	3726^5	11295
3666	7063	3693	11161	3727	14596
3667	10563	3694	14096	3728	15179
3668	14691	3695	7755	3729	11932

NUMÉROS ANCIENS	NUMÉROS ACTUELS	NUMÉROS ANCIENS	NUMÉROS ACTUELS	NUMÉROS ANCIENS	NUMÉROS ACTUELS
3730	Angl. 44	3755^1	14177	3790	13017
3731	10555	3755^2	14178	3791	Lat. 10378
3732	Allem. 206	3756	12770	3792	12782
3732^1	9143	3757^1	12847	3793	Scand. 18
3732^2	9144	3757^2	12848	3794	11577
3732^3	9145	3758	15121	3795	14546
3732^4	9146	3759^1	11942	3796	10683
3732^5	9147	3759^2	11943	3797	10746
3732^6	9148	3759^3	11944	3798	10750
3732^7	9149	3760	11945	3799	11603
3733	7043	3761	11946	3800	10762
3734	13463	3762	11947	3801	11299
3735	Allem. 133	3763	11948	3802	14760
3736	11095	3764	11949	3803	13254
3737	7009	3765	11950	3804^1	9722
3738	7556	3766	13801	3804^2	12153
3739	9108	3767^1	13806	3805	10362
3740	9109	3767^2	13807	3806	6543
3741	Lat. 10230	3768	12200	3807	8974
3742	14698	3769	11519	3808^1	8975
3743	14753	3770	9098	3808^2	8976
3744^1	14707	3771	9099	3808^3	8977
3744^2	14708	3772	12230	3809^1	13512
3745	14726	3773	12231	3809^2	7587
3746	10267	3774	9100	3809^3	7588
3747	10247	3775	9101	3809^4	7589
3748	9442	3776	9102	3809^5	7590
3749^1	9443	3777	9103	3809^6	7591
3749^2	9444	3778	9104	3809^7	7592
3750	14584	3779	9105	3809^8	7581
3751	11990	3780	12892	3809^{8A}	8603
3752^1	11246	3781^1	12893	3809^9	8604
3752^2	11247	3781^2	12894	3809^{10}	6815
3753^1	14169	3782	12432	3809^{11}	6816
3753^2	14170	3783	12431	3809^{12}	6817
3753^3	14171	3784	11976	3809^{13}	6194
3753^4	14172	3785	14426	3809^{14}	6195
3753^5	14173	3786	12113	3809^{15}	6196
3753^6	14174	3787	12187	3809^{16}	8993
3753^7	14175	3788	12161	3809^{17}	9155
3754	14176	3789	10866	3809^{18}	Ital. 52

NUMÉROS ANCIENS	NUMÉROS ACTUELS	NUMÉROS ANCIENS	NUMÉROS ACTUELS	NUMÉROS ANCIENS	NUMÉROS ACTUELS
3810^1	13345	3843^1	7899	3856^8	13119
3810^2	13346	3843^2	7900	3856^9	13120
3811	11802	3843^3	7901	3856^{10}	13121
3812	6207	3843^4	7902	3856^{11}	13122
3813	13274	3844^1	7903	3856^{12}	13123
3814	13900	3844^2	7904	3856^{13}	13124
3815	14352	3844^3	7905	3856^{14}	13125
3816	9655	3844^4	7906	3856^{15}	13126
3817	Ital. 421	3844^5	7907	3856^{16}	13127
3818	13648	3844^6	7908	3856^{17}	13128
3819	12358	3844^7	7909	3856^{18}	13129
3820^1	11764	3844^8	7910	3856^{19}	13130
3820^2	11765	3844^9	7911	3856^{20}	13131
3821^1	13634	3845^1	7912	3856^{21}	13132
3821^2	11607	3845^2	7913	3856^{22}	13133
3822^1	9639	3845^3	7914	3856^{23}	13134
3822^2	9640	3845^4	7915	3856^{24}	13135
3822^3	9641	3845^5	7916	3856^{25}	13136
3823	Lat. 9611	3846^1	7917	3857^1	13137
3824	12030	3846^2	7918	3857^2	13138
3825	12031	3846^3	7919	3857^3	13139
3826	10232	3847^1	7920	3857^4	13140
3827	12033	3847^2	7921	3857^5	13141
3828	8990	3848^1	7922	3858	13296
3829	8991	3848^2	7923	3859	Angl. 49
3830	8992	3848^3	7924	3860	14848
3831	12395	3849	7925	3861	14716
3832	7926	3850	Allem. 101	3862	14717
3833	7927	3851	11145	3863	14950
3834	7928	3852	14019	3864	13224
3835	7929	3853	15184	3865	13336
3836	7930	3854	14061	3866	13507
3837	7931	3855^1	14058	3867	15201
3838	7932	3855^2	14059	3868	14342
3839	7933	3856^1	13112	3869	15068
3840	7934	3856^2	13113	3870	13373
3841^1	7935	3856^3	13114	3871	13306
3841^2	7936	3856^4	13115	3872	13284
3841^3	7937	3856^5	13116	3873	13094
3841^4	7938	3856^6	13117	3874	14541
3842	12264	3856^7	13118	3875	13963

NUMÉROS ANCIENS	NUMÉROS ACTUELS	NUMÉROS ANCIENS	NUMÉROS ACTUELS	NUMÉROS ANCIENS	NUMÉROS ACTUELS
3876	13289	3914^2	13803	3951^1	11323
3877	13882	3915	13215	3951^2	11324
3878	14483	3916	13271	3952	14122
3879	13883	3917	13093	3953	14124
3880	13877	3918	13181	3954^1	14125
3881	14475	3919	13347	3954^2	14126
3882	13237	3920	13298	3955	14337
3883	13234	3921	14347	3956	Ital. 1065
3884	13256	3922	14484	3957	14725
3885	14375	3923	13902	3958	Scand. 10
3886	13280	3924	13177	3959^1	14214
3887^1	14532	3925	15288	3959^2	14215
3887^2	Lat. 11022	3926	14134	3959^3	14216
3888	13783	3927^1	14109	3959^4	14217
3889	13672	3927^2	14110	3959^5	14218
3890	15029	3928	14694	3959^6	14219
3891	10172	3929	13285	3959^7	14220
3892	14016	3930	15355	3959^8	14221
3893^1	14295	3931	14732	3959^9	14222
3893^2	14296	3932	13874	3959^{10}	14223
3894	14542	3933	13878	3959^{11}	14224
3895	14535	3934	14408	3960	14499
3896	14033	3935	13523	3961	12503
3897	14034	3936^1	13331	3962	12778
3898	14080	3936^2	13332	3963	14193
3899	14081	3937	13356	3964	14231
3900	18981	3938	Ital. 163	3965^1	14232
3901	15229	3939	13287	3965^2	14233
3902	13286	3940	9642	3965^3	14234
3903	14476	3941	13333	3965^4	14235
3904	14480	3942	14751	3965^5	14236
3905	13880	3943	14079	3965^6	14237
3906	13221	3944	13110	3965^7	14238
3907	15159	3945^1	14332	3965^8	14239
3908	13270	3945^2	14333	3965^9	14240
3909	13295	3945^3	14334	3965^{10}	14241
3910	13111	3946	14311	3965^{11}	14242
3911	13238	3947	14326	3966^1	14229
3912	13245	3948	14309	3966^2	14230
3913	13993	3949	14320	3967	14243
3914^1	13802	3950	14007	3968^1	14249

MANUSCRITS FRANÇAIS

NUMÉROS ANCIENS	NUMÉROS ACTUELS	NUMÉROS ANCIENS	NUMÉROS ACTUELS	NUMÉROS ANCIENS	NUMÉROS ACTUELS
3968[2]	14250	4000	ITAL. { 164	4026[3]	7046
3969	14251	4001	ITAL. { 936	4026[4]	7047
3970[1]	14246	4002	Esp. 241	4026[4 bis]	7048
3970[2]	14247	4003	Angl. 45	4027	13869
3970[3]	14248	4004	14287	4028	13870
3971	14262	4005	15035	4029	11756
3972	14261	4006	12400	4030	12346
3973[1]	14227	4007	8590	4031	12182
3973[2]	14244	4008	6427	4032	12183
3973[3]	14188	4009	13804	4033	11650
3973[4]	14245	4010	14293	4034	7733
3973[5]	14877	4011	9741	4035	15252
3974	Angl. 43	4012	14182	4036	14986
3975	169	4013	13888	4037	11555
3976	170	4014	13519	4038	10556
3977	143	4015	13960	4039	13567
3978	155	4016	9615	4040	7533
3979	156	4017	11770	4041	7495
3980	144	4018[1]	12210	4042[1]	11300
3981	ALLEMANDS 171	4018[2]	12211	4042[2]	11301
3982	172	4018[3]	12212	4043	13018
3983	173	4018[4]	12213	4044	12443
3984[1]	174	4018[5]	12214	4045	15037
3984[2]	175	4019[1]	23	4046	12054
3984[3]	176	4019[2]	24	4047	9739
3984[4]	177	4019[3]	25	4048[1]	14252
3985	178	4019[4]	26	4048[2]	14253
3986	134	4019[5]	27	4049	14254
3987	157	4019[6]	28	4050	14255
3988	Allem. 145	4019[7]	PORTUGAIS 29	4051	14256
3989	Néerl. 40	4019[8]	30	4052	14257
3990	ALLEM. { 179	4020	31	4053	14448
3991	ALLEM. { 180	4021	32	4054	14500
3992	158	4022	33	4055	11436
3993	Néerl. 41	4023	34	4056	14454
3994	181	4024[1]	35	4057	14876
3995	182	4024[2]	36	4058	10882
3996	ALLEM. 183	4024[3]	37	4059	14368
3997	184	4025	12506	4060	14364
3998	102	4026[1]	7044	4061	14164
3999	Néerl. 46	4026[2]	7045	4062	14538

NUMÉROS ANCIENS	NUMÉROS ACTUELS	NUMÉROS ANCIENS	NUMÉROS ACTUELS	NUMÉROS ANCIENS	NUMÉROS ACTUELS
4063	13817	4087	7942	4123	7776
4064	14531	4088	7943	4124	7777
4065^1	12123	4089	7944	4125	7778
4065^2	12124	4090	6828	4126^1	7779
4066	15274	4091	6829	4126^2	7780
4067	9354	4092	6830	4127^1	7781
4068	10215	4093	6831	4127^2	7782
4069	12148	4094^1	6832	4127^3	7783
4070	9180	4094^2	6833	4128^1	7784
4071	8162	4095	6834	4128^2	7785
4072^1	8178	4096^1	8563	4128^3	7786
4072^2	8179	4096^2	8564	4128^4	7787
4072^3	8180	4097	14127	4128^5	7788
4073^1	8331	4098	6460	4129^1	7789
4073^2	8332	4099	12486	4129^2	7790
4074^1	8183	4100	14844	4130	7791
4074^2	8184	4101	15070	4131	7792
4074^3	8185	4102	11160	4132	7793
4074^4	8186	4103	6365	4133	7794
4074^5	8187	4104	14629	4134	7795
4074^6	8188	4105	14615	4135	7796
4074^7	8189	4106	14036	4136	12197
4074^8	8190	4107	14605	4137	12198
4074^9	8191	4108	13975	4138	9226
4074^{10}	8192	4109	Esp. 271	4139	15258
4074^{11}	8193	4110^1	8547	4140	Ital. 165
4075	13982	4110^2	8548	4141^1	13691
4076	10778	4110^3	8549	4141^2	13692
4077	10772	4110^4	8550	4141^3	13693
4078	10731	4111	6993	4142	12209
4079	14752	4112	14190	4143	10632
4080	14737	4113	12417	4144	76
4081	Lat. 9118	4114	14044	4145	77
4082	11953	4115	10528	4146	78
4083	12003	4116	6567	4147	79
4084^1	15277	4117	8248	4148	538
4084^2	15278	4118	10557	4149	ITALIENS 539
4084^3	15279	4119	10558	4150	540
4084^4	15280	4120	10495	4151	541
4085	7940	4121	10498	4152	542
4086	7941	4122	7775	4153	543

MANUSCRITS FRANÇAIS

NUMÉROS ANCIENS	NUMÉROS ACTUELS	NUMÉROS ANCIENS	NUMÉROS ACTUELS	NUMÉROS ANCIENS	NUMÉROS ACTUELS
4154	Ital. 544	4192	10728	4215^2	7225
4155	7580	4193	10890	4215^3	7226
4156	13837	4194	11801	4216	9658
4157^1	10649	4195	12143	4217	15276
4157^2	10650	4196	11276	4218	185
4158	12494	4197	11277	4219	186
4159	8962	4198	11278	4220	187
4160	9715	4199^1	11279	4221	188
4161	14344	4199^2	11280	4222	109
4162	12052	4199^3	11281	4223	120
4163	10568	4199^4	11282	4224	Néerl. 13
4164	11439	4199^5	11283	4225	ALL. 43
4165	6273	4199^6	11284	4226	44
4166	7227	4199^7	11285	4227	Lat. 10153
4167	7969	4199^8	11286	4228	Allem. 80
4168	14114	4199^9	11287	4229	Néerl. 14
4169	10279	4200	11288	4230	11464
4170	14671	4201	11289	4231	Allem. 45
4171	ITAL. 166	4202	Ital. 573	4232	12360
4172	508	4203	14086	4233	14863
4173	14624	4204	Ital. 574	4234	12409
4174	11322	4205	12313	4235	12797
4175	12139	4206	11769	4236	11820
4176	11624	4207^1	13367	4237	10280
4177	6557	4207^2	11536	4238	15127
4178	14627	4208	11108	4239^1	15128
4179	13410	4209^1	10707	4239^2	15129
4180	ITAL. 873	4209^2	10708	4239^3	15130
4181	413	4209^3	10709	4239^4	15131
4182	8997	4209^4	10710	4239^5	15132
4183	11248	4209^5	10711	4239^6	15133
4184	12072	4210	11274	4239^7	15134
4185	10441	4211	8575	4240^1	6826
4186	12137	4212^1	13739	4240^2	6827
4187^1	11229	4212^2	13740	4241	10868
4187^2	11230	4212^3	13741	4242	12807
4188	13959	4212^4	13742	4243	11416
4189	12405	4212^5	13743	4244	Ital. 167
4190	11868	4213	10812	4245	8968
4191^1	12751	4214	Esp. 93	4246	11492
4191^2	12752	4215^1	7224	4247	10985

NUMÉROS ANCIENS	NUMÉROS ACTUELS	NUMÉROS ANCIENS	NUMÉROS ACTUELS	NUMÉROS ANCIENS	NUMÉROS ACTUELS
4248	10211	4280	12224	4314	7158
4249	9782	4281	11098	4315	14095
4250	11539	4282	11431	4316	14078
4251	8253	4283	14679	4317	15256
4252¹	11351	4284	Esp. 202	4318	12334
4252²	11352	4285	14825	4319	7018
4253	Ital. 509	4286	15090	4320	7033
4254	8037	4287	13577	4321	7034
4255	15222	4288¹	⎧ 50	4322	8664
4256	Ital. 478	4288²	NÉERL. ⎨ 51	4323	12799
4257	14604	4288³	⎨ 52	4324	11212
4258	ITAL. ⎰ 168	4288⁴	⎩ 53	4325	12142
4259	⎱ 510	4289	Ital. 1066	4326	10576
4260	Celtique, 6	4290	Allem. 212	4327	7013
4261	12184	4291	13794	4328	7014
4262	15223	4292	14445	4329	10741
4263	169	4293	14501	4330	10881
4264	170	4294	12514	4331	11422
4265¹	296	4295	Ital. 368	4332	6573
4265²	297	4296	14900	4333	10763
4266	171	4297	14304	4334	11271
4267	172	4298	10977	4335	11448
4268	ITALIENS 173	4299	12047	4336	7865
4269¹	174	4300	13920	4337	12307
4269²	175	4301	10597	4338	12311
4269³	176	4302	15028	4339	12308
4269⁴	177	4303	11796	4340	9151
4269⁵	178	4304	13492	4341	9127
4270	179	4305¹	14491	4342	9128
4271	886	4305²	14492	4343	9129
4272	6263	4305³	14493	4344	9130
4273	12127	4305⁴	14494	4345	9131
4274¹	9634	4305⁵	14495	4346	9132
4274²	9635	4306	13543	4347	9133
4274³	9636	4307	15221	4348	9134
4274⁴	9637	4308	13371	4349	9135
4275	13784	4309	12359	4350	14808
4276	15076	4310	15260	4351	12310
4277	15093	4311	10196	4352	14819
4278	13887	4312	11734	4353	12336
4279	14665	4313	14468	4354	Allem. 135

MANUSCRITS FRANÇAIS

NUMÉROS ANCIENS	NUMÉROS ACTUELS	NUMÉROS ANCIENS	NUMÉROS ACTUELS	NUMÉROS ANCIENS	NUMÉROS ACTUELS
4355	Esp. 236	4392	7484	4428	14715
4356	11680	4393	7485	4429	Esp. 107
4357	14376	4394	7486	4430	11593
4358	15083	4395	7487	4431	6677
4359	15231	4396	7488	4432	8971
4360^1	⎧ 511	4397	7489	4433	10865
4360^2	⎪ 512	4398	7490	4434^1	7836
4360^3	ITALIENS ⎨ 513	4399	7491	4434^2	7837
4360^4	⎪ 514	4400	11245	4434^3	7838
4361	⎩ 1067	4401	7691	4435	7010
4362	12333	4402^1	12410	4436	12339
4363	14431	4402^2	12411	4437	Esp. 150
4364	14861	4402^3	12412	4438	8341
4365	12341	4403	12413	4439	10662
4366	11181	4404	12234	4440	10663
4367	12068	4405	14823	4441	⎧ 10619
4368	7976	4406	11349	4442^1	⎪ 10621
4369	10416	4407	11739	4442^2	⎨ 10622
4370	11748	4408	Esp. 128	4443	⎪ 10620
4370bis	11738	4409^1	13730	4444	⎩ 10623
4371	11875	4409^2	13731	4445	10624
4372	12162	4410	12196	4446	10625
4373	8161	4411^1	Dujardin	4447	11782
4374	12875	4411^2	1 et 2	4448	10626
4375	12876	4412	11097	4449	10627
4376	12877	4413	15031	4450	10628
4377	12878	4414	11684	4451	12386
4378	12800	4415	10561	4452	15328
4379	12505	4416	14987	4453	15329
4380	15136	4417	12438	4454	15263
4381	14441	4418	15241	4455	⎧ 56
4382	14477	4419	10440	4456	⎪ 57
4383	12247	4420	9578	4457	⎪ 58
4384	12605	4421	12845	4458	⎪ 59
4385	Néerl. 42	4422	12846	4459	ALLEMANDS ⎨ 60
4386	15135	4423	13061	4460	⎪ 61
4387	Ital. 1068	4424^1	13062	4461	⎪ 62
4388	13417	4424^2	13063	4462	⎪ 63
4389	13418	4425	13064	4463	⎪ 64
4390	13419	4426	12344	4464	⎪ 65
4391	14759	4427	14714	4465	⎩ 66

NUMÉROS ANCIENS	NUMÉROS ACTUELS	NUMÉROS ANCIENS	NUMÉROS ACTUELS	NUMÉROS ANCIENS	NUMÉROS ACTUELS
4466	⎧ 67	4500	15022	4530	12997
4467	⎪ 68	4501	15261	4531	10467
4468	⎪ 69	4502	14065	4532	9734
4469	ALLEMANDS ⎨ 70	4503	14066	4533	11622
4470	⎪ 71	4504	14067	4534	13521
4471	⎪ 72	4505	10459	4535	14929
4471 bis	⎪ 73	4506	15251	4536	13372
4472	⎪ 74	4507	13846	4537	10483
4473	⎩ 75	4507^1	13847	4538	7991
4474	76	4507^2	13848	4539	Esp. 69
4475	Ital. 479	4507^3	13849	4540	8045
4476	13921	4507^4	13850	4541	Ital. 615
4477	14670	4507^5	13851	4542	13278
4478^1	14609	4507^{5bis}	13852	4543	13240
4478^2	14610	4507^6	13853	4544	Esp. 263
4479	14721	4507^7	13854	4545^1	13376
4480	14155	4507^8	13855	4545^2	13377
4481	14157	4507^9	13856	4545^3	13378
4482	14152	4508^1	13857	4545^4	13379
4483	14303	4508^2	13858	4546	Allem. 207
4484	15071	4509	9779	4547	13388
4485	14009	4510	11590	4548	15033
4486	13570	4511	Néerl. 19	4549	15234
4487	13755	4512	ALL. ⎧ 46	4550	8221
4488	14988	4513	⎩ 47	4551	13785
4489^1	14642	4514	11788	4552	13786
4489^2	14643	4515	11791	4553	13787
4490	15026	4516	Allem. 81	4554	Allem. 136
4491	13673	4517	10578	4555	13365
4492^1	14901	4518	12774	4556	13366
4492^2	14902	4519	9764	4557	14834
4493	15233	4520	12251	4558	12755
4494	13369	4521	11521	4559	14997
4495	13359	4522	10804	4560^1	15266
4496	13236	4523	12136	4560^2	15267
4497	14369	4524	Ital. 432	4561	15268
4498^1	LATINS ⎧ 11471	4525	12120	4562	15269
4498^2	⎨ 11472	4526	11558	4563	15270
4498^3	⎩ 11473	4527	13386	4564	15271
4499^1	13860	4528	13432	4565	15272
4499^2	Néerl. 43	4529	1750	4566	14588

MANUSCRITS FRANÇAIS

NUMÉROS ANCIENS	NUMÉROS ACTUELS	NUMÉROS ANCIENS	NUMÉROS ACTUELS	NUMÉROS ANCIENS	NUMÉROS ACTUELS
4567	Port. 44	4607^2	NÉERL. $\begin{cases} 21 \\ 22 \\ 23 \\ 24 \end{cases}$	4642	Allem. 105
4568	13491	4607^3		4643^1	9164
4569	13428	4607^4		4643^2	9165
4570	13259	4607^5		4644	12376
4571	NOUV. ACQ. FRANÇ. $\begin{cases} 8875 \\ 8877 \\ 8874 \\ 8873 \\ 8878 \\ 8872 \\ 8876 \end{cases}$	4608	11446	4645	Angl. 47
4572		4609	12134	4645^2	Angl. 48
4573		4610	12374	4646	13144
4574		4611	10278	4647	14745
4575		4612	12391	4648	9004
4576		4613	7122	4649	12025
4577		4614^1	7123	4650	15081
4578	13301	4614^2	7124	4651	11475
4579	14482	4615	12342	4652	14635
4580	14279	4616	10834	4653^1	6193
4581	13994	4617	Lat. 10123	4653^2	6199
4582	10907	4618^{1-2}	6738	4654	12454
4583	14045	4619^{1-2}	11488	4654^A	12455
4584	10544	4620	11223	4655	12773
4585	11854	4621^1		4656	13885
4586	13299	4621^2	11196	4657^1	9190
4587	Allem. 189	4621^3		4657^2	9191
4588	Ital. 957	4622	6542	4657^3	9192
4589	13868	4623	8774	4657^4	9193
4590	13207	4624^{1-4}	10390	4657^5	9194
4591	13351	4625	11584	4658	8629
4592	11518	4626^{1-3}	10374	4659	14576
4593	13309	4627^{1-2}	10370	4660	6224
4594	13310	4628^{1-2}	11200	4661	9217
4595	13844	4629^{1-4}	11199	4662^1	12045
4596	12300	4630	8770	4662^2	12046
4597	12250	4631	6737	4663^1	10991
4598	12119	4632	11197	4663^2	10992
4599	Allem. 110	4633	11663	4663^3	10993
4600	12388	4634	10409	4663^4	10994
4601	12389	4635	Néerl. 25	4663^5	10995
4602	ALLEM. $\begin{cases} 111 \\ 48 \\ 104 \\ 49 \end{cases}$	4636	Néerl. 26	4663^6	10996
4603		4637	Néerl. 27	4663^7	10997
4604		4638		4663^8	10998
4605		4639	6877	4663^9	10999
4606	12135	4640	6878	4663^{10}	11000
4607^1	Néerl. 20	4641	6879	4663^{11}	11001

NUMÉROS ANCIENS	NUMÉROS ACTUELS	NUMÉROS ANCIENS	NUMÉROS ACTUELS	NUMÉROS ANCIENS	NUMÉROS ACTUELS
4663^{12}	11002	4663^{53}	11043	4665	14285
4663^{13}	11003	4663^{54}	11044	4666	13634
4663^{14}	11004	4663^{55}	11045	4667	10470
4663^{15}	11005	4663^{56}	11046	4668^{1}	13190
4663^{16}	11006	4663^{57}	11047	4668^{2}	13191
4663^{17}	11007	4663^{58}	11048	4668^{3}	13192
4663^{18}	11008	4663^{59}	11049	4668^{4}	13193
4663^{19}	11009	4663^{60}	11050	4668^{5}	13194
4663^{20}	11010	4663^{61}	11051	4668^{6}	13195
4663^{21}	11011	4663^{62}	11052	4668^{7}	13196
4663^{22}	11012	4663^{63}	11053	4668^{8}	13197
4663^{23}	11013	4663^{64}	11054	4669^{1}	13651
4663^{24}	11014	4663^{65}	11055	4669^{2}	13652
4663^{25}	11015	4663^{66}	11056	4669^{3}	13653
4663^{26}	11016	4663^{67}	11057	4670	13172
4663^{27}	11017	4663^{68}	11058	4671^{1}	13323
4663^{28}	11018	4663^{69}	11059	4671^{2}	13324
4663^{29}	11019	4663^{70}	11060	4672	13490
4663^{30}	11020	4663^{71}	11061	4673	14452
4663^{31}	11021	4663^{72}	11062	4674	15249
4663^{32}	11022	4663^{73}	11063	4675^{1}	13588
4663^{33}	11023	4663^{74}	11064	4675^{2}	13589
4663^{34}	11024	4663^{75}	11065	4675^{3}	13590
4663^{35}	11025	4663^{76}	11066	4675^{4}	13591
4663^{36}	11026	4663^{77}	11067	4675^{5}	13592
4663^{37}	11027	4663^{78}	11068	4675^{6}	13593
4663^{38}	11028	4663^{79}	11069	4675^{7}	13594
4663^{39}	11029	4663^{80}	11070	4675^{8}	13595
4663^{40}	11030	4663^{81}	11071	4675^{9}	13596
4663^{41}	11031	4663^{82}	11072	4675^{10}	13597
4663^{42}	11032	4663^{83}	11073	4675^{11}	13598
4663^{43}	11033	4663^{84}	11074	4675^{12}	13599
4663^{44}	11034	$4663^{84(2)}$	11075	4675^{13}	13600
4663^{45}	11035	4663^{85}	11076	4675^{14}	13601
4663^{46}	11036	$4663^{85(2)}$	11077	4675^{15}	13602
4663^{47}	11037	4663^{86}	11078	4675^{16}	13603
4663^{48}	11038	4663^{87}	11079	4675^{17}	13604
4663^{49}	11039	4663^{88}	11080	4676^{18}	13605
4663^{50}	11040	4663^{89}	11081	4675^{19}	13606
4663^{51}	11041	4663^{90}	11082	4675^{20}	13607
4663^{52}	11042	4664	Ital. 180	4675^{21}	13608

MANUSCRITS FRANÇAIS

NUMÉROS ANCIENS	NUMÉROS ACTUELS	NUMÉROS ANCIENS	NUMÉROS ACTUELS	NUMÉROS ANCIENS	NUMÉROS ACTUELS
4675^{22}	13609	4693^{11}	14275	4725	12491
4675^{23}	13610	4693^{12}	14276	4726	9666
4675^{24}	13611	4693^{13}	14277	4727	11648
4675^{25}	13612	4693^{14}	14278	4728	7983
4675^{26}	13613	4694	14513	4729	9665
4676	13824	4695	12226	4730	2
4677	14896	4696	12724	4731^{1}	3
4678^{1}	15156	4697	14889	4731^{2}	4
4678^{2}	15157	4698	13390	4731^{3}	5
4678^{3}	15158	4699^{1}	15357	4731^{4}	6
4679^{1}	15235	4699^{2}	15358	4731^{5}	7
4679^{2}	15236	4700	13778	4731^{6}	8
4679^{3}	15237	4701^{1}	11490	4731^{7}	9
4680	13876	4701^{2}	11491	4731^{8}	10
4681	14563	4702	14467	4731^{9}	11
4682	13142	4703	11252	4731bis	12
4683	13364	4704	Lat. 9626	4732^{1}	13
4684	13524	4705	10575	4732^{2}	14
4685	13738	4706	11447	4732^{3}	15
4686	13244	4707	11094	4732^{4}	16
4687	13206	4708	11302	4733	17
4688	15354	4709^{1}	11876	4734^{1}	18
4689	12229	4709^{2}	11877	4734^{2}	19
4690	Ital. 805	4710	12377	4734^{3}	20
4691	15361	4711	12385	4734^{4}	21
4692^{1}	13103	4712	12381	4735^{1}	22
4692^{2}	13104	4713	12375	4735^{2}	23
4692^{3}	13105	4714	10422	4735bis	24
4692^{4}	13106	4715	13087	4736^{1}	25
4692^{5}	13107	4716	12387	4736^{2}	26
4692^{6}	13108	4717^{1}	6	4736^{3}	27
4693^{1}	14265	4717^{2}	NÉERL. 7	4736^{4}	28
4693^{2}	14266	4717^{3}	8	4736^{5}	29
4693^{3}	14267	4717^{4}	9	4737	12429
4693^{4}	14268	4718	11356	4738	Allem. 30
4693^{5}	14269	4719	10546	4739	12404
4693^{6}	14270	4720	11438	4740^{1}	7021
4693^{7}	14271	4721	10159	4740^{2}	7022
4693^{8}	14272	4722	10698	4741	6536
4693^{9}	14273	4723	13088	4742^{1}	7710
4693^{10}	14274	4724	Ital. 437	4742^{2}	7711

(Accolade ALLEMANDS pour les numéros actuels 2 à 29)

NUMÉROS ANCIENS	NUMÉROS ACTUELS	NUMÉROS ANCIENS	NUMÉROS ACTUELS	NUMÉROS ANCIENS	NUMÉROS ACTUELS
4742^3	7712	4771^1	12687	4771^{37}	12728
4743^1	6544	4771^2	12688	4771^{38}	12729
4743^2	10365	4771^3	12689	4771^{39}	12730
4743^3	6537	4771^4	12690	4771^{40}	12731
4743^4	6539	4771^5	12691	4771^{41}	12732
4744	8132	4771^6	12692	4771^{42}	12733
4745	6456	4771^7	12693	4771^{43}	12734
4746	9408	4771^8	12694	4771^{44}	12735
4747	Lat. 9961	4771^9	12695	4771^{45}	12736
4748^1	8788	4771^{10}	12696	4771^{46}	12737
4748^2	8789	4771^{11}	12697	4771^{47}	12738
4748^3	8790	4771^{12}	12698	4771^{48}	12739
4749	7555	4771^{13}	12699	4771^{49}	12740
4750^1	7236	4771^{14}	12700	4771^{50}	12741
4750^2	7237	4771^{15}	12701	4771^{51}	12742
4750^3	7238	4771^{16}	12702	4771^{52}	12743
4750^4	7239	4771^{16bis}	12703	4772^1	13433
4750^5	7240	4771^{17}	12704	4772^2	13434
4750^6	7241	4771^{18}	12705	4772^3	13435
4751	7133	4771^{19}	12706	4772^4	13465
4752^1	6457	4771^{20}	12707	4772^5	13466
4752^2	6458	4771^{21}	12708	4772^6	13467
4753	9023	4771^{22}	12709	4772^7	13468
4754	6217	4771^{23}	12710	4772^8	13469
4755	9169	4771^{24}	12711	4772^9	13470
4756	6203	4771^{25}	12712	4772^{10}	13471
4757	6208	4771^{26}	12713	4772^{11}	13472
4758	10466	4771^{27}	12714	4772^{12}	13473
4759	10951	4771^{28}	12715	4772^{13}	13474
4760	7866	4771^{29}	12716	4772^{14}	13475
4761	11664	4771^{30}	12717	4772^{15}	13476
4762	11504	4771^{31}	12718	4772^{16}	13477
4763	11505	4771^{32}	12719	4772^{17}	13478
4764	14570	4771^{33}	12720	4773	11927
4765	14374	$4771^{33(1)}$	12721	4774^1	6309
4766^1	14599	$4771^{33(2)}$	12722	4774^2	6310
4766^2	14600	$4771^{33(3)}$	12723	4774^3	6311
4767	14005	4771^{33bis}	12724	4774^4	6312
4768	14399	4771^{34}	12725	4774^5	6313
4769	11544	4771^{35}	12726	4774^6	6314
4770	6200	4771^{36}	12727	4774^7	6315

MANUSCRITS FRANÇAIS

NUMÉROS ANCIENS	NUMÉROS ACTUELS	NUMÉROS ANCIENS	NUMÉROS ACTUELS	NUMÉROS ANCIENS	NUMÉROS ACTUELS
4774^8	6316	4783^1	8353	4788^{33}	8394
4774^9	6317	4783^2	8354	4788^{34}	8395
4774^{10}	6318	4783^3	8355	4788^{35}	8396
4774^{11}	6319	4784^1	8356	4788^{36}	8397
4774^{12}	6320	4784^2	8357	4788^{37}	8398
4774^{13}	6321	4784^3	8358	4788^{38}	8399
4774^{14}	6322	4785	8359	4788^{39}	8400
4774^{15}	6323	4786	8360	4788^{40}	8401
4774^{16}	6324	4787	8361	4788^{41}	8402
4774^{17}	6325	4788^1	8362	4788^{42}	8403
4775^1	6326	4788^2	8363	4788^{43}	8404
4775^2	6327	4788^3	8364	4788^{44}	8405
4775^3	6328	4788^4	8365	4788^{45}	8406
4775^4	6329	4788^5	8366	4788^{46}	8407
4775^5	6330	4788^6	8367	4788^{47}	8408
4775^6	6331	4788^7	8368	4788^{48}	8409
4776^1	6332	4788^8	8369	4788^{49}	8410
4776^2	6333	4788^9	8370	4788^{50}	8411
4776^3	6334	4788^{10}	8371	4788^{51}	8412
4776^4	6335	4788^{11}	8372	4788^{52}	8413
4776^5	6336	4788^{12}	8373	4788^{53}	8414
4777^1	7995	4788^{13}	8374	4788^{54}	8415
4777^2	7996	4788^{14}	8375	4788^{55}	8416
4777^3	7997	4788^{15}	8376	4788^{56}	8417
4777^4	7998	4788^{16}	8377	4788^{57}	8418
4777^5	7999	4788^{17}	8378	4788^{58}	8419
4777^6	8000	4788^{18}	8379	4788^{59}	8420
4777^7	8001	4788^{19}	8380	4788^{60}	8421
4777^8	8002	4788^{20}	8381	4788^{61}	8422
4777^9	8003	4788^{21}	8382	4788^{62}	8423
4777^{10}	8004	4788^{22}	8383	4788^{63}	8424
4777^{11}	8005	4788^{23}	8384	4788^{64}	8425
4778	11551	4788^{24}	8385	4788^{65}	8426
4779^1	10788	4788^{25}	8386	4788^{66}	8427
4779^2	10789	4788^{26}	8387	4788^{67}	8428
4779^3	10790	4788^{27}	8388	4788^{68}	8429
4779^4	10791	4788^{28}	8389	4788^{69}	8430
4779^5	10792	4788^{29}	8390	4788^{70}	8431
4780	12608	4788^{30}	8391	4788^{71}	8432
4781	13089	4788^{31}	8392	4788^{72}	8433
4782	11251	4788^{32}	8393	4788^{73}	8434

MANUSCRITS FRANÇAIS

NUMÉROS ANCIENS	NUMÉROS ACTUELS	NUMÉROS ANCIENS	NUMÉROS ACTUELS	NUMÉROS ANCIENS	NUMÉROS ACTUELS
4788^{74}	8435	4788^{115}	8476	4814^{1}	15119
4788^{75}	8436	4789	10793	4814^{2}	15120
4788^{76}	8437	4790	7494	4815	15330
4788^{77}	8438	4791	8973	4816^{1}	10949
4788^{78}	8439	4792	8134	4816^{2}	10950
4788^{79}	8440	4793	11314	4816^{3}	10951
4788^{80}	8441	4794	10794	4816^{4}	10952
4788^{81}	8442	4795	10795	4816^{5}	10953
4788^{82}	8443	4796	9038	4817	13675
4788^{83}	8444	4797	9039	4818^{1}	13676
4788^{84}	8445	4798^{1}	9181	4818^{2}	13677
4788^{85}	8446	4798^{2}	9182	4819	14014
4788^{86}	8447	4798^{3-4}	9183	4820	14013
4788^{87}	8448	4799^{1}	11334	4821^{1}	14010
4788^{88}	8449	4799^{2}	11335	4821^{2}	14011
4788^{89}	8450	4799^{3}	11336	4821^{3}	14012
4788^{90}	8451	4799^{4}	11337	4822^{1}	13756
4788^{91}	8452	4799^{5}	11338	4822^{2}	13757
4788^{92}	8453	4799^{6}	11339	4823^{1}	13759
4788^{93}	8454	4800^{1}	11340	4823^{2}	13760
4788^{94}	8455	4800^{2}	11341	4824^{1}	14864
4788^{95}	8456	4800^{3}	11342	4824^{2}	14865
4788^{96}	8457	4801^{1}	10955	4824^{3}	14866
4788^{97}	8458	4801^{2}	10956	4825^{1}	14097
4788^{98}	8459	4801^{3}	10957	4825^{2}	14098
4788^{99}	8460	4802	12370	4826	14017
4788^{100}	8461	4803^{1}	11418	4827	9596
4788^{101}	8462	4803^{2}	11419	4828^{1}	7205
4788^{102}	8463	4804	10888	4828^{2}	7206
4788^{103}	8464	4805	10449	4829^{1}	7207
4788^{104}	8465	4806	10450	4829^{2}	7208
4788^{105}	8466	4807^{1}	7011	4830	11730
4788^{106}	8467	4807^{2}	7012	4831	9661
4788^{107}	8468	4808^{1}	14047	4832	12254
4788^{108}	8469	4808^{2}	14048	4833	12397
4788^{109}	8470	4808^{3}	14049	4834	9440
4788^{110}	8471	4809	14632	4835	12592
4788^{111}	8472	4810	14050	4836	12573
4788^{112}	8473	4811	14930	4837	9668
4788^{113}	8474	4812	14931	4838	14680
4788^{114}	8475	4813	14932	4839	10292

LATINS { 4816^{1}–4816^{5} }

MANUSCRITS FRANÇAIS

NUMÉROS ANCIENS	NUMÉROS ACTUELS	NUMÉROS ANCIENS	NUMÉROS ACTUELS	NUMÉROS ANCIENS	NUMÉROS ACTUELS
4840	Ital. 48	4875	11462	4912	10641
4841¹	9784	4876	11623	4913	10740
4841²	9785	4877	8512	4914	Ital. ⟨ 348
4842	6491	4878	10745	4915	⟩ 53
4843	9600	4879	7160	4916	10724
4844¹	10160	4880¹	Lat. ⟨ 9040	4917	10727
4844²	10161	4880²	⟩ 9041	4918	Ital. 298
4845	6959	4881	6518	4919	8995
4846	7880	4882	10733	4920	12112
4847	10208	4883	10653	4921	Ital. 381
4848	7151	4884	9720	4922	12193
4849	6547	4885	10223	4923	9656
4850	6549	4886	6418	4924	12329
4851	6633	4887	Lat. 8935	4625	6443
4852	6634	4888	10296	4926	10755
4853	10757	4889	11163	4927	Vacant
4854	10756	4890	11096	4928	Vacant
4855	10726	4891¹	11817	4929	9660
4856	10318	4891²	11818	4930¹	12081
4857	10719	4892	11855	4930²	12082
4858	10720	4893	12133	4930³	12083
4859	10212	4894	8038	4930⁴	12084
4860¹	6559	4895	12361	4930⁵	12085
4860²	6560	4896	7896	4931	13186
4861	6735	4897	9173	4932	13832
4862	10457	4898¹	12372	4933	14597
4863	14539	4898²	12367	4934	14002
4864¹	8349	4899	11249	4935¹	15014
464²	8350	4900	9716	4935²	15015
4865	8351	4901	Imprimés	4935³	15016
4866	8352	4902	11538	4935⁴	15017
4867	8152	4903	11540	4935⁵	15018
4868	11474	4904	11517	4935⁶	15019
4869	8519	4905	10886	4935⁷	15020
4870	8521	4906¹	10861	4936	15086
4871	8268	4906²	10862	4937	14962
4872¹	8213	4907	10448	4938¹	13360
4872²	8214	4908	10974	4938²	13361
4872³	8215	4909	7833	4938³	13362
4873	12051	4910	11362	4939	14681
4874	8195	4911	12118	4940	13188

NUMÉROS ANCIENS	NUMÉROS ACTUELS	NUMÉROS ANCIENS	NUMÉROS ACTUELS	NUMÉROS ANCIENS	NUMÉROS ACTUELS
4941[1]	13188	4956	14191	4988[2]	7806
4941[2]	13189	4957	14308	4989[1]	7807
4942	14602	4958	14872	4989[2]	7808
4943[1]	13544	4959	14210	4989[3]	7809
4943[2]	13545	4960	14037	4989[4]	7810
4943[3]	13546	4961[1]	14024	4989[5]	7811
4944	13579	4961[2]	14025	4990[1]	7812
4945	13635	4961[3]	14026	4990[2]	7813
4946	13809	4962	14023	4991[1]	7804
4947	13674	4963	13767	4991[2]	7815
4948	13640	4964	14516	4991[3]	7816
4949	13581	4965[1]	ITALIENS { 768	4992[1]	13008
4950	13642	4965[2]	769	4992[2]	13009
4951[1]	13695	4965[3]	770	4992[3]	13010
4951[2]	13696	4965[4]	771	4992[4]	13011
4951[3]	13697	4965[5]	772	4992[5]	13012
4951[4]	13698	4965[6]	773	4992[6]	13013
4951[5]	13699	4966	819	4993[1]	12991
4952[1]	13614	4967	14673	4993[2]	12992
4952[2]	13615	4968	14622	4993[3]	12993
4952[3]	13616	4969[1]	12219	4993[4]	12994
4952[4]	13617	4969[2]	12220	4993[5]	12995
4952[5]	13618	4970	ITAL. { 181	4993[6]	12996
4952[6]	13619	4971	182	4994	13014
4952[7]	13620	4972	10895	4995	15293
4952[8]	13621	4973	14315	4996	13015
4952[9]	13622	4974	11346	4997	9436
4952[10]	13623	4975	12597	4998[1]	8559
4952[11]	13624	4976	13267	4998[2]	8560
4952[12]	13625	4977	14678	4998[3]	8561
4952[13]	13626	4978	13952	4999	11742
4952[14]	13627	4979	13578	5000[1]	11133
4952[15]	13628	4980	13763	5000[2]	11134
4952[16]	13629	4981	13766	5000[3]	11135
4952[17]	13630	4982	13980	5000[4]	11136
4952[18]	13631	4983	13494	5000[5]	11137
4952[19]	13632	4984	14132	5001	7017
4952[20]	13633	4985	13777	5002	8196
4953	14425	4986	14669	5003	11549
4954	13976	4987	Ital. 713	5004	11427
4955	14209	4988[1]	7805	5005	10712

MANUSCRITS FRANÇAIS

NUMÉROS ANCIENS	NUMÉROS ACTUELS	NUMÉROS ANCIENS	NUMÉROS ACTUELS	NUMÉROS ANCIENS	NUMÉROS ACTUELS
5006	12325	5020bis 4	7889	5024^{21}	8236
5007	13580	5021	14586	5024^{22}	8237
5008	14727	5022^{1}	6174	5024^{23}	8238
5009	13520	5022^{2}	6175	5024^{24}	8239
5010^{1}	11977	5022^{3}	6176	5024^{25}	8240
5010$^{1\,bis}$	11978	5022^{4}	6177	5025	9680
5010^{2}	11979	5022^{5}	6178	5026	8036
5010^{3}	11980	5022^{6}	6179	5027	6347
5010^{4}	11981	5022^{7}	6180	5028	9021
5010^{5}	11982	5023^{1}	1075	5029	7990
5010$^{5\,bis}$	11983	5023^{2}	1076	5030	8131
5010$^{5\,ter}$	11984	5023^{3}	1077	5031	6492
5010^{6}	11985	5023^{4}	1078	5032^{1}	7869
5011	14581	5023^{5}	1079	5032^{2}	7870
5012^{1}	11111	5023^{6} (MOREAU) 1080		5032^{3}	7871
5012^{2}	11113	5023^{7}	1081	5033	12087
5012^{3}	11115	5023^{8}	1082	5034	Esp. 176
5012^{4}	11116	5023^{9}	1083	5035	11343
5012^{5}	11118	5023^{10}	1084	5036	12063
5012^{6}	11121	5023^{11}	1085	5037	12138
5012^{7}	11122	5023^{12}	1086	5038	10816
5012^{8}	11123	5024^{1}	8216	5039	12066
5012^{9}	11124	5024^{2}	8217	5040	10874
5012^{10}	11129	5024^{3}	8218	5041	14466
5013	11771	5024^{4}	8219	5042	14465
5014	11489	5024^{5}	8220	5043	14985
5015^{1}	11892	5024^{6}	8221	5044	14446
5015^{2}	11893	5024^{7}	8222	5045	13727
5015^{3}	11894	5024^{8}	8223	5046	14071
5015^{4}	11895	5024^{9}	8224	5047	14060
5015^{5}	11896	5024^{10}	8225	5048	14522
5015^{6}	11897	5024^{11}	8226	5049	14891
5015^{7}	11898	5024^{12}	8227	5050	14378
5016	8039	5024^{13}	8228	5051	13726
5017	7204	5024^{14}	8229	5052	15041
5018	6748	5024^{15}	8230	5053	10266
5019	Ital. 26	5024^{16}	8231	5054	15284
5020	11969	5024^{17}	8232	5055	Ital. 977
5020bis 1	7886	5024^{18}	8233	5056	Esp. { 242
5020bis 2	7887	5024^{19}	8234	5057	{ 280
5020bis 3	7888	5024^{20}	8235	5058^{1}	13733

NUMÉROS ANCIENS	NUMÉROS ACTUELS	NUMÉROS ANCIENS	NUMÉROS ACTUELS	NUMÉROS ANCIENS	NUMÉROS ACTUELS
5058^2	13734	5085^2	14196	5106^2	6578
5058^3	13735	5085^3	14197	5106^3	6579
5059	14809	5085^4	14198	5106^4	6580
5060	Allem. 208	5085^5	14199	5106^5	6581
5061	14878	5085^6	14200	5106^6	6582
5062	Améric. 17	5085^7	14201	5106^7	6583
5063	14286	5085^8	14202	5106^8	6584
5064	14288	5085^9	14203	5106^9	6585
5065	14123	5085^{10}	14204	5106^{10}	6586
5066	13898	5085^{11}	14205	5106^{11}	6587
5067	14305	5085^{12}	14206	5106^{12}	6588
5068	14952	5085^{13}	14207	5106^{13}	6589
5069	13431	5085^{14}	14208	5106^{14}	6590
5070	14826	5086	Améric. 18	5106^{15}	6591
5071	13243	5087	10185	5106^{16}	6592
5072	14552	5088^1	12879	5106^{17}	6593
5073	14414	5088^2	12880	5106^{18}	6594
5074	14415	5088^3	12881	5106^{19}	6595
5075	15080	5088^4	12882	5106^{20}	6596
5076	Améric. 15	5088^5	12883	5106^{21}	6597
5077	11182	5088^6	12884	5106^{22}	6598
5978	15062	5088^7	12885	5106^{23}	6599
5079^1	50	5089	14942	5106^{24}	6600
5079^2	51	5090	Lat. 11031	5107^1	13145
5079^3	ALLEM. 52	5091	15199	5107^2	13146
5079^4	53	5092	12504	5107^3	13147
5079^5	54	5093	Néerl. 3	5107^4	13148
5080	12343	5094	10246	5107^5	13149
5081^1	9525	5095	6209	5107^6	13150
5081^2	9526	5096	10796	5107^7	13151
5081^3	9527	5097	8608	5107^8	13152
5081^4	9528	5098	9170	5107^9	13153
5081^5	9529	5099	9171	5107^{10}	13154
5082^1	6437	5100	9030	5107^{11}	13155
5082^2	6438	5101	11606	5107^{11bis}	13156
5082^3	6439	5102	11273	5107^{12}	13157
5083^1	10437	5103	15047	5107^{13}	13158
5083^2	10438	5104^1	14633	5107^{14}	13159
5083^3	10439	5104^2	14634	5107^{15}	13160
5084	7517	5105	Vacant	5107^{16}	13161
5085^1	14195	5106^1	6577	5107^{17}	13162

MANUSCRITS FRANÇAIS

NUMÉROS ANCIENS	NUMÉROS ACTUELS	NUMÉROS ANCIENS	NUMÉROS ACTUELS	NUMÉROS ACTUELS	NUMÉROS ANCIENS
5107^{18}	13163	5128	13202	5136	10248
5108^1	13164	5129	14658	5137	11296
5108^2	13165	5130	14187	5138	9040
5108^3	13166	5131	11363	5139	Ital. 115
5109	13261	5132	14523	5140	12984
5110	13276	5133^1	12811	5141^1	9236
5111	10838	5133^2	12812	5141^2	9237
5112	14194	5133^3	12813	5142^1	8684
5113^1	14828	5133^4	12814	5142^2	8685
5113^2	14829	5133^5	12815	5142^3	8686
5114^1	10162	5133^6	12816	5143	8687
5114^2	10163	5133^7	12817	5144	13304
5114^3	10164	5133^8	12818	5145	13092
5114^4	10165	5133^9	12819	5146^1	8157
5114^5	10166	5133^{10}	12820	5146^2	8158
5115^1	15048	5133^{11}	12821	5146^3	8159
5115^2	15049	5133^{12}	12822	5146^4	8160
5115^3	15050	5133^{13}	12823	5147	11143
5115^4	15051	5133^{14}	12824	5148^1	12886
5115^5	15052	5133^{15}	12825	5148^2	12887
5115^6	15053	5133^{16}	12826	5148^3	12888
5115^7	15054	5133^{17}	12827	5148^4	12889
5115^8	15055	5133^{18}	12828	5148^5	12890
5115^9	15056	5133^{19}	12829	5148^6	12891
5115^{10}	15057	5133^{20}	12830	5149	13241
5115^{11}	15058	5133^{21}	12831	5150	14639
5115^{12}	15059	5133^{22}	12832	5151	13222
5115^{13}	15060	5133^{23}	12833	5152	10207
5115^{14}	15061	5133^{24}	12834	5153	9524
5116	Améric. 1	5133^{25}	12835	5154	15011
5117	14567	5133^{26}	12836	5155	12536
5118	14662	5133^{27}	12837	5156	7064
5119	14395	5133^{28}	12838	5157	12428
5120	13498	5133^{29}	12839	5158	14469
5121	13281	5133^{30}	12840	5159	15198
5122	13728	5133^{31}	12841	5160	14756
5123	13260	5133^{32}	12842	5161	14814
5124	13533	5133^{33}	12843	5162	15009
5125	15087	5133^{34}	12844	5163	14757
5126	14108	5134	15230	5164	14462
5127	Afric. 1	5135	Ital. 299	5165	14871

NUMÉROS ANCIENS	NUMÉROS ACTUELS	NUMÉROS ANCIENS	NUMÉROS ACTUELS	NUMÉROS ANCIENS	NUMÉROS ACTUELS
5166	15289	5189^3	10768	5211	9770
5167	14802	5189^4	10769	5212	12215
5168	8652	5189^5	10770	5213	11548
5169	12331	5190^1	12756	5214^1	14401
5170	14934	5190^2	12757	5214^2	14402
5171^1	8986	5190^3	12758	5214^3	14403
5171^2	8987	5190^4	12759	5214^4	14404
5171^3	8988	5190^5	12760	5215^1	14330
5172	14854	5190^6	12761	5215^2	14331
5173	9112	5191	6818	5216	15116
5174^1	14418	5192	9020	5217	14400
5174^2	14419	5193	12366	5218	13525
5174^3	14420	5194	14181	5219	15043
5175^1	12128	5195	14416	5220	14852
5175^2	12129	5196	14580	5221	Ital. 931
5175^3	12130	5197	11962	5222	14464
5175^4	12131	5198	11975	5223	14460
5175^5	12132	5199	11963	5224	14461
5176	15353	5200	11960	5225	14463
5177^1	9743	5201	ESP. { 177	5226	13384
5177^2	9744	5202	178	5227	14324
5177^3	9745	5203	179	5228	Néerl. 15
5177^4	9746	5204	14903	5229^1	9240
5177^5	9747	5205	7518	5229^2	9241
5177^6	9748	5206	7520	5230	14894
5178	Esp. 1	5207	10879	5231	ITAL. { 833
5179^1	8129	5208	7552	5232	835
5179^2	8130	5209^1	11166	5233	834
5180	{ 151	5209^2	11167	5234^1	7992
5181	ESP. { 223	5209^3	11168	5234^2	7993
5182	{ 152	5209^4	11169	5234^3	7994
5183	{ 153	5209^5	11170	5235	10980
5184	PORT. { 51	5209^6	11171	5236	Allem. 112
5185	{ 39	5209^7	11172	5237	12541
5186^1	11364	5209^8	11173	5238	9750
5186^2	11365	5209^9	11174	5239	8689
5187	12218	5209^{10}	11175	5240	13357
5188^1	10764	5209^{11}	11176	5241	13102
5188^2	10765	5209^{12}	11177	5242	10803
5189^1	10766	5209^{13}	11178	5243	12776
5189^2	10767	5210	9184	5244	14226

NUMÉROS ANCIENS	NUMÉROS ACTUELS	NUMÉROS ANCIENS	NUMÉROS ACTUELS	NUMÉROS ANCIENS	NUMÉROS ACTUELS
5245	14824	5285	14578	5325^2	10686
5245bis	8969	5286	14569	5326	11940
5246	15046	5287	11550	5327	14764
5247	9089	5288	11971	5328	14773
5248	6569	5289	11973	5329	14763
5249	11666	5290	14543	5330	9554
5250	Lat. 9327	5291	14544	$5331^{1\text{-}2}$	Angl. 38
5251	12772	5292	14575	5332	12327
5252	12270	5293	14560	5333	14551
5253	12347	5294	11941	5334	11913
5254	12002	5295	11916	5335	11914
5255	14429	5296	10869	5336	11959
5256	11934	5297	13700	5337	15192
5257	14577	5298	14559	5338	15351
5258	11903	5299	11912	5339	14906
5259	11904	5300	14547	5340	13736
5260	11905	5301	12497	5341	10735
5261	11906	5302	12785	5342^1	14855
5262	11907	5303	15067	5342^2	14856
5263	11908	5304	14545	5342^3	14857
5264	11909	5305	14923	5342^4	14858
5265	11910	5306	13797	5342^5	14859
5266	11911	5307	13458	5342^6	14860
5267	14555	5308	14703	5343	14355
5268	14556	5309	14702	5344	11901
5269	14557	5310	15069	5345	12554
5270	14558	5311	15191	5346	11463
5271	11924	5312	15253	5347	12423
5272	15188	5313	13430	5348	10687
5273	15189	5314	11899	5349	9588
5274	15190	5315	11902	5350	14677
5275	11925	5316	12292	5351	12472
5276	11930	5317	12287	5352	13479
5277	11926	5318	12288	5353	13480
5278	6213	5319	12290	5354	13481
5279	11915	5320	12291	5355	13482
5280	11974	5321	14769	5356	13483
5281	11952	5322	12285	5357	13484
5282	11937	5323	12286	5358	13485
5283	11951	5324	14767	5359	13486
5284	11935	5325^1	10685	5360	8751

MANUSCRITS FRANÇAIS

NUMÉROS ANCIENS	NUMÉROS ACTUELS	NUMÉROS ANCIENS	NUMÉROS ACTUELS	NUMÉROS ANCIENS	NUMÉROS ACTUELS
5361	8752	5402	13683	5443	15362
5362	8753	5403	13684	5444	15363
5363	8754	5404	13685	5445	11919
5364	8755	5405	13686	5446	10572
5365	8756	5406	13687	5447	10940
5366	8757	5407	13688	5448	10941
5367	8759	5408	13689	5449	10942
5368	8761	5409	13690	5450	10943
5369	8758	5410	14380	5451	10944
5370	8760	5411	12284	5452	11330
5371	6462	5412	10786	5453	12784
5372	10833	5413	13504	5454	12543
5373	10845	5414	Scand. 23	5455	11856
5374	10846	5415	11208	5456	11155
5375	10847	5416	7245	5457	9157
5376	10848	5417	7228	5458	9158
5377	10849	5418	7229	5459	8617
5378	10850	5419	7230	5460	13701
5379	10851	5420	7231	5461	13702
5380	10852	5421	7232	5462	13703
5381	9728	5422	7233	5463	13704
5382	10807	5423	7234	5464	13705
5383	10808	5424	7235	5465	13706
5384	11500	5425	14899	5466	13707
5385	15174	5426	12316	5467	13708
5386	15175	5427	12717	5468	13709
5387	15176	5428	10369	5469	13710
5388	15177	5429	9555	5470	13711
5389	15178	5430	11253	5471	13172
5390	13771	5431	8256	5472	15232
5391	14711	5432	8257	5473	14937
5392	14712	5433	6757	5474	14106
5393	14713	5434	9042	5475	14107
5394	13358	5435	9088	5476	14072
5395	14749	5436	N.f.ch. 2153	5477	14073
5396	13396	5437	15240	5478	14298
5397	13582	5438	12607	5479	13897
5398	13679	5439	8321	5480	14069
5399	13680	5440	7876	5481	13583
5400	13681	5441	8541	5482	15092
5401	13682	5442	14346	5483	15006

MANUSCRITS FRANÇAIS

NUMÉROS ANCIENS	NUMÉROS ACTUELS	NUMÉROS ANCIENS	NUMÉROS ACTUELS	NUMÉROS ANCIENS	NUMÉROS ACTUELS
5484	14228	5525	13893	5566	14083
5485	Ital. 369	5526	13961	5567	6789
5486	11428	5527	13840	5568	Ital. 614
5487	14573	5528	9584	5569	12793
5488	15161	5529	12987	5570	14084
5489	8653	5530	13962	5571	14738
5490	8568	5531	15183	5572	13566
5491	8567	5532	13534	5573	10666
5492	8566	5533	13811	5574	10667
5493	8569	5534	Lat. 11431	5575	10668
5494	8570	5535	13816	5576	10669
5495	8571	5536	14485	5577	10670
5496	8572	5537	13814	5578	10671
5497	14904	5538	13813	5579	10672
5498	10947	5539	13815	5580	8802
5499	14660	5540	9187	5581	8803
5500	14827	5541	15045	5582	8804
5501	13776	5542	9090	5583	8805
5502	14818	5543	9694	5584	8806
5503	14536	5544	11587	5585	8807
5504	14817	5545	12309	5586	8808
5505	Allem. 190	5546	15126	5587	8809
5506	15224	5547	14659	5588	8810
5507	9591	5548	14684	5589	8811
5508	ITAL. { 275	5549	15257	5590	14046
5509	{ 276	5550	15195	5591	13515
5510	11	5551	Allem. 113	5592	8745
5511	12	5552	14687	5593	Ital. 65
5512	SCAND. { 19	5553	14688	5594	9346
5513	24	5554	14685	5595	11966
5514	25	5555	14686	5596	Ital. 349
5515	1	5556	12403	5597	13753
5516	13200	5557	14830	5598	ITAL. { 422
5517	Esp. 243	5558	12004	5599	{ 714
5518	14843	5559	7222	5600	{ 1069
5519	6576	5560	7223	5601	15125
5520	8740	5561	14589	5602	10629
5521	8741	5562	10664	5603	14307
5522	8742	5563	10665	5604	14941
5523	8743	5564	14348	5605	14845
5524	13891	5565	14008	5606	15290

NUMÉROS ANCIENS	NUMÉROS ACTUELS	NUMÉROS ANCIENS	NUMÉROS ACTUELS	NUMÉROS ANCIENS	NUMÉROS ACTUELS
5607	8035	5648	Allem. 218	5689	12907
5608	7497	5649	13925	5690	12908
5609	7498	5650	13926	5691	12909
5610	7499	5651	13927	5692	12910
5611	7500	5652	13928	5693	12911
5612	13090	5653	13929	5694	12912
5613	8708	5654	13930	5695	12913
5614	12011	5655	13931	5696	12914
5615	11313	5656	13932	5697	12915
5616	9388	5657	13933	5698	12916
5617	9389	5658	13934	5699	12917
5618	9390	5659	13935	5700	12918
5619	9391	5660	13936	5701	12919
5620	9392	5661	13937	5702	12920
5621	9393	5662	13938	5703	12921
5622	9394	5663	13939	5704	12922
5623	9395	5664	13940	5705	12923
5624	9396	5665	13941	5706	12924
5625	9397	5666	13942	5707	12925
5626	9398	5667	13943	5708	12926
5627	9399	5668	13944	5709	12927
5628	9400	5669	13945	5710	12928
5629	9401	5670	13946	5711	12929
5630	9402	5671	13947	5712	12930
5631	9403	5672	13948	5713	12931
5632	9404	5673	13949	5714	12932
5633	9405	5674	13950	5715	12933
5634	9406	5675	13951	5716	12934
5635	9407	5676	Allem. 118	5717	12935
5636	15173	5677	12895	5718	12936
5637	14838	5678	12896	5719	12937
5638	14839	5679	12897	5720	12938
5639	14840	5680	12898	5721	12939
5640	14841	5681	12899	5722	12940
5641	14842	5682	12900	5723	12941
5642	14846	5683	12901	5724	12942
5643	15205	5684	12902	5725	12943
5644	ALLEM. { 214	5685	12903	5726	12944
5645	215	5686	12904	5727	12945
5646	216	5687	12905	5728	12946
5647	217	5688	12906	5729	12947

MANUSCRITS FRANÇAIS

NUMÉROS ANCIENS	NUMÉROS ACTUELS	NUMÉROS ANCIENS	NUMÉROS ACTUELS	NUMÉROS ANCIENS	NUMÉROS ACTUELS
5730	12948	5771	7967	5812	⎧ 748
5731	12949	5772	8342	5813	⎪ 294
5732	12950	5773	13732	5814	⎪ 241
5733	12951	5774	11668	5815	ITALIENS ⎨ 1119
5734	12952	5775	11669	5816	⎪ 242
5735	12953	5776	11641	5817	⎪ 243
5736	12954	5777	8576	5818	⎩ 244
5737	12955	5778	8577	5819	11112
5738	12956	5779	8578	5820	11114
5739	12957	5780	12402	5821	11117
5740	12958	5781	12539	5822	11119
5741	12959	5782	12537	5823	11120
5742	12960	5783	15063	5824	11125
5743	12961	5784	12349	5825	11126
5744	12962	5785	12348	5826	11127
5745	12963	5786	11471	5827	11128
5746	12964	5787	7709	5828	11130
5747	12965	5788	8814	5829	6181
5748	12966	5789	7242	5830	6182
5749	12967	5790	7243	5831	⎧ 19
5750	12968	5791	7244	5832	AMÉR. ⎨ 20
5751	12969	5792	Ital. 18	5833	⎩ 21
5752	12970	5793	6186	5834	Ital. 1106
5753	12971	5794	6187	5835	14432
5754	12972	5795	6188	5836	Esp. 315
5755	12973	5796	6189	5837	15311
5756	12974	5797	6190	5838	13425
5757	12975	5798	6191	5839	15193
5758	12976	5799	14924	5840	15194
5759	12977	5800	14925	5841	Ital. 1107
5760	12978	5801	14926	5842	11569
5761	12979	5802	14927	5843	11553
5762	12980	5803	12762	5844	11872
5763	12981	5804	12763	5845	12114
5764	12982	5805	12764	5846	ITAL. ⎧ 1108
5765	11789	5806	12765	5847	⎩ 1109
5766	11790	5807	Améric. 16	5848	Celt. 11
5767	Allem. 205	5808	⎧ 744	5849	8198
5768	6487	5809	ITAL. ⎨ 745	5850	Allem. 213
5769	14598	5810	⎪ 746	5851	8042
5770	12050	5811	⎩ 747	5852	8043

MANUSCRITS FRANÇAIS

NUMÉROS ANCIENS	NUMÉROS ACTUELS	NUMÉROS ANCIENS	NUMÉROS ACTUELS	NUMÉROS ANCIENS	NUMÉROS ACTUELS
5853	8044	5894	7643	5935	9817
5854	11651	5895	7644	5936	9818
5855	10176	5896	2429	5937	9819
5856	11933	5897	Ital. 1110	5938	9820
5857	11871	5898	10676	5939	9821
5858	Néerl. 59	5899	10677	5940	9822
5859	9612	5900	10678	5941	9823
5860	9717	5901	10679	5942	9824
5861	10592	5902	10680	5943	9825
5862	12500	5903	10681	5944	9826
5863	13978	5904	10682	5945	9827
5864	15238	5905	9787	5946	9828
5865	13173	5906	9788	5947	9829
5866	15075	5907	9789	5948	9830
5867	13764	5908	9790	5949	9831
5868	13805	5909	9791	5950	9832
5869	15138	5910	9792	5951	9833
5870	15160	5911	9793	5952	9834
5871	14921	5912	9794	5953	9835
5872	14524	5913	9795	5954	9836
5873	15013	5914	9796	5955	9837
5874	15079	5915	9797	5956	9838
5875	13411	5916	9798	5957	9839
5876	14300	5917	9799	5958	9840
5877	11344	5918	9800	5959	9841
5878	14649	5919	9801	5960	9842
5879	13174	5920	9802	5961	9843
5880	11275	5921	9803	5962	9844
5881	14387	5922	9804	5963	9845
5882	14553	5923	9805	5964	9846
5883	7632	5924	9806	5965	9847
5884	7633	5925	9807	5966	9848
5885	7634	5926	9808	5967	9849
5886	7635	5927	9809	5968	9850
5887	7636	5928	9810	5969	9851
5888	7637	5929	9811	5970	9852
5889	7638	5930	9812	5971	9853
5890	7639	5931	9813	5972	9854
5891	7640	5932	9814	5973	9855
5892	7641	5933	9815	5974	9856
5893	7642	5934	9816	5975	9857

MANUSCRITS FRANÇAIS

NUMÉROS ANCIENS	NUMÉROS ACTUELS	NUMÉROS ANCIENS	NUMÉROS ACTUELS	NUMÉROS ANCIENS	NUMÉROS ACTUELS
5976	9858	6017	9899	6058	9940
5977	9859	6018	9900	6059	9941
5978	9860	6019	9901	6060	9942
5979	9861	6020	9902	6061	9943
5980	9862	6021	9903	6062	9944
5981	9863	6022	9904	6063	9945
5982	9864	6023	9905	6064	9946
5983	9865	6024	9906	6065	9947
5984	9866	6025	9907	6066	9948
5985	9687	6026	9908	6067	9949
5986	9868	6027	9909	6068	9950
5987	9869	6028	9910	6069	9951
5988	9870	6029	9911	6070	9952
5989	9871	6030	9912	6071	9953
5990	9872	6031	9913	6072	9954
5991	9873	6032	9914	6073	9955
5992	9874	6033	9915	6074	9956
5993	9875	6034	9916	6075	9957
5994	9876	6035	9917	6076	9958
5995	9877	6036	9918	6077	9959
5996	9878	6037	9919	6078	9960
5997	9879	6038	9920	6079	9961
5998	9880	6039	9921	6080	9962
5999	9881	6040	9922	6081	9963
6000	9882	6041	9923	6082	9964
6001	9883	6042	9924	6083	9965
6002	9884	6043	9925	6084	9966
6003	9885	6044	9926	6085	9967
6004	9886	6045	9927	6086	9968
6005	9887	6046	9928	6087	9969
6006	9888	6047	9929	6088	9970
6007	9889	6048	9930	6089	9971
6008	9890	6049	9931	6090	9972
6009	9891	6050	9932	6091	9973
6010	9892	6051	9933	6092	9974
6011	9893	6052	9934	6093	9975
6012	9894	6053	9935	6094	9976
6013	9895	6054	9936	6095	9977
6014	9896	6055	9937	6096	9978
6015	9897	6056	9938	6097	9979
6016	9898	6057	9939	6098	9980

NUMÉROS ANCIENS	NUMÉROS ACTUELS	NUMÉROS ANCIENS	NUMÉROS ACTUELS	NUMÉROS ANCIENS	NUMÉROS ACTUELS
6099	9981	6140	10022	6181	10063
6100	9982	6141	10023	6182	10064
6101	9983	6142	10024	6183	10065
6102	9984	6143	10025	6184	10066
6103	9985	6144	10026	6185	10067
6104	9986	6145	10027	6186	10068
6105	9987	6146	10028	6187	10069
6106	9988	6147	10029	6188	10070
6107	9989	6148	10030	6189	10071
6108	9990	6149	10031	6190	10072
6109	9991	6150	10032	6191	10073
6110	9992	6151	10033	6192	10074
6111	9993	6152	10034	6193	10075
6112	9994	6153	10035	6194	10076
6113	9995	6154	10036	6195	10077
6114	9996	6155	10037	6196	10078
6115	9997	6156	10038	6197	10079
6116	9998	6157	10039	6198	10080
6117	9999	6158	10040	6199	10081
6118	10000	6159	10041	6200	10082
6119	10001	6160	10042	6201	10083
6120	10002	6161	10043	6202	10084
6121	10003	6162	10044	6203	10085
6122	10004	6163	10045	6204	10086
6123	10005	6164	10046	6205	10087
6124	10006	6165	10047	6206	10088
6125	10007	6166	10048	6207	10089
6126	10008	6167	10049	6208	10090
6127	10009	6168	10050	6209	10091
6128	10010	6169	10051	6210	10092
6129	10011	6170	10052	6211	10093
6130	10012	6171	10053	6212	10094
6131	10013	6172	10054	6213	10095
6132	10014	6173	10055	6214	10096
6133	10015	6174	10056	6215	10097
6134	10016	6175	10057	6216	10098
6135	10017	6176	10058	6217	10099
6136	10018	6177	10059	6218	10100
6137	10019	6178	10060	6219	10101
6138	10020	6179	10061	6220	10102
6139	10021	6180	10062	6221	10103

NUMÉROS ANCIENS	NUMÉROS ACTUELS	NUMÉROS ANCIENS	NUMÉROS ACTUELS	NUMÉROS ANCIENS	NUMÉROS ACTUELS
6222	10104	6236	10118	6247	14540
6223	10105	6237	10119	6248	11430
6224	10106	6238	10120	6249	7000
6225	10107	6239	10121	6250	7001
6226	10108	6240	10122	6251	7002
6227	10109	6241	10123	6252	7003
6228	10110	6242	10124	6253	7004
6229	10111	6243	10125	6254	7005
6230	10112	6244^1	10126	6255	7006
6231	10113	6244^2	10127	6256	6210
6232	10114	6244^3	10128	6257	6211
6233	10115	6244^4	10129	6258	6212
6234	10116	6245	8628	6259	12779
6235	10117	6246	14104	6260	10458

TABLEAU

DU

CLASSEMENT MÉTHODIQUE DES MANUSCRITS

DE L'ANCIEN SUPPLÉMENT FRANÇAIS

(Mss. français 6171-15369.)[1]

I. Théologie, n°s 6258-6337, 9561-9658, 13091-13353.
  1. *Bible*, n°s 6258-6265, 9561-9589, 13091-13166.
  2. *Liturgie et Conciles*, n°s 6266-6270, 9590-9600, 13167-13189.
  3. *Pères de l'Église*, n°s 6271-6273, 9601-9607, 13190-13205.
  4. *Sermonnaires*, n°s 6277, 9633-9655, 13314-13336.

II. Droit, n°s 6338-6346, 9659-9666, 13354-13358.
  1. *Droit canon*, n°s 6338-6340, 9659, 13354-13355.
  2. *Droit civil*, n°s 6341-6346, 9660-9666, 13356-13358.

III. Histoire, n°s 6171-6256, 6347-9097, 9667-12227, 13359-14695.
  1. *Géographie et Voyages*, n°s 6171-6180, 6347-6350, 9667-9679, 13359-13381.
  2. *Chronologie et Histoire universelle*, n°s 6181-6182, 6351-6366, 9680-9716, 13382-13397.
  3. *Chartes et pièces*, n°s 6367-6418, 9717-9722, 13398-13411.
  4. *Histoire ancienne, etc.*, n°s 6183-6185, 6419-6445, 9723-9749, 13412-13462.
  5. *Histoire ecclésiastique*, n°s 6446-6458, 9750-9785, 13463-13543.
    a. *Vies des saints*, n°s 6448-6450, 9759-9764, 13496-13514.

---

1. Les manuscrits ont été rangés sous quatre formats à chacun desquels correspond un classement méthodique particulier dans les trois volumes du catalogue imprimé :
  Tome I : *Très grand et Grand formats*, n°s 6171-6257 et 6258-9560 ;
  Tome II : *Moyen format*, n°s 9561-13090 ;
  Tome III : *Petit format*, n°s 13091-15369.

    b. Ordres religieux et militaires, n°ˢ 6451-6456, 9778-9782, 13517-13533.

IV. Histoire de France, n°ˢ 6186-6256, 6459-8993, 9786-12105, 13544-14615.
  1. *Géographie et Voyages*, n°ˢ 6186-6191, 6459-6462, 9786-10129, 13544-13564.
  2. *Chroniques et Histoire générale*, n°ˢ 6192, 6463-6501, 10130-10180, 13565-13636.
  3. *Chartes et pièces*, n°ˢ 6193, 6502-6601, 10181-10236, 13637-13663.
  4. *Correspondances*, n°ˢ 6602-6677, 10237-10268, 13664-13673.
  5. *Journaux et Mémoires*, n°ˢ 6678-6735, 10269-10364, 13674-13736.
  6. *Comptes*, n°ˢ 6736-6814, 10365-10418, 15628-15633.
  7. *Collections historiques*, n°ˢ 6815-6953, 10419-10439, 13737-13744.
  8. *Histoire par règnes*, n°ˢ 6197, 6956-7006, 10443-10466, 13745-13784.
  9. *Histoire ecclésiastique*, n°ˢ 7015-7063, 10484-10633, 13798-13965.
    a. Ordres religieux, n°ˢ 7035, 10564-10571, 13845-13888.
    b. Jansénisme, etc., n°ˢ 7036-7043, 10572-10615, 13889-13951.
    c. Protestantisme, n°ˢ 7044-7057, 10616-10629, 13952-13959.
  10. *Histoire diplomatique*, n°ˢ 6199, 7064-7200, 10634-10780, 13966-13982.
  11. *Droit français*, n°ˢ 7201-7211, 10781-10806, 13983-14002.
  12. *Ordonnances, etc.*, n°ˢ 7212-7491, 10807-10829, 14003-14009.
  13. *Conseils royaux*, n°ˢ 7492-7516, 10836-10865, 14014-14023.
  14. *États généraux, etc.*, n°ˢ 6200, 7517-7538, 10866-10887, 14024-14026.
  15. *Parlements, etc.*, n°ˢ 7539-7592, 10888-10965, 14027-14053.
  16. *Procès, etc.*, n°ˢ 7593-7685, 10966-10986, 14054-14062.
  17. *Finances*, n°ˢ 7686-7800, 10987-11178, 14063-14107.
  18. *Maison du roi*, n°ˢ 7801-7860, 11179-11212, 14108-14163.
  19. *Domaine*, n°ˢ 7861-7876, 11213-11223.
  20. *Guerre et Marine*, n°ˢ 6204-6206, 7877-8035, 11224-11346, 14164-14292.

21. *Commerce*, nos 8036-8045, 11347-11353, 14293-14299.
22. *Police, etc.*, nos 8046-8134, 11354-11369, 14300-14308.
23. *Généralités*, nos 6208-6209, 8135-8156, 11370-11416, 14309-14334.
24. *Biographies et Généalogies*, nos 6210-6214, 8157-8200, 11423-11467, 14338-14360.
25. *Ordres de chevalerie*, nos 8201-8212, 11468, 14361-14366.

V. HISTOIRE DES PROVINCES DE FRANCE.
1. *Alsace*, nos 8243-8247, 11470-11475, 14372-14375.
   Angoumois, voir *Poitou*.
   Anjou, voir *Maine*.
   Artois, voir *Flandre*.
2. *Auvergne*, nos 14376-14378.
3. *Béarn*, nos 8248-8249, 11492-11495, 14379.
4. *Berry*, nos 8250, 11496-11505, 14380-14384.
   Bourbonnais, voir *Berry*.
5. *Bourgogne*, nos 8251-8264, 11506-11527, 14385-14394.
   Bresse, voir *Bourgogne*.
6. *Bretagne*, nos 6216, 8265-8325, 11528-11557, 14395-14406.
7. *Champagne*, nos 8326-8345, 11558-11585, 14407-14412.
8. *Dauphiné*, nos 8346-8515, 11586-11589, 14413.
9. *Flandre*, nos 6217-6218, 8516-8546, 11590-11624, 14414-14420.
10. *Franche-Comté*, nos 8547-8557, 11625-11632, 14421-14422.
11. *Guyenne et Gascogne*, nos 6219, 8558-8574, 11633-11646, 14423-14430.
12. *Ile-de-France et Paris*, nos 6220-6223, 8575-8647, 11647-11778, 14431-14498.
13. *Languedoc*, nos 6224-6228, 8648-8674, 11779-11802, 14499-14510.
14. *Limousin*, nos 8675-8676, 11803-11805, 14511.
15. *Lorraine*, nos 6229, 8677-8712, 11806-11854, 14512-14535.
16. *Lyonnais*, nos 8713-8723, 11855-11859, 14536-14537.
17. *Maine*, nos 8724-8745, 11860-11875, 14538-14540.
18. *Normandie*, nos 8749-8771, 11876-11975, 14542-14579.
19. *Orléanais*, nos 8772-8786, 11976-12013, 14580-14584.
20. *Picardie*, nos 8787-8813, 12014-12037, 14585-14590.
21. *Poitou*, nos 6230, 8814-8819, 12038-12052, 14591-14598.

22. *Provence*, n⁰ˢ 8820-8964, 12053-12068, 14599-14607.
Roussillon, voir *Languedoc*.
Touraine, voir *Maine*.
23. *Corse et Savoie*, n⁰ˢ 8965-8967, 12069-12077, 14608.
24. *Colonies*, n⁰ˢ 6231-6256, 8968-8993, 12078-12105, 14609-14615.

VI. HISTOIRE ÉTRANGÈRE, n⁰ˢ 8994-9097, 12106-12227, 14621-14695.
 1. *Allemagne*, n⁰ˢ 8994-9026, 12106-12145, 14616-14635.
 2. *Russie, Suède et Danemark*, n⁰ˢ 9027-9033, 12146-12153, 14636-14639.
 3. *Angleterre*, n⁰ˢ 9034-9035, 12154-12163, 14640-14654.
 4. *Suisse*, n⁰ˢ 9036, 12164-12170, 14655-14659.
 5. *Italie et Espagne*, n⁰ˢ 9037-9048, 12171-12195, 14660-14678.
 6. *Orient et Asie*, n⁰ˢ 9049-9092, 12196-12217, 14679-14690.
 7. *Afrique et Amérique*, n⁰ˢ 9093-9097, 12218-12227, 14691-14695.

VII. SCIENCES ET ARTS, n⁰ˢ 9098-9183, 12228-12401, 14696-14888.
 1. *Philosophie*, etc., n⁰ˢ 9098-9113, 12228-12261, 14696-14725.
 2. *Mathématiques*, etc., n⁰ˢ 9114-9122, 12262-12289, 14726-14762.
 3. *Astrologie*, etc., n⁰ˢ 9123-9135, 12290-12311, 14763-14810.
 4. *Médecine*, etc., n⁰ˢ 9136-9139, 12312-12331, 14811-14833.
 5. *Arts divers*, n⁰ˢ 9152-9162, 12338-12359, 14838-14861.
 6. *Art militaire*, n⁰ˢ 6257, 9163-9179, 12360-12396, 14862-14884.

VIII. BELLES-LETTRES, n⁰ˢ 9184-9560, 12402-13090, 14889-15369.
 1. *Grammaires et Dictionnaires*, n⁰ˢ 9184-9194, 12402-12434, 14889-14938.
 2. *Prosateurs français*, n⁰ˢ 9195-9217, 12435-12455, 14939-14958.
 3. *Poètes français*, n⁰ˢ 9218-9227, 12456-12514, 14959-15042.
 4. *Théâtre*, n⁰ˢ 9228-9341, 12515-12546, 15043-15093.
 5. *Romans*, etc., n⁰ˢ 9342-9345, 12547-12604, 15094-15111.
 6. *Histoire littéraire*, n⁰ˢ 9408-9429, 12983-12998, 15265-15288.
 7. *Bibliographie*, n⁰ˢ 9430-9441, 12999-13018, 15289-15313.
 8. *Mélanges*, n⁰ˢ 9442-9560, 13019-13090, 15314-15369.

ANGERS, IMPRIMERIE A. BURDIN ET Cⁱᵉ, RUE GARNIER, 4.

CATALOGUES DE MANUSCRITS DE LA BIBLIOTHÈQUE NATIONALE
PUBLIÉS PAR M. HENRI OMONT

I. — Manuscrits grecs.

— Inventaire sommaire des manuscrits grecs de la Bibliothèque Nationale (Ancien fonds grec, Coislin, Supplément; manuscrits grecs de Paris et des Départements). 3 volumes in-8, chaque . . . . 12 fr. »
  Le tome IV (*sous presse*) contiendra l'introduction et la table générale alphabétique. — Le tome I, épuisé, ne se vend pas séparément.
— Catalogus codicum hagiographicorum graecorum Bibliothecae Nationalis Parisiensis (en collaboration avec les Bollandistes). Un fort vol. in-8. 12 fr. »
— Catalogues des manuscrits grecs de Fontainebleau sous François Ier et Henri II. Un fort volume grand in-4, imprimé à l'Imprimerie nationale avec les caractères gravés au xvie siècle par Garamond . . . . 25 fr. »
— Fac-similés des plus anciens manuscrits grecs en onciale et en minuscule de la Bibliothèque Nationale, du ive au xiie siècle. Un volume in-folio, 50 planches, avec texte explicatif . . . . 32 fr. »
— Fac-similés des miniatures des plus anciens manuscrits grecs de la Bibliothèque Nationale, du ixe au xiie siècle. Un volume in-folio, 68 planches, avec texte explicatif. (*Sous presse.*)
— Fac-similés des manuscrits grecs datés de la Bibliothèque Nationale, du ixe au xive siècle. Un vol. in-fol., 100 planches, avec texte explicatif. 60 fr. »
— Fac-similés de manuscrits grecs des xve et xvie siècles, reproduits en photolithographie d'après les originaux de la Bibliothèque Nationale. Un vol. grand in-4, 50 planches, avec texte explicatif, dans un carton. 12 fr. 50
— Demosthenis orationum codex Σ. Fac-similé du ms. grec 2934 de la Bibliothèque Nationale, contenant les Œuvres complètes de Démosthène. 2 volumes in-folio, avec 1100 planches . . . . 600 fr. »
— La Poétique d'Aristote, ms. 1741 du fonds grec de la Bibliothèque Nationale. (Photolithographie Lumière.) Un volume petit in-4 . . 17 fr. »
— Notice sur un très ancien manuscrit grec en onciales des Épîtres de saint Paul conservé à la Bibliothèque Nationale (*H ad epistulas Pauli*). Un volume in-4, avec 2 photogravures. . . . . 5 fr. »
— Catalogues des manuscrits grecs de la Bibliothèque royale de Bruxelles et des autres bibliothèques publiques de Belgique, des Pays-Bas, de Suisse et des villes Hanséatiques. Quatre brochures in-8, chaque 2 fr. 50

II. — Manuscrits français et en langues modernes.

— Catalogue général des manuscrits français. Ancien Supplément français, tomes I à III (n°s 6171-15369). 3 volumes in-8, chaque. . . 7 fr. 50
  Le *Catalogue général des manuscrits français* formera environ 15 vol. in-8.
— Nouvelles acquisitions du Département des manuscrits pendant les années 1891-1892, 1892-1893 et 1894-1895. 3 brochures in-8, chaque. . 2 fr. 50
— Inventaire des manuscrits de la collection Moreau. Un vol. in-8. 7 fr. 50
— Inventaire sommaire de la collect. du Parlement. Une broch. in-8. 2 fr. 50
— Inventaire sommaire de la collection Renaudot. Une broch. in-8. . 2 fr. 50
— Inventaire sommaire de la collection Visconti. Une broch. in-8. . 2 fr. 50
— Catalogue des manuscrits celtiques et basques. Une broch. in-8. . 2 fr. »
— Catalogue des manuscrits danois, islandais, norvégiens et suédois. Une broch. in-8. . . . . 2 fr. »
— Catalogue alphabétique des livres imprimés mis à la disposition des lecteurs dans la salle de travail, suivi de la liste des Catalogues usuels du Département des manuscrits. Un volume in-8. . . . . 2 fr. 50
— Manuscrits relatifs à l'histoire de France, conservés dans la bibliothèque de sir Thomas Phillipps, à Cheltenham. Une brochure in-8. . 2 fr. 50

ERNEST LEROUX, ÉDITEUR
Rue Bonaparte, 28.

BIBLIOTHÈQUE NATIONALE

CATALOGUE GÉNÉRAL DES MANUSCRITS FRANÇAIS
DE LA BIBLIOTHÈQUE NATIONALE

I. ANCIEN SUPPLÉMENT FRANÇAIS (Nos 6181-15369)
Tomes I-III, par Henri OMONT

3 volumes in-8, chaque . . . . 7 fr. 50

II. ANCIEN SAINT-GERMAIN FRANÇAIS (Nos 15370-20064)
Tome I, par Lucien AUVRAY

2 volumes in-8. Le tome I est *sous presse.*

III. ANCIENS PETITS FONDS FRANÇAIS (Nos 20065-26484)
Tome I, par B. DE LA RONCIÈRE

2 volumes in-8. Le tome I est *sous presse.*

CATALOGUE DES MANUSCRITS DE LA COLLECTION DUPUY
Par Léon DOREZ

2 volumes in-8. Le tome I est *sous presse.*

INVENTAIRE SOMMAIRE DES MANUSCRITS GRECS
DE LA BIBLIOTHÈQUE NATIONALE
Par Henri OMONT

4 volumes in-8, tomes I-III, chaque . . . . 12 fr.
Le tome I ne se vend plus séparément; le tome IV est *sous presse.*

CATALOGUS CODICUM HAGIOGRAPHICORUM GRÆCORUM
BIBLIOTHECÆ NATIONALIS PARISIENSIS
Ediderunt Hagiographi BOLLANDIANI et Henricus OMONT

Un beau volume in-8. . . . . 12 fr.

CATALOGUE ALPHABÉTIQUE DES LIVRES IMPRIMÉS
Mis à la disposition des lecteurs dans la salle de travail, suivi de la liste des
Catalogues usuels du Département des manuscrits (1895).

Un volume in-8. . . . . 2 fr. 50

www.ingramcontent.com/pod-product-compliance
Lightning Source LLC
Chambersburg PA
CBHW070214240426
43671CB00007B/653